精雕不细琢的六千年

李鼎◎著

中央党校出版集团
国家行政学院出版社
NATIONAL ACADEMY OF GOVERNANCE PRESS

图书在版编目（CIP）数据

精雕不细琢的六千年 / 李鼎著 .— 北京：国家行政学院出版社，2023.5（2023.6 重印）

ISBN 978-7-5150-2731-9

Ⅰ. ①精…　Ⅱ. ①李…　Ⅲ. ①世界史—研究　Ⅳ. ① K107

中国版本图书馆 CIP 数据核字（2022）第 233414 号

书　　名　精雕不细琢的六千年
　　　　　JINGDIAO BU XIZHUO DE LIUQIAN NIAN
作　　者　李　鼎　著
责任编辑　陈　科　宋颖倩
出版发行　国家行政学院出版社
　　　　　（北京市海淀区长春桥路 6 号　100089）
综 合 办　（010）68928887
发 行 部　（010）68928866
经　　销　新华书店
印　　刷　北京盛通印刷股份有限公司
版　　次　2023 年 5 月北京第 1 版
印　　次　2023 年 6 月北京第 2 次印刷
开　　本　170 毫米 ×240 毫米　16 开
印　　张　30.5
字　　数　392 千字
定　　价　86.00 元

序

我一直认为，对于每个人来说，读历史应该成为增长人生智慧的一门必修课。古人有云："以史为镜，可以知兴替；以人为镜，可以知得失。"历史由人构成，人由历史成就，因而历史的兴替、人生的沉浮，皆有相通之处。在有限的人生中去学习、借鉴绵长历史中的兴衰成败，从而涵养我们行走世间的智慧、格局与情怀，谁能说这不是一种捷径呢？既然是捷径，每个人最好都要去做些功课。

在《精雕不细琢的六千年》中，作者从个人视角展现了公元前4000年至公元2000年间世界兴替沉浮的大图景。书虽然不薄，但是要说完六千年实在也不太够用，所以作者自谦为"精雕不细琢"。所谓"精雕"，是指历史本身处处有细节，处处有精彩；所谓"不细琢"，是指历史悠远浩瀚，本书无法穷尽细琢。尽管如此，作者还是将六千年的世界历史以生动的笔触拉出一个层次丰富而立体的大图景，其中有"浓墨重彩"的辉煌与大历史，亦有"趣味写意"的温情与小细节，这本身不仅体现了作者对历史的热爱与思考，也恰到好处地体现了历史的温度。

阅读这本书，会是一段趣味十足的历程，也可能有惊喜与发现：原来这个世界有那么多不为人所知的历史，有人哭、有人笑；原来我们经历的人生，历史早有经验，一切有迹可循；原来历史中处处有美学，希望与绝望、高尚与卑鄙，皆是过往风景。一部六千年历史“精雕不细琢”下来，亦能动人心魄，洞悉光明与黑暗。然而“黑夜给了我黑色的眼睛，我却用它寻找光明”，读史明智亦明心，这大概是这本书的价值所在。

是为序！

北京大学艺术学院院长　彭锋

前言

一

约五千年的古埃及文明说，“很遗憾，我晚节不保”。中华文明表示，“我一直一脉相承”。

一千多年的东罗马帝国说，“其实荣耀，只是屈辱的附属品”。亚历山大帝国表示，“征服三大文明，收获帝国的荣誉，十三年就够了”。

六百多年的哈布斯堡家族说，“宁愿相信长盛不衰是童话”。西班牙的波旁家族表示，“我却依然还在”。

四百多年的“欧洲帝国之都”——罗马说，“欧洲大一统是破镜难圆，也是海市蜃楼”。“千古一帝”——秦始皇说，“我设计的中华民族大一统格局将会世代相传、无人能挡”。

一百多年的大英帝国说，“我能平衡欧洲，但平衡不了全世界”。美国表示，“我来试试”。

仅有0.44平方公里的梵蒂冈感叹，“以前全欧洲都是我的”。查理大帝说，“其实你误会我的意思了”。

一百多平方公里的“圣城”耶路撒冷感叹，“我是一个被共享的首都”。巴勒斯坦和以色列说，“这是一个真实的伪命题”。

六百多年前的蒙古帝国感叹，“亚欧大陆都是任我驰骋的牧场”。法兰西说，“幸好上帝保佑了巴黎，不然我一贯爱投降的历史将被提前”。

近一千万平方公里的加拿大感叹，“别看我很大，其实我并没有安全感”。日本说，“想当年，小小的我却大大的强悍”。

约一千七百万平方公里的俄罗斯感叹，“聆听海浪的声音，对我来说来之不易”。美国说，“我左手一个大西洋，右手一个太平洋，心中还装着全世界”。

二

不同视界的过往，代表着不同的风景：全球史，就像城市主线；国家史，如同乡间小路；王朝史，则像园中小径。

约三百年前的西方世界，当现代化战争的“彩排”如火如荼、酣畅淋漓之时，东方世界，在草原游牧民族统治下的几大帝国，仍在歌舞升平、睡眼迷离；约三百年后的今天，当一个建国近二百五十年的国家，可以为所欲为地折腾世界的时候，我们就再也不能只埋头走路、不抬头看天了。

沛县小吏刘邦，于乱世之中来到秦帝国的都城咸阳，终成四百年汉帝国的开国之君；托钵乞食的朱元璋，鼓起勇气走出寺庙，终君临应天，开创二百多年的大明帝国；曾在荒凉不列颠岛的君士坦丁，只有不远千里去到东西方世界之交，才能霸气地在君士坦丁堡竖起“世界中心点”的石柱；出生在地中海科西嘉岛的拿破仑，在千里之外的巴黎，才有机会戴上法兰西第一帝国的皇冠，去追寻那虚幻唯美的“欧洲帝国”梦。

曾经一文不名的两个南欧小国——西班牙和葡萄牙，率先闯进了约占地球面积百分之七十的海洋高速通道，两个“蕞尔小国”竟然豪情万丈地平分了除欧洲之外的整个世界，无尽的财富瞬间让欧洲其他国家目瞪口呆。当欧洲各国趋之若鹜之时，被草原游牧民族统治的部分亚洲国家如波斯帝国、莫卧儿帝国和清帝国，却仍在“香园小径独徘徊”中对即将到来的危险一无所知。

如果总在自家的园中小径徘徊，尽管可以欣赏春兰秋菊，感受寒来暑往，但也与笼中之鸟无异，即使它的羽毛无比艳丽。了解、探索、预测和影响人类历史，除了进入历史的主干道，别无他途。

三

浓缩六千年的历史，无异于试图在超音速飞行的过程中将沿途的风景一一领略，断无可能，因此，许多绮丽的田野风光，只能遗憾掠过。

逝去的悠悠六千年，试图用几十万字去萃取它，即使每一个标点符号都不懈怠，也必然是一种自不量力。

历史，是一个绝顶的世外高人。它用“黯然销魂掌”，轻取秦始皇、恺撒大帝的性命。它用“排山倒海拳”，将亚历山大大帝的军团推至喜马拉雅山，将蒙古铁骑从蒙古高原带到欧洲的中心。

历史，是一个巧夺天工的匠人。它用“神工”，在尼罗河边筑起金字塔，在黄河边修起万里长城。它用“鬼斧”，在当时已知世界隔绝的地方，静静地完成玛雅金字塔和马丘比丘空中城堡。

历史，是一个风流不羁的才子。它在大地上撒下文学和艺术的种子，于是古印度人能歌善舞，中国人吟诗作赋，古希腊人合唱绕梁。它让克利奥帕特拉七世成为埃及艳后，与恺撒大帝一起凯旋罗马，最后却魂断尼罗河；让杨玉环成为绝世倾城的贵妃，与唐玄宗一起徜徉长安，终难逃玉陨马嵬坡；也让泰姬玛哈尔长眠于最奢侈的白色大理石陵墓，期盼与丈夫死后的厮守，却只等来阿格拉堡一扇小窗里的泪眼。

历史，是一个登峰造极的设计师。它毫不留情地将古埃及文明拦腰斩断，态度审慎地让中华文明在大一统中曲折前行，又漫不经心地让“小国”林立的欧洲自由玩耍。两千多年前，它让希罗多德将已知世界分为东方和西方；五百多年前，它让哥伦布打开了一直未曾开放的新世界。

它无所不能！

无论过去、现在，还是将来。

目录

开篇语

万变不离其宗

约一千万年前，日渐酷热的非洲丛林里，陆续走出许多古猿，它们成群结队、拖家带口，不时地回头张望，恋恋不舍。尽管处在赤道附近，但东非高原由于高海拔、较低气温，成为生存繁衍之地的最佳选择。这就是古人类的起源。

约三百万年前，为了获取更广的视野，以及便于采摘树上的野果充饥等，古人类经常需要做伸展动作，于是逐渐学会了直立行走。

约一百八十万年前，随着族群人数的膨胀，古人类开始从东非向未知的远方迁徙。在冰川时代，海平面比现在低，一些在如今分隔开来的大陆，均有大陆桥相连。如英国和法国之间的英吉利海峡、北非和意大利之间的西西里岛、亚洲最东端与北美西北角的阿拉斯加之间的白令海峡，以及从东南亚到澳洲之间，在当时都是可以直接走过去的。迁徙的目的很纯粹，有野果可以采摘、有动物可供狩猎、有水域可以捕鱼，一切都是为了温饱。这与现在人类的基本需求无异，无非档次不同。百万年之后，在人类发源之地的非洲大陆上，温饱却仍然是个问题。

约五十万年前，因为使用自然火而受益匪浅的人类，开始自己动手、丰衣足食，从此人类逐渐学会了人工取火[①]。

约一万三千年前，上一次冰河期结束，海平面上升了大约一百五十米。古人类沮丧地发现，再也不能像以前一样，任性地流浪和奔跑，甚至在本地资源耗尽之后跨洲际“移民”，如今，这种谋生通道已经被大海隔断，面对至少几十公里宽的海峡，只能望洋兴叹。于是古人类不得不放弃说走就走的旅行，待在属于自己的大陆。我们大部分人祖先的洲籍，就是在这个时候确定的。事实上，直到一百五十年前的公元19世纪中期西欧人学会了考古，人类才意识到，我们已经在地球上生活了这么久。之前，并无人关心。

一、农耕民族

生活和好好生活，是截然不同的追求。古人类好好生活的标志，就是推开文明的大门。

毫无疑问，没有人比非洲和世界第一长河更有资格谈古老，约七千年前，非洲尼罗河流域就已经有了许多村落和农田。然而，要想真正跨进文明的门槛，仍需时日。

可以确定的是，农耕民族是整个人类文明的开创者。农耕民族，群居在大江大河沿岸，非洲的尼罗河流域、西亚的两河流域、南亚的印度河流域和恒河流域、中国的黄河流域，无一不诠释着“无水不文明”的道理。河流沉积使下游冲积平原的土地丰腴肥沃，赖以生存的土地使他们坚持定居生活，土地是世世代代最珍贵的财产，居住的地方也逐渐由小村落，发展成拥有坚固城墙的城市。

正如当今世界，由于地区发展不平衡而导致的纷争一样，古代农耕

① 目前，关于人类具体在何时学会人工取火，仍未有确切的证据。

民族衣食无忧的好日子，引来了众多敌人羡慕嫉妒的眼神。游牧民族是农耕民族最大的敌人，也是在数千年里保持强势地位的对手。

如果尝试对游牧民族进行细分，那么我们将轻易找到一条横贯六千年人类历史发展的主线，人类的历史大部分都是农耕民族和游牧民族相爱相杀的过程，而战争就是融合的最基本形式之一。即相爱前，先相杀；融合前，先战争。

游牧民族，以生存环境的不同，分为草原游牧民族、沙漠游牧民族和海洋游牧民族。

二、草原游牧民族

五百年前，亚欧大陆和北非就是已知世界。

有一条东西走向的草原通道，横亘在亚欧大陆上，从东亚的蒙古高原一直到东欧平原，可称为“亚欧中央草原通道”。

数千年来，草原游牧民族骑马赶羊迁徙。从东往西，由南至北，从未间断，是草原游牧民族迁徙的主干线。世界上第一个横跨亚非欧三大洲的帝国，就是由草原游牧民族建立的，他们建立的封建帝国约到一百年前才销声匿迹，如中国的清帝国、亚欧大陆之交的奥斯曼土耳其帝国。

草原游牧民族有两个重要特点。

首先，他们不耕种，以放养牲畜和打猎为生，并定期迁徙，以寻找肥美的水草为目的。如果所有人一起迁徙的话，只怕在某个牧场一个月都待不下去，因为草很快会被马、牛、羊吃完，所以他们都是以几个家庭为单位的，这是草原游牧民族天生崇尚自由的根本原因。他们不需要严格的组织和管理，这一点是其同农耕民族最显著的区别。

其次，马是草原游牧民族最亲密的伙伴，他们的日间活动和夜晚睡觉都能在马背上完成，无论大人还是小孩。他们是最早使用骑兵的民族，具有善射的天赋，能够像风一样游走，而农耕民族起初没有马，只有步兵和战车，速度慢且机动性差，这就是在对抗农耕民族时，草原游牧民族一直占据优势的原因。约在公元前两千年，西亚两河流域最早从中亚草原引入马，中国的骑兵战术始于战国时期赵武灵王的胡服骑射，欧洲的马是从西亚传入的。

在农耕民族引入马和骑兵战术后，就产生一个问题，双方战力至少应该旗鼓相当，为什么农耕民族仍然长期处于弱势？“中国历史之父”司马迁在《史记》中提到，草原游牧民族打得赢就打，打不过就逃，不以逃跑为耻，“利则进，不利则退，不羞遁走”。习惯有固定居所庇护的农耕民族，遇到自由不羁、来去如风的草原游牧民族，大部分时期处于弱势，就不难理解了。

约两千五百年前，从中亚草原迁徙到西亚的居鲁士大帝，征服了两河流域和尼罗河流域的农耕文明，建立了人类历史上第一个横跨亚非欧的波斯第一帝国。

约两千三百年前，从中亚草原迁徙到东欧的亚历山大大帝，征服了两河流域、尼罗河流域、印度河流域三大文明，建立了人类历史上第二个横跨亚非欧的帝国——亚历山大帝国。

两千多年前，从中亚草原迁徙到意大利的罗马人，征服了地中海文明圈，建立了欧洲第一个帝国——罗马帝国。

约一千六百年前，发源于蒙古草原的匈奴人，被中国的汉帝国驱赶后，经过约两百六十年漫长的迁徙，到达欧洲，并在百年内改变了早期欧洲格局。

约一千五百年前，发源于阿尔泰山南麓的突厥人，不仅影响了喜马拉雅山以东的中国的形势，也彻底改变了喜马拉雅山以西的亚洲、北非和东南欧的格局。

约一千二百年前，在匈奴的欧洲帝国灭亡之后，先祖来自中亚草原的欧洲蛮族成为主人，“欧洲之父”查理大帝实现欧洲的短暂统一。

约八百年前，发源于贝加尔湖畔的蒙古人，征服了东起朝鲜半岛，西至波兰，北至北冰洋，南至太平洋和波斯湾，几乎包括整个亚洲和大部分欧洲领土，鼎盛时期的总面积达到三千万平方公里左右。蒙古帝国当之无愧为草原游牧民族历史上最耀眼的明星，尽管只是昙花一现。

约七百年前，蛰伏已久的突厥人在蒙古帝国衰落后，在亚欧大陆之交建立了世界上最后一个灭亡的、横跨亚非欧的封建帝国——奥斯曼土耳其帝国。

三百八十多年前，中国东北的草原游牧民族——满族，建立了中国历史上最后一个封建王朝——清帝国。奥斯曼土耳其帝国和清帝国，分别在亚洲的最西端和最东端，在近代受尽屈辱而亡，终成草原游牧民族的绝唱。

六千年人类文明史中，草原游牧民族是当之无愧的主角之一，非常有必要搞清楚他们的来处。幸运的是，中西方两位“历史之父”向我们提供了线索。

“西方历史之父”——希罗多德，生活在公元前5世纪，希腊人，其著作是大名鼎鼎的《历史》。书中提到最早的草原游牧民族是斯基泰人（希腊语），早在公元前8世纪，他们就居住在黑海以北的平原地区。据斯基泰人说，在今天蒙古高原住着很多游牧民族，再稍稍往西，就是我国新疆境内阿尔泰山以南的准噶尔盆地，居住着守护着“金子”的游牧民族，所谓“金山”就是西汉时期所说的“金微山”，汉帝国曾在这里大败匈奴人，逼着他们远走欧洲，并在欧洲建立帝国。再往西，到达中亚的哈萨克斯坦平原，直到伏尔加河东岸，生活着马萨格泰人。公元前

6世纪，波斯第一帝国的居鲁士大帝就是被马萨格泰人的女王杀死的。希罗多德之所以能从斯基泰人那里得知相关信息，是因为斯基泰人原本并不是欧洲籍，斯基泰人是希腊人的叫法，马萨格泰人是波斯人的叫法，由于较低文明的草原游牧民族没有文字，所以命名权掌握在有文字的民族手中。斯基泰人原籍亚洲，同马萨格泰人同宗，也生活在哈萨克平原上，因为打不过马萨格泰人，被迫远离故土改成欧洲籍。他们在欧洲存在了一千年，公元3世纪时灭亡。

中国历史之父——司马迁，生活在公元前2世纪，西汉人，其著作就是人们耳熟能详的《史记》。书中记载最早的草原游牧民族是匈奴人，出现在中国战国末年和秦帝国统一中国的时期。当时，中国北方草原上有匈奴人和东胡人，匈奴人居西，东胡人居东。从公元前3世纪到公元5世纪，匈奴在世界历史上存在了七百年，其中在中国存在六百年，在欧洲存在一百年。

综合分析可以得知，草原游牧民族的起源就在阿尔泰山的东西两侧，西侧是哈萨克平原，东侧是天山南北的准噶尔盆地和塔里木盆地，以及蒙古高原。这里就是草原游牧民族的发源地。几千年来，从这里走出无数彪悍的草原游牧民族，波斯人、雅利安人、匈奴人、阿瓦尔人、突厥人、鲜卑人、蒙古人等，他们都在亚欧大陆上留下了自己辉煌的篇章。

前面提到的都是史料上记载的，事实上，草原游牧民族的迁徙并非从公元前8世纪开始，而是从公元前3000年左右就开始了。他们从起点开始迁徙，涌向直到大西洋沿岸的欧洲大陆各个角落，东地中海文明中心和南亚次大陆。从大西洋东岸直到北印度（从英国到印度）的语言，被称为印欧语系，因为所有国家的语言中都能发现不止一个相似的词语，这充分说明了他们是同一祖先。这一广大区域上的国家基本都是远亲，只有极少数国家如希腊、阿尔巴尼亚、匈牙利、芬兰不属于这个语系。

三、沙漠游牧民族

马，是草原游牧民族的特色动物，而沙漠游牧民族最钟爱的是骆驼。骆驼不仅是他们平时生活中最忠实的伙伴，也是战斗时的坐骑。

亚欧大陆上，有一个阿拉伯半岛，半岛沙漠面积约占半岛总面积三分之一，因此，沙漠游牧民族的来处相对简单。他们生活在沙漠边缘的宜居地带，以游牧为生，贫瘠而单调的沙漠生活赋予了他们崇尚自由的灵魂和散漫不羁的性格，神秘的沙漠使他们对神灵充满敬畏。在和平时期，因为比起农耕民族，他们先天资源不足，只有向沙漠索取；在战争时期，沙漠是他们的天然盟友，基本没有任何一个帝国会去征服沙漠地区。这样的生存环境，使沙漠游牧民族坚韧刚毅，绝不屈服于外敌；消极的方面是，面对命运的坎坷和不公，他们大多选择忍受而不太愿意去改变。

因为靠近亚洲最早的文明中心——西亚两河流域，最先向世界证明他们的信心和勇气的是阿卡德人。他们迁徙到西亚两河流域，在亚洲文明最早的创造者之一——苏美尔人的旁边定居下来，在距今四千多年前首次建立了王朝，也是亚洲第一个王朝——阿卡德帝国。不幸的是，他们遭遇了来自中亚草原的游牧民族袭扰，暂落下风。直到公元7世纪，从阿拉伯半岛横空出世的沙漠游牧民族，手持古兰经和宝剑，将积攒了几百年的能量爆发出来，在约一百年间征服了广大的已知世界，开创了一个横跨亚非欧、疆域面积曾达到一千三百多万平方公里的阿拉伯帝国。阿拉伯帝国是人类历史上东西跨度最长的帝国，西起大西洋，东至北印度。然而，约五百年之后，沙漠游牧民族的帝国，就再次被从中亚南下的草原游牧民族摧毁。

四、海洋游牧民族

对于草原游牧民族和沙漠游牧民族来说，大海是神秘莫测的。

地中海上的克里特岛，是爱琴海文明或欧洲文明的起点，在古埃及文明光辉的辐射下，海上贸易兴盛，开启了人类的第一段海洋游牧文明，克里特岛上的民族成为第一个崭露头角的海洋游牧民族。然而，迁徙而来的草原游牧出身的希腊人，却无情地摧毁了爱琴海文明。幸运的是，他们的继承者腓尼基人，尽管在地中海东岸受到强大帝国的挤压，还是顽强地发展了海上贸易，建立了富甲一方的海洋商业帝国，并在地中海南岸的突尼斯迦太基城建立了据点，同时也将人类视野扩展到大西洋。直至罗马帝国崛起，海洋游牧民族再次衰落，销声匿迹近千年。

约公元8世纪，北欧的维京海盗，掀起了海洋游牧文明的第二次高潮。在近三百年间，整个欧洲都成了他们探险的乐园，继匈奴人和日耳曼人之后，北欧维京海盗再次重塑欧洲格局。他们征服了不列颠岛，让历史模糊不清的英国正式加入世界朋友圈；他们统治了东欧斯拉夫人，俄罗斯从此建国；他们疾如闪电的海上劫掠让“欧洲之父”查理大帝落泪感叹，欧洲从此再无大一统的帝国；此外，北欧维京海盗还是第一个发现并登上美洲大陆的海洋游牧民族。

约公元15世纪，大航海时代开启。占地球百分之七十的海洋，成为新的世界角力场，海洋成为人类历史的主干道。约公元16世纪，南欧的西班牙成为世界上第一个“日不落帝国”，一百多年后被大英帝国取代。全盛时期的大英帝国殖民了全球五十多个国家，本土、殖民地和保护国等领土面积达到三千多万平方公里，在一百多年内成为世界的绝对王者。

经过两次世界大战，大英帝国一脸无奈地将世界的指挥棒交给了当年背叛自己的殖民地——美国。依靠强大的自由航行能力，美国已将左拥右抱的海洋视为自家门前的私人景观。凭借全球一百多个国家的数百个海外军事基地，美国开启了海洋游牧文明的巅峰时代。

任何事物的分类并没有绝对的界限。当我们谈到某个民族的类型，指的是它最初的属性或主要属性。游牧民族建立帝国后，自然要将自身属性调整为以农耕为主，海洋成为主角后，又调整为以海洋游牧为主导。到今天，基本所有民族或国家都兼有各种属性，仅仅侧重不同。

逝去的六千年，让所有民族的属性发生改变。血统也是一样，如果在融合过程中有一个占主导，我们称之为同化；如果是平均的混合，我们称之为混血。如果你回顾世界每个民族的过往，就不用再羡慕混血儿，因为我们很多人都是混血。

逝去的六千年，全球历史的总剧本都循规蹈矩地沿着这条主线，曲折前行。

此即为，万变不离其宗。

一

混沌初开

（公元前4000—前3000年）

大海的深处是世界的边缘，航行到尽头就会坠入无底的黑暗深渊。

直到五百年前，人类才放弃这样的认知，终于相信地球是圆的。

地球，从未因为人类是否真正了解自己，而停止改变自己。

约一万年前，它让冰川融化，海平面随之上升，人类的祖先在全球范围内大迁徙的帷幕，从此落下。

毫无疑问，大江大河依然“恭恭敬敬”地按照地球的指示，周期性地放飞自我，让洪水泛滥。

不经意间，人类就收到了来自大自然的馈赠——文明的种子。第一颗文明的种子落在哪里，哪里就是文明的起源、世界的中心。

六千六百多公里长的世界第一长河——尼罗河，日夜奔流不息，毫无顾忌地冲刷着阻挡它的一切，当它到达目的地——地中海之后，在身后的地带留下厚厚的淤泥，这也是最丰腴的沃土。东非高原是人类迁徙的起点，也是尼罗河的起点，两者在大河下游的相遇，犹如“金风玉露一相逢，便胜却人间无数”，它们的结晶——人类的第一个农耕文明中心——古埃及就此诞生了。

偌大的地球，如果只有一个主角，那是相当寂寞的。

不远处也有两条大河——底格里斯河和幼发拉底河，就算加起来，也不及尼罗河的长度。于是它们一起奋力激流，争取在一千年之内实现合流，也冲刷出一片肥沃的土地。功夫不负有心人，位于亚洲西部的底格里斯河和幼发拉底河成功交汇，人类第二个农耕文明中心出现了。

我们要给予最初的人类足够的耐心和理解，毕竟万事开头难；同时，也要给予他们足够的尊重和敬畏，因为要将泥巴墙和茅草顶变成红砖绿瓦不能只靠想象力，即使今天所有人都习以为常的参天大楼，也是在最近百年才开始有的事物。可以想见，中间这漫长的六千年，人类的祖先经历了怎样的磨难。

跬步不积，何来千里万里。

最初的人类文明犹如一丝丝渺小的微光，但最终必将发出无比耀眼的光芒！

（一）无水不文明

无论身处何方，母亲永远是我们的来处；无论春夏秋冬，江河永远是人类文明的摇篮。

如果你认为尼罗河的洪水泛滥是一种灾难，古埃及人坚决不会同意。古希腊历史学家希罗多德说，“埃及是尼罗河的馈赠”。换言之，尼罗河就是埃及的母亲。尼罗河像关爱自己的孩子一样，用洪流带去肥沃的淤泥，不久又自行退去，而且这位母亲从不迟到。她的孩子只需要在土地上撒下种子，让家禽在泥土上散步就能完成播种，坐等成熟的麦穗。古埃及人的温饱问题，也是人类最永恒的课题之一，就以这样的方式解决了。人类跋山涉水、穿行万里的迁徙，目的也只是解决这个最基本的问题。

和埃及一样，土耳其也是横跨两大洲的国家。埃及横跨亚洲和非洲，土耳其横跨亚洲和欧洲。土耳其的亚洲部分有一个叫安纳托利亚高原的地方，尽管这里也属于亚欧交界之地，而且南北都有海景，却从来没有成为中心，偶尔成为焦点也是因为战争。然而，这里孕育了两条大河，底格里斯河在北，幼发拉底河在南，均向西南方流动，最后注入波斯湾，汇入印度洋，创造了亚洲最早的农耕文明——西亚两河流域文明。

约七千年前，非洲尼罗河流域的农耕文明在今天的埃及一枝独秀，一千年后的公元前4000年，随着亚洲两条大河久违地交汇在今天的伊拉克，两河流域的农耕文明也在此落地生根。

在距离波斯湾入海口约两百公里处，两河交汇之后称为阿拉伯河。底格里斯河大部分滩险水急，而幼发拉底河则相对平缓，周围地域宜居。生活在这里的人历来被人们称为苏美尔人。

苏美尔人的来处，至今是个谜。从语言体系上可以肯定的是，苏美尔人既不是来自北方草原的游牧民族，也和南方阿拉伯沙漠游牧民族并不同宗，甚至还有一个根据长相、宗教和文字，认为其来自东方中国的猜测，但这未得到公认，所以可以把他们当作最早定居此地的农耕民族。苏美尔人就在幼发拉底河下游的平原过着农耕生活，肥沃的土地上孕育的是最古老的亚洲文明，唯一的缺憾是，在高度文明的帝国列表上，却并没有“苏美尔帝国”的名字。

相距约一千五百公里的古埃及人和苏美尔人，依水而居，点燃了农耕文明的火种。当两个农耕文明交相辉映的时候，东地中海文明圈就诞生了。

此时世界的大多地方，仍然是身披兽皮、居无定所的野人，在原始森林里与野兽争地盘，对闪电和雷鸣充满恐惧。

（二）篝火中的奇迹

夜幕降临，当火把被点燃，人类的双眼就能穿过黑暗，认识更大的世界，当篝火被无数次燃起，哪怕只有一次偶然，世界就会彻底改变。

大约公元前4000年的某个夜晚，在埃及的亚洲疆域部分——西奈半岛的某处，火势很旺的篝火旁，一群穿梭于亚非大陆的埃及人在露营歇息，木材被不断地扔进熊熊的篝火中，大家交流着一路上的见闻，相谈甚欢。第二天，当人们清理灰烬时，发现里面有一些质地坚硬的小球，而且色彩艳丽。原来，有人将铜矿石扔进篝火，经过持续燃烧后金属铜就被提炼出来。于是，古埃及人就发现了金属铜。西奈半岛盛产铜矿石，古埃及人偶然的一个举动，使人类由石器时代进入了青铜时代！如果说，人类学会使用火是第一个具有划时代意义的行为，那么这就是第二个。上天只要给人类一次机会，人类就能创造奇迹。

永远不能低估人类建立一个新世界的能力和决心。人类发现金属后，就告别了石刀和石斧。人类，这一脆弱的哺乳动物，手持“青铜斧”，一路顺风顺水地攀升到食物链的最顶端。当农耕工具变成金属的，农耕生活也变得轻松而愉悦，当金属工具可以开山劈石，金碧辉煌的石头宫殿就不再遥远。

无论好坏，人类的任何改变，都孕育在平静之中，而糟糕的变故，则大多是由于地区之间发展的不平衡。

青铜工具的出现，不仅使农耕变得便捷，而且使土地变得多产，以至人口大量增加，对将来仍是粮仓的埃及并没有压力。村落吸引了更多的人之后，成为城镇，公元前3500年左右，埃及有十几个城邦，尼罗河上游叫上埃及，下游叫下埃及。下游相对肥沃的土地，让下埃及的各城邦稍显富裕，如果用粮食来量化比较，下埃及有余粮，而上埃及可能刚刚解决温饱。当大家都食不果腹的时候，没有人会惦记别人家的米缸，但是如果有些人衣食无忧，有些人却为了明天的食物发愁，那么对于衣食无忧的人来说，麻烦很快就会破门而入。人类历史上始终有这样的现象，即生活贫瘠一些或者文明低一些的人，他们的战斗值或者武力值总是高一些。在这个原则下，上埃及人稍显强悍。约公元前3100年，在城邦首领美尼斯的带领下，上埃及打败了下埃及，统一了尼罗河流域，人类历史上第一个王朝在古埃及建立了，这也是此后两千五百年中，古埃及三十一个王朝中的第一个。

之所以称之为古埃及，显而易见，是因为这个文明和现在的埃及并没有一脉相承的关系。约两千五百年后，草原游牧出身的波斯人吞并埃及，此后埃及便进入了长达两千年的被外族占据的历史，希腊人、罗马人、阿拉伯人、突厥人、不列颠人先后来到这里，彻底改变了埃及原有的民族底蕴。不夸张地说，不幸成为东地中海的粮仓之后，埃及便历经沧桑。

（三）权力的标识与诱惑

美尼斯，是人类历史上有记载的第一位帝王，也是一位智慧的统治者。上埃及崇尚白色，且崇拜鹰神；下埃及崇尚红色，且崇拜蛇神。美尼斯自称“上下埃及之王”，在上埃及的时候头戴白冠，在下埃及的时候则头戴红冠，定都白城（希腊人称为孟菲斯，在距今埃及首都开罗以南约三十公里处）。而开罗正式成为埃及首都，是在约四千年后的公元973年。

翻开世界帝王图鉴，美尼斯无疑名列榜首。然而遗憾的是由于图像的缺失，世人无法去了解他的长相和身高等具体信息，但如果要找一个代表性的标志的话，无疑是鹰，上埃及崇拜的就是鹰神，鹰的标志也一直传承到今天。当今世界，德国的国徽上有一只红嘴老鹰，美国的国徽上有一只秃鹰，奥地利国徽上有一只黑色雄鹰（奥地利，是欧洲一个延续了七百年的家族的中心，从公元13世纪开始，一直是欧洲最强大的国家之一，因为历史原因，经历了从双头鹰到单头鹰的几次更换过程），而俄罗斯国徽上有一只双头鹰。

古埃及第一王朝时期，欧洲仍是一块由原始森林覆盖的大陆，身披兽皮的野人和野兽之间区分的意义不大，而且欧洲历史也要落后古埃及第一王朝近三千年，既然我们可以轻易地看出两者之间的传承关系，那么其中一定还有一个“中间人”，这个承上启下的“中间人”就是罗马帝国——欧洲大陆第一个帝国。

罗马帝国比古埃及第一王朝晚三千年左右，帝国的军团标志是单头鹰。约四百年后，罗马帝国正式分裂为西罗马帝国和东罗马帝国，西罗马帝国的都城在今意大利的罗马，东罗马帝国的都城在今土耳其的伊斯坦布尔。几十年后，西罗马帝国灭亡，来自北方的“文盲”——欧洲蛮族日耳曼人成为新的主人。三百多年后，查理大帝统一欧洲，教皇为其加冕，成为名义上的“罗马王”，一百多年后，来自今德国境内的奥托大帝加冕为神圣罗马帝国皇帝，而在近代几百年内，神圣罗马帝国的统治家族一直以奥地利为中心，这就是德国和奥地利的国徽上鹰的标志的起源。

今天的奥地利，低调到你无法相信它有着辉煌的过去。奥地利在欧洲呼风唤雨的时候，德国还是四分五裂的未统一状态，而且，奥地利的统治家族——哈布斯堡家族的成员是神圣罗马帝国的皇帝，神圣罗马帝国包括现在的奥地利、德国、捷克、匈牙利、意大利等国家。哈布斯堡家族成员从公元1273年当选为神圣罗马帝国皇帝，中间有一百多年的中断，一直世袭到公元1806年，才被法兰西第一帝国的皇帝拿破仑废黜皇帝称号。

俄罗斯的双头鹰国徽，则起源于东罗马帝国。西罗马帝国灭亡后，东罗马帝国在亚欧大陆之交继续存在了近千年。东罗马帝国的疆域就和今天的土耳其一样，西部领土属于欧洲，东部的后花园属于亚洲，帝国采用双头鹰的标志就是源于此，意为守护帝国海峡两侧的疆土。东罗马帝国不同意罗马教皇对基督教“三位一体”的解释，于是双方逐渐分裂，公元9世纪成立的基辅罗斯，因为急需一种宗教来维持统治，最后选择了东罗马帝国的东正教。东罗马帝国灭亡后，俄罗斯的伊凡大帝迎娶了东罗马帝国最后一任皇帝的侄女，正式将东正教的中心迁到莫斯科。这就是俄罗斯国徽上双头鹰的由来。

说到美国秃鹰标志的国徽，就必须先说英国。因为美国独立前只是英国的殖民地，美国人也都是冒着风险漂过大西洋去美洲定居的西欧移民。英国人虽然也是日耳曼人，但是国徽上却没有任何鹰的元素，而是狮子。这是因为公元11世纪，法国的诺曼人征服了英格兰，诺曼人是来自北欧的海盗，自然受到罗马的影响较小。那么为什么与英国同宗的美国，却没有采用狮子的标志？这是因为来到美洲的移民，最终在政治上脱离了英国，取得了独立。为了独立，美国和母国英国打了八年仗，迫使英国国王承认美国独立。然而仇恨并没有结束，独立后的美国想占领英国在加拿大的殖民地，于是又引起了另一场战争。美国首先攻入加拿大的多伦多，纵火将英国殖民地的议会大厦付之一炬。英国随后派遣正规军，攻入美国首都华盛顿，将当时的一座灰色建筑焚毁，这就是美国的总统府，美国总统落荒而逃。截至目前，这是美国历史上唯一的一次首都被攻陷。后来美国将总统府刷成白色，这就是白宫的由来。至此，我们都明白了美国国徽上有狮子的可能性太小了。

不仅国徽，欧洲显贵家族的纹章也多以动物图案为主，高级的家族有狮子、鹰的图案，地位稍低的是其他野兽或鸟的图案。因此，欧洲军队一上战场，都是动物形象的旗帜、纹章在晃动，如同动物总动员。旗帜和纹章的作用之一，是方便士兵辨识所属的领主或家族。旗帜最开始的作用就显得比较原始，因为当时的士兵素质普遍不高，所以旗帜被用世界三大语言中，汉语当仁不让地按照母语使用人数占据第一，但第二名却不是英语，而是西班牙语，因为西班牙是世界上第一个“日不落帝国”，美国以南的美洲大部分地区说西班牙语，四百年的殖民历史让西班牙语成为众多国家的官方语言。

无论什么文字，如果将它们刻在石头上，只怕全世界的石头也不够。所以，有了文字，并不意味着我们能与历史对话。

小学生都知道，练字和画画，需要纸和笔。古埃及人和苏美尔人当然知道传承需要什么，而且各有各的方法。

古埃及人和苏美尔人书写文字的“纸”和“笔”，是不一样的。古埃及人用的是一种苇草片做成的“纸”，写几个字时就用一片，写很多字时就把苇草片粘在一起。笔，就用硬条状带尖头的芦苇等制成，写字时突然发现原来还需要有墨水，于是就混合植物汁液、水、锅底灰制成了墨水。苏美尔人的书写系统不一样，省去了制作墨水的环节，用尖头条状的硬物在黏土板上书写，写完发现没错别字就晒干保存。

相比现在的书写和存储方式，这种方式确实不值一提，但人类用了几千年。公元105年，中国东汉时期的太监蔡伦改进了造纸术，也可说发明了新造纸术，人类的书写环境才得到大大改善。这种新造纸术在公元4世纪传到朝鲜半岛，公元7世纪传到日本，公元8世纪后经过中亚传入西亚和埃及，公元12世纪经由阿拉伯世界传入西班牙，公元13世纪传入意大利，由意大利再传入整个欧洲大陆。造纸术是中国的四大发明之一。

为什么造纸术没从西班牙直接传到欧洲？这是因为传播路径出了点问题。那时的西班牙南部被东方的穆斯林占据，西班牙北部和欧洲属于基督教世界。再者，当时的欧洲基本上还是一盘散沙，处在生命不息、战斗不止的时期：法兰西王国的国王只拥有巴黎周边很小的领地，一直在和公爵、伯爵斗智斗勇，和封臣英国国王争夺领土；而英王不仅和法国打，还跟不列颠岛北部的苏格兰、西边的爱尔兰纠缠不清；德国境内有一百多位独立的公爵、伯爵和男爵，他们不断地变换联盟组合，距离统一还差六百年；俄罗斯的莫斯科还是一个不知名的小村庄，等待着被从亚洲来的蒙古大军的征服。

虽然内部混乱不堪，但仍不能阻挡基督教徒出征东方世界（地中海东岸国家）的热情。公元12和13世纪是著名的“十字军东征”时期，名义上是拯救圣地耶路撒冷，实际上则是名副其实的“烂尾工程”：一共有九次“十字军东征”，只有第一次是目标明确和成功的，其余全部失败或者偏离主题，变成了掠夺和冒险游戏。东方世界当时正处于穆斯林统治的阿拉伯帝国时期，称之为“法兰克人的入侵”，因为东方世界并不了解法兰克王国已经分裂灭亡了。

流氓、强盗、无业游民，妇女、儿童，公爵、伯爵、国王，都源源不断地涌入东方世界。从人员组成来看，这就是一场疯狂的行为。因为没有路费，即使在灾荒之年仍然卖粮筹集路费，这让囤积了粮食准备发财的商人直呼这个世界太疯狂，更有甚者，公爵为了筹集出征的路费，可以卖掉自己的公国，据说这位公爵连一件出门的衣服都没有，只好整天窝在床上，他就是曾经征服了英格兰的“征服者”威廉的大儿子，他的爷爷也是宁愿放弃公爵，也要去圣地耶路撒冷朝圣，结果死于返程的路上。由此可见，人穷真的不可怕，有信念才可怕。

三教九流和牛鬼蛇神，都积极响应罗马教皇的号召去参加圣战。这是完全可以理解的，因为富裕东方的诱惑大于一切。即使是妇女参军，也勉强可以接受。但如果有几千个十二三岁的孩子聚集在一起高喊口号，要杀向耶路撒冷，就难以理解了。贫穷、狂热的欧洲是铁了心不计后果，一定要打。然而，这些孩子没有机会到达圣地，当看到聚拢而来的几千个孩子时，一旁的奴隶贩子双眼放光，登船之后的孩子们并不知道，他们的目的地是非洲。

当古埃及人和苏美尔人使用语言和文字的时候，他们就正式启动了可追溯的人类文明史。而世界的其他地方，也在创造自己的历史，只不过是有实无名的历史。

（五）日月轮转

西方人见面打招呼一般会说：“今天天气真不错。”就像中国人见面会问：“你吃了吗？”这绝不是因为欧洲人都喜欢研究气象，而是因为没有好天气就没有丰收年，就会饥肠辘辘。

对古埃及人和苏美尔人来说，天气和时令如同生命一样重要。有规律地交替“值班”的太阳和月亮，激发了农耕民族创造的灵感，于是历法就诞生了。历法就是根据天象来计算时间的方法，年、月、日是最基本的三要素，这是不折不扣的天文学。

时间到底是什么？可能只有爱因斯坦和霍金知道，对我们普通大众来说，最简单直观的就是日历。根据太阳运转规律而来的日历为“太阳历”，依据月亮的运转规律而来的叫“太阴历”。世界上现行的所有纪年法都离不开这两种依据，只是略有变化。

古埃及人在六千年前就有了粗略的记时方式，当时的人们认为，太阳和月亮都围绕着地球旋转，但是在用两者计算时间时却出现了偏差。于是他们又改进成一种简单的历法，一年分十二个月，每月三十天，加上五天假日，一年一共三百六十五天。

月份确定之后，就该确定年份了。在没有王朝之前，就以那一年最大的事件来命名，比如地震、火灾等，有了国王之后，就以国王的名字来命名。这一点和中国古代的纪年是一样的。苏美尔人也是如此，依据月亮的圆缺来纪月，以重大事件来纪年。苏美尔人创造六十进制数字系统，直到现在我们的分、秒、圆周等都是六十进制的。

古代的纪年方法又经过了数次的改进，当今世界通用的是公历纪元，简称公元，原称“基督纪年”，因为来源于西方，基督教耶稣诞生的年份被定为公元元年，此前的年份都称为公元前，此后的简称公元，省略“后”字，大多连“公元”都省略了。只有公元1年，而没有公元0年，公元1—99年为公元1世纪，公元100年为公元2世纪的第一年，公元1099年为公元11世纪的最后一年，公元前100—199年，也不是公元前1世纪，而是公元前2世纪，以此类推。这种纪年法，是在公元6世纪的公元525年被确定的，但当时只被欧洲教会采用，直至公元17世纪，英国的物理学家牛顿引入了神学家的“公元前”概念，公元纪年才完整，并流传至今。

世界各国都有自己的纪年方法。比如，信奉伊斯兰教的穆斯林国家，以公元622年为回历元年。我国也是在新中国成立后的公元1949年中国人民政治协商会议第一届全体会议上，决定采用世界上绝大多数国家采用的纪年法，此前方法如唐帝国的贞观四年、清帝国的康熙二十年等。之所以要统一纪年方法，就是因为如果不统一，世界会乱套，或者沟通效率极低，比如基督徒和穆斯林做生意，约定什么时候见面签合同，如果没仔细看，也许其中一方要等622年后，才等到另一方的后人来签合同。然而，无论什么纪元，只是一种方法而已，少数服从多数是可以接受的协调办法。

关于中外纪年的差异，这里作一个简单的介绍，以便更好地了解历史。中国封建王朝历史上，帝王的称号由三部分组成，第一部分是王朝或者帝国的简称，中间部分是帝王死后在宗庙中被供奉时的名号，第三部分一般为“祖”“帝”“宗”等，如汉高祖刘邦、汉昭烈帝刘备、唐太宗李世民。中间的庙号各有不同，但不同王朝会有重复，一般说来，开国皇帝为高祖、太祖，明君为仁宗、圣宗、兴宗等，亡国之君为哀宗、殇帝等。

从中国皇帝的年号，我们无法判断其先后顺序，但通过西方国王或皇帝纪年我们可以大致知道时间的先后。以欧洲为例，国王的称号分为两部分，即名字加排序，同时因为欧洲国王的名字经常重复，就出现了查理一世、查理二世的排序方法。法国以路易、查理为主，英国以亨利、爱德华、乔治居多，奥斯曼土耳其帝国以穆罕默德、穆拉德较为常见，同时往往还在前面加上形容词，褒义的有征服者、虔诚者、勇敢的、圣王、太阳王等，贬义的有糊涂王、疯子、秃头、胖子、吵架王等。

欧洲历史上，国王排序的最大数字是十八，即路易十八。从公元前814年在位的“虔诚者”路易一世到公元1824年的路易十八，中间相隔两千多年，如果平均算，相当于每个路易王统治五十五年，这是绝对不可能的。所以其间还有其他名字的国王，如有十个叫查理的、六个叫腓力的、四个叫亨利的等。到公元1830年法国波旁王朝灭亡，其间一共有四十七个国王，平均在位时间不足二十二年。

世界各国帝王的在位时间不一，最短的不足一个月，几年、十几年和二十几年的居多。截至2022年，在位时间最长的当属法国波旁王朝的路易十四，在位七十二年三个月十八天，“太阳王”的称号当之无愧。而中国各封建王朝中，在位时间最长的是清帝国的康熙大帝，在位六十一年。

因为欧洲王国林立，经常会出现一样名字和排序的国王，如英国、法国和神圣罗马帝国都有叫亨利一世的国王，英国和法国的亨利一世相差约半个世纪，而与神圣罗马帝国的亨利一世则相差约两个世纪。此后的行文中，将极力避免涉及太多的人名和地名，因为酣畅淋漓的阅读体验和历史理解，显然更为重要。

二

乾坤始奠

（公元前3000—前2000年）

古埃及人，身先士卒地建立了世界上第一个统一王朝；苏美尔人也在西亚两河流域开创了亚洲第一个文明中心。

定居的农耕民族，总是会引起游牧民族的羡慕和敌视。古埃及的南部是天然屏障撒哈拉沙漠，北部是平静又神秘的地中海，因此古埃及人享受了很长一段时间无人打扰的祥和，而苏美尔人所处的西亚两河流域的地理位置让一切变得极度危险，其北方是草原游牧民族，南方是阿拉伯沙漠游牧民族，等待苏美尔人的将是外族不断的征服，西亚两河流域也成为各民族兵戎相见的逐鹿之地。

尼罗河文明的光芒，虽然不能穿越撒哈拉沙漠，但会辐射地中海，使欧洲文明从诸多小岛开始。苏美尔人虽然从未在西亚两河流域建立帝国，但这里长期都是各大帝国的中心。

两个最先盛开的文明之花，最终都会被入侵的外族所采撷，当古埃及浓厚的历史底蕴被慢慢冲淡而消失的时候，苏美尔人也早已不知去向。

因为“演员”不多，上一个千年的世界舞台稍显冷清。约公元前3000年后，又有三条长河跃然于已知世界的版图之上。

北非，衣食无忧的古埃及，开始内外兼修。当古埃及的法老（同国王或皇帝）对着太阳神祈愿重生，金字塔时代来临。古埃及的船队，开始了对海洋的探索，与地中海东岸居民贸易的同时，他们顺便收了一个学生，地中海上的几个小岛，成为欧洲文明的发端。

西亚，智慧的苏美尔人筑堤修坝，不羁的大河被驯服，两河流域下游成为生存的乐土。然而，散乱的苏美尔城邦并没有意识到，危险正在靠近。无主之地，在等待主人的驾临。

如同暗夜中高耸入云的光芒之柱，两大定居农耕文明，吸引着周围无数的人，有羡慕好奇的，也有嫉妒敌视的。在光芒之柱的诱惑和指引下，亚欧大陆的游牧民族开始了像层层海浪一样的持续涌动，并贯穿人类历史四千多年。约公元前3000年，亚欧大陆游牧民族迁徙的主路线，已经清晰可见。

阿拉伯半岛沙漠边缘的游牧民族，开始向两河流域和地中海东岸的海岸线迁徙，扩散开来。他们中的一部分人成为西亚两河流域的主人，亚洲第一个王朝随之诞生。迁徙到地中海东岸的人们，也找到新的家园，今叙利亚和巴勒斯坦地区的人气渐旺。不久他们将沿着地中海南岸的北非走廊，向更远的西方迁徙，直至大西洋。

在中亚草原，草原游牧民族开始陆陆续续向西和向南迁移。他们一路向西跋涉万里，直到莫测的海洋阻挡了他们前进的脚步，大西洋将阻挡他们长达四千五百年左右。他们当中，到达西欧的称为凯尔特人，到达北欧的称为日耳曼人，到达东欧的称为斯拉夫人，三者成为今天欧美人的祖先。也有一部分草原游牧民族向南迁徙，偏西就到了波斯（今伊朗），离两河流域一步之遥，偏东就到了印度次大陆的印度河流域和恒河流域。

地中海南北两岸的草原游牧民族和沙漠游牧民族，不约而同地从东往西平行移动，只是当时的他们并不知晓。然而，迁徙和产生文明是两回事，只有那些有幸接触到尼罗河流域和两河流域文明光芒的游牧民族，才有机会成为主角或配角，其他的人都需要耐心等待。

亚欧大陆无疑是一个整体，但雄伟的喜马拉雅山脉却孤傲地将其一分为二，让东西两侧的世界呈现不同的未来。山脉西侧的印欧语系国家的历史已经明确地告诉了我们，过去几千年内各类民族在不断地碰撞和融合。山脉东侧，尽管此前暂无清晰的文明踪迹可循，但当你知道这里有一条长达五千多公里的河流，比全长约两千公里的底格里斯河、全长约二千七百公里的幼发拉底河加起来都要长时，你就能预测，一个伟大、有特色的文明必将在此诞生。

和尼罗河流域文明、西亚两河流域文明一样，发源于黄河流域的中华文明，也将持续受到草原游牧民族的冲击，并与之融合，只是此时，北方草原上的游牧民族正按照历史的程序设定，在草原上静等着从黄河流域发出的农耕文明的曙光。

在这一个千年里，人类的视野将被放大数倍，四大文明古国将陆续登场亮相。但是，我们没有办法将所有文明联系起来，因为它们之间确无多少关联。然而，由于尼罗河流域农耕文明和西亚两河流域农耕文明分别位于东地中海的南边和东边，加上游牧民族的不断涌入，就形成了东地中海文明圈，这个文明圈将是此后两千多年内的世界中心之一。而西地中海之所以未加入，是因为它在等待两千多年后的一群“乡巴佬”，尽管一开始他们完全不被看好，但事实是，他们将建立欧洲第一个帝国。

（一）初涉深海

农耕民族早已见惯了大江大河的汹涌和无情，当面对浩瀚的大海时，他们是不太可能裹足不前的，何况是风平浪静的地中海。因此古埃及王朝和苏美尔城邦的船队本应都出现在地中海上。但是我们只能发现古埃及的桨手们，却并无苏美尔人的踪迹。我们仿佛听见苏美尔人略带为难之色地说：“我们不仅离海岸有点远，而且人心还比较涣散。”

既然有了王朝，古埃及就必然有地位和分工的不同。上等人住进了石头砌成的宫殿和豪宅，较低等的依然住在泥砖的土屋里；有人从事农耕，也有人利用技艺制作手工艺品，如烧制陶瓷和花瓶，并在上面点缀五彩斑斓的颜色和图案，和我们今天没什么区别。这些珍贵的文物在世界各大博物馆里都可以见到。因为这些精美的装饰品也可作为陪葬品，所以也能从古墓里挖出来。自从铜被发现，石刀和石斧也就被更锋利的铜刀、铜斧所取代了。古埃及人司空见惯的东西，在在边远之地生活的人们眼里却是闻所未闻的稀罕物，于是，商机出现了，人类的商业贸易开始了。

交易的商品准备就绪，最紧迫的就是赶紧定位潜在买家的位置。地中海南岸的北非海岸，一艘艘满载货物的古埃及商船出海了，船身两侧赤膊的桨手们卖力地划动船桨，桅杆上的布帆知道如何利用海风去寻找正确的方向。

沿着地中海东海岸线逆时针航行，古埃及的商人们一路上都会看到小规模的村落或城镇。在东海岸的今以色列和巴勒斯坦地区，古埃及的商品大受欢迎。行至地中海的东北角，可以看到较大规模的城镇，今叙利亚地区因为优越的地理位置成为当时陆路贸易的中枢。继续航行到东地中海的北岸，小亚细亚和希腊的原住民也在岸边等待。从此，古埃及的商船就在东地中海上络绎不绝地穿梭。

古埃及人也许不知道，就在前不久，他们的不远处有一个小岛，那里的人们用无比惊奇的眼神看着海上漂浮的巨大物体缓慢地移动，既不知道它们是什么，也不知道它们要干什么。他们的心情很复杂，想让它们靠近以看个仔细，又恐惧它们是魔鬼的使者。也许是一次意外的偏航，古埃及的船队到达了这个小岛——克里特岛，它是地中海的第五大岛、爱琴海的第一大岛，这里实际离非洲大陆只有三百公里左右。

因为只会制造独木舟，无情的地中海就让克里特岛居民与世隔绝，所以他们被眼前高大的帆船、从船上下来的穿着亚麻服饰而非兽皮的人震惊了。但让岛上居民更开心的是，古埃及人拿出了他们从未见过的精美商品。古埃及的商人们也感到意外和欣喜，因为眼前的人们完全是一群没有见过世面的“乡巴佬”，丰厚的利润唾手可得。克里特岛的居民禁不住这里看一看，那里摸一摸，特别是当古埃及人拿出一把青铜斧，示意一个克里特岛居民用自己腰间的石斧与之碰撞，石斧应声破碎时，再不需要任何解释了。克里特岛的居民回头看了一眼他们身后的羊群，暗下决心要拿自己最好的东西去交换（由于那时并没有统一的贵金属或货币，以物易物是唯一的选择）。

自从双方有了第一次紧张而愉快的合作，克里特岛就成为古埃及商队的重要一站。由于受古埃及先进文明的影响，克里特岛产生了欧洲最早的文明，而它的老师，就是古埃及。

从岛上居民交易到第一个青铜器具或工艺品的那一刻起，克里特岛就以牧群作为入场券，加入了东地中海文明俱乐部，这大约发生在公元前3000年左右。此后约一千年内，克里特岛的人们学会了冶炼和使用青铜器、制作精美的工艺品、制造大型的船只，也能像他们的老师（古埃及）一样开始海洋贸易。经过约一千年的发展，这个文明在公元前2000年左右达到顶峰状态。克里特文明成为人类历史上第一个主要依托海洋而繁荣的小型文明。

然而，这个文明在达到顶峰后不久，被来自北方的草原游牧民族古希腊人摧毁。克里特岛上的人们从古埃及老师那里承袭的王权，被古希腊人视如敝屣。不仅如此，进入青铜时代的欧洲并没有利用它去创造更高的文明。从这一点看，农耕民族似乎展现出更高的素养。

（二）神器下凡

在此后的几千年里，农耕民族成为传播人类文明的重要火炬手之一。但是，在展开西亚两河流域波澜壮阔的民族融合史或者战争史之前，我们还有一个极为重要的“新人”要介绍。

在黑海和里海之间，横亘着一座巍峨的山脉——大高加索山脉。这里如今被确定为亚洲和欧洲的一段地理分界线，不仅阻挡着海风和气流，也阻挡着人们前进的脚步。公元前3000年左右，原本生活在山脉北部东欧平原的一个民族，逐渐步入了小亚细亚半岛，这个民族原本默默无闻，因为没有历史记载传世，后来古希腊人在自己的历史书中称呼它为赫梯人。此后也有很多生活在附近的民族都是古希腊人命名的。

小亚细亚半岛，除了西部一些低矮山地，东部地区是高原，被称为安纳托利亚高原，小亚细亚半岛也可称为安纳托利亚半岛。半岛三面环山，多荒漠、沼泽，地理环境毫无亮点可言，于是我们大略可以知道，为什么半岛地处欧亚交汇处，南北都是无敌海景，却鲜有在这里定都的帝国。但是战争不会计较这些。

为一个外人取名，古希腊人不会费力去查阅词典，左右斟酌，以求文雅或者威武。在日常生活中，如果给某人取外号，一般会根据其最显著的特征。赫梯在希腊语中的意思为“铁”，因为这群翻越四千米海拔的人带来了一件天外之物——铁器。虽然青铜斧可以轻松砍碎石刀，但一遇到铁剑，则胜负立判，高下已分。正如一支强悍的军队，人们一般都习惯性称之为“铁骑”，不会称其为“铜骑”。

可以预测，谁最先大规模地配备铁质武器，谁就能建立强大的帝国，甚至是可以扩张的帝国。在赫梯人迁徙到小亚细亚之后的前一千年里，他们依然本本分分地过着半定居半游牧的生活。小亚细亚半岛由于地处亚欧交汇之地，与东地中海和两河流域都进行贸易往来，直到一千多年后才进入帝国状态。赫梯帝国的军队向东推进到西亚两河流域，消灭了古巴比伦王朝，与古埃及大战几百年，掀起层层战争的巨浪。古埃及通过东地中海的贸易，从赫梯人那里进口了铁器。在西亚两河流域北部，从阿拉伯沙漠边缘迁徙而来的亚述人，近水楼台先得月，从赫梯人那里学会冶炼和使用铁，并在军队中大量使用铁制武器，成就了后来的亚述帝国。赫梯帝国和古埃及帝国这两位老大哥都为之万分紧张和不安，他们由对手变成盟友去抵抗亚述帝国。然而无济于事，赫梯帝国被打回原形，仓皇回到小亚细亚，古埃及也被亚述帝国短暂地占领。

与铁的使用和传播相比，赫梯帝国和亚述帝国都不会更引人注目，因为赫梯帝国终会灭亡，亚述帝国也会被取代——任何帝国都将消失于历史的洪流之中，但是铁器的运用不会消亡。如果说，古埃及发现铜是继人类使用火之后第二个有划时代意义的节点，那么赫梯人最先学会冶炼铁就是第三个，因为其推动以铁制武器为主的冷兵器时代到来并延续了三千多年。

因为后面的主角在东方，现在我们就暂且再向西多走一步。

小亚细亚的西部，有一个靠近欧洲和亚洲分界海峡——达达尼尔海峡的小城——特洛伊，考古挖掘证明它曾数次被摧毁，又数次被重建。公元19世纪末之前，人们都以为特洛伊城只是《荷马史诗》虚构出来的，然而考古证实了它的存在。特洛伊城几乎位于亚洲的最西边，大约在公元前3000年到公元前1500年，这里是一个各族商人的贸易集散地。关于特洛伊战争的故事，世界上大多数人耳熟能详，美国电影《特洛伊》里，影星布拉德·皮特饰演的阿喀琉斯精彩的斩杀动作令人印象深刻。如果你知道阿喀琉斯只是古希腊神话中半人半神的英雄人物，就会猜到真实的历史并不是为了争夺一个美女而引发的十年战争。下一个千年之末，我们会再次回到这里。

（三）太阳神的召唤

如果自己家里土地肥沃、丰衣足食，就不会对荒凉的沙漠戈壁或者居无定所的草原感兴趣，更不会想去占领它，这也是农耕民族一贯相对温和的原因。

古埃及人就是这样，除了与地中海周围的人们做做贸易，对欺负他们丝毫没有兴趣，从根本上说，也没有值得他们这样做的动力。于是，古埃及人将多余的精力都放在另一件事情上。

不久之后，古埃及一座座高大的建筑奇迹般地拔地而起，并毫无压力地在接下来的约四千五百年内荣获世界最高建筑的殊荣。而打败约一百五十米高的金字塔的，是公元1889年建成的位于法国巴黎的埃菲尔铁塔。只不过，二者不可一概而论，一个是由石头堆砌而成，一个是钢的组合。

如今，墓地的价格逐渐高涨，但古埃及的法老却不会有这种顾虑，唯一困扰他们的，是如何获得重生。古埃及人不仅崇拜赐予粮食的尼罗河神，而且认为太阳神就是另一个伟大的神，如果要实现穿越未来三千年死而复生的梦想，就要在死后躺在离太阳更近的地方，以更快等到太阳神的召唤。因此，即使代价再大，也在所不惜。

在法老选址的墓地上，青铜工具与巨石发出的碰撞声此起彼伏，数十万名劳工一边挥洒着汗水，一边祈祷几十年的工期早日结束。平均重量约两吨半的巨石（最重的达五十吨），被巧夺天工地切割和打磨，当两百三十万块这样的巨石被严丝合缝地层层堆叠，一座无与伦比的私人墓地就建成了，以法老的名字命名为“胡夫金字塔”。法老终于可以躺在离太阳神更近的地方，以千年一动不动的姿势，吸收着太阳光辉的精华，即使几千年风吹雨打，也难以消磨金字塔的万分之一。大约从公元前2700年开始，一百多座大小不一的金字塔在此后一千年内，陆续竣工。与古埃及的奢侈相比，苏美尔人则显得异常务实和低调，死后的人会被埋在城镇边、自家院子里，或者房间的地下，没有棺材，也没有陪葬品。

人们总会对第一名好奇。约四千五百年后建成的三百多米高的埃菲尔铁塔才超越了胡夫金字塔的高度。然而，它也很快被超越。截至2022年，世界的最高建筑，当属迪拜的哈利法塔，高达八百多米，“欲与天公试比高”的霸气外露无疑。但是，沙特阿拉伯王国已发布声明，他们很快就要更新这个排行榜，因为他们正在建造高度超过一千米的“王国塔”。

第二名是容易被遗忘的，但是，古埃及第二高的金字塔——哈夫拉金字塔，却让我们不得不为之驻足。哈夫拉金字塔，基本与胡夫金字塔建于同一时期，哈夫拉是胡夫的儿子，因此，尽管因为建筑地基高一些，儿子的坟墓看上去更高大，但实际比父亲的还是略低几米，估计是担心建高了，等到大家都复活之后，不好当面向父王交代。当然，尊老绝不是我们多看它一眼的原因，而是因为哈夫拉金字塔的旁边还有一个巨大的雕像——狮身人面像，这是一座被打磨得精美绝伦的雕像，然而这不是重点，我们想着重谈一下的是人首和兽身的结合。

斯芬克斯是古埃及神话里的守护神，狮身人面，象征着仁慈和高贵。可以肯定的是，这个神话形象应该是最早的起源，因为以后西亚和古希腊都有类似的神话形象，西亚的斯芬克斯有了双翼，古希腊的斯芬克斯还变成了雌性。后世有国家以狮子为守护神，如英国国徽里的狮子，古希腊文化毫无疑问地影响了古罗马文明，而罗马帝国文明是现代欧洲文明的基石之一。

古希腊神话里，还有一种半人半马的形象叫作“半人马”。有人说这是因为古希腊人惧怕野蛮凶残的草原游牧民族骑兵，而马是草原游牧民族最先驯服的，在公元前2000年左右从中亚草原传入西亚两河流域，但是古希腊人本身也是草原游牧民族，所以惧怕是不可能的，应该是出于对原始的动物崇拜而产生的。华夏传说中的伏羲和女娲都是人首蛇身，最早记载可追溯到先秦时期，这都是由于人类对自然、动物和神灵的崇拜或敬畏而虚构的。

（四）亚洲第一个帝国

针对尼罗河流域早早地就诞生了王朝的局面，西亚两河流域也在积极地筹划着自己“九死一生”的未来。

约公元前3000年，苏美尔人在两河流域下游的平原建立了十几个独立城邦，各城邦之间互相敌视，征战不休，毫无新意。

是时候改变了。

阿拉伯半岛，虽然头戴世界上最大半岛的桂冠，乍一看是三面环水的风水宝地，但气压和信风给了它一个酷热少雨的热带沙漠气候。它内心很渴望奔腾的河流，但只能无比失望地面对一望无际的沙漠，人们只能在沙漠边缘过着自由但贫困的游牧生活，幸好还有骆驼可以与他们相依为命。在沙漠边缘的绿洲地带，生活着许多游牧部落，在这里，他们没有名字，只有走出去成为强者之后，才会有名字，有极其响亮的名字。

阿拉伯半岛沙漠游牧民族的迁徙路径，有两个选择。一是地中海东岸狭长的沿海地区，在那里可以农耕、可以游牧，还可以贸易，重要的是可以接触到伟大的古埃及文明。二是西亚两河流域，苏美尔人舒适的城镇生活令人神往。虽然第一种选择的发展空间看似很大，但只有选择第二条路，才有机会强大起来。

公元前3000年左右，一个叫阿卡德的部落，迁徙到两河流域。起初，苏美尔人肥沃的农田、舒适的城镇，让营养不良的阿卡德人大开眼界，心里充满羡慕和敬畏，于是他们悄悄地在上游找了一个偏僻的地方落脚。自从看到了外面的世界，阿卡德人决心放弃漂泊不定的游牧生活，从此安定下来。于是，他们开始学习农耕，偶尔也和附近城镇做一些贸易。几百年过去了，他们发现苏美尔人建立的各城邦还是一成不变地不睦和争斗，也许，这激发了沙漠游牧民族的战争血性。

公元前24世纪左右，阿卡德人在首领萨尔贡一世的带领下，征服了不团结的苏美尔人，首次统一了两河流域，亚洲终于等到它的第一个帝国——阿卡德帝国。沙漠游牧出生的阿卡德人，曾经目不识丁、一无所有，所以他们拼命地汲取苏美尔人的智慧营养，逐渐入乡随俗，终于登顶为王。虽然经过先进文明的洗礼与熏陶，但是阿卡德人的个人仪表仍稍显邋遢，苏美尔人留着短发、脸部胡须刮得干干净净，而阿卡德人则长发披肩、胡须很长，唯一比苏美尔人强一点的是，他们穿着鞋子，苏美尔人是赤脚。然而这并不妨碍两个民族之间的融合，阿卡德人的弓箭手和苏美尔人的长矛兵此后还会并肩作战。历史上类似的融合从来没有停止过，有的游牧民族变成农耕民族，富足的生活取代了清苦的日子，漂泊的浪子找到了避风的港湾。

然而，不是所有人都如此幸运。

（五）王朝的更迭

阿卡德人建立的亚洲第一个帝国，顺着幼发拉底河逆流而上，一直向西扩张到地中海沿岸。征服结束后，站在海边看看风景——叙利亚人很忙碌，港口还有一些古埃及的商船在装卸货物。还有一些阿摩利人，他们和阿卡德人同宗，属于沙漠游牧移民，作为商业配角，他们似乎过得并不如意。但是如果阿卡德人知道，这群略显失意的阿摩利人将会是以后的巴比伦之王，也许会多看他们两眼。

阿卡德帝国的萨尔贡一世，不是战争狂人，也没有继续统一已知世界的中长期计划，而且古埃及人也醉心于自我修炼，因此两个帝国之间暂时没有战争。阿卡德人在不到两百年的时间里，与苏美尔人相互融合，出现了轮流执政的局面，所以他们的王朝也可以称阿卡德王朝为“阿卡德苏美尔王朝”。

战争长时间的缺席，使刀剑在安逸的生活中日渐生锈。公元前2191年，今东方的伊朗，突然出现一个草原游牧民族——库提人。在不经意间，库提人便击败了阿卡德人和苏美尔人的王朝。来自边缘之地的库提人，统治水平可想而知，这又使苏美尔各城邦纷纷复兴。

不负责任的库提人，留下了一个烂摊子。此后的约八十年间，西亚两河流域陷入混乱，又回到类似苏美尔城邦间的钩心斗角的时期。苏美尔城邦中一度实力最强的乌尔，趁机建立了一个乌尔王朝。这个王朝平淡无奇地维持了约一百年，远称不上伟大和强势，作为一个短暂的过渡性质的王朝，似乎是暂时代管西亚两河流域，等待另一个征服者的到来。被阿卡德人忽略的在地中海东岸的阿摩利人，将很快来到此地。他们会让一个默默无闻的偏僻村庄，成为西亚两河流域王权长久的代名词！

在地中海东岸的海岸线上，已经聚集了很多从沙漠边缘迁徙而来的游牧民族，他们住在城镇，农耕兼畜牧。地少人多的超负荷状态迟早会到来，到那时，战争将不可避免。于是，大家都在拼命通过农耕、贸易来发展自身实力，以应对即将到来的帝国时代的血雨腥风。叙利亚人生意做得很红火，对建立一个沟通东西南北的商业帝国充满信心。由于这里地狭人多，自然有些人过得不太如意，阿摩利人应该是在这样的背景下，向东迁徙到西亚两河流域的。

公元前2200年左右，阿摩利人用无奈和落寞的眼神看了叙利亚人最后一眼，然后驱着骡车、赶着牛羊，从叙利亚出发，沿着幼发拉底河，来到两河流域下游一个叫巴比伦的小村庄。和当初阿卡德人来到这里一样，人生地不熟的阿摩利人，谨慎低调。借助此地区的优渥环境，阿摩利人也逐渐过上了富足的生活，安居乐业的生活使他们忘了在叙利亚的不快遭遇。他们也许目睹了库提人对这里的冲击，从而产生了一些不可告人的想法：如果自己也像库提人一样，并改掉虎头蛇尾的毛病呢？然而他们初来乍到，仍需要时间积攒能量，有些想法也只能暂时放在心里，默默地等待时机。如果确实等不及了，不妨找个盟友。

默契的是，阿摩利人的盟友，已经在波斯的西南地区等了他们几百年了。在靠近波斯湾的地区，当地的土著在公元前2700年就建立了埃兰王国，这是今伊朗地区历史上的第一个王权。按照当时的世界形势，这里是世界边缘地带，穷乡僻壤，尽管埃兰王国的文明有可圈可点之处，但是对于凭借武力方能立足的西亚两河流域，埃兰人不敢轻易踏足，除非准备充分，或者有个盟友。

事情变得豁然开朗，战争的号角吹响。不管二者之间是否真的有密谋，实际情况就是，约公元前2006年，阿摩利人和埃兰人，一西一东，合力推翻了乌尔第三王朝。但在此时，又发生了一些意外情况。首先，埃兰人患上了严重的“战争后遗症”。乌尔第三王朝虽然知道即将失败了，但是心里很不平衡，他们想不通的是，自己竟然被这些来自穷乡僻壤的人趁火打劫，于是对其穷追猛打。结果埃兰人不仅没有获得任何战争收益，反倒被打回故地，懊恼不已。平静下来之后，埃兰人发誓下次一定要报仇雪恨，而且一定要获得实实在在的好处才行。的确，他们实现了誓言，不过要等约九百年。其次，阿摩利人虽然征服了两河流域，但是是靠与盟友的合力实现的，直接统治还是有很大难度的，建立统一王朝的准备工作还要花费约两个世纪的时间。因此在这一个千年之末，我们仍无法看到一个让古巴比伦的大名飘荡在两河流域上空的帝国。

沙漠游牧民族最坏的运气是遇到草原游牧民族，不过最开始来的只是探路者，征服者暂未出现。

卡塞特人，一支来自今中亚哈萨克草原的游牧民族，沿着伊朗高原南下，公元前2000年左右，定居在两河流域的东部，伊朗西南的扎格罗斯山脉中部，埃兰王国的西北方。这一条路线，也是此后千百年来东方草原游牧民族络绎不绝地参与人类文明发展史的重要路径。

卡塞特人到来的时候，带来了一种像骡子一样的动物，吸引了周边各民族的眼球。驴是当时西亚地区最普遍的畜力工具，不过卡塞特人的“驴”看上去更健壮和高大，即使一个成年人坐在上面，奔跑起来速度也非常快，偶尔还伴随悦耳嘹亮的嘶吼。卡塞特人隆重地向大家介绍，这种动物叫作“马”。

马，是公元前2000年左右，即四千年前，由卡塞特人引入西亚地区的。几百年后，当来自西亚的西克索斯人策马杀到古埃及时，竟把古埃及的骆驼骑兵连人带骆驼都吓了一跳。对新鲜事物一无所知是令人恐惧的，可能是因为骆驼受惊了，古埃及人落败，被来自西亚的民族征服统治了几百年。这也是古埃及首次被外族统治。不仅如此，磨难也将接踵而至，在此后约两千五百年的时间里，有更多外族轮番踏上埃及的领土，坐在法老宫殿的宝座上，欣赏尼罗河旖旎的风光和金字塔的雄伟。

当初，在金字塔建造得如火如荼的时候，在南亚次大陆的一条大河流域发生了一个神秘的事件，至今仍迷雾重重，因为它神秘地来了，又莫测地走了。

（六）犹抱琵琶半遮面

连绵不绝的喜马拉雅山脉送给南亚次大陆两份厚礼，即两条河流，一条是印度河，另一条是恒河。前者主要流经巴基斯坦、克什米尔地区，后者主要流经印度和孟加拉国。

南亚次大陆，虽然这里的古文明被称为古印度文明，但是这个“古印度”指的是整个次大陆，而不仅仅指今天的印度共和国。古印度文明有着非常与众不同的一面，它分为两个断开的阶段，第一个阶段发生在印度河流域，第二个阶段以恒河流域为中心，前者主要在今巴基斯坦境内，后者在今印度境内。

自从南亚次大陆正式登上人类历史舞台，这里就成为外族纷争的逐鹿场，农耕文明支离破碎，统一几乎成为奢望。两千多年前，南亚次大陆的恒河流域诞生了第一个统一王朝——孔雀王朝，只存在一百四十年就灭亡了；约五百年后笈多王朝建立，仅坚持了二百三十年；半世纪后，又出现了一个短命的王朝——戒日王朝，之后便陷入了约九百年的无边混乱；公元16世纪初，蒙古帝国的后裔统一了这里；三百多年后，大英帝国接手，开始了殖民统治，九十年后，盎格鲁－撒克逊人撤回到大不列颠岛。从古至今，南亚次大陆一共只有九百年左右的统一时期，外族统治就占了近一半的时间。

印度河文明，显然得名于长度约三千公里的印度河，喜马拉雅山脉赋予了它生命，在今巴基斯坦境内注入阿拉伯海。相对来说，印度河流经巴基斯坦的长度远大于流经印度的。根据两国协议，印度只能拥有印度河五分之一的水量。公元1947年以前，印度和巴基斯坦是没有国界的难兄难弟，在近一个世纪之内，穆斯林教徒和印度教徒都戴着大英帝国殖民统治的沉重枷锁。公元20世纪，印度掀起民族独立巨浪，大英帝国经过成本分析，得出的结论是，自行撤去殖民统治比镇压更经济，于是就背着大量财富回到伦敦。

临走之前，英国人也“不辞劳苦”地帮这里的人们规划几个新国家的疆域范围。在英国的规划下，主要信奉伊斯兰教的巴基斯坦独立，主要信奉印度教的印度独立，这样，印度就被巴基斯坦左右包夹，因为今孟加拉国当时也属于巴基斯坦，被称为东巴基斯坦。这明显就是唯恐天下不乱的恶劣行径。二十多年后，孟加拉国也独立了，西方人遗留的问题好像解决了，然而，仍是前路漫漫。在过去的几千年内，众多的外族拖家带口地涌入这块土地，语言、肤色、文化、宗教日益多元，混居的他们将这片大陆装饰成一个万花筒，因此任何妄想靠几条国家分界线就解决问题的想法，都是幼稚的。或许，当初就压根没有人想解决问题。

西方人最喜闻乐见的就是别国的分裂。英国希望欧洲大陆永远都吵吵闹闹，这样大不列颠岛就可以睡个好觉；美国也希望除它之外的地区都纷乱不断，这样美国秃鹰就可以自由跋扈地飞扬，不信可以看看当今非洲整整齐齐的国家分界线、朝鲜半岛的“三八线”。

因此可以说，古印度文明的第一个阶段，是属于巴基斯坦的古文明。

在约公元前2500年，戴着面纱的印度河文明娇羞地出场了。牛羊遍地、鸡鸣犬吠，大象是特色，老虎也是有的。城市布局井井有条，垃圾处理站、下水道、浴室、厕所等一应俱全，比约两千年后的古希腊和古罗马都要更有规划，甚至比当今世界上的有些地区还要好。该文明的人很坚强刚毅，城市数次被灾难毁灭，但依然被重建。这一切都是基于考古。考古发现，这个文明已经有了文字，但是直到现在，对世人来说，这些文字仍犹如天书，只能靠猜。

既然都是靠猜，我们不妨也试想一下。在西亚两河流域，部分苏美尔人预感到了阿卡德人的危险，规划新的迁徙路线迫在眉睫，东南西北四个选项，任选其一。

此前不断有消息传来，西边的海岸线上早已人满为患，于是好多人都要往两河流域跑，此后阿摩利人的遭遇也印证了这一点，所以西方路线这一选项被划掉；南方，显然不行，因为都是沙漠，无地可耕；北方，据说那里有亚述人，和阿卡德人一样也是从沙漠边缘迁徙过去的，民风彪悍，不太好惹，而且底格里斯河河岸太陡，种田灌溉要手提肩扛，亚述人天天在那里辛辛苦苦地凿石头盖房子，此路也不通。最后只剩一条路了——东方，具体来说，就是东部的伊朗高原。只要能忍受千里跋涉、风餐露宿就可以通行无阻。一行人在快要绝望的时候，一条奔流的大河映入眼帘。众人喜极而泣，跪地拜谢上苍，从此印度河成为他们的故乡。

与当地土著以及从中亚草原南下的游牧民族杂居后，苏美尔人利用自己在两河流域的先进经验，将城镇建设得更加完美。他们就是因为强权逼迫才背井离乡的，所以在新的家园，他们要求一切都靠自己勤劳的双手创造，所有人都相亲相爱，和睦相处，坚决不搞王权，反对任何形势的压迫，因此不准修建王宫神殿。全体立下誓言，即使天灾不断、洪水肆虐，也要你毁我建，再毁再建。在此后几百年的时间里，虽然遭受了多次天灾，城镇也数次被摧毁，但是这些智慧而顽强的人，让印度成为人类文明的发源地之一。

（七）天外飞来的九曲十八弯

诗仙李白说，“黄河之水天上来”。

中国历史之父司马迁所著的《史记》告诉我们，中华文明源于黄河。

尽管中国发现青铜器的时间比古埃及晚了约一千年，但考古表明，公元前3000年左右，一个生生不息的中华文明萌芽破土而出，成为喜马拉雅山脉以东的文明之光，周围各游牧民族期盼的心将从此被照亮。

虽然中华文明不是最早的文明，但是它向世界证明有一种文明可以世代永续。近五千五百公里长的黄河见证了繁华灯火，也目睹了萧瑟乱世，从三皇五帝到新中国，一直生生不息。

约公元前3300年到约公元前2600年，中华大地散居着一些远古的部落。远古的化石告诉我们，他们从非洲到西亚、南亚，最后从东南亚进入中国，这是人类大迁徙中的一条线路。另外，远古时期，中国北方被原始森林、荒漠戈壁等覆盖，而且从东至西连成一线，让远古先民整体从北方南下的概率大大减少。

黄帝，并非皇帝的谐音，而是中华民族的人文始祖。

4500多年之前，黄河流域分布的部落都属于母系氏族社会。黄帝之父、有熊氏的首领——少典，是我们的太祖。太祖少典的婚姻状况表明，部落开始向父系氏族社会转变，因为他有两个妻子。一位妻子生下了炎帝，另一位妻子生下了黄帝，后并称“炎黄二帝”。

炎黄二帝生活的区域，在今陕西境内的黄河流域，随着人口的增加，对土地的需求也相应增长，于是二人齐力向黄河下游，即向东扩展。这时，兄弟二人与东部的部落首领蚩尤发生冲突。原始部落战争一触即发。战斗发生在今河北境内，过程自然是惊天动地的，结果就很简单，炎黄二帝大败蚩尤，蚩尤被杀。于是炎黄二帝成为黄河流域的共主。

然而，在史前社会没有明确管理制度和社会秩序的约束下，炎黄二帝这一对同父异母的兄弟产生了矛盾，于是二帝大战，炎帝落败。炎帝愿意接受失败，并且诚心辅助黄帝，专心发展农业和钻研医学，神农尝百草就彰显了炎帝以大局为重的大德，黄帝则为了中华民族的发展而奋斗终身，相传最终乘龙飞天。

龙，是在现实自然界中并不存在的神兽，它的设计师就是黄帝。相传，在黄帝统一黄河流域的过程中，征服了很多小的部落。这些部落各有各的图腾，如蛇、鹿、牛、羊、鹰、蜥蜴、鱼等，打起仗来，跟欧洲一样也是动物总动员。

在处理这类整合的问题时，不同的处理手法，就成为塑造不同民族文化的重要因素。埃及第一王朝的国王美尼斯采取了互不得罪的方式，所以上埃及和下埃及虽然统一，但实际上十分松散。而在大英帝国中，英格兰征服并整合了苏格兰，把英格兰的狮子和苏格兰的独角兽一左一右放在国徽上，而苏格兰独立公投的人群也只是刚刚散去而已。

作为农耕民族，如果不能保持强大的向心力，不仅不能驯服汹涌奔腾的黄河，而且势必会陷入无休止的纷争，也可能为了黄河的用水比例争论不休。值得庆幸的是，中华民族有远见的祖先，在四千五百多年前就设计出了“一锤定音”的方案，生生不息的民族，必须有千秋万代的标志和形象。于是新的设计方案提上日程，蛇身、鹿角、牛耳、羊须、鹰爪、蜥腿、鱼鳞被有机地合并，从此神龙降临神州大地，天下一统成为人心所向。只有同呼吸的民族，才可能源远流长；唯有共命运的国家，才可能万古千秋。正如日常人际交往中，我们都喜欢与大气的人交往，国家也一样，有历史积淀、有民族凝聚力的大国才能处处彰显宽广的气度。

黄帝是五帝[①]之首。黄帝有两个嫡子，次子昌意的德行不高，但昌意的儿子颛顼优秀，从祖父的手中继承大统，成为五帝中的第二位。风水轮流转，五帝中排名第三位的帝喾和第四位的尧都是黄帝长子玄嚣的后裔。到了五帝中的最后一个帝舜，则又是来自黄帝次子这一分支。自此，二比二平手。帝舜，传位于本支系的禹，即治理黄河有功的大禹，比分变成二比三。

驯服奔腾的河流，是农耕民族面对的共同问题。大禹的父亲曾肩负治水重任，但以堵为主的方法注定失败，大禹子承父业，采取以疏为主的策略让黄河变得平静，使良田丰收，人们安居。出于治水需要，大禹按地域将天下划分为九州，也铸造了九鼎以象征统御天下的权力。九鼎

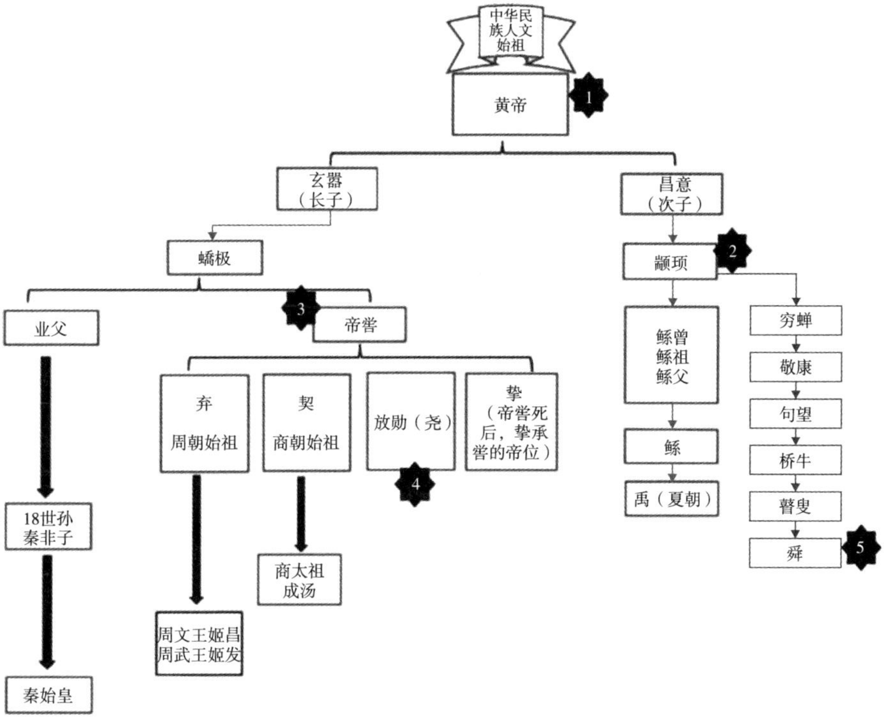

①关于五帝的说法并不统一，这里采用的是《大戴礼记》的说法。

一直流传了两千年，直到秦始皇帝一统天下之后，才改为传国玉玺。

如果黄帝的子孙都能如五帝一样，选贤择能继承大统，则乱世不存，但历史摇头不允。

禹的儿子启，毫不客气地将彬彬有礼的禅让制一把推开，拉着世袭制的手登顶王座，建立了中华文明的第一个奴隶制王朝。约公元前2070年，启在黄河流域正式建立了夏朝，因此也被称为夏启。

三

风云开阖

（公元前2000—前1000年）

原本沉寂和黑暗的世界，被轻轻推开的几扇窗点亮，被不息的激流滋养着的文明蓓蕾逐渐绽放，这让人类历史有了更多精彩的可能。只不过现在，人类仍在点点星光中蹒跚前行，几家欢喜几家愁。

约公元前2000年，一个来自乡下的参赛选手腼腆不安地入场了，他们创造了奥林匹克运动，定居在今天的希腊半岛，被称为古希腊人。在之后的数百年里，来自草原的他们，对于是否要涉足神秘的海洋，一直犹豫不决。在东地中海文明的影响下，古希腊人将摧毁欧洲第一个海洋文明，独霸爱琴海，并在不经意间挑起了对东方的入侵战争。两百年后，来自中亚的草原游牧民族波斯人，也低调地徘徊在两河流域的边缘之地。此时，古希腊和波斯都不知道，在未来的某一天，他们将是代表东西方世界的死敌，东西方世界从此不睦。

西亚两河流域，已然成为众多民族竞相争夺的宝地。一个默默无闻的小镇——巴比伦，让自己的名字成为这片土地的代名词，这也引起了更多竞争者的兴趣，赫梯帝国、亚述帝国轮流登场。

与此同时，古埃及再也找不回平静如水的日子，一千五百年的和平岁月戛然而止。不速之客来到尼罗河流域，古埃及法老的王座上开始坐着外族的统治者。这一刺激让古埃及变身为帝国，开着刹不住的战车冲进西亚，与赫梯帝国之间刀光剑影了几百年，最终因共同敌人的巨大威胁，而不得不握手言和。但两国即便结盟，也无法与疯狂的亚述帝国抗衡。

印度河流域，特立独行的文明已经延续了约八百载。然而，没有攻击性武器就算了，连城镇的防御都不受重视，在弱肉强食的世界，这无异于裸奔。好在，在它离奇衰亡约两百年后，来自中亚草原的游牧民族雅利安人来到此地，成为新的统治者。约五百年后，他们持续深入南亚次大陆的腹地，一直推进到恒河流域。属于今印度的历史，在朦朦胧胧中开始了。

在这一个千年，华夏文明也将见证两次王朝的更替，在探索实质统一的道路上，周王朝决定改变松散、无序的统治，分封制也让中华民族从此开枝散叶。尽管周边的草原游牧民族初露锋芒，但暂无太大威胁。总体来说，中华民族起步顺利，未来可期！

（一）十五个世纪的约定

对于苦苦寻找宜居之地的民族来说，大江大河就是上天最好的恩赐。长度约三千公里的多瑙河，是欧洲第二长河，然而有一群人，却视而不见。

欧洲，希腊半岛。

约公元前2000年，一群人从黑海以北的草原出发，驱马车、赶羊群、拖家带口，越过多瑙河继续南下，直到到达希腊半岛，最后面对一无所知的大海，他们才决定停下脚步，原地放牧，成为了古希腊人。来到希腊半岛之后，他们省去了客套和寒暄，用了约五百年的时间征服了原住民，并完全控制了希腊半岛。然而这只是第一波移民，当他们打扫完战场，准备在整个希腊半岛自由地放牧时，第二批移民也来了。两批人并没有相互分享的意愿，争斗的结果是，后来者成为征服者，古希腊人的主体组合完成。

对河流不感兴趣的草原游牧民族——古希腊人自然不会被大海所吸引，因为见惯了绿色的草原，落地无根、深不可测的海洋带给他们深深的恐惧。因此，他们在到达希腊半岛之后的前几百年里，仍继续过着远离大海的游牧生活。

在涉足海洋之前，古希腊人依然平静自得地过着游牧的生活。几个血缘较近的家族组成一个小团体，迁徙完成，战争结束，于是男人们继续放牧，女人们从事小规模的耕种，日子过得波澜不惊。人口随之增加，慢慢发展出城镇、小规模城市。但是等你期待它理所当然地变成国家的时候，它依然还是城镇和城市。部落需要议事的时候，就召开全体会议，来决定要不要迁徙，或者对外发动战争，或者解决部落的纠纷。会议由资深的部落长老主持，如果同意迁徙，就二话不说去赶车套马，如果同意战争，就挥动武器，发出兴奋的吼声。

受东地中海文明的影响，古希腊人涉足海洋是迟早的事，管理制度的探索也是势在必行。起初，古希腊人觉得东方征服者的制度应该不错，抱着不甘落后的想法便试着拿过来用用，然而，要在他们之中选一位一呼百应的国王，自由散漫惯了的游牧本性，让他们在情感上无法接受。于是城市管理者可以有，但只可以掌管祭祀仪式之类的差事，大事还是由全体做主，反正人也不多，站在城市中心一声吆喝，成年男子就都来开会了。但是，如果要所有城镇一起开会，连开会的人都叫不齐，所以希腊半岛上只能是一个个小规模的城邦。

事实也是如此，古希腊从起源到灭亡，都没有建立统一王国，如有外敌，城邦可以勉强地联盟，但合并和统一是不可能的。这和当今的欧洲有几分相似，是的，当代欧洲文明的三大基石之一就是古希腊文明。

如果一个文明值得后世学习，那么它一定得有真才实学。古希腊需要通过对外扩张和征服来扬名立万，而且这个对手还必须要分量足够。

约公元前1800年，即古希腊人到达希腊半岛后两百年左右，今伊朗地区来了两位新面孔，他们都是中亚草原的游牧民族，在西北部定居的叫米底人，在西南部扎根的叫波斯人。波斯人就是让古希腊人在欧洲扬名立万的那个高级别对手。伊朗这个名字只使用了不足一百年，而它的古代称呼为波斯，已经使用了约二十五个世纪！这足以说明，波斯就是那个重量级的对手。

作为外来者，米底人和波斯人谨小慎微地让自己尽量不要出现在历史的记载中，认为能够近在咫尺地感受西亚两河流域文明已经心满意足了，只是偶尔在田间地头的闲聊和消遣中听到战争传闻，但他们并不想也不敢卷入其中，这样平静的生活会持续一千多年。波斯人也不知道自己的大名将成为这一地区的长久称谓，曾经不敢奢望的两河流域也成为自己名正言顺的领地；波斯人也没有意识到，自己的对手古希腊人已经提前就位，在等着一千多年后东西方世界的第一次对决。

人类历史没有足够的耐心去等待古希腊和波斯那么久，它手头还有许多优秀演员来确保演出的质量。

（二）遗忘与铭记

虽然阿摩利人和埃兰王国一东一西将乌尔第三王朝击碎，但埃兰王国却无功而返，并一直耿耿于怀。不过，九百年后他们还会再回来，以图挽回颜面。①

然而，阿摩利人也无法立即让所有城邦臣服于自己的脚下。西亚两河流域形势复杂，不仅内部城邦之间矛盾重重，而且外部敌人也虎视眈

① 公元前2006年，阿摩利人和埃兰王国共同灭了两河流域的乌尔第三王朝。公元前1175年，埃兰王国洗劫了巴比伦城。

眈，在这里如果没有绝对的实力，一个民族要让自己的名字被铭记，并不是一件很容易的事情。收拾旧山河花费了他们一百多年的时间，约公元前1894年，阿摩利人终于建立了一个新王朝，尽管此时仍未统一整个两河流域，但是这个王朝的名字——巴比伦帝国，振聋发聩。

阿摩利人的名字被人们遗忘了，巴比伦取而代之，更进一步的是，巴比伦深深地烙印在世人的心里，因为它从此也成为西亚两河流域的代名词。拥有巴比伦，就拥有了取之不尽的富庶之地，成为“巴比伦之王”就意味着成为喜马拉雅山脉西侧东方世界的王者，巴比伦以无穷的魅力吸引着无数梦想成为世界之王的英雄们前赴后继。

巴比伦帝国只有真正统一两河流域才能名副其实，于是王朝期待的英雄呼之欲出。汉谟拉比，巴比伦帝国的第六代国王，经过一系列的征战，终于于公元前1758年统一两河流域。从此，阿摩利人的名字彻底被遗忘，巴比伦之王成为他们的新名字。汉谟拉比被后世称颂的成就之一，是建成了一根两米多高的刻着楔形文字的石柱，这就是《汉谟拉比法典》。我们已然了解到，西亚两河流域习惯在黏土板上刻字，因此这次刻在石柱上的内容，应该是被高度重视的。事实上这是一部比较完备的成文法律，尽管维护的是奴隶主的利益，但毕竟是创新，这一点比内容本身更重要，它是现代成文法典形成进程中的一个重要节点。此前任何好处都没捞到的埃兰王国，在六百年后达到顶峰，于是它洗劫了巴比伦城，顺便把这个闻名天下的石柱也抢走了。可能是因为上次太憋屈，这次连石头都不放过。不过，石柱与他们似乎不合，因为此后他们就开始走下坡路了，约五百年后被亚述人所灭，历史长达两千年的埃兰人就此向历史诀别。

无论是奴隶社会还是封建社会，无论是粗放式民主还是中央式集权，有法可依和有法必依，都表明了统一规范的重要性。有了严明的法律条文，两河流域秩序井然、农业发达、商业繁荣，同时，茅草屋和泥砖屋被时尚的建筑艺术替代，用石头砌成的宫殿和神庙林立，人类对美好未来的追求有了更坚定的理由。建筑艺术中出现的拱门，传入后世崛起的罗马帝国，继而流行于整个欧洲，成为当今世界重要的建筑要素。如我们常说的哥特式建筑，最重要的要素就是尖形拱门，常见于欧洲的教堂，就是来源于巴比伦拱门。

巴比伦代表着成功，象征着荣耀，它就像一个最高等级的奖品，引后世无数帝国追捧又折腰。

阿摩利人创造了巴比伦，虽然他们被遗忘，但是巴比伦被铭记，他们的使命已经完成，历史要求他们离去。

从公元前1894年到公元前1595年，这是巴比伦王朝的国祚，共三百年左右。为了给后世的英雄或者王朝铺路，历史将其命名为古巴比伦，时隔一千年后新巴比伦王朝才会到来。如果古巴比伦王朝是完美开局，那么新巴比伦王朝则是两河流域文明最后的辉煌。夺取两河流域光环的仍然是那个叫波斯的民族，不过此时，波斯人仍在一脸懵懂中试图理解这个世界的游戏规则。

（三）不速之客

在揭晓古巴比伦王朝的掘墓人之前，我们发现，尼罗河和印度河分别迎来了两位不速之客。

尽职尽责的尼罗河，仍然在不辞辛苦地滋养着古埃及文明，日复一日，年复一年。当两河流域陷入战火之时，古埃及人并不认为会有外族来侵扰自己。古埃及的想法是对的，也是错的。

约公元前1700年，古埃及已经处在第十四个王朝时期，几百人的希伯来族群，从巴勒斯坦穿过西奈半岛，到达古埃及。古埃及的法老接纳了他们，于是希伯来人在这里度过了约四百年安居乐业的生活。然而，曾经的小族群逐渐发展成为几百万人的群体，这让古埃及法老不得不重新对他们进行考量和定位，希伯来人的命运从此被改写。原本和阿卡德人、阿摩利人一样属于阿拉伯沙漠游牧民族，希伯来人也在两河流域和地中海东海岸辗转，等他们再次回到巴勒斯坦时，他们种族的名字就会变成我们至今都熟悉的名字。尽管他们占世界人口的比例只有万分之二左右，但物理学家爱因斯坦、马克思主义创始人卡尔·马克思、画家毕加索都是这个民族优秀的后裔，在诺贝尔奖获得者中，拥有犹太血统的人约占四分之一。

犹太人经常被提起，是因为他们的智慧和财富令人艳羡，但我们不能被其耀眼的光环遮挡住探索过往的眼睛。

世界上首个一神教，就是犹太教。此前，世界上各民族都属于多神崇拜。几百年后，希伯来人回到巴勒斯坦，他们的领袖——大卫王在耶路撒冷建立了以色列－犹大王国，大卫就是扑克牌里的“黑桃K”（英文king意为“国王”，另外三个花色的K，本书会陆续提到）。后来，王国分裂，以色列王国被亚述帝国所灭，约一个世纪后，犹大王国被新巴比伦王朝所灭。犹大王国灭亡后，男女老少全部被劫掠到巴比伦，七十多年之后被波斯第一帝国释放，回到故地重新建立犹大王国，从此犹太教基本成型。

然而，犹太人很快又被罗马帝国赶出耶路撒冷，并被明令禁止进入。从此犹太人失去了自己的国家，纷纷被迫远离故土，分散到世界各地，并从事着当时世界上人们都不屑从事的商业领域工作，这是不幸中的幸运。直到七十多年前，公元1948年，以色列国建立，犹太民族终于再次拥有国家，他们为此等待了一千八百多年。

希伯来人到达古埃及的三十年后，古埃及迎来了第二批访客。

与为和平而来的希伯来人不同，来自西亚的喜克索人则带来了战争。古埃及的骆驼坐骑从未见过战马，可能是被战马的嘶鸣惊吓到了，古埃及的军队兵败如山倒。从公元前1674年到公元前1565年，这一百多年间，古埃及法老的王座上第一次坐了一个来自亚洲的外族统治者，这是古埃及第一个外族王朝，但不是最后一个。

古埃及拥有人类历史上最悠久的文明，也一直以和平的形象示人，但当面对外部入侵之时，古埃及再也不愿做一个口衔橄榄枝的鸽子，任人宰割。一直试图坚持与人为善的古埃及开始在痛苦中蜕变，当英雄驾临，古埃及将以帝国的姿态展露在世人的面前，外族将被驱逐。古埃及第十八王朝不仅是三十一个法老王朝中疆域最大的，而且是古埃及历史上第一个跨洲的帝国。因为在能征惯战的法老图特摩斯的带领下，帝国的战车将开进今亚洲的巴勒斯坦和叙利亚地区，周边民族纷纷纳贡称臣，尊古埃及为盟主。

然而，当古巴比伦王朝的毁灭者意犹未尽的时候，古埃及帝国就有了一个强大的对手。①

尼罗河的访客暂告一段落，印度河也有两位访客叩门而入。

第一个访客的身份是如此神秘，以至于直到现在仍然用面纱遮住自己。公元前1700年左右，已经存在约八百年的印度河文明突然不辞而别，其原因或是天灾，或是外敌入侵，也可能是两种都有。神秘访客只留下一堆碎片，等待完成拼图的人，印度河文明离开了，一声招呼都没打。

约两百年后，孤单的印度河接待了一位新的访客，也是它新的主人。

---

①公元前1595年，郝梯帝国消灭了古巴比伦，而公元前1560—前1070年，正好是古埃及的帝国时期。两国展开了百年的战争，直到亚述帝国崛起。

自古以来，不断有草原游牧民族从中亚南下，偏西一些就到了伊朗，偏东一点就到了南亚次大陆，他们被称为雅利安人——有记载以来最古老的草原游牧民族之一，如今的伊朗人（Iran，古称波斯人）明显就是雅利安人（Aryan）的后裔。因此，到达南亚次大陆的一支，被称为印度雅利安人或者雅利安-旁遮普人。旁遮普是印度河流域五河交汇之地，现在印度和巴基斯坦都有个地方叫旁遮普省或邦，原本是一个整体，后来被大英帝国分开。由于雅利安人历史名气较大，希特勒就宣扬欧洲的日耳曼人是雅利安人的后裔，开始鄙视其他种族。这种先确立种族优势以便鼓舞人心的方法，同欧洲的血统论是一个思想基础。然而这两种人是不同的，虽然日耳曼人和雅利安人都被公认来自中亚草原游牧民族，他们肯定有共同的祖先，但是由于迁徙时间和地域不同，二者最多只能算远亲。德国大致所在的地方，以前被罗马帝国称为日耳曼尼亚（Germania），作为德国人近亲的英国人，仍然用日耳曼（Germany）来称呼他们。至于欧洲大陆的民族融合和演变，需要等到千年之后才会开始。而此时，他们披头散发、衣不遮体，在广袤的欧洲原始森林里狩猎和采摘。

印度雅利安人创造的第二阶段文明，初期仍然是神秘的。他们流传下来的最重要的一本著作叫作《吠陀》，是每个部落的游吟诗人通过口头相传整理的。这本书保存下来的最早的文本是公元1200年左右完成的，离实际发生的年代相差近三千年，因此追溯往事有时候需要用到一点想象力。

约公元前1500年，皮肤白皙的雅利安人，策马奔腾地来到印度河流域，至此成为印度雅利安人。这个草原游牧民族，看到即使破败仍胜似天堂的印度河文明的废墟，也禁不住发出赞美和感叹，于是决心成为这片土地的主人。

此时，仍有一些零散的农耕村落生活在印度河流域，尽管草原游牧民族更加骁勇，但要想在此地好好定居下来，就不能全靠武力征服。雅利安人的人数并不多，要善于笼络人心，取得优势地位。有一天，雅利安人计上心来。当不同民族站在一起时，找到大家在某些身体方面的差别，是轻而易举的。雅利安人提议按肤色来排座次，肤色浅的列为上等族群，肤色深的则为低等族群，白皙的雅利安人从此就是一等人。

雅利安人宣布，这就是游戏规则，在没有更好的提议之前就按这个执行。当然，也有提出异议的人，但当雅利安人挥动武器、马蹄腾空时，他们就会识相地放弃。也许，印度的种姓制度就起源于此。按照肤色从高等到低等排序，分别是白色的婆罗门、红色的刹帝利、棕色的吠舍、黑色的首陀罗，还有一种不可接触者。不同种姓之间不可以通婚，自从出生那一刻起，每个人的角色和地位就已注定，存在的规则即合理的规则，直到今天，尽管南亚次大陆遭受了几千年的外族入侵、占领和融合，种姓制度依然存在。

新的组合和规则就这样开启了新的文明。印度河流域遗迹里，所有能找到蛛丝马迹的遗留物，都成为新民族风格的种子，因为此后这片新的土地除了被侵略和被统治之外并没有断层，所以这些风格一直延续到今天。由于没有文字，《吠陀》中口口相传的故事不太好记，但唱出来比较容易记，于是音乐成为这里人们普遍的习惯。都说没有歌曲和舞蹈的印度电影是不完整的，他们在遗留物里发现一个精致的舞女石头小雕像，就被那曼妙的曲线、优美的造型所吸引，音乐和舞蹈自此完美结合，如今，印度电影找到了自己的灵魂标配——音乐和舞蹈。

公元前1000年左右，印度河流域有了铁器，把牛套上铁犁之后，人们对土地的占有量就大大增加了，在向东推进的过程中，又发现了一条大河——恒河，以及南部的大片未知的土地，于是印度雅利安人将这里定为中心。印度雅利安人做了一次极其重要的正确选择。在这片土地上，即使领土面积大大少于邻居中国，印度也养活了十几亿人口。

虽然是从这时候起，真正属于今天印度共和国的文明史开始了，然而，在六百多年内，它将默默无闻，直到有一天，扑克牌中的“梅花K”——亚历山大大帝亲征此地。

（四）王朝易主

如果说，西亚的巴比伦进行的是一场千年的奖杯争夺战，那么东亚的中华民族进行的则是一场永恒的王者接力赛。

在这个千年将近过半之时，分别处在亚洲西部和东部的两个王朝，不约而同地走向灭亡。约三百年历史的古巴比伦王朝，被第一个大规模装备铁质武器的民族——赫梯人摧毁；约四百七十年的夏王朝，也在一个暴君的手里自毁前程。

就在古巴比伦王朝建立之后不久，小亚细亚的赫梯人终于感到，安纳托利亚的生活既单调又冷清，缺乏激情。作为冶铁技术的传播者，公元前16世纪左右，赫梯军队已经普遍装备了铁制武器，于是就开始寻找目标小试“铁”刀。此时，古巴比伦的繁荣和富庶成功地吸引了他们，加之汉谟拉比之后，古巴比伦王朝渐呈衰落之势，于是公元前1595年左右，赫梯帝国的战车就冲进了巴比伦城，铁质武器轻易砍破了古巴比伦战士的盔甲，古巴比伦王朝至此灭亡。然而，坐在巴比伦王座上的却不是赫梯人，铁质武器带给赫梯人的那种酣畅淋漓的征服快感，让战车没有停下来的理由。

强者需要被考验，历史总会给它安排一个对手。古埃及帝国和赫梯帝国，就是被历史安排的那一对竞争选手。

两大帝国棋逢对手，在本土之外的地方展开了长达百年的争夺。今叙利亚和巴勒斯坦地区原本被古埃及帝国占据，古埃及人从赫梯人那里学会了使用铁质武器，赫梯帝国也曾引进古埃及的双人战车，并将其改良为三人战车。最后，稍胜一筹的赫梯帝国逐渐占领了这里。但事实是，双方都没有彻底击溃对手的实力，公元前1283年，两个帝国签订了世界上第一个和平停战条约，避免了二虎相争必有一伤的结果。事实上，两个帝国停战的真正原因是，他们意识到在底格里斯河上游出现了一个更大的威胁，如果双方继续鏖战下去，只会是“鹬蚌相争，渔翁得利”。尽管作出了明智的选择，但两大帝国仍然无法避免被这个新崛起的帝国肆意折磨的命运。

东亚，中华民族将见证第一个世袭王朝的覆灭。老话说，有一就有二。在这个千年之末，接力赛也将迎来第三位参赛选手。

夏王朝让禅让制成为历史，家族世袭制取而代之，直到约四千年后中国最后一个封建帝国灭亡。尽管此后中国历史上仍有因禅让导致王朝更替的事件，但那些都是名不副实的。

禅让制度因为过于美好而不现实，随着人类历史的发展，它早早地退出了历史舞台。世袭制注重的是血统的传承，这在全世界都是一样的，至今英国、西班牙、日本等君主立宪制国家仍在延续这一制度。两千多年中国封建社会的世袭制度中，一夫多妻的婚姻制使封建王朝因为绝嗣而自动灭亡的可能性几乎完全消失，即使没有亲生子嗣，还有“兄终弟及”来确保王朝后继有人。东方社会大多如此。而在西方社会中，自从犹太教的异教——基督教成为大多数西方人的信仰之后，一夫一妻的婚姻制度，让帝国或王室因绝嗣而灭亡的事时有发生。在中国，父死子承、兄终弟及，还可以在侄子等父系血亲中寻找，而西方社会，只有承认母系血统的继承人也是正统，才能将制度延续下去。如罗马帝国的第一任皇帝，是恺撒的甥外孙（恺撒姐姐的孙子）屋大维，而屋大维无嗣，认了一个养子，这个养子却是妻子与前夫所生。

我们说中华文明是一场接力赛，原因就在于所有人都是炎黄二帝的子孙，如果历史记载没有缺失，我们每个人的姓氏都能追溯到最初的祖先，尽管汉族也曾被草原游牧民族统治，但最终的结果多是融为一体。

既然敢为天下先，就要有勇气接受考验。夏朝刚到启的儿子太康这一代，就失国了。历经太康、仲康、相、少康四王约一百年时间，少康才夺回家族权力，称为“太康失国”和“少康中兴”。大禹的孙子太康就是由于爱狩猎，疏于治理，被羿利用以致流亡的，弟弟仲康也成为羿的傀儡。然而不善于总结经验的羿也爱打猎，最后被寒浞所杀。仲康的儿子相开始流亡，轮到相的儿子少康，已经没有傀儡和流亡这两个选项了，不夺回权力就是死路一条。自感势单力薄的少康，派出女艾，以美色和间谍的身份接近寒浞的儿子，最终成功夺回王位。

狩猎，是一项具有多种意义的活动，不仅可以在尚武的时代展示自己的善射能力，而且可以丰富餐桌，使荤素搭配更加合理。狩猎是古代帝王的一大爱好，也许是因为当时的确没有更多的娱乐项目。此后，娱乐项目日渐增多：春秋战国时期开始有几位王侯痴迷于音乐；卫懿公喜欢养鹤，以至于把鹤封为大将军，还赏赐其金银珠宝；罗马帝国的暴君尼禄，特别享受包揽希腊奥运会金牌的感觉；东罗马帝国皇帝霍诺留的宠物是鸡，其中一只叫作“罗马”，当手下向他报告他哥哥的西罗马帝国灭亡时，智商异于常人的皇帝却说道，“罗马”刚才还在他怀时吃食呢；宋徽宗如果做一个与世无争的书法家，就不会被俘受辱；明熹宗更喜欢做木匠活而不是批阅奏章。

相对于帝王“高雅”的娱乐或兴趣，有一群人则喜欢靠头脑和手艺做生意。

作为夏朝的附属部落，商部落定居在今河南商丘附近。汉字“商”，最常见的组词就是商业、商人、商量，这跟商部落有直接的渊源。商部落农耕之余，还大力发展畜牧业和手工业，与其他部落之间进行频繁的贸易，后来人们便把这种行为叫商业，把从事这个行业的人叫商人，把讨论质量、讨价还价等行为引申为商量。商字延伸的意思大都在这个范畴之内。经济基础强大，使商部落底气十足。一般说来，各王朝最后一任皇帝或者是十恶不赦型，或者是无药可救型，否则新王朝的正义值不够。夏朝的最后一任王桀残暴不仁，约公元前1600年，商部落的首领汤灭了夏，延续了近五个世纪的夏朝结束，商王朝建立。作为第一个王朝，夏朝的离场并不丢人，因为此后严格来说，除了约五百五十五年历史的商王朝比它长久一点，再没有王朝能超过它了。也许，姜子牙会反对，因为他答应保护周王朝八百年江山。但实际上，周王朝建立约三百年之后，中原已经是各诸侯国各自为政，与古希腊散乱的城邦、欧洲大陆上公国林立的局面无异。

商部落的祖先属于黄帝长子这一分支，是五帝中排行第三的帝喾的次子，因此黄帝长子这一支将比分追平，现在三比三平手。这个记录将平静地保持五个多世纪，然后又不出意料地毁在一个暴君子孙的手里。

如果有人问：既然在周王朝的后五百年，中国已经四分五裂，为什么中国没有像欧洲一样形成国家林立的局面？那就要感谢第一个统一中国的、中央集权式王朝的建立者——“千古一帝”秦始皇。

（五）在沉默中爆发的帝国

鲁迅说过，“不在沉默中爆发，就在沉默中灭亡”。有一群人选择了在沉默中爆发，然后再灭亡。

现在到了揭晓谁趁乱偷走了巴比伦奖杯的时候。

公元前1595年，赫梯帝国击败了古巴比伦王朝，还没来得及享受胜利果实，就卷入了与古埃及帝国的百年拉锯战。六十六年后，一个新的王朝建立了，当初将草原的驯马引入西亚的卡塞特人成为统治者，称为卡塞特巴比伦王朝。在沙漠游牧民族和草原游牧民族第一次的对决中，库提人摧毁了阿卡德王朝，但是他们很快就因为统治无方而被淘汰了。而这一次不同，卡塞特人已经蛰伏此地六百多年，很多人成为古巴比伦王朝的士兵和居民，于是在公元前1530年，建立了草原游牧民族统治两河流域的第一个王朝。

古埃及帝国和赫梯帝国双方打得难舍难分，卡塞特巴比伦王朝却并不想参与其中，只想在丰饶的两河流域安定地生活，和周边居民做贸易并且和平相处。卡塞特巴比伦王朝和古埃及帝国关系融洽，而且贸易一直做到今阿富汗附近，因为那里生活着更多的草原游牧民族。这些尚显稚嫩和寡闻的人们，惊喜地接收着来自富饶世界的一切。但是总有一天，他们会策马扬鞭，来到两河流域，以及更远的地方，向世界展示出惊人的能量。

喜欢平静的卡塞特人，并不是我们所说的那个在沉默中爆发的人。

沿着底格里斯河逆流而上，在上游地区居住着一群人，他们与阿卡德人同时从沙漠边缘迁徙到此，只是位置不太好。如果你有机会坐下来和他们攀谈，你听到的一定都是对屈辱过往的抱怨。两千多年来，他们首先是在阿卡德人的阴影下生存，然后是古巴比伦人、赫梯人、卡塞特人，个个轮番上阵，他们总是处于弱势地位，没有人会对他们正眼相看，除了屈辱，还是屈辱。他们只有忍辱负重，在夹缝中求生存，从赫梯帝国那里学习使用先进的铁质武器、三人战车，从巴比伦引入马和骑术，才能让曾经默默无闻的名字——亚述人三个字响彻世界。

正如一个人如果长时间处于压抑状态，一旦爆发往往会变得歇斯底里。亚述人觉得全世界都亏欠他，几乎所有周边的民族都感受到了这份莫名其妙的亏欠所带来的灾难。既然全部都是敌人，愤怒的亚述人懒得再去制订详细的进攻计划和策略，连对手也懒得去甄选，就是说没有明确的目标。这就是可怕之处，因为这就意味着，全部都是目标。

亚述军队出征亚美尼亚、小亚细亚、叙利亚、巴勒斯坦、巴比伦，凡视线所及之处，都成为亚述人建立帝国的见证。当“亚述威胁论”成为东地中海世界的头条新闻，赫梯帝国和古埃及帝国罢兵言和，古埃及帝国退回北非，暂可远离战祸，但赫梯帝国不得不接受出局的结果。约公元前1300年，他们被赶出两河流域，此后再也没有回来过。曾经被古埃及帝国和赫梯帝国争夺的今叙利亚和巴勒斯坦地区，也遭遇了亚述人的蹂躏。

亚述人进军两河流域下游，卡塞特巴比伦王朝因此元气大伤，历史再次重演，因为亚述人并没有精力和兴趣安静下来，这让一直闷闷不乐的埃兰王国精神为之一振——终于可以洗刷九百年前的耻辱。公元前1175年，埃兰王国乘虚而入，推翻了卡塞特巴比伦王朝，近四百年的草原游牧民族建立的王朝至此灭亡。在上一次和阿摩利人合作行动的时候，埃兰王国一无所获并且灰头土脸地失败而回，这一次就狠狠地洗劫了巴比伦城，连石头也不放过，因为他们把刻有《汉谟拉比法典》的石柱也抢走了，埃兰王国终于扬眉吐气了一次。但他们想不到的是，行事过于高调的不良后果，就是有可能成为强人的猎物。约五百年后，当亚述人王者归来的时候，发现又多了一个可以征服的目标。

公元前14世纪中叶至公元前11世纪中叶，在这三百年里，尚武凶悍的亚述帝国手握西亚的霸权。但是就算精力再旺盛，也有疲惫的时候。四面出击、树敌太多的亚述帝国并没有意识到，一味武力征服的结果就是帝国轰然倒下。商业繁荣的叙利亚人（古称阿拉米人，下同），用雄厚的经济实力告诉亚述人应该歇一下了。强弩之末的亚述人被迫接受了现实，决定休养生息一百年后再重出江湖。因此，这个帝国被称为亚述第一帝国。为大家暂时制服了战争疯子的叙利亚人，也顺势向混乱的巴比伦进军，于公元前11世纪后期，接管了此地，但这只是暂时的，因为亚述人迟早会回来。

选择了在沉默中爆发，然后归于平静的亚述人，觉得意犹未尽，决定在不远的将来再重复一次。

（六）如鱼得水的“旱鸭子”

当东地中海世界的人们正在轰轰烈烈地创造历史时，欧洲大陆上大部分人仍在过着野蛮而单纯的田园生活，兽皮加身，在原始森林里狩猎，在湖边捕鱼，住在茅草屋或者山洞里。要想改变现状，欧洲东南角的古希腊人成为他们唯一的希望，不过还需等待一千多年时间。

被亚述帝国赶回小亚细亚的赫梯帝国，也许会悔不当初，如果知道西亚是一个非强者不能立足的凶险之地，还不如向西方扩张，也许还能改写欧洲的历史。沿着安纳托利亚高原一路向西，就是小亚细亚半岛最西边的特洛伊城。特洛伊城与希腊半岛隔爱琴海相望，爱琴海的海岸线上零星地分布着一些贸易小城镇。相对于西亚的富饶，这里的贫瘠和落后让人毫无征服的欲望。

直到公元前1500年，古希腊人在基本征服整个希腊半岛之前，和赫梯人是互不侵犯的盟友关系。当赫梯王国变身为征服西亚的帝国，并且西亚与古埃及帝国长期对垒之时，古希腊人也迈出了重要的一步——了解海洋。像锯齿一样的希腊半岛海岸线时刻充满着新鲜感，古希腊人觉得和航海相比，平静的游牧生活并不符合草原游牧民族的征服气质，在他们看来，没有迁徙和战争，生活犹如一潭死水。

古希腊的主角光环呼之欲出，历史就安排了一场灾难，让克里特岛文明让位。公元前1500年左右，克里特岛文明长眠于火山爆发的灰烬之中，好在文明的火种已经薪火相传，希腊半岛南部的迈锡尼地区已经顺利接棒，这正好就落入了古希腊的虎口。爱琴海已经被古希腊视为囊中之物，从初识海洋的迷茫，到如鱼得水地在地中海上航行，古希腊人又找到了人生的方向——战争和征服。

克里特岛已经没有时间重建辉煌了，公元前1100年左右，半岛南部的迈锡尼被征服，随着古希腊舰队的登岛，克里特岛文明最后的余晖也消失殆尽。而它的老师，共有三十一个王朝的古埃及，已结束了帝国形态的第十八王朝。当古埃及和克里特岛的船队都消失在东地中海上的时候，当赫梯帝国瑟缩在安纳托利亚高原坐等灭亡的时候，当亚述第二帝国正在闭关修炼的时候，谁将会是下一个霸主？

无论精力再怎么旺盛，古希腊人也不会浪费在思考这个务虚的问题上，因为他知道自己的斤两，两河流域这种虎狼之地跟自己没有半点关系。他的目光已经投向了爱琴海对岸的东方，对他们来说，爱琴海周边的贸易城镇都在待被征服的清单里，于是特洛伊城再次来到我们的面前。

古希腊与特洛伊的战争发生在公元前12世纪末，我们是通过两个渠道了解这段历史的。第一个渠道是公元前8世纪左右古希腊的《荷马史诗》，第二个渠道就是公元前5世纪左右“西方历史之父”希罗多德创作的《历史》。因此，这两个都应该属于回忆录，但希罗多德追忆的时间太长，加上古希腊神话过于复杂，信息难免失真。因为希罗多德认为，战争的起因在于腓尼基人在各地做生意时喜欢掳走美女，实际并非如此。即使腓尼基人抢人，也与特洛伊无关，因为腓尼基人和特洛伊人并没有直接关系。东方世界当时并未统一，但希罗多德固执地认为他们都属于东方世界，而古希腊人属于西方世界。他之所以有这样的对立思想，是因为希罗多德生活的时代，强大的东方世界之王——波斯第一帝国正在进攻古希腊，而散乱又弱小的古希腊竟然赢得了保卫战的胜利。在这种情况下，确定一个对立的基调，然后炫耀一下以弱胜强的荣光，是容易理解的。不幸的是，这种人为制造的对立气氛从此挥之不去，东西方世界的对立从未停止，直到今日，古希腊衍生出来的西方文明和东方世界仍然不太对付。从某种程度上说，希罗多德凭借一本史书影响了历史和世界，他才是那个掌控世界的人。

在别人的电脑里安装的可受外部用户控制的程序，叫作木马程序；一些现代谍战片里，在敌对组织的内部安插内奸或策应，叫作木马计划，这种叫法就源自古希腊和特洛伊的战争。公元前1183年，古希腊人已经将特洛伊围困十年，但无法攻陷。一日，特洛伊城内的人们激动地发现古希腊人已经撤军，战船隐隐消失于爱琴海，随后更惊喜地发现城外有一匹巨大无比的木质的马。特洛伊人认为这是上天赐予的胜利纪念品，于是拆掉城门将巨大的木马移至城中。夜幕降临，十年都未曾好好放松的人们，围着木马载歌载舞，开怀畅饮至酣醉。夜深人静之时，木马的一个侧面悄悄打开了一扇门，全副武装的古希腊士兵杀出来，并打开城门里应外合地攻占了特洛伊城。特洛伊城破之后，爱琴海成为古希腊后花园的游泳池。

古希腊人并没有意识到，它已经越过亚欧大陆的分界线，进入了东方世界。几百年后，以两河流域为中心的世界上第一个横跨亚非欧的波斯帝国，将率领百个民族组成的联合军团逼退古希腊。

相对于东方世界的战争，古希腊征服爱琴海的战争逊色很多，即使写进史诗，特洛伊也只是一个偏僻的贸易城镇而已，而古希腊也只是一个由数十个城邦组成的松散联盟，从来没有一位绝对领袖有能力坐在古希腊的王座上，因为它根本就没有安放至高无上王座的宫殿。

虽然如此，古希腊人这只“旱鸭子”，终在海洋里如鱼得水，同时，也无意中染指了一片不属于它的领地。

（七）圣城降临

东地中海霸主的宝座虚位以待，但暂时与古希腊没什么关系。

两河流域尽管富饶，但总有生活得不太如意而迁徙别处的人。希伯来人原先就居住于此，他们选择向东迁徙，但有着成熟商业体系的叙利亚人不欢迎他们，地中海东海岸，即今巴勒斯坦、以色列和黎巴嫩等地区，成为他们新的家园，他们和生活在这里的其他民族一起被称为迦南人。这是一个非单一民族的总称，因为这里地处古埃及、两河流域和叙利亚的中心或者连接地带，人口旺盛，经常有叫不上名字的民族迁徙至此。约公元前1700年，一部分希伯来人去了古埃及，四百多年后，他们因受到迫害而回迁。领袖摩西带领他们再次回到这里的时候，发现这里拥挤不堪，无处落脚。这还要从古希腊入侵克里特岛说起。

克里特岛在灰暗的灾难时期，又遭到了古希腊的摧残，普通人除了死亡就是选择被奴役，但是贵族和富人不会，因为财富可以让他们选择乘船逃亡。有人逃往古埃及，还与古埃及舰队发生交战。有人逃往地中海东海岸，在这群人之中，原来在克里特岛上被称为腓尼基的部落，成功地建立了国家，并利用成熟的航海贸易经验，在长达几百公里的海岸线上建立了多个城市，克里特岛海洋游牧的余晖在东方重现。

腓尼基人拥有出色的航海能力，在商业贸易利润的刺激下，很快忘记了令人不快的过往，将西地中海也带进了文明圈。他们的船队到达过整个地中海的椭圆形海岸线，包括希腊半岛，并且穿过直布罗陀海峡进入了大西洋，北部最远到达了英国人的故乡——此时仍是一片荒凉旷野的不列颠岛，南部沿着非洲西海岸线航行，有清白的贸易，也有野蛮的奴役。在扩大已知世界的同时，腓尼基人靠着海洋贸易积累了大量的财富，出于商业交流的需要，腓尼基人借鉴了古埃及的象形文字和西亚的楔形文字，发明出一种更简单易书写的字母文字系统，二十二个字母成为通用的商业语言。这就是古希腊和古罗马字母的来源，也是古希腊有文字记载历史的基础。没有腓尼基人的字母文字系统，古希腊的希罗多德也无法成为“西方历史之父”。

当腓尼基人的船队自由航行在整个地中海和远处的大洋的时候，早期海洋游牧的王者就出现了。

迷茫的希伯来人，面对着两种生存选择。海岸线上腓尼基人的城镇，是不能妄想的。海岸线和沙漠之间的狭长区域，北部地区被迦南人占据，他们过着能遮风挡雨的城镇生活，而南部地区可谓是荒凉的不毛之地，但适合游牧生活。面对生活，几百万人的选择不可能一致，大部分人选择搬进迦南人的城镇，过上了舒服安逸的农耕生活，仍有一小部分人无法割舍自由的情怀，依然住在帐篷里，过着清贫的游牧生活。这两种不同的选择，经过约五百年漫长的发酵，出现了世界上第一个一神论的宗教。[①]

无论怎样选择，他们都被拥有此地强权的腓尼基人统治着。尽管四处漂泊、历尽艰辛，但希伯来人仍然无法收获安宁的日子。公元前11世纪左右，巴勒斯坦南部出现了一位领袖扫罗，他统一了希伯来人的十二个部落，建立了希伯来王国，也称为以色列－犹大王国。对希伯来人来

①从公元前1000年左右，大卫定都耶路撒冷，到公元前538年希伯来人被波斯第一帝国释放回耶路撒冷，宗教形成，历经约五百年。

说，神和国王一样重要，大家需要确定一个保护神，即耶和华。但这时，南北部却出现了一个严重的分歧。曾与迦南人杂居的农耕希伯来人，觉得除了耶和华，还可以信仰迦南人的众神，但南部的游牧希伯来人认为耶和华是唯一的保护神。但此时，虔诚的宗教信仰尚未形成，一神教需要希伯来人的王国经历分裂、被摧毁、重建、再被摧毁、再重建之后才能真正形成。

希伯来人终于有了第一位王国领袖，然而，住在帐篷里的扫罗最终被腓尼基人打败，扫罗伏刀自杀身亡。同样来自南部的大卫——扫罗的助手，被选为第二任国王，“黑桃K”大卫王意识到，没有城墙的庇护，是无法抵抗腓尼基人的。于是，公元前1000年左右，大卫王定都于一处地势险要的城堡——耶路撒冷，一个伟大的圣城就诞生了。在大卫王的带领下，以色列-犹大王国击退了腓尼基人。

当今世界，犹太教、基督教和伊斯兰教都将耶路撒冷奉为“圣地”，盛名之下的耶路撒冷命运多舛，曾经无数次遭到摧毁，也无数次被重建。如果说，农耕文明是人类暗夜时期的光芒，让各游牧民族纷至沓来，那么，耶路撒冷就是宗教争端时代的黑洞，它以强大无比的引力搅动了世界。

（八）华夏开枝散叶

在腓尼基人创造字母文字的同时，遥远东方的中华文明也出现了最早的文字。公元前1300年左右，中国的商王朝出现了刻在龟壳和兽骨上的文字——甲骨文。这种图画和象形二者兼有的文字，经过演变成为我们今天的方块汉字。正如腓尼基人创造的字母文字逐渐演变成欧洲的文字，中华文明的汉字也启蒙和影响了周边民族的文字体系，最明显的就是日语，而韩国在五百多年前才自创文字，此前都是用汉字书写。

同一时期，古希腊城邦林立、各行其是，而中国的商朝，各部落的臣服也显得毫无约束力。尽管十分相似，但草原游牧民族和农耕民族的根本区别，最终会让东西方世界有不一样的历史抉择。

在崇尚武力征服的古代世界，虽然商部落是名义上的共主，但是还要凭一己之力去征服和抵抗入侵。在征服了其他部落之后，能够获取资源和俘虏，从而变得更加强大，但如果被另一个强大的部落或者入侵者打败，就要改朝换代。

商部落打败了夏部落，但只是一次部落间的征服与被征服。商朝不会定都于夏朝的大本营以示权威，他们仍然选择定都在自己的根据地，虽然二者之间距离很近。此后，商部落也征服了四面八方的许多部落，将名义上控制的版图扩大，西至今陕西西部、南达今湖北中南部、北抵今辽宁、东临大海。然而这只是一个范围而已，并非全地域控制，因为城镇之间仍有广大土地，而且生活着许多大大小小未臣服的部落，商王朝连臣服部落的绝对命令权都没有，更不要说这些并未臣服的部落了，除了武力征服的方式，他们不会臣服于任何人。这种情况，和古埃及第一王朝之前的城邦、苏美尔人的城邦是一样的。

约公元前1100年，商朝疆域最西边来了一个周部落，他们是黄帝长子的后裔，因为不堪忍受游牧民族的骚扰而迁徙到陕西西部定居下来。肥沃的土地让周部落很快丰衣足食起来，并修建了城镇和防御设施，还与商朝联姻，成为商朝认可的成员。周部落逐渐强大，不仅具备了向游牧民族反击的实力，并向东扩展。这引起了商朝的警惕和不满，商朝便分别杀害和软禁了两位周部落的首领。被软禁的姬昌结识了年过七旬而不得志的姜子牙，“姜太公钓鱼，愿者上钩”的典故便由此而来。姬昌脱身后与姜子牙一起回到周部落，励精图治，并积极联络共同反对商朝的部落。

姬昌死后，儿子姬发即位，仍由姜子牙辅佐。公元前1046年，姬发率军杀入商朝都城朝歌（今河南淇县），又一个暴君商纣王自焚而死，五百五十五年的商朝寿终正寝，周朝取而代之。商朝和周朝都属于黄帝长子这一支，因此，现在的比分是四比三。

尽管夏朝和商朝的灭国之君都是暴君，但这只是为了拉高大家的仇恨值、提升正义值，所以夏桀和商纣王必须是十恶不赦的。在一个尚未统一且崇尚武力的时代，仁政是一个不存在的选项，在一个用活人殉葬的时代，严刑酷法并不能成为评判的标准。新中国的开国领袖毛泽东同志这样评价，“把纣王、秦始皇、曹操看作坏人是错误的，其实纣王是个很有本事、能文能武的人。他经营东南，把东夷和中原的统一巩固起来，在历史上是有功的。纣王伐徐州之夷，打了胜仗，但损失很大，俘虏太多，消化不了，周武王乘虚进攻，大批俘虏倒戈，结果使商朝亡了国”。

展开疆域地图，定都自然是头等大事，镐京（今西安）是周部落的根据地，也成为周王室长达两百七十六年王朝的都城，直到有一天，被游牧民族所攻陷。

同其他文明一样，中华民族也嗅到来自周边游牧民族的危险。一般而言，我们将西边的游牧民族叫戎，北边的叫狄，东边的叫夷，南方的则叫蛮，即西戎、北狄、东夷、南蛮。自此，游牧民族的命运与中华民族捆绑在一起，谁也无法摆脱对方。既然甩不掉，就只能面对。

两个部落之间的战斗结果，将决定谁是华夏大地的主人。周朝成为取代商朝的天下共主，但它并不想只做名义上的领袖。

如果继续坚持夏商时期的部落管理模式——松散的联盟。并不坚固和完善的城池没有抵抗力，有朝一日，当大批的游牧民族来袭，得到的只会是一个令周部落无比沮丧的结果。另外，假如有一天，再出现一个能挑战自己的新崛起部落，又该如何应对？因此，创新才是解决老问题的有效办法。

七十一个诸侯国被册封，诸侯们在各自的封地修建城墙以抵御外敌，并可以通过征战来扩大封地，将原本星星点点的城池连成一片。通过这种方式，各诸侯的积极性被调动起来，城池周边的无主之地或者零散的部落被收编，周朝的实际统治领土被充实起来，彻底改变了夏商两朝遗留的格局。

充分授权的确是做大做强的重要手段，但分权也要有度，这样才能让活火山永远在地壳下涌动。周王乃天选之子，诸侯只是封地的领主，方方面面的规格和用度必须明确区别开来，天子才能称王，为最高等级，诸侯中的最高等级为公，同欧洲后世的公爵，无论饮食、起居和丧葬都有严格的区别，于是从周朝开始的礼乐制度正式建立。然而，在很大程度上，周王室并不能完全插手诸侯国内部的所有事务，周王室唯一能做的，就是让各诸侯国保持相对弱小，使其无力挑战最高权威。

当领土像蛋糕一样被切分的同时，中华民族就开始了开枝散叶的进程。黄帝时期仅有十几个姓氏，周朝分封了更多的诸侯，封地或部落的名称成为家族的代号，随着人口的增加，须用名或字来加以区分。我们的先祖黄帝，居于姬水之滨，姓姬，为万姓之祖；炎帝居于姜水之滨，姓姜。但是如果所有人都只有这两个姓，肯定是不够用的，这就是百家姓出现的原因之一。百只是一个虚数，实际上有记载的姓数以万计。姓名里面，姓是最重要的，因此姓在前、名在后，中国人可以改名，但基本不会改姓，这是传统。而西方正好相反，名在前、姓在后。

生活在中华大地上的人基本都是一脉相承的。中国唯一的女皇帝武则天，不定“武”而定“周”为国号，是因为武姓源于东周周平王的幼子这一支。吴三桂在对抗满族的清帝国时，不定“吴”而定“周”为国号，原因是吴姓起源于姬姓，吴姓的先祖可以追溯到周文王的伯父。这就是所谓的用中华文明正统后裔的名义来对抗外族统治者，名正言顺。其实，外族统治者也在竭力向中华民族靠拢，积极主动地融入。

相传，周文王曾亲自背着姜子牙步行八百步，姜子牙便承诺保周王朝八百年江山永固。现在，新王朝的管理创新已完成，至于效果如何，只有时间会给出答案。

四

帝国无疆

（公元前1000—前500年）

腓尼基人让大西洋成为当时已知世界的最西边界，中华文明让太平洋成为当时已知世界的最东边界。被扩容的人类世界舞台，要求我们不能再以一千年为一个章节。

中华文明乘坐在周王朝的战车上开疆扩土，威慑四面，使八方朝贡。也许是诸侯和周边游牧民族臣服得太久，终于按捺不住野性的冲动，他们挑战了王权，并攻陷了周王朝的都城。“乔迁”的周王室并没有任何喜悦之情，反而陷入了伤春悲秋的五百年。

在周王室东征西讨之时，喜马拉雅山脉西边的世界却显得较为平静。然而，所有的危险和风暴都在平静中酝酿着。

亚述第二帝国卷土重来、新巴比伦王朝上演两河流域的绝唱、波斯第一帝国横空出世，西亚和北非世界将再无安宁。当大流士大帝的军队越过海峡，世界上第一个横跨亚非欧的东方帝国诞生了。

地中海南北两岸的欧洲和北非，两条平行扩张线，箭头向西，一路推进。

古希腊人踏上了一个像靴子一样的半岛南部，将这里命名为意大利，然后沿着海岸线继续西进，他们并不知道这里以后的主人叫作法兰西，在前面遥远的伊比利亚半岛，西班牙那闪闪发亮的银矿，让他们垂涎欲滴。

一部分腓尼基人，已经在北非的迦太基（今突尼斯）落脚，很快建立了强大的国家，并竭力压缩古希腊的扩张空间。古希腊决定迦太基必须死，迦太基也认定古希腊必须亡，然而，谁也无法预料，“靴子”半岛中西部的一个默默无闻的小村庄，将成为最后的赢家。

东方，波斯第一帝国来势汹汹，这个几乎统治了整个已知世界的庞然大物，很快将兵临城下。古希腊何去何从？西方世界何去何从？整个世界如何评说？希罗多德将给出答案。

森林、河流和高山可以阻挡千军万马，但对一种事物却一筹莫展，那就是思想。几乎在同一时期，这朵永恒之花在已知世界各处绽放，印度佛教的释迦牟尼、波斯拜火教的琐罗亚斯德、中国哲学之父老子和儒家的孔圣人……从此，人类不仅学会了使用火、学会了农耕、学会了使用金属、学会了航行于大海之上、学会了战争的艺术，同时也开始思考世界和自己。

（一）脱兔与处子

尽管周王朝推行了创新的举措，用集权取代了松散的部落，但很多开疆扩土的任务，仍需要周王亲自出马、身体力行。

在灭商之后的第二年，开国之君周武王去世，在此后两个甲子的时间里，四代周王亲征四方：征服东夷，将版图推进至大海；讨伐南蛮，将版图扩张至长江流域；西征游牧民族，最远到达新疆。第五代周穆王，在位五十五年，是前三百年里在位时间最长的天子，因励精图治和开疆扩土的传奇功绩被美名为“穆天子”。

犬戎，生活在今甘肃一带，以犬为家庭成员而被称为“犬戎”，属于凶悍的游牧民族。“穆天子”出兵狠狠教训了时服时叛的犬戎，犬戎暂时不敌，却将这份仇恨深深地放在心里，一百多年后，他们将疯狂报复。公元前771年，周王朝的都城被攻陷，西周灭亡，东周开始。东西称谓之分，缘于新旧都城的相对地理位置。小小的犬戎，揭开了东方草原游牧民族崛起的序幕。

在西周灭亡之前，周王朝还遭遇过一次王权和贵族的交锋。公元前841年，周厉王的统治引起了国人不满，周厉王仓皇出逃，此后十四年，由两位贵族代表联合执政，称为“共和执政”。公元前841年，是中国历史有确切纪年的开始，此前的年份都是根据考古、史料推算的。国人，是不包括平民的贵族阶层，平民被称为野人。这同西方世界称外族为野蛮人的情况差不多，如今在多党派的国家里，与执政党相对的政党被称为在野党。约一百年后，欧洲古希腊的贵族让王权变成摆设，公元前828年，东方周王室再次登上王位，但不久之后也形同虚设了。

犬戎虽悍但小，之所以能让八百年的周王朝一分为二，是因为周王朝分封的诸侯与犬戎里应外合。两个诸侯国加一个游牧的犬戎，就让镐京一夜之间变成废墟，固然也有经过连年征伐国力已然虚弱的原因。曾经负责拱卫王室的诸侯变成以下犯上、深仇大恨的暴徒，这在以后的日子里，将会是见怪不怪的事。

作为此后五百年里绝对的主角，从五霸到七雄，诸侯国从没让人失望，华夏大地上第一次如此精彩纷呈，百花齐放。主要演员，按照出场先后顺序，逐一登场。

越国，始于夏朝初年，灭亡于秦朝大一统之前，存续时间最长，约一千八百年，以今浙江绍兴为中心，绍兴城外三公里有禹王陵。因与夏朝都城距离较远，为保证祭祀祖先香火不绝，夏王少康把庶子封于此地。该国到商、周时期仍然存续，因远离中原权力中心，稍显无关紧要，又因为与商周两朝王族同属一个祖先而多了一层保障。

商纣王的叔父箕子，因受到迫害，来到今朝鲜大同江流域的平壤，在那里建立了一个地方政权。周武王像对待其他前朝遗臣一样，将那里分封给他，史称箕子朝鲜。

五帝排行第二的是颛顼，即黄帝次子这一支。颛顼的后裔来到楚地，大致包括今天的湖北大部分地区和湖南北部地区，后来楚被用来指代湖北。相对中原地区，楚国地处偏远，颇具蛮族气质，周王室未给予其诸侯国的同等待遇，以致后来楚国首先称王，以示强烈抗议。

吴国（大致在今江苏、安徽、浙江北部地区），是周王朝开国之君周武王姬发伯祖父的封地。周太王有三子，唯喜爱聪颖的第三子季历，欲传位与他。按照传统要传位给长子，长子不济则传位次子，如果按照正常程序估计第三子要等到两鬓斑白才能轮到他。忠、孝、义三全的长子太伯和次子仲雍，洞悉了父亲的心思，看到父亲每日郁郁寡欢，二人就决心不让父亲为难，借故离开部落远赴吴地定居，并切断联系，融入当地。后来，三弟之孙周武王灭商建周，积极派人寻找两位伯祖父的后代报恩。找到的时候，太伯这一支因没有子嗣而绝后，二伯仲雍的后代周章被封为吴国诸侯。

国师姜子牙，属于炎帝分支，辅助周武王一统天下，功不可没，被封到齐国（今山东大部地区）。周公旦的鲁国也在今山东境内，这就是山东被称为齐鲁大地的原因。同样，周武王死后，儿子周成王即位，封其弟唐叔虞为晋国（今山西省及周边部分地区）诸侯，这也是今天山西简称为晋的缘由。

周公和召公，是开国之君周武王最贤能的两位弟弟。四弟周公被封在今山东的鲁国，因为他要辅佐王室，所以派儿子去封地。召公被封在今北京的燕国，也因为辅佐王室，由儿子去管理，燕国也是今首都北京旧称燕京的由来。

一般来说，领导都是压轴出场的。作为将一统天下的王者，秦国姗姗来迟。

周王在征服西北游牧民族的过程中，获得大量车马牛羊，游牧民族也经常进贡良马，一个叫非子的人担负起了为王室养马的任务。非子也是颛顼的后裔，公元前905年，周王室嘉奖其养马有功，将其分封于秦地。但这时，秦的地位低下，实为虚职。此后因秦国地处今甘肃地区，为周王室防御游牧民族骚扰，地位不断提升。非子被正式提升为诸侯主要是因为秦协助周王室迁都之事，即都城镐京被犬戎攻破之后，公元前770年，秦帮助周王室从旧都西安搬到新都洛阳。即使秦被提升为诸侯，仍然被正统的中原诸侯轻视。但五百年后，秦国让曾经看不起它的人，都彻底消失了。

以上演员，都将在属于自己的时间成为耀眼的明星。而周王室，眼神呆滞地凝视着先祖大禹铸造的九鼎，难掩憔悴面色。那一场如同儿童游戏般的军事演习——烽火戏诸侯后，无人可再见美人褒姒的倾城一笑，也不再见穆天子横刀立马的威严。

公元前10世纪中叶，当周王室正在拓宇开疆，中华大地动若脱兔之时，喜马拉雅山脉以西，却静若处子。

在以色列-犹大王国，“黑桃K”大卫王死后，所罗门成为希伯来人的国王。大卫王的儿子所罗门，在治理国家时显得更务实，因为弹丸之地再怎么扩展也有极限，于是以和平与商业为主，与古埃及联姻，与腓尼基人握手言和，日子渐渐过得好起来。所罗门在位期间做了一件大事，就是在耶路撒冷建成号称“第一圣殿”的耶和华圣殿。但国王所罗门越发奢侈，建造豪华的王宫需要向子民收取重税，而南部坚持游牧的人民本来就贫穷，这导致了王国的分裂。公元前935年，王国分裂为北部的以色列王国和南部的犹大王国。身处虎狼之地，等待两个分裂王国的终将是被征服。但两国不仅被征服的时间不同，结局也大不相同。

公元前934年，迫不及待想活跃气氛的亚述人建立了第二个帝国，但实际上它并没有准备好，帝国正式“挂牌”还需要约两百年的时间。

（二）地中海的平行线

腓尼基人的一支，永葆一颗探索海洋的梦想之心，沿着地中海南岸一路向西航行来到一片全新的海域，而且避免了遭受亚述帝国碾压覆灭的灾难。

腓尼基人的一个城邦，国王死后公主受到兄弟排挤，不得已携带部分随从和大量财富，驶向遥远的西地中海，希望在那里落脚以东山再起。他们一路颠簸，来到北非的突尼斯，遇到早已生活在此地的一个混合民族——柏柏尔人。

柏柏尔人，源自拉丁语——下一幕即将登场的罗马帝国的官方语言，意思是野蛮人，于是可以断定他们会延续到罗马帝国时期，而实际上远不只如此，当西罗马帝国灭亡，他们仍然活跃在北非。其实，柏柏尔人不是唯一被心高气傲的罗马帝国称为野蛮人的民族，整个欧洲除了罗马人，其他人都被他们称为蛮族，包括生活在英国、法国、德国、俄罗斯的凯尔特人、日耳曼人和斯拉夫人。罗马人眼中的西方世界可以用一个最简单的等式来表示：西方世界＝罗马人＋所有蛮族。既然有这种鄙视所有人的底气，可见罗马帝国自然很不一般。

当商业精英遇到一群毫无见识的土著，故事就有了趣味性。腓尼基人决定跟柏柏尔人玩一个脑筋急转弯，于是认真地说，“我们带着和平的诚意而来，而且本着公平自愿的原则进行交易”，并郑重声明，可以拿整箱的财宝来交换一块牛皮一样大小的土地。柏柏尔人可不傻，反倒认为腓尼基人不太正常，但谁会拒绝高价卖出呢，即使是未见过世面的人也不会，于是，双方开始选址测量。腓尼基人将牛皮摊开，裁成细细的一条，然后绕了一个大圈。柏柏尔人瞬间石化，但无奈贸易条款已定，生意在不愉快的气氛中结束。约公元前814年，迦太基城建立，即今突尼斯，从此，他们被称为迦太基人。

西西里岛，离北非迦太基的最短距离不足一百五十公里。这里是史前连接欧洲和非洲的大陆桥，对于靠海洋为生的迦太基来说，经过这里如履平地。当几百年后他们来到这里并占领岛屿西部的时候，古希腊已经将其东部纳入殖民范围。

站在希腊半岛的西海岸眺望，五十公里开外的亚平宁半岛映入眼帘。古希腊人登上半岛，将南部区域命名为意大利，意大利此后成为整个半岛的名字。与不毛之地无异的意大利，青涩地被古希腊牵入世界文明圈，也从此踏上了自己那虎头蛇尾、郁郁寡欢的风雨人生路。

当古希腊殖民意大利南部的时候，从东方的小亚细亚半岛来了一群人——伊特鲁里亚人。他们占据了台伯河的东部，并控制了科西嘉岛、撒丁岛之间的海域，因此这片海域叫作伊特鲁里亚海。台伯河在意大利中部，是其境内唯一一条可以航行的河。台伯河西部的地区住着拉丁人，他们之间既有紧张的对峙，偶尔也做一些贸易。伊特鲁里亚人是具有侵略性的海盗，台伯河对岸过着种植、放牧生活的拉丁人自然发展缓慢，看着对岸的海盗日益壮大，拉丁人经常焦虑不安地在河边徘徊。

不祥的预感最终变成了现实。并不安分守己的伊特鲁里亚人，跨过河流，占领了对岸。在中国的周王朝东迁洛阳的十八年后，公元前753年左右，古意大利人建了一座小城——罗马，这就是此后著名的“永恒之城”。罗马城属伊特鲁里亚城邦，由国王统一管辖。约公元前500年，贵族推翻了伊特鲁里亚暴政的王权，罗马也随之由王权时代进入共和时代。

除了希腊半岛，西方世界均黯淡无光，所以罗马只能从古希腊人那里汲取营养。古希腊人开始扩张之前，认识到确立一种统治模式还是有必要的，由于自己不会创新，就只能模仿东方的君主制。但是，对于自由散漫惯了的草原游牧民族，城邦之间是不可能合并的，也不可能接受高高在上、不善管理的君主。既然一个人不行，那就全体参与，约公元前750年，古希腊人发明了“民主”这一词语，意在追求人人平等，但贵族最终取得了特权，君主一人专权的制度自动退出。到公元前600年左右，各城邦基本都由贵族统治，君主怎么说也是自己人，所以职位也没被彻底废黜，而是被指派专门负责宗教祭祀之类的活动，于是，君主变成了司仪。然而，古希腊的民主就像一个虚幻的梦魇，西方伟大的哲学家苏格拉底都为此自绝于世，古希腊也将为此付出无可挽回的代价。

在古希腊人的观念里，像英雄一样杀死对手、将尸体拖在战车后面是荣耀，这种冷血的庆祝场面在西方电影里很常见。正是在这样的人生观指导下，古希腊人迅速清理了希腊半岛和爱琴海。当意识到与东方文明的差距甚远时，他们自然不会傻到去送死，于是开始尝试高雅的诗歌、悠扬的合唱，修修建筑、搞搞雕塑，艺术水准全面提高，看着西亚的战车滚滚、烽烟四起，他们的内心骚动不已，但因实力不允许而只能作罢。

很显然，仅靠这些精神文明建设，无法消耗多余的能量，于是在公元前776年，他们在一个叫奥利匹亚的地方进行跑步、摔跤、拳击、骑术等比赛，这就是现代奥林匹克运动会的起源，简称奥运会。古希腊运动会每四年举办一次，并持续到公元393年，一千多年内共举办了几百届。现代奥林匹克运动会从公元1896年到现在，也是四年举办一次。

古希腊人的好战和个人英雄主义，反映在古希腊的神话中。与其他民族不同的是，古希腊的神并不完美，而是有明显缺点的，如主神宙斯好色，妻子赫拉嫉妒心强，两人还经常吵架。而东方的神话，神基本是完美的。古希腊人崇拜的是神的能力，而我们推崇的是神的品德。

地中海即将进入迦太基、古希腊、古罗马的三足鼎立时代，尽管此时的实力仍是参差不齐：迦太基人盲目地商业自信，古希腊人依然争强好斗，而古罗马人暂时天真懵懂。

（三）飞蛾扑火

对于地中海周边世界的小打小闹，沉默许久的亚述人彻底看不下去了。两百年，只是弹指一挥间，亚述第二帝国的全面出击，如离弦之箭。很显然，亚述第二帝国在总结第一帝国失败教训的时候，没有把四面出击、树敌太多这一点列入战前会议的议程，因为这一次，它还要这么干！

公元前732年，当初遏制了第一帝国的叙利亚首先遭殃，亚述帝国的战车冲进了大马士革，占据叙利亚的中心城市，一雪前耻。

约公元前722年，紧邻叙利亚南部的以色列王国，倒在了亚述帝国的脚下，北方希伯来人舒服的城镇生活也一去不复返了，大部分人被迫流落他乡，直至被同化消失。自从公元前935年左右分裂之后，以色列王国只坚持了约两百年。南部的犹大王国，信奉唯一的保护神耶和华，早就预言以色列王国会因对耶和华的不尊重而灭亡，所以亚述帝国摧毁以色列王国就自然被犹大王国称为“耶和华之鞭”。但问题是，亚述帝国军队卷起遮天蔽日的尘土已经近在咫尺时，耶和华真能保护犹大王国渡过劫难吗？奇迹真的发生了，亚述帝国的军队遭遇瘟疫后不得不撤军。这种战争史上经常发生的意外，却让犹大王国坚信这就是耶和华的保护！耶和华的地位再难动摇。即使一个半世纪后，犹大王国被新巴比伦王朝所灭，耶和华也永远是他们唯一的真神。

亚述第二帝国深入小亚细亚，彻底消灭了赫梯帝国的残余，而且攻击了古希腊在亚洲的要塞。希腊半岛因为贫瘠而幸免于难，因为亚述人转向进攻了富饶的巴比伦，亚述帝国引来河水彻底冲毁它，巴比伦成为废墟。

由于瘟疫导致征服古埃及的计划失败，但是随后亚述帝国再次杀来，挥师攻到尼罗河下游，占领了古埃及。这时被打败的古埃及王朝，是由南方黑人努比亚人建立的王朝，此前古埃及还被西边的利比亚人建立的王朝统治了约两百年。由于古埃及距离亚述帝国太远，管理不便，而且亚述人更倾向于享受征服的快感，因此对古埃及的统治是短暂的。

尽管亚述帝国的版图已经超越此前的任何一个帝国，但是精力旺盛的亚述人并不满足，仍在四处寻找目标。山地和沙漠无法阻挡亚述帝国的激情和雄心，因此，即使处在边缘地带的埃兰王国这次也无法幸免了。公元前665年，埃兰王国的残骸被挂在亚述帝国凯旋的战车之上。

亚述第二帝国统治的版图西至地中海，东达波斯湾，北抵高加索，南到尼罗河，成为名副其实的霸主。亚述人在战争中以残暴出名，曾引水屠城、制造人头金字塔等。亚述人如同一头发狂的雄狮，在整个帝国内部引发了不安和恐惧，不得已而归附的民族时刻想推翻它的统治。古埃及就经常站在远处，鼓动别人去反抗亚述帝国，腓尼基人便是其中之一，但无济于事，腓尼基人在西亚的好日子接近尾声，幸好，西地中海还有欣欣向荣的迦太基。

战争中的残暴和血腥，并不能掩盖亚述帝国的亮点，亚洲最早的图书馆就建在帝国的都城尼尼微，也是世界最早的图书馆，距今近三千年，拥有近三万块泥板书。古希腊精神文明中的音乐，其音符就借鉴于亚述帝国。著名的萨尔贡堡，是当时世界上最精美和雄伟的建筑之一，如今巴黎卢浮宫里的“人面双翼公牛像”雕塑，当渺小的你站在它的脚下，就足以说明一切。

然而，“智者千虑，必有一失”。当亚述帝国深入今伊朗西南，消灭在伊朗存在了两千年的埃兰王国，却忽略了一个还很弱小的草原游牧移民——波斯人。

（四）辉煌的绝唱

像飞蛾扑火般，亚述帝国历经千年磨难，似乎只为刹那间的灿烂。

基调已定，巴比伦需要重振雄风，轮到新主人上场了。迦勒底人，原属于亚述帝国巴比伦地区的官员，沙漠游牧民族桀骜不驯的基因，不会因一时的下风所稀释分毫。他们首先发起叛乱，而且找了两个跃跃欲试的帮手——草原游牧出身的米底和波斯。其实，当时波斯也只是米底的附属，对于战争结果和意义没有太多想法和奢望，因为即使胜利跟它关系也不大。

米底人，公元前9世纪时，在伊朗高原的西北部过着半定居的游牧生活。亚述第二帝国扩张时期，斯基泰人是亚述帝国的盟友，这个民族曾在介绍民族分类的时候被提及，他们是来自中亚的草原游牧民族，公元前8世纪来到欧洲黑海以北，也曾深入过小亚细亚。米底部落分散的状态，使他们成为斯基泰人的附属。亚述帝国末期，米底人团结驱赶了斯基泰人而获得独立。斯基泰人又回到黑海以北，此后便与古希腊在黑海做贸易。

波斯人，于公元前8世纪时居住在今伊朗西南部，埃兰王国的东边，由于很弱小，基本是处于世界边缘被忽略的人。波斯人即使弱小，也不甘落后，曾在埃兰王国灭亡的五年前，与埃兰王国结盟一起反抗过亚述。后来埃兰王国灭亡，米底击败斯基泰人并获得独立之后，也把波斯人变为附属。大器晚成的英雄仍然默默无闻，但机会就在不远处。

迦勒底贵族官员的反叛已经开始，为了降低难度，就和米底联姻结盟共同反抗亚述。公元前612年，迦勒底人攻入亚述都城尼尼微，破城方法和亚述帝国攻陷巴比伦城的方法一样，决堤水淹。虽然亚述残余在八年后才被消灭，但萨尔贡堡被毁之时，亚述帝国就已经成为历史。亚述帝国的领土被迦勒底人和米底人瓜分，迦勒底人举起了巴比伦奖杯，建立了新巴比伦王朝，又称迦勒底王朝。米底人占据北方一些地区，并开始向小亚细亚进攻。也许，迦勒底人和米底人都知道，他们之间必有一战，二者开始暗暗积聚实力。

为了重建巴比伦的辉煌，迦勒底人建立的新王朝开始进攻今叙利亚地区，推进到有耶和华保护的犹大王国。这一次，耶和华也救不了犹大王国，公元前586年，耶路撒冷陷落，新巴比伦之王尼布甲尼撒二世将所有犹大王国的居民当作奴隶掳回巴比伦，从此开始了半个世纪的“巴比伦之囚”。

以色列王国和犹大王国都灭亡了，所有的希伯来人都失去了家园。一百五十年前，耶和华保佑了犹大王国免遭亚述帝国的屠戮，但这一次新巴比伦王朝来袭，耶和华却撒手不管了。耶路撒冷城破之后，希伯来人陷入了深深的思考，气氛一度沉闷。突然有人站出来对着人群大声解释，“这次被人打败的原因很简单，就是我们虽然坚信耶和华的保佑，但是还不够完美，平时的生活中还是有很多不足，耶和华派新巴比伦王朝的大军来惩罚我们的罪恶，让我们记住教训，从而变得更加完美”，并补充说，“耶路撒冷第一圣殿被毁并不可惜，耶和华要求大家在心里建立起一座永恒的圣殿，这样就永远没有人可以摧毁”！这个解释立即引起了大家强烈的共鸣，全体希伯来人平静地以奴隶的身份排好队伍步行去巴比伦城了。

新巴比伦王朝的迦勒底国王，将巴比伦城打造得规模更加巨大，城池固若金汤。著名的空中花园，创意新颖、绿色环保、浪漫温馨。关于爱情和伟大建筑相结合的浪漫往事，经常被反复传颂，新巴比伦的空中花园是国王因为爱妃思念家乡而建造的，印度泰姬陵是莫卧儿帝国皇帝为纪念死去的妃子而建造的，中国西藏的布达拉宫是吐蕃王朝国王为迎娶唐帝国的文成公主而修建，前者已经不在，泰姬陵和布达拉宫在世界上仍极负盛名。新巴比伦城有一段城墙，跨越了底格里斯河和幼发拉底河之间的平原，由于城墙跨越大河，于是幼发拉底河上建起了一座可以说是世界上第一个坚固的大型桥梁。不幸的是，如果攻击者足够智慧，攻陷它也易如反掌。城墙虽易守难攻，但若将河流改道使河床干涸，就可以沿着没有水的河床大摇大摆地进入城中。

米底的实力和影响日益增加，即使有联姻关系，也引起了新巴比伦王朝的警惕。毕竟草原游牧民族和沙漠游牧民族还是有区别的，米底人更注重与同宗的波斯人的关系。按照正常的剧本，米底应该更加出彩，但始料不及的是，很快将大摇大摆地进入巴比伦城的，却是那个小跟班。

（五）华夏春秋

当腓尼基人的一支西迁到北非迦太基的时候，当古希腊人兴高采烈地举办了两届运动会、亚述第二帝国正准备一飞冲天、罗马即将建城之时，华夏大地即将第一次陷入无序和混乱。

公元前770年，周王室迁都洛阳，东周开始，五百二十年后，被秦国所灭，此后不到三十年间，秦国陆续灭掉其余六个对手，统一全国，中国第一位皇帝诞生。其实，周王朝在灭亡之前，连名义上的天下共主地位都岌岌可危，公元前704年，楚国称王，从此天下有两个王，公元前334年到公元前306年，其余六大诸侯国陆续称王。因此，在象征意义消失之前，周王室已经在屈辱中度过几百年了。这个分裂期，又被分为春秋时期和战国时期，前者从公元前770年到公元前476年，这个充满诗意的名字，源自孔子整理的编年史书《春秋》，但是再浪漫的名字也无法掩盖在这三百年里发生的四百多场战争的残酷。再者，《春秋》一书的纪年方法是鲁国国君的年号，连纪年都不用周王朝的。而后者看似霸气的名字源于西汉刘向编订的《战国策》，从公元前475年到公元前221年，这两个半世纪里有近九十年没有战争，但战争规模之大、死伤之多却远超春秋时期。

即使攻陷了周王室的都城，犬戎也只会大肆抢劫一番，然后心满意足地迅速遁去，绝对不会有占据的想法，因为除了游牧和抢劫，他们暂时不会别的。断壁残垣的都城使周王室颜面扫地，每当想起那些挥动武器发出怒吼的犬戎，便觉得不寒而栗。为了远离不堪的回忆，周平王决定将都城向离野蛮人稍远的东部迁移，即向今河南洛阳迁移。

迁都绝不是搬几个桌子椅子这么简单，仅靠败落的周王室是不可能独自完成东迁任务的，于是就来了几个帮手。郑国不仅很近，而且作为血亲，自然不能袖手旁观，不远的晋国也伸出援手，还有一个地位较低的领主秦国也出现在手提肩挑的乔迁队伍里。秦国的附属国地位，通过一次搬家升格为诸侯国；成为诸侯就意味着地位和话语权已经完全不一样了，是被周王室认可的。摘掉了野蛮帽子的秦国，自此正式走上了历史舞台，虽然很多中原诸侯国还是不会正眼看他。

然而，当搬家都需要别人帮忙的时候，周王室的威望已经引起了私下叽叽喳喳的讨论，空穴不能来风，其实所有人心中都有自己的判断，尽管从表面上看，只有对周王室遭遇的无比同情、对犬戎恶行的强烈谴责。

迁都到洛阳的周王朝，本来实力大减，但还将土地赏赐给诸侯国，以至于到最后，自己的领地不过方圆两百里。土地减少就是税收减少，自给自足都力不从心的周王室，何以成为天下共主呢？有哪个诸侯国会真心再给一个各方面都羸弱不堪的周王室纳贡呢？从东周开始，直至秦始皇大一统之前的五个多世纪里，中国实际已成为众多独立邦国斗智斗勇的自由搏击场。

对周王室来说，处在被各诸侯国环绕的中心位置，在王室强大的时候就是拱卫，弱小的时候就是围困。尽管王权观念还在，余威仍存，但只要有人首先打破沉寂，紧张的气氛就会像瘟疫一样无情地蔓延开来。

倘若是外人还好说，但首先发难的却是近亲郑庄公。堂哥郑庄公的权力欲压倒了堂弟周平王的猜忌，双方做了一件此前从来没有发生过的交换人质事件。互相交换人质，从堂兄弟和表兄弟角度来看，属于家庭内部问题，因为他们的母亲都是申国国君的女儿，也是表亲；如果从国王和诸侯角度而言，这就是乱局的开始。所以，周平王的孙子周桓王就对郑庄公这个长辈十分不满，于是纠集了陈、蔡、卫等国的联军在今河南长葛地区和郑国军队对垒，结果周桓王被乱箭射伤后败退。近亲打架，作为长辈把晚辈伤了，郑庄公当天夜晚就派人去探望和安慰一番。此战之后，郑国令其他诸侯刮目相看。齐国因受到北方游牧民族的骚扰，邀请郑国出兵相助，再次扬名立威之后，各诸侯国不得不承认郑国的强大。

自从近亲的郑国开了一个不好的头之后，导致一系列不良的连锁反应，春秋五霸时代正式开启。

第一个霸主来自国师姜子牙的封地齐国。公元前698年，齐僖公死后，齐国陷入内斗，由于公子小白和公子纠（公子，按照字面意思，因为诸侯又称为公，公子即公的儿子，所以严格来说，公子并不能指代平民百姓）的继承顺序靠后，为远离王位争夺的危险而避难在外。在多年斗争之后，齐国忽然群龙无首，于是，两位流亡在外的公子之间便展开了百米冲刺竞赛，即谁先回到都城谁就会成为下一任继承人。尽管公子小白在半路中箭，但他通过佯装受伤之计骗过竞争对手，等公子纠不慌不忙地回到齐国都城，齐桓公（公子小白）的位置已经尘埃落定。

齐桓公即位后，为了实现富国强军的目标，不计前嫌地重用了在当年冲刺比赛时射了自己一箭的管仲；不世之才的管仲很快就用实实在在的业绩，让齐桓公将曾经的伤痛抛到九霄云外。堪称中国改革变法第一人的管仲，尽管有平凡人的许多缺点，但绝对是不拘一格的人才。当齐国的都城临淄成为夜夜灯红酒绿的不夜城，各国商贾络绎不绝，齐桓公国库的充实只是时间问题。国富之后才能强兵，古代社会没有职业军人，都是农民军，这很不可控，因为说不定战斗正激烈时，农民扔下武器就要回去收庄稼。如在一千多年后的英格兰，英王阿尔弗雷德大帝率兵抵抗北欧维京海盗入侵的时候，恰逢收获的时节来临，农民士兵们便纷纷扔下武器，回去农忙去了，差点导致英格兰彻底成为海盗之国。管仲的兵源改革，瞄准属于贵族但地位较低也没有土地的这一阶层，他们被称为“士”。相对于农民、商人，“士”的素质更高、战斗力更强。因此，我们通常说的士兵、战士，中国象棋里“帅”和“将”的贴身护卫就是“士”。中国的“士”要求能文能武，即“文能提笔安天下，武能上马定乾坤”。这一点不同于一千多年后中世纪的欧洲骑士，因为他们基本都是来自蛮族的文盲，最多只会在胸前画一个十字架。

一天，面带笑容的管仲晋见正在借酒浇愁的齐桓公，因为齐国北方的燕国遭受山戎的侵袭已有几个月了，多次向齐国求救。管仲不多废话，告诉主公可以开始正式运行称霸程序了。齐桓公立即命人拿出早已准备好的“尊王攘夷”大旗，浩浩荡荡地带领大军北伐山戎去了。管仲设计的程序相当完美，齐桓公不仅帮助燕国赶走游牧的山戎，还将新扩展的领地大方地赠与燕国。燕国遭受山戎劫掠，元气大伤，无以回报，燕王亲自相送齐桓公，相谈甚欢之际，却发现犯了一个大错，即自己送行的队伍已经越过齐国边境五十里。按照周王朝的规定，没有天子许可，诸侯国君是不可随意走出国界的，齐桓公看着旗帜上的“尊王”二字，决定将越过的齐国领地全部让与燕国。这一举动不仅使燕王感激涕零，而且使周王室对齐桓公也赞不绝口。

此后，齐桓公在助人为乐的道路上越走越快乐。齐桓公的女儿把鲁国闹得天翻地覆，齐桓公帮助鲁国平定风波，而且毫不偏袒地杀了自己的女儿，此为“安鲁”。卫国的卫懿公，就是那位养宠物鹤的国君，在北方狄人进攻时才恍然大悟，杀死心爱的宠物，自己也亲自上阵，结果被狄人打败。后来齐桓公号召大家为卫国重建都城，此为“存卫”。邢国也是一样，都城也被狄人蹂躏，也是齐桓公召集大家帮助邢人迁入新家，此为“救邢”。就连周王室准备废长立幼，齐桓公也觉得应该管一管，后来周襄王的即位离不开齐桓公的帮助。时间差不多了，公元前651年，齐国召开诸侯大会，实质上是要大家确认自己的霸主地位，受其帮助坐上王位的周惠王也派人前来祝贺，从此齐桓公后背上就有了个“霸主”的名牌。

既然是名牌，就有被撕掉的可能。

齐桓公逐渐被荣誉冲昏了头脑，疏于进取，开始走下坡路。面对北方游牧民族多次侵扰和蛮夷楚国的挑衅，不仅失去了雄心壮志，也力不从心。更悲惨的是，齐桓公儿子众多却没有安排好继承人，在齐桓公病重之际，儿子们已经开始争夺王位。公元前643年，一代霸主齐桓公竟然被活活饿死，儿子们直到两个多月后分出胜负，才将齐桓公安葬。

接替齐桓公成为第二个霸主的，是晋国一个流亡在外的公子重耳。不过这位公子流亡的时间太久，公子重耳在秦国的帮助下回到晋国成为晋文公的时候，已经六十多岁了，但大器晚成并不妨碍称霸。公元前

632年，晋楚两国发生了最大的一次战争，交锋之前，晋文公按当初流亡楚国时的誓言，先退避三舍（九十里），结果晋文公还是以少胜多击败楚国，奠定了春秋第二霸的地位。相比齐桓公的儿子，晋文公的儿子更争气，子承父业继续维持了晋国的霸业。而懊恼的楚国心想，融入中原朋友圈真是难，决定三十年后再见分晓！

秦国西边的形势并不怎么乐观，游牧民族西戎的骚扰和劫掠，一直像噩梦般如影随形。对付这些彪悍凶残又没什么见识的草原游牧民族，秦穆公想到了一个毁其心智的计策，秦国给戎王送去了能歌能舞的侍女，戎王果然被女色迷惑，后来也不放牧了。秦军抓住机会出击西部，征服了十几个属国，成为西部的霸主；稳定了后方，对于秦国挺进中原地区大有裨益。公元前621年，秦穆公去世。

公元前613年，楚国王位上坐着一个不满二十岁的楚庄王，看似风流不羁、纵情声色的楚庄王，实则是要在暗中分辨忠奸和贤佞。时机一旦成熟，他就任用贤能，大力开疆扩土，首先平定周边的小国，然后率军北上。虽然晋国仍是中原霸主，但这次楚庄王占据上风。公元前606年，楚庄王经过周王朝的都城洛阳时，听说周王有九鼎（象征天子威权），就去问周王的九鼎有多重，自己也想打造一套，结果双方不欢而散，这就是成语“问鼎中原”的由来。公元前597年，楚庄王大败晋军，一雪前耻，晋国霸主地位动摇。楚国也是消灭小国最多的诸侯国，一共灭了四十二个小国，一百四十多个诸侯国中占比百分之三十，实力大增，终成为春秋第三霸。

自从楚庄王掳回一个美女夏姬，毫无准备的吴国就被卷入了中原的纷争。夏姬是郑国的公主，是春秋时期有名的美女。申公巫臣，凭借三寸不烂之舌劝楚庄王和楚国司马不要娶夏姬，最后楚庄王将夏姬赐给了一个大将，可惜这个大将死于楚晋大战。于是，申公巫臣再也不愿忍受煎熬，直接拉上夏姬私奔到对手晋国。对此楚王大怒，于是就杀了申公巫臣的族人，夺其家产。仇恨的怒火让申公巫臣为晋国献上良策，楚国将为此付出沉重的代价。申公巫臣建议，晋国交好楚国东南的吴国，让楚国腹背受敌，得到晋王的支持后申公巫臣出使吴国。申公巫臣知道吴国远离中原之地，十分落后，所以直接送去技术和设备，战术也指导到位，使吴国实力迅速提升。当晋国正在想象楚国将来的窘相时，却不曾料到，兴奋的吴国驾着刚从晋国引进的新战车，兵锋直指霸主地位。

吴国的存在，就是兄弟之间让贤而产生的，它的后代也上演了类似的故事。吴王有四个儿子，也是偏爱幼子，希望他能继承大位。但这位幼子不愿承袭王位，三位哥哥陆续在位，都一再要将王位传于四弟，但直到三哥死后，四弟仍然拒绝，三哥只好将王位传给自己的儿子，这就引起了大哥的儿子公子光的愤怒。虽然此时公子光势单力薄，但前途并不晦暗，三年后，命运会安排他认识一个人，这个人可谓春秋时期的“刺客经纪人”。

此时，楚国刚经历了四兄弟争权，四弟胜出。新楚王宠信佞臣，引起太子的反感，于是亲近老师伍奢。佞臣诬陷太子谋反，太子被迫流亡国外，老师伍奢受牵连入狱，同时传唤老师伍奢的两个儿子以图斩草除根。长子伍尚试图营救伍奢，但不久就和父亲一起被杀死，两兄弟分手时哥哥特意嘱咐弟弟，如果自己和父亲遇到不测，他一定要保住性命，为他们复仇。弟弟听到父亲和长兄遇害的消息，悲痛万分，发誓为亲人报仇雪恨。这位弟弟就是著名的“刺客经纪人”，春秋时期著名的战略家和军事家伍子胥。

伍子胥一路辗转来到吴国，做了三件小事。一是结识了郁郁寡欢的公子光。伍子胥认为，去辅助已大权在握的吴王僚远，没有帮助公子光获得的收益高。二是介绍了一个刺客给公子光，并不收取佣金地归隐于市，坐等新吴王的召唤。三是认识了一个当时名不见经传的人。这个人姓孙名武，是因齐国内乱来吴国避祸的，两个不得志的人成为挚友，孙武对战争的理解和学识，让伍子胥对未来的复仇大计信心满满。中国历史上著名的军事家孙武，其所著的《孙子兵法》被誉为“兵学圣典”，被翻译成英、法、德、日文。春秋时期，孙子是和孔子、老子相提并论的人物。

相比伍子胥的悠闲，公子光却十分忙碌。此时他正在家中设宴款待自己的堂兄弟吴王僚，吴王僚料定有诈，但如果不去则有失颜面，且身边严密的安保措施让兵器、毒药基本都近不了身，因此便大摇大摆地去参加宴会了。席间，仆人端上来一盘鱼，刚弯腰放在吴王僚的面前，只见这位仆人将手迅速伸入鱼腹拿出一把匕首刺向吴王，吴王僚一命呜呼，这位仆人也因寡不敌众而被侍卫杀死。“鱼肠剑”之名流传至今。这位伪装的仆人就是著名的刺客专诸，被誉为春秋战国“四大刺客”之一。

公元前514年，公子光摇身一变成为吴王阖闾，就是我们熟悉的吴王夫差的父亲。伍子胥立刻得到吴王阖闾的征召，成为吴王阖闾的重臣。伍子胥又推荐孙武，吴王召见后惊为天人，任命孙武为将。在两位名臣的辅佐下，吴国国力渐强，等待楚国的将是巨大的羞辱。

在复仇楚国之前，“刺客经纪人”伍子胥的工作仍未完成。吴王僚死后，其子庆忌逃亡在外，招兵买马积聚实力，准备夺回大位。当伍子胥见到满面愁容的吴王阖闾就明白了，话不多说，某日伍子胥求见，说“合适的刺客人选已找到”。望眼欲穿的吴王阖闾赶紧传召，结果来了一个矮小瘦弱、名叫要离的人，吴王大失所望，心想吴王僚的儿子，即自己的侄子，那可是武功高强，力大无比，勇敢威猛，又善于骑射，这伍子胥应付差事也太过于明显了。但毕竟伍子胥有功于自己，便心中不快地问这次刺杀行动的计划。其貌不扬的要离直入主题，“请大王杀我妻儿，断我一臂，庆忌必死”。吴王再看向一旁的伍子胥，他那镇定而自信的表情似乎在告诉吴王，他这个“刺客经纪人”是十分专业的，吴王大喜过望。

吴王僚儿子的身边于是多了一个断臂的心腹助手，一日趁庆忌不备，这名心腹单手将一支短矛刺入庆忌心脏，并穿透而出，手法快准狠，普通人必定会当场毙命，但吴王僚的儿子毕竟是吴国第一勇士，即使身受重伤也把要离打个半死，当手下冲上来要砍死要离时，这位吴国第一勇士却说，“怎么可以在一天之内死掉两个勇士呢！放他走！”要离方才得以安全回到吴国，但是要离谢绝了吴王阖闾的赏赐，自刎身亡。死前告诉吴王，自己这么做是为了吴国的百姓不受战乱之苦。慧眼识人的“刺客经纪人”伍子胥是专业的，刺客专诸和要离的成功也说明了他们的专业性。不过，有一位在历史上名气大很多的刺客，却显得专业性并不那么强。

公元前506年，吴王阖闾带着伍子胥和孙武攻入楚国，楚国都城被攻陷，这是一个大国都城首次被攻破。十六年后，伍子胥终于替父亲和哥哥报了仇，时任楚王已经出逃，他就挖出前任楚王的尸体，鞭笞三百。

吴王阖闾没等到诸侯会盟时自己站上主席台的那一天就去世了，这件事将由他的儿子吴王夫差去完成。此时，南方的越国，也希望把历史时钟稍微拨快一点，因为霸主的轮换机制，大家早已见怪不怪了。

（六）第一个横跨亚非欧的帝国

草原游牧民族的米底和波斯，几乎同时来到两河流域定居。因为与迦勒底联手摧毁了疯狂的亚述帝国，米底人已发展成为不可小觑的势力，而波斯人此时只是米底的附庸。

就像古希腊的战争，经常是在两个英雄之间就决定了战争的胜负。尽管此时的波斯还一文不名，但是它雄主辈出，这必将改变一切。

米底和新巴比伦王朝之间，很快便从并肩作战的盟友，发展成为暗中较量的对手。既然新巴比伦王朝可以联手米底而一跃成为巴比伦之主，那么米底也可以联手同宗的波斯。于是，米底将公主下嫁给波斯的贵族——阿契美尼德家族，草原游牧民族和沙漠游牧民族互相压制的剧本，继续轮回上演着。

米底公主为阿契美尼德家族生了一位雄主，伊朗和世界历史上最伟大的人物之一——居鲁士大帝，波斯就有了第一位大帝，伊朗就有了国父。波斯即伊朗，在公元1935年国王正式宣布改波斯为伊朗，意即雅利安人的国家。至于为什么一直以来叫波斯帝国，不叫阿契美尼德王朝，这是因为《历史》是古希腊的希罗多德写的，古希腊的波斯叫法就一直被沿用。就如同，西方人将亚洲看作东方，离欧洲近一点的叫近东，中间的叫中东，最远的就叫远东。

公元前559年（一说公元前558年），原埃兰王国的都城安尚，成为居鲁士大帝的领地。公元前550年，作为米底外孙的居鲁士大帝统一了波斯和米底。波斯第一帝国正式建立。内部统一之后，居鲁士大帝就西征小亚细亚，对阵半岛中部的吕底亚王国。在面对吕底亚精锐的长矛骑兵时，相比当年西亚的喜克索斯用战马吓退古埃及的骆驼，波斯反其道而行之，驱赶成群的骆驼吓跑了战马，所以战争的关键还是看谁来指挥。波斯继续西征，控制了西南沿海的爱奥尼亚城邦，而这里本来被古希腊视为自己的爱琴海势力范围，但由于古希腊无力对抗波斯军队，只能不停地煽动这些城邦叛乱，这就引起了波斯帝国的报复。

跨越亚欧大陆分界海峡的征服行动，即侵入欧洲，此前没人做过，波斯帝国此时也不会去做，因为现在还有一件更重要的事要完成。两河流域的巴比伦奖杯争夺赛永远充满诱惑，留给新巴比伦王朝的时间不多了。

波斯帝国兵临城下，巴比伦在劫难逃。约公元前539年，居鲁士大帝使河流改道，当他率大军从干涸的河床悄悄地进入巴比伦城的时候，城里的人们正聚集在一起举行宗教活动，不同于亚述帝国的水淹破城，波斯帝国兵不血刃地攻陷了巴比伦城。居鲁士大帝没有遭遇巴比伦的反抗，人们反倒欢迎他的到来，居鲁士大帝用宗教的宽容回馈了民众的归心。

希伯来人的春天来了。已经在巴比伦为奴半个世纪的希伯来人被释放，还可以回到耶路撒冷，重建耶和华圣殿。希伯来人兴奋地踏上回家的路，结束了在异乡心理和肉体的折磨。被波斯帝国释放之前，希伯来人认为所有的折磨和痛苦都只是耶和华给他们的考验，现在考验结束了，耶和华又派波斯帝国来解救他们。至此，希伯来人完成犹太教的整个体系构建，世界上第一个一神教正式问世了，从此他们被称为犹太人。回顾过去，这个体系是他们用了近五个世纪的思考、磨难和坚持换来的。然而，犹太人的磨难才刚刚开始。

居鲁士大帝的祖先，是从中亚草原迁徙到西亚两河流域的，但他自己最终又魂归故里。公元前530年，居鲁士大帝率军进攻中亚两河流域，因为在中亚草原上也有两条河流，北部锡尔河（旧称药杀河），发源于天山山脉，南部阿姆河（旧称乌浒河），发源于帕米尔高原，两条河流均由东向西注入咸海，也是咸海的主要水源，咸海实为世界第四大湖，与海无关。生活在这里的马萨格泰人，曾将斯基泰人驱赶到欧洲，马萨格泰的女王砍下了居鲁士大帝的首级，并浸入装满鲜血的革囊，让其饱饮鲜血，大帝年七十岁而卒，未得全尸。

不管怎样，新巴比伦王朝灭亡了，居鲁士大帝建立了当时世界上最大的帝国。至此，沙漠游牧民族在两河流域创造的辉煌，将会沉寂相当长的一段时期，而且，草原游牧民族的波斯帝国系列将主宰这里长达一千一百多年，直到另一个沙漠游牧民族异军突起[①]，因此，在此期间，伊拉克的历史只是波斯历史的一部分。

公元前525年，居鲁士大帝之子占领了古埃及，标志着两千五百多年古埃及王朝历史的终结和谢幕[②]，自从波斯成为它的统治者以后，尼罗河的粮仓就轮番被外族占据。三年后，居鲁士大帝之子离奇死亡，其在位八年就将波斯帝国的疆域拓展至北非，包括今天的埃及和利比亚，再过十年左右，我们将迎来世界上第一个地跨三大洲的庞大帝国。

如果说居鲁士大帝创立了波斯帝国，那么“万王之王”大流士大帝，就是将帝国推向巅峰的人。

公元前518年，大流士大帝的军队推进到北印度，波斯第一帝国将四大文明占据其三。也许大流士大帝认为，东线战场已推进到世界的尽头，于是转向西线战场的欧洲大陆本土。公元前513年，波斯帝国军队第一次越过海峡，踏上了欧洲大陆，并占领了今保加利亚部分地区。尽管小亚细亚的希腊城邦落入波斯帝国之手，但是古希腊还是毫无底气去反抗这个庞大的波斯战象，当波斯帝国进攻斯基泰人的时候，古希腊还甘愿成为其帮手。然而，狡猾善战的斯基泰人让帝国放弃了继续征讨的念头。波斯军队在仓促的撤退中稍显不堪，这狼狈的一幕被负责把守海峡的撤退浮桥的古希腊人看在眼里。也许正是因为这个画面，古希腊才有勇气在几十年后和波斯帝国放手一搏。

现在，拥有四个都城、人口达到五千万的波斯帝国，已经可以傲视一切了。从来没有人像大流士大帝一样拥有如此辽阔的疆域，几乎统治

---

①波斯第一帝国（阿契美尼德王朝）：公元前550—前330年。波斯第二帝国（帕提亚王朝）：公元前247—226年。波斯第三帝国（萨珊波斯）：226—651年。651年，萨珊波斯被阿拉伯帝国所灭。

②公元前3100年，美尼斯建立了古埃及第一个王朝，也是人类历史上第一个王朝。

了全部的已知世界。由于居鲁士大帝开创的帝国，管理上过于放任和松散，以至叛乱不断。大流士大帝开创性地把偌大的帝国划分为二十个行省，关系亲近的人被任命为总督。首先是亲戚和朋友，然后是波斯族人，再次是同宗的波斯人，这一点也是当今的伊朗社会很重视私人关系的缘由。行省制度和总督制度成为此后各大帝国的标配，大流士大帝不仅开拓了更广阔的疆域，而且把它治理得很好，大帝的称号当之无愧。

大流士大帝设置了四个颇具格调的春、夏、秋、冬四宫，作为帝国的都城。波斯的发源地波斯波利斯，作为庆典之用，为春宫；前米底的都城艾克巴坦那，为夏宫；巴比伦，是秋宫；前埃兰的都城苏萨，为冬宫。大流士大帝经常巡视全国，大帝在哪里，朝廷就在哪里，实为移动的朝廷。

当大流士大帝巡视着井然有序的帝国，心满意足之余，仍会想起当初发生在帝国偏远之地的不快往事。一场影响世界几千年的战争，一触即发。

（七）雾里看花

公元前1000年开始，雅利安人向东部的恒河流域推进。

面对阻挡去路的森林，他们砍伐和火烧，一路上必然遭遇很多当地土著。面对陌生但可怕的战车和闪闪发光的武器，恒河流域的土著接受了宁静生活被无情打破的现实。随后，雅利安人部落像海浪一样一波波地迁居此地。强者雅利安人的文化成为新地区的主流文化，《吠陀》和雅利安人制定的职业和阶级成为社会主流。婆罗门宣扬的文化，成为上层社会信奉的婆罗门教，下层信奉的则是印度教。

如果你想了解公元前7世纪以前的印度历史，就只能去读成书时间与实际发生相差三千年的《吠陀》，就像通过古希腊神话去了解古希腊历史一样扑朔迷离。简单说来，在公元前4世纪以前，即马其顿的亚历山大大帝征服北印度的时候，恒河流域有十六个小王国，以摩揭陀国最为强大。

事实上，印度早期的历史需要通过波斯、古希腊和中国的历史记载才能被稍稍了解，就同韩国和日本一样，没有中国历史的传世，他们都是被世界遗忘的。公元前108年，中国的汉帝国灭了朝鲜王朝，顺便把称为倭人的日本人领进了东方文明的大宅门。八百年后，唐帝国灭了朝鲜半岛的百济王国，倭人又被赶出门外，成为被遗弃的历史孤儿。公元668年，倭人推举了天皇，日本这个国号诞生，同时，为了使本国历史看上去更悠久，就开始“一本正经”地编造历史，将首任神武天皇登基追溯在公元前660年，即将建国时间倒推一千三百多年，到如今已经是第一百二十六任天皇，因此，从来没有改朝换代的日本，是世界上君主制时间“最悠久”的国家，且没有之一。

南亚次大陆这片土地最具有多样性，其他国家或地区五官基本一致、皮肤基本同色、语言基本相通，但今天的印度，各色人种、各类肤色、各种语言、各类风俗，甚至五官长相等，都不会是出自一个民族。他们来自三个不同的方向：一是持续从中亚草原南下到南亚次大陆的草原游牧民族，如雅利安人和来自中国的月氏、突厥、蒙古，都曾在这里掀起波澜或建立王朝。二是南部地区的土著，本身就极具特点，腹黑、矮小、塌鼻，应该属于史前迁徙到此的原住民。三是与中国西藏接壤的地方，有蒙古族的进入和融合，如尼泊尔、不丹、孟加拉国和缅甸。多种族、多民族人群长期混血，肤色、语言、五官就呈现出千姿百态的样子。由于入侵文化的不同，基督教、伊斯兰教、印度本地的多种宗教，导致印度宗教文化呈现多元性，是世界上宗教最多的国家。

此时，即使是蛮荒的欧洲大陆，都已经开始融入世界文明圈，但由于统一基因的缺失，印度在大多数的时期都只是配角和看客。

（八）先贤齐鸣

无论是在被群山环绕的伊朗高原、因神话和宗教而依然神秘的恒河流域，还是在广袤的华夏大地、城邦林立的希腊半岛，尽管山峦可以阻挡战车，江河可以止步铁骑，但先贤的思想却能无视一切，不约而同地发出光芒。

老子是“中国哲学之父”，姓李名耳，春秋末期人。虽然他只是衰落的周王室的藏书管理官员，却博学多识，拥有辩证的思想，给后世留下了不朽的传世著作，指导我们如何理解世界和把握人生。即使鼎鼎大名的孔圣人，也曾亲自登门拜访问道于老子，据说老子并不说话，只是用手指了指自己的舌头，孔子觉得奇怪，老子并不在意，继续用手指了指自己所剩不多的牙齿，孔子思考片刻，鞠躬致谢，随后离开。跟随孔子的徒弟大惑不解，孔子感叹大智慧不在千言万语，而在发人深省。老子的意思是说，牙齿虽然坚硬，但迟早会掉，舌头虽然柔软，但会一直陪伴。

老子和孔子，都生活在公元前6世纪到公元前5世纪，这一时期和稍后一点的华夏大地，道家有老子、庄子，儒家有孔子、孟子，还有墨家、法家、兵家等，人才辈出，百家争鸣。孔子是中国历史上最著名的人物之一，直至今日仍被中华民族怀念，“半部《论语》治天下”足以说明了孔子的历史地位。当今，中国推广汉语和传播中国文化的学院都冠名为“孔子学院”。

西方的哲学起源于古希腊。孔子去世十年之后，古希腊的哲学家苏格拉底出生了。同孔子的思想由弟子或再传弟子整理和传播一样，苏格拉底的哲学思想，都是学生柏拉图整理成书流传下来的，柏拉图有个学生叫亚里士多德，此三人为西方三大哲人。

苏格拉底生活在古希腊的核心城邦雅典，也是今天希腊的首都。对国王一人集权理念完全水土不服的古希腊，采取了多人集权的方案，即贵族阶层集权。由于雅典没有全职军队，战争还是需要平民支持的，就不得不与之分享部分权利，以取得支持，这就是古希腊发明的“民主”。当古希腊侥幸击退波斯帝国的入侵，民主就成了无条件的褒义词，因为古希腊的民主战胜了波斯帝国的君主集权。但苏格拉底并不这样认为，因为雅典的民主不考虑任何因素，无论什么素质和认知水平的公民都可以投一票，这种民主对于一个部落也许可行，但对于一个民族却如同儿戏，所以苏格拉底批判了雅典的民主。这惹怒了有优越感的雅典人，由市民组成的陪审团判处苏格拉底死刑。苏格拉底坦然地面对了民主的死刑判决书，从容地喝下毒酒，很快气绝身亡。在苏格拉底被尊为西方哲学圣贤的今天，那无疑是雅典民主最耻辱的一天。

苏格拉底的学生柏拉图，就有幸看到了雅典民主失败的那一天。古希腊的斯巴达城邦，是一个完全没有民主的寡头政治城邦，公民唯一的任务就是军事训练，其他的事情由奴隶完成，对自己武力的自信膨胀到连城墙都不屑去修筑，也十分看不起雅典所谓的民主。公元前404年，专制的斯巴达打败了民主的雅典，雅典从此一蹶不振。

柏拉图有个学生叫亚里士多德，他提出的著名的三段论教会我们逻辑推理，同时亚里士多德还提出了地球是宇宙的中心，不过约一千八百年后的公元16世纪，波兰的天文学家哥白尼更正了古希腊的这一理论，指出太阳是宇宙的中心，表明人类的目光看得越来越远。

柏拉图和亚里士多德都在雅典创立了学院，教授数学、几何、天文学、植物学等。他们的学院是现代高等学府的前身。但是，九百多年后，东罗马帝国的皇帝关闭了柏拉图学院，学者纷纷逃亡东方，波斯帝国和阿拉伯帝国代表的东方世界成为人类知识的中心，西方世界进入野蛮和停滞的暗黑时代。

亚里士多德也有一个学生，这位学生并没有留下不朽的思想，却在短短的十三年里，踩在居鲁士大帝的帝国废墟上，缔造了世界上第二个横跨亚非欧的大帝国。

两千多年过去了，无数民族和帝国都已随雨打风吹去，但古圣先贤的思想仍历久弥新。

五

分道扬镳

（公元前500—前200年）

从地理上看，亚欧大陆是一个天然的整体，非天崩地裂、非山河移位而不能割裂之。但有一个人，却可以将它一分为二。这个人就是希罗多德。他用一本史书，就轻易地将我们的世界分为东方和西方，在这一思想的暗示下，东西方世界就像油和水一样不可调和。

尽管古希腊奠基了西方文明，也击退了东方的波斯第一帝国，但它从未萌生过入侵东方的疯狂念头。这一切，却被一个二十岁的年轻人改变。这个人就是亚历山大大帝，他在十三年里就征服了大半个已知世界，将两百年的波斯第一帝国碾为齑粉。当亚历山大大帝意欲挥师向西，将大西洋作为帝国的西方边界时，却英年早逝，从地中海到印度河的庞大的帝国瞬间崩塌。尽管来也匆匆、去也匆匆，但是作为世界上第二个横跨亚非欧的帝国，让喜马拉雅山脉以西的世界更加紧密地联系在一起。

年轻的“世界之王”——亚历山大大帝死后，帝国的亚洲部分，西亚的草原游牧民族再次崛起，建立了波斯第二帝国——帕提亚王朝，扼守东方阵线；帝国的非洲部分，一个东西方融合的新王朝——托勒密王朝建立，呈现了不可思议的繁荣；帝国的欧洲部分，依然在痛苦的分裂中挣扎，马其顿的安提克王朝发现，西边的罗马逐渐露出狰狞的面目。同时，受亚历山大的影响，印度的第一个大一统王朝——孔雀王朝随之建立，月护王极力捍卫印度河的边界。月护王的孙子阿育王，继续开疆拓土，并大力推崇佛教，成为印度历史上最伟大的国王。

当亚历山大大帝的西征计划随着岁月流逝逐渐泛黄，罗马城逃过一劫。古希腊城邦已退出西地中海的争夺战，位于出海口的迦太基成为罗马最大的威胁，没有经过太多的思考，罗马向海洋游牧前辈发起了挑战。两次战争之后，商业帝国的迦太基在苟延残喘中等待敌人的最后一击，而罗马已将贪婪的目光投向它的东方。

喜马拉雅山脉东侧的华夏大地上，战国七雄交出了最后的答卷，秦国横扫六国，秦始皇成为中国第一位皇帝。这位“千古一帝”让中华民族世代相传、一脉相承地屹立于世界的东方。秦始皇死后三年，秦帝国灭亡，刘邦高举“受命于天，既寿永昌”的传国玉玺，宣布了有四百多年历史的汉帝国的建立。

即使承受着千古骂名，秦始皇还是用万里长城向后人警示着一个巨大的危险。刚刚戴上皇冠两年，汉帝国的开国皇帝刘邦，就默默承受了匈奴给的屈辱，在他的有生之年，雪耻从未提上日程，处于劣势的汉帝国不得不韬光养晦。

中国北方的草原游牧民族，将像海浪一样，开始无情地冲击着农耕民族帝国的堤岸。匈奴作为第一个杰出的代表，在七百年的民族历史里，在东方的帝国曾力压群雄。但随后被汉帝国驱赶，他们不远万里地迁徙到欧洲，刚刚热闹起来的欧洲大陆上，众多民族将被匈奴巨浪吞噬和裹挟，西方第一个帝国也因此殒命，欧洲大一统局面从此一去不返。

（一）东方剑指西方

东方的波斯第一帝国，成为古希腊心中敢怒不敢言的痛。小亚细亚半岛西南部的城邦，被波斯第一帝国纳入版图之后，古希腊的爱琴海霸主头衔已经是名存实亡。连古希腊自己都不得不承认波斯帝国的强大，除了喜马拉雅山脉东侧的华夏大地，这个庞然大物几乎统治了整个世界。

古希腊从来都不敢萌生进攻东方的念头。当东方的波斯帝王可以呼风唤雨之时，希腊半岛上仍然是城邦林立，各自为政，空气中到处弥漫着松散的草原游牧习气，所以，上次大流士大帝征讨斯基泰人的时候，古希腊只是听令于波斯第一帝国的跟班。雅典和斯巴达，这两个实力稍强的城邦，尽管一直都有收编对方的想法，但直到古希腊灭亡，他们还是没有找到长期有效的合作模式，短暂合作的希望也十分渺茫，除非有一天大难临头。

古希腊当然不甘心失去小亚细亚的城邦，把多余的精力放在体育比赛上被证明是无效的，草原游牧民族的战斗基因，迫使他们必须寻找更激烈一点的方式。

公元前494年，波斯第一帝国要求小亚细亚的希腊城邦废除民主政体，实行帝国统一的君主制，这引起了爱奥尼亚地区的反叛。由于明知不敌，陆军战力指数高的斯巴达成为求援的对象，但斯巴达也没有足够的勇气出兵去对抗一头雄狮。而雅典城邦，却认为自己有义务去维护爱琴海霸主地位，毅然出兵支援。然而，雅典杯水车薪的支援不仅改变不了什么，反而激起了大流士大帝再次进攻欧洲的兴趣。帝国的权威不容亵渎，在大流士大帝的眼里，雅典的支援行为无异于自杀和对东方帝国的不尊，很快，波斯第一帝国的军队再次挺进欧洲，目标直指雅典。

公元前490年，雅典东北方的马拉松平原上，布满了波斯帝国军队，海岸线上整齐地排列着几百艘战船。战争一触即发，东西方世界的第一次正式军事碰撞拉开了大幕。

雅典全城笼罩着懊悔和悲伤的气氛，雅典城里有一位戏剧作家，在这个时候公演了一部戏剧，看得雅典全城人很感动，而且大部分人都是抹着眼泪走出剧场的。虽然剧本很成功，爱民主的希腊人还是决定投票，要对这个戏剧作家进行罚款，惩戒这种“长他人志气、灭自己威风”的不当行为，戏剧作家的创作热情遭到民主的无情打击。

雅典和斯巴达一直是互相看不惯对方，雅典觉得斯巴达冷酷无情、独断专行、只爱秀肌肉，而在斯巴达人的眼里，雅典的粗放式民主一文不值。尽管分歧很大，但如果独自面对泰山压顶式的风暴，雅典自知后果不堪设想，唯有放下面子向斯巴达求援。菲迪庇第斯是一个脚力很好的人，号称“飞毛腿”，类似中国《水浒传》里能日行八百里的“神行太保”戴宗，对于这项“通信”工作，他责无旁贷。菲迪庇第斯在两天内狂奔约两百五十公里，到达斯巴达的日期是九月九日，表明来意之后，斯巴达表示希望雅典人能耐心等待一周的时间，因为他们要在十五日的月圆之夜祭祀之后方可出兵，菲迪庇第斯瞬间石化，无奈的长跑运动员菲迪庇第斯又跑回雅典城，汇报说斯巴达人头脑发达四肢简单，而且见死不救。

雅典和其他城市支持者共一万多名士兵，不得不硬着头皮去面对这场灭顶之灾。雅典城邦可以战斗的军队数量不及波斯的一半，即使大流士极具蔑视地只派出两万军队，但波斯帝国的职业军人都经过了无数次战争的磨练，而雅典军队的成员则毫无战斗经验，这场战争看上去就是一场儿戏，当战斗的号角响起，波斯帝国随时可以庆祝胜利。

凭借希腊半岛有利的地形，一万多希腊长矛步兵创造了奇迹。在希腊半岛，城邦之间的独立性与阻隔他们的山脉和河流密不可分，同样，地形也极其不利于波斯大军的进攻，如果军队数量少，再经过长途跋涉，自然胜负未知，但如果来的军队太多，阵型则无法排开。雅典军队采用游击战，主要进攻波斯军队的两翼，使波斯军队的弓箭无法发挥威力，波斯军队一路跌跌撞撞，最终雅典长矛战胜了波斯弓箭，在扔下六千多具尸体后，波斯撤军了，雅典军队只牺牲了不足两百人。波斯撤军的时候，“飞毛腿”菲迪庇第斯又得到一项命令——跑步回到雅典把胜利的消息告诉大家。于是他一口气跑完约四十二公里，振臂高呼胜利万岁之后便永远地倒下了。公元1896年，第一届奥林匹克运动会便将一个全程为42.195公里的田径项目命名为“马拉松”。在西方人习惯以人名为纪念的文化背景下，“飞毛腿”菲迪庇第斯表示，自己“死而有憾”。

大象没有踩死蚂蚁，反被蚂蚁咬伤，这是一个出乎所有人意料的结局!

波斯第一帝国虽然撤退了，但这种无伤大雅的失利并不会令帝国过于难堪，下一次，它将带着十倍的军队卷土重来，遗憾的是，大流士大帝此生再也没有机会踏足欧洲的土地了，他的儿子薛西斯，会将观战的王座安置在视野极好的希腊山顶。胜利来得毫无征兆，雅典不敢相信眼前发生的这一幕。不远处的斯巴达，也感到纳闷。不过，雅典并没有多少时间去庆祝，惹了不该惹之人，该来的，迟早会来。

大流士大帝的儿子薛西斯，一直铭记父亲在弥留之际的遗愿，公元前480年，东方波斯帝国再次挥师欧洲。薛西斯有着比父亲更远大的目标:不仅要征服爱琴海，还要控制西西里岛。为了确保胜利，帝国命令迦太基从西边的海路发起进攻。迦太基和古希腊一直是地中海上的商业竞争对手，自然对强大的波斯帝国的这个命令没有任何异议，如果有意见，波斯的鞭子就会从空中落下。

薛西斯的陆军和海军规模达到二十多万人，来自于臣服波斯帝国的四十多个国家和一百多个民族，浩浩荡荡的陆军足足用了七天七夜才通过浮桥跨越海峡，这一盛大的景象让雅典，以及包括斯巴达在内的所有古希腊城邦战栗不已。这一次，没有人再写剧本了，做点实际有效的工作才是挽救整个希腊的唯一方法。早在天才指挥官塞米斯托克利斯的倡议下，雅典公民大会终于投票同意组建强大的海军。如果加上斯巴达引以为傲的陆军，这样整个希腊半岛就同时有了海军和陆军来对抗强大的敌人。虽然斯巴达仍然看不惯雅典，但它必须要正视这个东方波斯帝国的强大联军，因为很显然，波斯帝国这是要征服整个半岛。斯巴达不得不加入同盟，但他们抓住了雅典的软肋，不失时机地表示，可以联合出兵，但海军的指挥权得归斯巴达所有，乱了阵脚的雅典只能答应。斯巴达勇士终于可以用实战来检验日常训练成果了。

美剧《斯巴达300勇士》里，斯巴达战士健美的体型、酷炫的击杀、有序的战斗阵型都给我们留下深刻的印象。这十分符合斯巴达战士的特点，成年男子都集体生活，除了军事训练就是参加战斗，所有农活都由奴隶完成，妇女负责生养健壮的后代，斯巴达完全是一个战争机器的城邦国家。易守难攻的温泉关，成为斯巴达战士扬名立万的葬身之地。无论再怎么自信，斯巴达战士也清楚这次战役凶多吉少，斯巴达勇士的盾牌和长矛虽然能挡住几波进攻，但是在古希腊招募一个叛徒，是轻而易举的事。温泉关战役失败后，雅典成为一座空城，所有人都弃城而逃。波斯大军冲进雅典城之后，不仅无人可杀，连个像样的建筑都没有，在东方世界，这是难以想象的贫穷和寒酸，于是用大火将雅典城焚为废墟。

原来，古希腊的联军已经退守至半岛南部的萨拉米斯湾。这里是他们唯一的机会，如果再输掉这个筹码，雅典将无法在废墟上重建，没有城墙的斯巴达也将毁灭，希腊半岛将成为波斯帝国的第二十一个行省，甚至无辜的意大利也被并入帝国疆域，波斯帝国将成为整个地中海的霸主。薛西斯对胜利充满信心，因此在萨拉米斯湾的一座山顶上设置了观景宝座，海战的盛况可尽收眼底。

然而，萨拉米斯海湾狭窄的空间，让波斯帝国海军的大型战舰无法有效地排兵布阵，机动性更好的古希腊联军舰队又一次得到了幸运之神的垂青。薛西斯的舰队阵型被打乱，连撤退机会都没有，经过一整天的战斗，波斯战舰所剩无几。踌躇满志地坐在山顶观景王座上的薛西斯，脸色大变，想到自己也有被俘虏的危险，于是赶紧下令撤回亚洲。在西线战场，迦太基也被西西里岛上的古希腊城邦叙拉古打败。这时，以少胜多的兴奋，让雅典作出一个决定——乘胜追击，截断波斯的退路，但拥有指挥权的斯巴达冷冷地看着雅典，拒绝了这个提议，因为海军指挥权在斯巴达手里。如果古希腊能乘胜追击，结果犹未可知，但波斯皇帝薛西斯还是成功地撤回了亚洲。次年，波斯帝国再次从海陆进攻，但也被古希腊成功阻击。与此同时，拥有庞大疆域的波斯帝国内部也出现各种问题，此后再没有入侵古希腊。

“西方历史之父”——希罗多德出场了，迎接他的也是一场投票表决，雅典公民决定奖励他一笔巨款，因为他写了世界上第一本传世的史书——《历史》。从希罗多德与受到惩罚的戏剧作家的不同结局看来，著作的风格和时机至关重要。

公元前5世纪初，希罗多德出生在被波斯帝国控制的小亚细亚西南的城邦，由于参与内部争夺失败而被放逐，随后就开始了十几年在东方游历的生活。公元前5世纪中期，他来到到处洋溢着自豪氛围的雅典，将自己的见闻和神话结合，用希腊文著成《历史》一书。这是此前无人尝试的。然而，这本书的主角是波斯帝国，而不是古希腊，以古希腊击败波斯帝国而结束。希罗多德也极度推崇民主的雅典，认为未统一的古希腊城邦能够战胜巨无霸的波斯帝国，正是民主对专制的胜利。而且用海峡将已知世界分割成东方和西方。先入为主的历史之父，用历史这个威力无比的武器，让后世的帝国都陷入了东西方对立的基调和格局之中，无论海峡两边的帝国怎样更替、什么民族建立的帝国，这里的战争和冲突从来没有停止过。

当希罗多德因赞扬雅典的民主而获得巨额奖金的时候，欢呼雀跃的雅典并没有意识到，已然大难临头，万劫不复！

（二）油尽灯枯

不管斯巴达如何嫉妒，雅典这次的风头无法掩盖。

即使雅典城成为一片废墟，但取得这场以弱胜强战争的胜利，让雅典瞬间自信爆棚，胜利的狂欢之后，众多城市纷纷推举雅典为盟主。这样就形成了两大对立的同盟：斯巴达是希腊南部伯罗奔尼撒半岛的盟主，雅典是北方的盟主。

自从战胜了波斯帝国，唯我独尊的雅典开始迈向帝国形态，原先的同盟城邦被看成是附属，雅典用武力手段强迫他们缴税，以此才能享受强大雅典的保护。当其中一个斯巴达同盟的城市投奔雅典，斯巴达的战士立即停止训练，向雅典发出战争信号，雅典不以为然。雅典是如此自信，当波斯帝国附属的埃及发生叛乱时，忍不住主动承担国际义务的雅典就同时与斯巴达和波斯作战，然而，雅典的舰队在深入尼罗河后全军覆没。尽管如此，没有海上力量的斯巴达人仍然不能打败雅典，持续十五年的战争以平手结束，公元前446年，双方签订了一个和平协议，承诺三十年的和平，尽管谁也不相信。

和平协议期限还未过半，公元前431年，战争再起，雪上加霜的是雅典还暴发了瘟疫，这都是因为雅典的卫生水平令人实在不敢恭维，城市的公共设施建设中还没有排污排废这一项目，城市就是一个人与垃圾共存的场合，就连两千年前那个神秘的印度河文明都会对此嗤之以鼻，尽管如此，古希腊人却极其钟爱身穿白色长袍。混乱的十年之后，又一个自欺欺人的和平协议签署，这一次是五十年。

公元前415年，恩怨终结之战开始。雅典认为应该进攻西西里岛以获取更多的资源，被狂热煽动的民众投票支持，滑稽的民主戏剧上演。

雅典远征军即将启程，民选的指挥官却牵扯进了一起圣像破坏活动中，大家决定还是先让他出征，并严厉警告他回来之后再处理，于是这位指挥官带着忐忑不安的心情出发了。然而，就在远征军刚刚到达意大利的时候，雅典的公民又投票决定让他回来接受审判。指挥官决定叛逃，并帮助对手对抗雅典。过于民主的雅典人，似乎并不记仇，八年后这名指挥官又被征召回国以挽救危机，由于未能创造奇迹，最后他只能远走他乡。这并不是民主戏剧的高潮部分。由于指挥官的缺位，又有六位指挥官因为没有能力化解海上风暴对舰队的影响被判处死刑，两位指挥官为此逃跑。这导致雅典远征军的指挥系统更是青黄不接，一盘散沙。由于再无指挥官获得多数的投票支持，雅典公民决定由每人轮流指挥，一天一换，一轮结束再轮一次！

在希罗多德的笔下，曾无比优越的民主，让雅典彻底透支。公元前413年，雅典远征西西里岛叙拉古城邦的海军全军覆没。刚刚从西西里岛大败而归的雅典，又收到了斯巴达送来的战书，病急乱投医的雅典与波斯第一帝国改善关系，但斯巴达已与波斯取得和解，并获得了波斯帝国的财力支持，组建了强大的海军。波斯帝国全力支持斯巴达，这让雅典人万念俱灰，只有坐以待毙。公元前405年，雅典城内一片哀怨，斯巴达要求雅典投降，并服从自己的管理。顽强而有气节的雅典领袖拒绝投降，但饥饿的公民直接拿出百试不爽的杀手锏，投票决定投降，雅典帝国昙花一现，从此让出古希腊城邦的霸主宝座。

波斯第一帝国虽然未能从军事上征服古希腊，但是在古希腊城邦权利争夺的内战中，运用了外交战略成功达到了目的。如果雅典强，波斯帝国就与斯巴达联合；如果斯巴达强，就与雅典联合。这种扶弱打强的战略，竟然在希腊半岛深得人心，雅典和斯巴达等城邦也积极配合，并毫无底线地经常改变立场。当初，雅典就是为了反抗波斯帝国的专制制度才奋起一搏的，但此后，雅典甚至会出兵帮助波斯帝国维护在小亚细亚的专制统治，雅典似乎已全然忘记了希腊和波斯战争是怎样爆发的。希腊半岛的人们就这样稀里糊涂地彼此斗争，完全没有团结一致的想法，结果就是，没有任何城邦能强大到统一希腊半岛，草原游牧民族自由散漫的缺陷暴露无遗。后世的大英帝国，就是这样效仿波斯帝国，来制衡欧洲大陆的，也许是因为英国知道它的欧洲近亲们的致命缺陷。

古希腊击退波斯帝国，希罗多德说民主比专制优越，雅典也表示坚决赞同，但是对于民主在雅典造成的内部混乱、外部众叛亲离，希罗多德拒绝给出解释，因为早在公元前425年左右，“西方历史之父”已经离世，并在东西方世界之间留下一条巨大的、无法修复的思想鸿沟。

百分之四十的人口都是奴隶的雅典，妇女也是没有任何民主权利的，包括不能观看体育比赛。民主的威力都来自民众手中的投票，本身的好恶或者被煽动的激情将决定一切，投票被罚款是常有的事，波斯帝国进攻前那个过于令人动容的戏剧作家、对抗斯巴达的雅典执政官伯里克利，都被罚过款。只有让大家开心的希罗多德，即使在雅典财力枯竭的时候，仍能获得雅典的巨额现金奖励。古希腊三贤之一的苏格拉底、将雅典从波斯手中解救出来的英雄塞米斯托克利斯，一个被投票处以死刑，一个被判处流放，英雄塞米斯托克利斯只能逃亡波斯，后半生一直为波斯帝国服务。以至于，苏格拉底的学生柏拉图、柏拉图的学生亚里士多德都坚决批判雅典的民主。

西方流行的陪审团制度来源于古希腊。雅典的法庭需要约五百名陪审员，这五百人是随机选取的，每个人都有机会，都是收取国家报酬的。当国家财力充足的时候，风平浪静。但当国家因为战争陷入财政危机而无力支付陪审团费用的时候，就出现两个情况：一是腐败和枉法，即法庭直接向还没定罪的被告收取罚款；另一个则是罢工，即公民陪审团若收不到报酬，不管案件有多重要，都拒绝受理。

连圣贤和功臣也无法辨识，甚至自身都毁于民主的雅典，让无条件的民主从一开始就不是褒义词。个人专制和独裁无疑是落后的，但民主是否先进，必须看前提。自从两百多年前的法国大革命开始，专制王权逐步被扔进历史的垃圾桶，当今世界，绝大多数国家都不同程度地实行代议制的民主。但一个国家是否以最广大民众的根本利益为基本出发点，才是判明优劣的根本。

在古希腊的土壤上，斯巴达的霸主地位想要维持很久，也只能是幻想，虽然整个半岛只是弹丸之地，但其他的城邦也不会甘心屈居人下，这样的民族从未有过统一的思维，或者根本谈不妥，和平协议永远只是一纸空文。公元前371年，底比斯打败了强大的斯巴达陆军，雅典之后持续了三十多年的斯巴达时代结束了，底比斯暂时成为最强大的城邦。

古希腊已经被内耗得油尽灯枯了，这一切，被北方的游牧民族——马其顿尽收眼底，收割的时刻即将来临。

（三）东西帝国之都

古希腊即将像两河流域一样失去光环，好在它有一个弟子——公元前753年建城的罗马。这位弟子却看不惯古希腊的散漫和分裂，决心建立西方世界的第一个帝国。

与古希腊城邦数量只增不减相比，华夏大地上的诸侯国越来越少，统一的趋势越发明显。相对于历史沉淀太少的罗马来说，中国的第一个大一统王朝将甩开罗马帝国近两百年的差距。

西方的罗马和东方的长安，正在经历着荣耀前的历史洗礼与磨难。

公元前1000年，伊特鲁里亚人来到今意大利的西海岸，从伊特鲁里亚文明中的拱门建筑风格和羊肝占卜习俗来看，他们来自东方。从迦太基和古希腊那里学会了航海技术后，他们成为西海岸的海盗，这片海域也被命名为伊特鲁里亚海。两百年后，他们开始沿着半岛向南扩张。今意大利中部的台伯河，是境内唯一通航的河流，河流南岸住着拉丁人，靠种植和放牧为生，自然没有伊特鲁里亚人强大，尽管双方经常在河边交易，但拉丁人时刻担心对岸的伊特鲁里亚人会做出出格的事情。公元前750年，伊特鲁里亚人越过台伯河，成为这里的主人，在罗马小城建立了王权。

意大利南部属于古希腊的殖民地，因此古希腊的贸易船只，经常会出现在台伯河下游。当古希腊人随同货物递交一些清单之时，罗马发现古希腊的字母简单易书写，于是罗马的拉丁字母就逐渐形成了，拉丁文就是现代英语、法语、西班牙语等的起源。

在古希腊的影响下，罗马的王权也被推翻。公元前500年，伊特鲁里亚人的王权结束，在没有绝对权威的情况下，从贵族阶层中推选出两名执政官共同管理。同时，还从贵族和受人尊重的平民中挑选成员组成元老院，多达三百人。执政官的任期一般都很短，只有一年，可以竞选成功后连任，元老院成员一般是不会更换的，他们长期参与讨论和研究国家事务，经验丰富，于是执政官基本成为元老院的主持人和传话筒。元老院在此后的罗马崛起过程中，起到非常重要的作用，直到罗马成为帝国。相比古希腊诗情画意的性情、文学戏剧的浪漫天赋，罗马稍显野蛮和务实，现在唯一能做的就是向外扩张。

机会很快就来了。公元前474年，西西里岛的叙拉古人摧毁了伊特鲁里亚人的舰队，不仅如此，从北方来了一群野蛮人，翻过阿尔卑斯山摧毁了伊特鲁里亚的城市，这两次重创使伊特鲁里亚人从此一蹶不振。这一伙野蛮人来自高卢，高卢是罗马对法国的称呼。虽然此时的意大利根本没什么风景、建筑和财富，但在他们眼里却如获至宝，所以一路兴奋地横冲直撞。约公元前387年，身穿兽皮的高卢野蛮人冲进了罗马小镇，没有围墙的罗马惨遭蹂躏和劫掠，这是所谓的“永恒之城”第一次被攻陷。高卢野蛮人的冲击，让准备扩张的罗马开始认识到防御的重要性，城墙和要塞陆续兴建起来。

罗马的幸运之处在于，亚里士多德的学生亚历山大大帝，并没有看上意大利这个西方的贫瘠之地，而是向东征服三大文明，将尼罗河流域、西亚两河流域和印度河流域统统纳入帝国版图。当三十三岁的亚历山大大帝在巴比伦计划西征的时候，突然英年早逝，罗马因此逃过一劫。

公元前295年，罗马统一了意大利的北部和中部，南部是古希腊的残余城邦，立足北非的迦太基则占据着西地中海的制海权，三足鼎立的局面中，迦太基是绝对的强者，古希腊城邦在衰落中等待解脱，而罗马还没有海军。

处于中间地带的古希腊城邦，成为第一个出局的，因为迦太基想清除这个海上的竞争对手，而手持短剑的罗马步兵方阵暂时只有占据意大利本土的能力。失去本土支持的古希腊殖民城邦，或撤退，或投降。公元前275年，罗马实现了拥有整个意大利的目标，而迦太基征服了整个西西里岛，三足鼎立的局面被打破。罗马看着家门口的海洋贸易被迦太基牢牢控制，仍然没敢建立海军去对抗前辈迦太基，除非逼不得已。

不管怎样，稚嫩的罗马还有很多事情要做，比如不断地加固罗马的城墙。然而，即使城墙再坚固，罗马城仍屡次被欧洲蛮族攻陷，公元410年的西哥特人、公元455年的汪达尔人都曾攻陷罗马城，公元476年的斯基尔人王子奥多亚塞直接宣布西罗马帝国的灭亡。与罗马齐名的长安城（今陕西西安），是中国唐帝国的都城，也是中国第一个大一统帝国的发源之地。唐帝国被公认为是中国古代历史上最强大的王朝，然而长安城也曾数次被攻陷。

在波斯帝国陈兵马拉松平原前，公元前496年，勾践登上越国的王位，同年吴王阖闾在与越国的战斗中负伤并因伤去世。即位的吴王夫差发誓不会放过这个有杀父之仇的人。越王勾践本想先发制人，但不幸战败，后入吴为奴，为吴王夫差驾车养马。在吴国为奴的日子里，勾践看似安安分分，实则是假装顺从，并积极引荐中国“四大美女”之一的西施迷惑吴王夫差。十年之后，吴王夫差对勾践完全放松警惕，并放其回国。越王勾践如鱼入大海，卧薪尝胆，终龙出升天，公元前473年，越王勾践灭掉了霸主吴国，春秋五霸排行榜正式出炉。当初不听伍子胥规劝的吴王夫差自食恶果，伍子胥也早因奸臣的谗言而葬身鱼腹。陪越王勾践共渡难关的范蠡也急流勇退，远离祸端，而大臣文仲不知进退，最终被越王赐死。越国的强盛持续约一个半世纪，也是春秋五霸里持续时间最长的，同时越国也是存续时间最长的诸侯国，从夏朝开始一直到秦始皇统一中国的前一年，约一千八百年。

春秋第二霸晋国的局势不妙，国内贵族的争权夺利使世袭的诸侯势力衰落。说好的四个家族瓜分，但最大的家族却因狂妄被弱小的三家联合踢出局。公元前403年，周王室作为“新闻发言人”，宣布了赵国、魏国和韩国三大诸侯国正式成立，晋国灭亡。时值周威烈王二十三年，这也是司马光的编年体通史《资治通鉴》的开始时间。而中国历史之父司马迁的《史记》，将公元前476年定为战国元年。

从春秋五霸到战国七雄，并不是诸侯国越来越多，而是大大减少了。春秋时期有一百四十多个诸侯国，到战国初期只有二十几个了，其中最主要的诸侯国只剩七个。

七雄争霸之前，先容许齐国换个主人。陈国，是一个位于中原之地的小诸侯国，由于国内乱局，陈国国君的儿子跑到齐国当上了大夫，并改陈姓为田姓，其后代均侍奉齐王，官至相国。公元前404年即位的齐康公沉溺酒色不理朝政，到公元前391年齐相田和便对他说，“海边别墅已建好，请主公移步”，于是齐康王只有一座城池了。公元前387年，脸皮薄的田和请魏国国君代为请奏周王室，封自己为新齐王。此时的周王室是有求必应，于是在公元前386年册封田和为齐侯，姜子牙的后代就这样失去了延续六百六十年的封地，这就是“田氏代齐”。

然而，战国七雄们对于到底应该如何划分春秋时期和战国时期，丝毫没有兴趣，在这片国王名存实亡的土地上，经过了春秋时期近三百年的排练，礼义廉耻的面纱被彻底撕去，成王败寇的观念开始深入人心。优胜者将成为华夏第一帝王。面对这种无法拒绝的诱惑，所有诸侯王都充满了对荣耀的渴求，愿意为之付出一切。不仅如此，出身下层却才华横溢的人才，可以一跃成为创造和改变历史的精英阶层。

能治天下的《论语》说，“工欲善其事，必先利其器”，于是各国开始积极变法，以图富国强军。

被强敌环伺的魏国，感觉无法呼吸，西边有秦国、北边有赵国、南边有韩国、东边有齐国，被包围得密不透风，如此恶劣的逆风形势需要一个惊艳的开局。师从孔子得意弟子子夏的李悝、吴起，师从鬼谷子的庞涓先后加盟，魏国一扫颓势，压制秦国近八十载，攻破赵国都城，大败齐国。然而，齐国将孙膑尊为军师后，军事奇才孙膑不仅“围魏救赵”，并用“减灶”之计大败魏国。公元前341年，庞涓汗颜自刎，魏国从此势衰。大仇得报的孙膑此后不知所踪，就像军事家孙武在好友伍子胥死后也从此归隐不见。

不被魏国重用的卫国公子鞅，转而投奔秦国，开始了变法。深受李悝和吴起影响的卫鞅（商鞅），将秦国打造成一把削铁如泥的宝剑，魏国已生锈的铁链将被轻易斩断，曾经被中原鄙夷为野蛮之地的秦国，正式向东挺进，拉开入主中原的序幕。公元前350年，秦国迁都到今西安附近的咸阳。这个周王室的所在地，将成为秦国出击中原的龙兴之地。

无数的东方帝王将王座安放在繁华的长安城，西方的罗马城被誉为“永恒之城”。在已知世界的东西两端，长安和罗马两座“帝国之城”正努力成为聚光灯下的主角。

（四）西方挥刀东方

公元前338年，为秦国的强大立下汗马功劳的商鞅在逃亡途中兵败而亡，尸体被运回咸阳车裂示众。同一年，希腊半岛北方的马其顿，统一了除斯巴达外的整个古希腊城邦。

马其顿是欧洲东南部的内陆小国，欧洲四大军事家之一的亚历山大大帝，就是马其顿的国王菲利普的儿子，即“梅花K”。另外三大军事家，分别是迦太基的汉尼拔、罗马的恺撒大帝（“方块K”）、法兰西第一帝国的拿破仑。除拿破仑外，其他三位生活在公元前4世纪至公元前1世纪，拿破仑横扫欧洲的时代离现在只有两百年左右。

希腊半岛北方的山区，生活着马其顿的农民，他们也是从中亚通过亚欧草原通道来到欧洲的。希腊人从东方吸收的文明也影响了这里，马其顿逐渐开化，同时也卷入了古希腊城邦的纷争。马其顿的国王菲利普，有非比寻常的军事天赋和统一希腊半岛的雄心，曾在古希腊城邦做人质时目睹了希腊半岛的分裂乱局，同时也对斯巴达的陆军实力甚为羡慕和崇拜。公元前359年菲利普即位后，首先统一了马其顿，组建了一支模仿且超越斯巴达的重步兵方阵，这就是由职业军人组成的“马其顿方阵”，这一战术方阵此后将无往而不利。

菲利普觉得古希腊太忘本，过于贪恋海洋霸权，而忽视了骑兵的威力。“马其顿方阵”相比斯巴达方阵，中间依然是重步兵，但长矛更长，两翼则增加了骑兵，且方阵规模更为庞大，重步兵和骑兵在移动和战斗时，始终是一个协调的整体，威力巨大，波斯帝国的轻骑兵和弓箭手很快将无力招架。用了不到三十年的时间，公元前338年，菲利普彻底击垮了希腊联军，成为古希腊城邦的统治者，然而，倔强的斯巴达人仍然不会服从任何人的领导。

公元前336年，马其顿祸福相依：国王菲利普被刺杀，此为祸；二十岁的王子亚历山大继承王位，此为福。亚历山大大帝，二十岁继承王位，三十三岁去世。有些人可以虚度十三年，但对于亚历山大来说，十三年可以做一件有意义的事，比如征服世界。

对豪情万丈的亚历山大来说，希腊半岛的贫瘠和混乱，让王冠暗淡无光，真正的王者当如居鲁士大帝一样驰骋疆场、横扫一切，当如大流士大帝一样接受万国来朝、俯首称臣，当如古埃及的太阳神一样照耀大地。而西方的罗马小城再一次因为落后，而未入亚历山大大帝的法眼，站在波斯帝国的废墟上才是亚历山大大帝的宏愿。

公元前333年，虚弱无力的波斯帝国退守幼发拉底河，企图同亚历山大大帝协商以河为界，共享太平。当身边的幕僚劝亚历山大大帝见好就收时，他反而无比苦恼和失落，因为雄心竟然没有知音，对他来说，这是穷尽一生都要去追寻的梦想。断然拒绝波斯帝国的求和之后，亚历山大大帝决定先解决波斯帝国海上舰队的后患，于是尼罗河就迎来了它的另一个外族主人。

公元前332年，亚历山大大帝占领埃及，使波斯的海上舰队成为无处靠岸的弃子，以至于自行解散。最古老的文明令亚历山大大帝神往已久，奔腾的尼罗河、雄伟的金字塔、金碧辉煌的法老宫殿、丰收的农田、数不尽的金银珠宝，令他们瞠目结舌，因为这里的一切超乎想象。然而，当他回想起西方世界的分裂和内战、稚嫩可笑的民主、毫无统一雄心的幕僚，心中仍有一个心结，为此他独自进入了埃及沙漠里的神殿，跪地向太阳神祈愿，并聆听它的指示。他希望成为太阳神的儿子，成为帝国的唯一权威，在巴比伦的宫殿里，身穿波斯服饰，旁边坐着波斯的公主，坐在世界帝王的宝座上，让前来觐见的人亲吻他的脚。

当亚历山大大帝走出神殿，信念已经扎根在他的心里，巴比伦的王座上将坐着一个来自西方世界的帝王。亚历山大大帝立即重返亚洲，公元前331年，愿望实现了，波斯帝国皇帝逃亡到东部的山区，次年被随从所杀，居鲁士大帝和大流士大帝的波斯第一帝国在延续了两百二十年后正式灭亡。巴比伦争夺赛新的结果出炉，身穿波斯服饰的亚历山大大帝君临世界的中心。亚历山大大帝怀着崇敬和骄傲的复杂心情，来到波斯帝国的开创者居鲁士大帝的墓地，这将是年轻的大帝效仿前辈继续征服的动力。

新帝国继续向东方进军，沿着草原游牧民族的迁徙之路逆向前进，到达中亚两河流域，接着将帝国的疆域延伸到古老的印度河流域，当继续向东推进到印度的恒河流域时，印度的各小王国不得不选择放弃抵抗。尽管战争一直取得胜利，但失望的情绪溢于言表。过去的十年里，离家的将士们再也没有见到过像埃及和巴比伦那样的富饶之地，横亘在前方的喜马拉雅山脉让激情降至冰点，劳苦多年的将士们想回到帝国的中心，享受胜利成果的心情日益迫切。而亚历山大大帝此前曾派出小支部队去寻找可以征服的人们，也没有等到从喜马拉雅山另一侧传来的消息。公元前325年，帝国远征军启程西归，次年，亚历山大大帝回到帝国的都城巴比伦。

亚历山大大帝从印度撤军的时候，在印度河流域留下了总督和一支军队，也许亚历山大从来没考虑一个现实的问题——水土不服的他们到底能坚持多久。当亚历山大大帝在返程路上的时候，恒河流域就出现了一个重大的变化。

约公元前324年，一名来自饲养孔雀家族的青年，开创第一个统一印度的新王国——孔雀王朝，这位国王被称为“月护王”。孔雀王朝在印度河流域赶走了希腊军队，占领旁遮普地区，在南方统一印度中部的诸国。孔雀王朝是印度历史上第一个大一统王朝，也是为数不多的几个大一统王朝之一。月护王信奉耆那教，耆那教反对杀死任何生物，唯独不反对杀死自己，公元前301年，月护王绝食而死。

回到帝国的都城巴比伦，尽管尼罗河、西亚两河和印度河都在自己的帝国内静静地流淌，但王座上的亚历山大大帝，却依然觉得头上这顶王冠的分量不够。

深谋远虑的亚历山大大帝，在巴比伦享受着东方帝王式奢华的同时，思绪早已飘向西边的地中海，思考着将大西洋作为帝国的西部疆界，而大帝的希腊幕僚们却对巴比伦皇宫那华丽的排场忧心忡忡，因为在古希腊式民主的字典里，找不到一个不受任何约束的至尊王权。当年轻的大帝将西征地中海的作战计划摆在大家面前时，他发现幕僚和朋友都带着恐惧和不安的情绪，刻意地疏远他。没有知己和知音的雄主，是如此郁郁寡欢，以至于过度饮酒，大帝的身体被透支，精神被折磨，属于他的时代结束了。公元前323年，只有三十三岁的亚历山大大帝英年早逝。

世界失去了一位抱憾而终的王者，从欧洲大陆到中亚草原、从地中海到恒河，没有人能像他一样在如此短暂的时间内，征服了如此广大的疆域，亚历山大的帝国让已知世界更加紧密地联系在一起。在亚历山大大帝弥留之际，也许已预知到帝国晦暗的未来，但这份前无古人的功绩足可彪炳史册。

（五）崩塌与重组

世界上第二个横跨亚非欧的帝国轰然崩塌，简单的分裂绝不是最终解决方案。

大帝生前麾下有很多能征善战的将领，但现在没有任何将领能胜任亚历山大大帝的角色，继续执行西征的计划。群龙无首的直接结果是帝国一分为三：欧洲部分是马其顿王国，力图成为希腊半岛的领袖；亚洲部分，从地中海东岸到孔雀王朝边境，成为大将塞琉古控制的帝国；最有能力的将领托勒密则占据着非洲的埃及。

大将塞琉古似乎是那个最幸运的人，他继承了帝国的亚洲部分，一片最广大的领土。然而，这个最繁华的是非之地，不会给塞琉古帝国很长的时间。公元前312年，塞琉古帝国正式建立，都城有二：塞琉西亚和安条克。当孔雀王朝将领土扩张到印度河流域，塞琉古帝国决定夺回来，公元前305年，塞琉古与月护王剑拔弩张，奇怪的是，双方的史书中竟然都找不到失败者，结果就是月护王用五百头战象交换了塞琉古的一个女儿，塞琉古承认了女婿对印度河流域的统治权。

塞琉古帝国的无心恋战，事出有因。亚历山大帝国的欧洲部分陷入混乱，将领们都在争夺王位，塞琉古帝国认为这是一个绝好的机会，但是，公元前281年，塞琉古壮志未酬，死于进攻欧洲的战役。公元前276年，将领安提柯被拥立为王，马其顿的安提柯王朝建立。这个王朝未能吸取雅典和斯巴达的教训，仍然妄想统一希腊半岛，徒劳无功的它，很快遇到了真正的终结者——罗马。

塞琉古帝国还要面对另一个老同事，埃及的托勒密王朝，二者持续在今地中海东岸的巴勒斯坦角力。公元前305年，大将托勒密入主埃及，托勒密王朝建立。在这片肥沃的土地上，托勒密王朝富足而强大，而且还成为东地中海的霸主。令人注目的是，托勒密王朝利用专制王权、东方先进征税制度的财力支撑，建造了藏书五十万卷的图书馆；由国王出资为各类人才提供衣食无忧的学术和研究环境，天文学、地理学、数学、物理学等蓬勃发展，可以说，基本囊括了现代科学出现之前的所有知识。这样的盛况，与松散城邦组成的希腊半岛和塞琉古帝国无缘。

塞琉古帝国的都城安条克，四周环伺着跃跃欲试的挑战者，稍北的东方草原游牧民族时刻摩拳擦掌，不断试探和压缩塞琉古帝国的疆域，试图驱逐西方的统治者，恢复波斯帝国的荣光。公元前247年，自称波斯第一帝国后裔的帕提亚人，在今伊拉克首都巴格达东南的泰西封城，建立了帕提亚帝国，也称为安息帝国或波斯第二帝国。约一百年后，波斯第二帝国将收复巴比伦，那个时候，瑟缩在叙利亚的塞琉古王国，已经成为了罗马的附庸，再之后的一个世纪内，它只是罗马帝国的一个东方行省。对于处在两个强大帝国之间的塞琉古王国，除了默默地数着灭亡倒计时，别无他法。

虽然自称是阿契美尼德家族后裔（波斯第一帝国的统治家族），但波斯第二帝国的统治者属于马萨格泰人的一支，也就是击败并杀死居鲁士大帝的那个民族。为了取得正统地位，帕提亚人违心地宣称是其后裔。尽管都来自中亚草原，但帕提亚人的统治水平却和第一帝国无法相比，波斯第一帝国是中央集权和行省制，而第二帝国则是由八个松散的王国组成，类似古希腊的城邦。最重要的区别就是，帕提亚人的帝国属于东方世界，与西方世界是不可能和解的，所以，从这个角度说，第二帝国是第一帝国的继承人，代表东方坚决击退任何越界的西方人。存续四百多年的帕提亚帝国，得益于东西方之间繁荣的贸易。当中间的缓冲地带消失，即塞琉古王国灭亡之后，东西方世界的冲突就有了两位新的代表，彼此将成为对方最头疼的对手。

当亚历山大大帝游历了东方世界之后，希腊半岛的人们也开始感受到翻天覆地的变化。随着东西方交流的增多，物质生活变得更加丰富，东方的奢侈品提高了人们的品位。所谓“仓廪实而知礼节，衣食足而知荣辱”，卫生条件严重不达标的希腊半岛，街道变得干净，空气变得清新，各种模仿东方建造的建筑拔地而起，精美的东方艺术品成为家庭的装饰，审美水平和生活质量大幅提高。这种变化的代价就是，波斯商人不断涌入，希腊的商业越来越萧条，希腊半岛也变得越发无足轻重，直至成为永远的配角。许多城邦的人们移居到富饶的亚洲，以至于从前城邦议事的露天广场，已经被更散漫和民主的牛羊所占领，旁若无人地吃草和休息。

孔雀王朝，月护王的孙子阿育王，是印度历史上最伟大的君主。阿育王即位后，继续大统一的征服战，将王朝疆域最大化。除了今印度南部的小部分地区，南亚次大陆尽收囊中。可能是由于前半生征战中目睹了太多的杀戮，阿育王逐渐性情大变，效仿佛祖释迦牟尼，“放下屠刀，立地成佛”，全心全意信奉佛教——佛教成为此时印度的国教。阿育王不仅在国内建造了八万多座佛塔，也积极向外部世界传播佛教，因此，佛教成为世界三大宗教之一离不开阿育王的极力推崇。与此同时，和居鲁士大帝一样，阿育王也对其他宗教采取宽容的政策，这为他赢得了民心。由于此后印度的大一统王朝很少，除去外族统治者中的佼佼者，因此无人可以和阿育王比肩。人终有一死，帝王也一样，公元前232年，阿育王圆寂。

（六）华夏第一帝王

亚历山大大帝离开印度，印度历史上的第一个大一统王朝就建立了。

喜马拉雅山东侧，“战国七雄”的任务依然很重。

相比魏国被强敌包围的窘境，赵国有七个战略对手，比魏国还多一个，因为北方的草原游牧民族——胡人经常骚扰它。胡人，是对中国北方草原游牧民族的统称，主要是匈奴和东胡，匈奴居西，东胡居东。同世界其他农耕文明一样，他们一边在草原游牧，一边对城镇充满恶意的好奇。被视为外族的他们，如果想一探究竟的话，正常拜访可能是行不通的，除非换一种不受欢迎的方式。

对于草原游牧民族的骚扰，赵国已经不堪忍受了，因为对于不羞遁走、来去如风的草原游牧骑兵，步兵和战车就像个无辜的孩子。克制灵活的方法就是像它一样灵活，赵王赵雍决定改变宽袍大袖的着装习惯，像胡人一样着窄袖短衣。弓骑兵这一骑兵加弓箭的组合就成为一个全新的关键兵种，中国从此有了对抗草原游牧民族入侵的资本，直到近代才逐渐被机动性更强的兵种所取代。赵雍死后也被追谥为“赵武灵王”，无怪乎近代思想家梁启超称赵武灵王为“黄帝之后的第一伟人”。

弓骑兵对良马的需求以及游牧民族对日用品的需求，让赵国和游牧民族可以互惠互利，赵国吸收草原游牧的骑兵战士，用游牧民族需求的日用品去交换马匹，这成为中原农耕民族和草原游牧民族互市贸易的开端。全新兵种的换代升级，让赵国成为战国时代唯一能在军事上抗衡秦国的力量，“战国四大名将”中，秦国和赵国各占两个名额。但悲剧总是如影随形，和春秋第一霸主齐桓公一样，赵武灵王也是一个被饿死的国君，这发生在公元前295年。

又有两位鬼谷子的学生靠三寸不烂之舌在战国七雄之间来回奔走，其中一位还令人吃惊地手持六国的相印。这使我们不得不了解一下鬼谷子到底是何方神圣。鬼谷子，传说姓名各异，一说姓王名栩，因隐居鬼谷而被称为鬼谷子，尽管很少抛头露面，但鬼谷子的徒弟们向世人展示了其学问的精髓——心术、权谋和治世。学生苏秦主张合纵，就是联合群弱以攻一强；学生张仪主张连横，就是联合一强以攻众弱：这就将本来复杂的各国关系升级成更加错综复杂的关系。苏秦靠三寸不烂之舌取得除秦国之外六国相印，但“谋患众”的箴言已经决定了他的失败，因为左顾右盼、患得患失、各怀鬼胎的六国就像古希腊钩心斗角的城邦。

在古希腊城邦，人们都推崇雄辩。当所有人一起讨论时，谁的口才和演讲水平更好，谁就能受到大家的追捧，选票就像雨点一样落在身上，成为护民官或者元老院成员。欧美等西方国家延续了这种传统，就职演说必须要激情盎然，需要不计后果地去煽动民众情绪，如果一个竞选者没有基本的口才和煽动技巧，当选的可能性微乎其微，这是西方世界千年以来形成的文化。而中国不同，内敛、韬晦的传统文化不需要巧舌如簧的政治家。这些人充其量是谋士，稍不留神走向反面，就是谄媚的佞臣。

烽火连绵的年代，“战国四大名将”将悉数登场。

秦国，急需一位英雄来验证变法的效果。平民白起，受到赏识，担任了三十年的秦军主将。白起率领秦军攻破了楚国都城，击败魏国和韩国的联军，打开了进入中原的门户。彼时的韩国将一座城池送给赵国，以图并肩作战，赵国欣然接受，认为即使秦国来攻，有大将廉颇坐镇也不足为患。虽然老练沉稳的廉颇可以与秦国抗衡，但昏庸的赵王却扼杀了这唯一的希望。接替廉颇的赵括，虽也是名将之后，但注定是名将白起走向巅峰的垫脚石。约公元前260年，秦赵爆发长平之战，四十万赵国俘虏被坑杀，年近七旬的老将廉颇再次被启用，成为守卫赵国都城邯郸的唯一希望，同时在魏国和楚国的帮助下，邯郸之围解除，赵国灭亡的时间被推迟。

大败楚国之后，一介平民的白起就被破格封为武安君。在那个年代，称君的都是皇亲国戚或出身贵族，“战国四公子”就是最好的例子。齐国的孟尝君田文，是齐宣王之侄，财力雄厚，礼贤下士，因贤明曾被秦国封为丞相；楚国的春申君黄歇，雄辩广识，曾促成秦楚结盟，为楚王倚重；赵国的平原君赵胜，是赵武灵王的儿子、赵王之弟，手下门客千人；魏国的信陵君魏无忌，魏王之弟，手下门客曾达三千，威名远扬，为“战国四公子”之首。

赵国平原君赵胜，是魏国信陵君魏无忌的姐夫，当秦军在长平之战后围攻赵国都城邯郸时，平原君赵胜曾求援于魏国而未获魏王真心相助，信陵君直接偷了哥哥魏王的兵符去救援赵国，这就是著名的“窃符救赵”；同时平原君也向楚国求救，就有了“毛遂自荐”的故事。至于为何没有四公子一起联手这种激动人心的场面，这都是时间的错，秦国围困赵国都城邯郸发生在公元前259年，而孟尝君田文早在公元前279年已经离世。

在秦国围困赵国都城的公元前259年，都城邯郸的一角有一个叫赵政的婴儿出生了。赵政的父亲是秦国太子安国君的儿子，遗憾的是，他只是其中一个不被重视的儿子，所以被送到赵国做人质，孙子赵政自然也是可有可无。但令人意想不到的是，十三年后，这个少年将登上秦国王位，再过四分之一个世纪，他将一统天下，成为中国的第一位皇帝。

公元前256年，心力交瘁的周王室正式以失败者的身份走下王座。在战战兢兢地度过了五百年之后，岁月在它心里留下太多的恐惧，因此，它没有丝毫留恋。

而功高盖主的白起，也因政治斗争，于公元前257年被秦王赐死。一代战神的陨落，让赵国暂时摆脱生死威胁，又一个昏庸的赵王再次罢免廉颇，被反复鸟尽弓藏的廉颇一怒之下反叛，辗转魏国、楚国，始终未能得到赵国的再次召唤，客死他乡。

白起和廉颇已黯然离世，赵国边境的守将李牧取代了廉颇，秦国名将王翦将辅助秦国扫灭六国。

李牧注定是悲剧人物，赵国能给他的与其说是支持，还不如说是阻碍。面对持续衰退的国力和昏庸的国君，他只能尽忠职守，完成自己最后的“演出”。作为边境守将，李牧是第一个击败匈奴人的名将。因为此时匈奴已经将东胡驱赶到更东的地区，匈奴人就是中国北方草原游牧民族的第一个杰出代表。作为一个民族，他们将在世界舞台上活跃七百年，从东方到西方，从蒙古草原到欧洲的中心。

镇守赵国边境的李牧，基本不做任何进攻的打算，一直坚持坚壁清野的防守战术，匈奴人每次打劫的效果都非常一般。对于看上去极其不思进取的李牧，赵王失去了耐心，将李牧像对待善于防守的廉颇一样撤换了。新任守将的唯一“成绩”，就是让匈奴人每次战果颇丰，主动出击的错误策略致使赵国边境损失严重。赵王回头一想，还是李牧的水平让他不至于如此痛心疾首，即使任人劫掠稍显憋屈。李牧再次出山之前，向赵王提出了管理权不受干涉的要求，懒得操心的赵王立即应允。仍然是老一套，面对城外匈奴人的叫阵，将士们心里憋屈至极，纷纷请战。李牧一看时机成熟，便组织了由步兵、战车、骑兵和弓箭手组成的兵团，开城让大家出去放牧引诱匈奴人。几次佯装失败后，匈奴人全体出动，李牧的大军早已暗中埋伏，一举歼灭十多万匈奴主力，匈奴元气大伤，赵国边境换来了十多年的安宁。

赵王并不知道“李牧死，赵国亡”的道理。秦国的离间计，让赵王找到一个借口处死了李牧。喜出望外的秦国在大将王翦的带领下，于公元前228年攻陷赵国都城邯郸，六年后，将一百八十年的赵国从地图上彻底抹去。

公元前247年，那个出生在赵国的赵政，已经回到秦国并改名为嬴政，成为秦王。公元前238年，二十一岁的秦王嬴政成人并亲政之时，嫪毐叛乱，被早有计划的嬴政镇压，嫪毐被五马分尸，他与太后所生的两个儿子都被嬴政摔死，太后被软禁。一年后，丞相吕不韦被免职放逐，后被迫自杀。秦王嬴政从此大权独揽。

赵国都城的沦陷和王族的逃亡，以及两年前韩国的灭亡，让燕国如坐针毡。作为秦王嬴政的“狱友”，燕国太子曾与嬴政一起在赵国做人质，曾经惺惺相惜的两个年轻人，却有截然不同的命运。嬴政回国后成为秦王，但燕国太子丹仍是人质，不过是在秦国当人质。尽管曾经是同病相怜的好友，但如果燕国太子还想回到以前的日子，他只能失望地感受嬴政的冷漠。内心感到羞辱的燕国太子负气逃回燕国，夹杂着国仇和私怨的太子积极地物色刺客，意图刺杀曾经的好友、如今的秦王。

“风萧萧兮易水寒，壮士一去兮不复还”，战国时期最出名的刺客荆轲登场了。卫国的落魄刺客荆轲，曾欲效力卫国而被卫国国君拒绝，在两大战国剑术家的评语中，这位刺客似乎也只是三流角色。辗转到了燕国的荆轲受到了燕国太子的礼遇和优待，美食佳肴、车马美女享用不尽，但却迟迟不愿动身行刺秦王，在燕国太子满足了他所有要求之后，没有任何借口再拖延的荆轲终于出发了。公元前227年，荆轲得以觐见秦王嬴政，图穷匕见之后，反被秦王拔剑所伤，当荆轲带着遗憾被卫士斩杀之后，燕国太子丹的灭顶之灾也为期不远了。这就是家喻户晓的“荆轲刺秦王”的故事。次年，秦军大将王翦攻破燕国都城，燕国王室逃亡辽东，为了平息穷追不舍的秦王的怒气，燕王杀太子求和，换取了最后的残喘。

公元前230年，秦灭韩。公元前225年，秦灭魏。公元前223年，秦灭楚。公元前222年，秦灭燕和赵。公元前221年，秦灭齐。如秋风扫落叶，战国终成往事。

公元前221年，秦始皇嬴政建立了中国第一个大一统王朝，从此确定了中华民族的主旋律——统一。

（七）“乡巴佬”的逆袭

亚历山大大帝英年早逝，留下了一个无人能完成的西征计划，这让罗马如释重负。

当秦帝国一统华夏的时候，印度的孔雀王朝已经开始在分裂中衰落，波斯第二帝国正在努力向巴比伦推进，他们的任务很艰巨，因为西亚是抵挡西方入侵的第一道防线。而帕提亚帝国等待的那个对手，西方第一帝国的倒计时进度条显示，尚未到来，因为罗马仍在绞尽脑汁地考虑如何击败西地中海霸主迦太基。

当迦太基在西地中海自由开拓商业帝国的时候，地图上也许还找不到罗马城，即使到了现在，迦太基城的面积也是罗马城的三倍大。罗马要想在西方的边缘之地建立一个帝国，就必须让迦太基消失。从实力的角度来说，低等文明的罗马丝毫没有与迦太基竞争的资本，但没有出海口，可以让罗马忘记恐惧。这和一千年后才建国的俄罗斯一样，从彼得大帝到叶卡捷琳娜大帝，为了寻找出海口不惜流血和战争。

迦太基也有自己的致命缺陷，它没有农民来提供兵源，农业生产都由奴隶完成，依靠海洋贸易积累雄厚财力，迦太基组建了一支庞大的雇佣军，但是，迦太基与雇佣军之间只是雇佣关系，除此之外毫无交集。商人思维的迦太基，眼里只有金钱和利润，甚至不愿意复盘自己颠沛流离的原因，只拥有海洋霸权的他们，缺少大面积富饶土地的支撑、忠诚军队的护卫和良好的制度保障，使纯海洋游牧文明一旦面对强敌，将像鲜花一样凋谢。

没有出海口，毋宁死。公元前264年，罗马渡过墨西拿海峡，进军西西里岛，罗马和迦太基的百年战争开始。罗马的鲁莽是难以想象的，不知道到底是头脑发热还是破罐子破摔，因为它还没有海军，却敢于和作为前辈的海洋霸主去争锋。好在，迦太基似乎对这个弱小的对手不屑一顾，而这场战争会持续十三年，脑回路稍长的罗马在战争开始后的第五年才想起组建海军。此后就是漫长的拉锯战，战争是以经济为支撑的，年复一年，迦太基就像是猫逗耗子一样，罗马忽然发现自己的国库几乎空空如也。背水一战的罗马决定最后放手一搏，成功就可以随意听海的声音，失败也许就要回到原始社会。公元前242年，倾尽所有的罗马组建了一支舰队，出人意料的是，一年之后，迦太基舰队竟然被击败了，第一次战争以这种结局结束了。可悲的迦太基人向对手求和，罗马说必须得割地、赔款：迦太基人放弃西西里岛及周边岛屿，地中海从此向罗马敞开怀抱；还有为期十年的巨额赔款，让罗马人跳过了单车变摩托这一步。由商人掌权的迦太基政府，以及和雇佣军的畸形关系，最终导致了迦太基签订屈辱条约，这是商业至上和政治不成熟国家的悲哀。罗马的这一割地赔款机制，开了欧洲的先河，西方人将这个不良传统持续发扬光大。

这次条约虽然屈辱，但并不致命。迦太基仍控制大部分西地中海地区，而且控制直布罗陀海峡之外的大西洋贸易，包括不列颠的矿石和非洲的黑人奴隶。虽然赔款金额有点大，但迦太基人认为钱能解决的都不是问题，迦太基仍有能力去扳回一局，“欧洲四大军事家”中排行第二的迦太基将军汉尼拔走上前台。

汉尼拔的父亲是迦太基的将军，负责在南西班牙开采银矿，同时组织当地的土著雇佣军对抗罗马。在伊比利亚半岛向东眺望，罗马城隐约出现在眼前，汉尼拔在父亲死后，就开始策划一个大胆的计划。迦太基的舰队暂时无法对罗马构成直接威胁，当听说罗马人被北方的高卢人拖住时，汉尼拔就立即带领四万迦太基军队，从西班牙东部北上，悬崖、山路、雪山丝毫没有让汉尼拔的决心减退。公元前218年，汉尼拔抵达阿尔卑斯山，从此开始了十五年陆路进攻罗马的漫长征程。

仅仅依靠四万雇佣军，是不可能攻下罗马城的，汉尼拔深知这一点。军事家的伟大之处并不体现在靠蛮力，而是体现在其卓越的战略眼光。汉尼拔首先要让高卢野蛮人依附于自己，他用两年四场胜利的战绩，成功吸引了这个潜在的盟友，同时，汉尼拔积极联系意大利东边的马其顿王国。如果策略能取得最后的成功，罗马的陷落就会不可避免。

然而，意识到危险的罗马也开始煽动希腊半岛的城邦牵制马其顿王国，罗马的策略奏效了，而没有攻城武器的汉尼拔只能望城兴叹。随着军队的不断消耗，兵源也急需补充。汉尼拔的弟弟在西班牙组织了援军准备开赴意大利去支援，但不久之后，罗马便将他的头颅送到了汉尼拔的面前，同时罗马清除了南西班牙的迦太基人，汉尼拔成为棋盘上一颗孤立无援的棋子。突然聪明的罗马，采用了“围魏救赵”的策略，直接出兵北非的迦太基城。在本土遭受两次失败后，汉尼拔被召回，结束了在意大利连续十五年的苦战，奇袭罗马的计划宣告失败。公元前202年，迦太基再次在本土被打败。新的战后条约在次年被签订，这次的条约签订之后，迦太基向地中海说再见只是一个时间问题。

条约规定，迦太基驱逐汉尼拔，大型战舰均归胜利者等，最重要的一条是，在没有罗马的同意下，迦太基没有任何权利发动战争。失去主权的迦太基，尽管商船仍然可以在海上航行，但再多的财富和利润又有什么用呢？

罗马称迦太基为“布匿”，所以他们之间的战争被称为“布匿战争”。经过两次布匿战争之后，迦太基已经不足为患。受到胜利鼓舞的罗马，逐渐产生了更宏大的想法。于是，罗马将战略重心转移到意大利东边，一盘散沙的希腊城邦和马其顿王国将成为罗马的猎物。

作为新晋的“暴发户”，从一穷二白到顷刻之间坐拥无尽财富，罗马从贵族到平民都堕落和腐化了。罗马公民不需要纳税，而且可以享用免费的面包、免费观看娱乐表演，这是世界上其他任何地方都无法享受到的福利。政府完全无视哲学和科学的发展，科学家无法心无旁骛地去从事研究，不得不转行去糊口谋生；平民也轻视教育，学习是不可能的，因为古希腊至少有《荷马史诗》去背诵，而罗马却可怜得连教材都没有。希腊人的体育比赛在古罗马人的眼里被认为太过温和，大家都喜欢看免费、刺激甚至血脉偾张的角斗士大战。偶尔罗马也附庸风雅地请来乐师给军队演奏，以提升精神文明气质，但是士兵们都一致要求台上的乐师们扔掉乐器，来一场拳击比赛，否则就宁愿不看。

在罗马有一个奇怪的现象：私人经常举行各类免费的表演类娱乐节目，有些人甚至不惜举债，直接的目的就是当选为政府部门官员，但是当时这些官员是没有固定工资收入的。那么这样的投资和对选民的贿赂目的何在？因为，一旦个人建立起良好的声誉，就有机会当选一年一届的执政官，然后极有可能成为其他行省的总督，这样的话，不要说外债完全不成问题，甚至在短时间内就能成为巨富。作为一个完全福利的社会，罗马的普通公民已经完全忘乎所以，以至于蓦然回首时，发现自己虽然是光荣的一等公民，却并未拥有任何土地。于是，内部矛盾出现了，帝国形成之前的两百年，罗马都在解决这个问题。

元老院的历史使命行将结束，罗马呼唤一位伟大的帝王，就像亚历山大大帝一样。

（八）秦汉接力

巴比伦是争夺战，引无数外族竞折腰；华夏大地则是接力赛，统一的中华民族兼容并蓄。争夺战的结果是文化的不断冲击和杂糅，而接力赛则是世代相承，不断积淀。我们今天能感受到的每一个文化细节，都经过了几千年的发酵。

所有的巴比伦之王都会羡慕中国的秦始皇，因为他可以在绵延的崇山峻岭上修筑万里长城，从硬件上，把草原游牧民族对农耕文明的冲击和伤害降到最低。也许秦始皇太急于让中国远离北方草原游牧民族的骚扰，才征调了过多的民力，以至于民怨沸腾，众口一词之下，一代伟人又成了暴君。诚然，几百年动荡之后，休养生息很重要，但草原游牧民族的入侵是没有时间表的，如果一支强大的外族突然来袭，统一将成为泡影，也许华夏大地会再次王国林立，“再次”也许会变成“永远”。事实证明，秦始皇对草原游牧民族危险性的前瞻性判断是正确的，随之而来的历史进程，会给予无法反驳的铁证！

秦始皇用极具想象力和创造力的智慧，让生活在华夏大地上的人们完成华丽的转身。在他短暂的统治期间，基本所有的举措都是影响深远的，虽然这些举措看上去都是极小的事。

在东方世界广大的疆域内，如果没有公认的权威，必然是一团乱麻。夏商两朝的部落式联盟，权威只是名义上的；周王朝的诸侯分封制，拱卫很快变成了挑战。秦始皇取消了这些伤损王权的做法，在帝国内设立郡县，并由中央委派官吏去管理，管理的效果决定他们的任期和待遇。部落和诸侯曾经高度自治，但现在，地方官员的军队和财政大权消失了，这从根本上扼杀了随意挑战王权、制造分裂的欲望。秦帝国之后的各朝各代，凡犯了此忌的王朝或帝国，几乎都会深受其害，轻则叛乱、重则覆灭。波斯第一王朝的行省制、秦帝国的郡县制，都是统治一个庞大帝国的最基本要求。

诸侯国林立的时期，如果你是一位新手商人，会遇到很多尴尬。例如你想买几尺布，在不同的国家会让你怀疑人生，要么对方是骗子，要么自己是傻子，因为大家的度量方法并不一样。即使在一番艰难的沟通后成交了，你会发现双方的货币也不一样。而秦帝国统一了全国的货币和度量衡标准，外圆内方的半两铜币成为通用货币，半两等于十二铢的标准全国通用。

一个富人家庭，会拥有家用的交通工具，如一辆规格普通的牛车或马车，但一个贵族，就会有财力去打造一个更大更宽敞的。在古代，很多较小的道路是人走多了踩出来的，但治理好一个国家就必须要修路，三百多万平方公里的疆域内，修路是一项巨大的工程，如果过宽就耗资巨大，过窄就无法通行。秦帝国统一了道路的宽度，也规定了车辆的规格。当今世界各国，道路宽度、车长、车宽和车高都有硬性规定，因为标准化才能实现高效的管理。

统一文字的重要性不言而喻，一个统一的民族需要统一的文字。秦帝国将小篆规定为官方的规范文字，此后逐渐演变为隶书、楷书……尽管方言是存在的，但文字是统一的。反而言之，如果一个国家语言和文字不统一，那么大一统的难题几乎无法克服。在印度，宪法承认约20种语言为官方和联邦语言，其境内至今仍有千种语言在使用。语言和文字的多样性，是印度在近一千年内都没有统一的重要原因，此后四百多年，经过蒙古人的莫卧儿帝国和大英帝国的殖民，统一的种子才萌芽。

货币、度量衡、交通、文字，在每一个人的生活中是那么理所当然的存在，以至于其从多样到统一的重要性经常被一些人忽略，对首创的王朝和帝王心存感激并铭记于心，才是展示我们历史底蕴的最佳方式。

无论帝王、伟人还是普通人，都应该坚持一分为二的态度。除了中国的神话人物，西方的众神也是无一完美的，凡人则更不用说，依据现在的观点，帝王也只是一介凡人而已。

秦始皇对自己也是凡人的事实，心知肚明，因此渴望获得永生，于是四处寻访神仙，求取仙丹。在中国和日本的史书中，记载了一个叫徐福的人，受秦始皇的指派，出海寻找长生不老之药，徐福自知无法办到，就欺骗了皇帝，带了三千男女和大量财富逃往日本，直到秦始皇病逝也没有回来。也许是苦寻长生而不得，改变思路的秦始皇，便留给了我们一个令人赞叹的兵马俑陵墓，成为现代世界宝贵的历史遗产。

也许，没有秦始皇，中国的历史会截然不同。如果这个评价不够精练，那么应该去掉“也许”二字。秦始皇是一位创新家、发明家、设计师，我们今天生活的方方面面，很多都是这位冠绝古今之帝王的专利成果。当今，我们的发明专利有效期是二十年，而秦始皇的是两千年或更长。很多人可以影响历史，但主宰历史基调的永远是凤毛麟角。

我们时常会感叹命运无常，其实这都是偶尔会制造惊喜的历史跟我们开的玩笑，一个世纪前，亚历山大大帝刚刚领教过，现在轮到秦始皇了。西方的亚历山大大帝，用了十三年的时间就征服了大半个世界，东方的秦始皇用了十二年的时间就确定了中华文明的基调。

公元前210年，秦始皇在帝国巡视的途中，因病驾崩。四年后，借助农民起义的东风，相当于派出所所长的刘邦崭露头角。公元前206年，刘邦从战战兢兢的秦始皇孙子子婴手中，拿走了秦帝国“既寿永昌”的传国玉玺，十五年国运的第一个大一统王朝灭亡。但是，在正式成为接力赛第二棒的帝国开创者之前，刘邦必须先击败一个强大的对手——西楚霸王项羽。四年的相互征伐之后，就是罗马第二次击败迦太基的那一年，即公元前202年，刘邦称帝，建立汉帝国，定都在秦朝都城咸阳东边的新城——长安。

作为秦帝国的最低阶官员，汉高祖刘邦代表的是平民阶层，这也给后世的接力赛开了一个先例。“王侯将相，宁有种乎”这句陈胜吴广起义的口号，实际上成为改朝换代的思想基础。这不同于后来的欧洲，没有王室血统，是不可能得到人民的承认的。然而，联姻也是获得名正言顺的皇室血统的重要途径，即使两百年前的“欧洲四大军事家”之一的拿破仑，不惜与妻子约瑟芬离婚，也要与欧洲最强王室家族——奥地利的哈布斯堡家族联姻，才能让法兰西第一帝国的皇冠更加正统。正如之前所说，华夏子孙的祖先是黄帝，任何家族基本都可以追溯到炎黄二帝，因此血统论显得并不是那么重要。因为统治阶级出自底层，有了“布衣卿相”的说法，然而实际上，相对于血统论的标准，国家富强、社会安定、人民安居才是一个最基本的标准。

刚登上皇帝宝座的刘邦千头万绪，遗忘了一件极其重要的事，这让他在登基两年后便遭遇了奇耻大辱。

继战国时期的赵国大将李牧让匈奴哑火多年后，秦帝国的大将蒙恬再次击败匈奴，将匈奴驱赶到黄河以北，被震慑之后的匈奴再次安静了下来。刘邦和项羽的楚汉之争，让匈奴那一颗不安分的心又躁动了起来。但汉帝国，不仅沉浸在胜利的喜悦之中，而且被错综复杂的国事所烦扰，对来自北方的那一双贪婪的眼睛视而不见。

因为一场异姓王的叛乱，刘邦御驾亲征。此时已经恢复元气的匈奴大举出动，意图击败新帝国的皇帝。公元前200年，皇帝在今山西大同的白登山被十几万匈奴精兵围困，命悬一线。新成立的汉帝国，军事实力远不及兵强马壮的匈奴，营救的机会也微乎其微，于是耻辱的一幕上演了。陈平设计贿赂匈奴王的王后，以此作为脱身之计，皇帝因此而得救。尽管俄罗斯的彼得大帝也经历过类似的劫难，但这对汉帝国来说，是永不消退的耻辱记忆。皇帝没有起兵报复，因为他知道这并不明智，而是与匈奴联姻，皇族的公主等被迫远嫁到苦寒之地，以换取暂时的和平。是家仇，也是国恨。白登山的天空始终是灰色的，而帝国却无法在短时间内洗去阴霾，直到九十年后，刘邦的曾孙才用扬眉吐气的胜利，告慰了先祖的在天之灵。

在东方世界，匈奴用一场胜利和近一个世纪的优势，引领着草原游牧民族的崛起。

六

双星耀世

（公元前200—前1年）

东方世界的有序和统一，让西方的罗马艳羡不已；对于希腊世界的散漫和分裂，罗马更是弃如敝屣。罗马急于收拾西方世界的烂摊子，用不到四十年的时间，就将亚历山大帝国分裂的欧洲领土变为附庸。又四十年后，由于违反了任何情况下都不能主动发动战争的条款，罗马元老院会议上“让迦太基彻底消失”的口号不绝于耳，迦太基城随即被攻陷，罗马军队在其废墟上撒盐，并默念着永不超生的诅咒。

同时期的匈奴，和罗马一样忙碌。这个古老的东方草原游牧民族，以蒙古草原为中心肆意扩张，南边的汉帝国时常被侵犯和骚扰，东边的东胡也被驱赶，东胡向东迁徙之后分裂为鲜卑和乌桓两部，西边的月氏被驱赶到今新疆地区，后又被迫远走中亚，其他弱小的游牧民族悉数成为附庸。东方的匈奴帝国，一时锐不可当。

韬光养晦的汉帝国在等待一位雄主的出现，与飞扬跋扈的匈奴一决高下；波斯第二帝国（帕提亚帝国），也将胜利的旗帜插在巴比伦的城头上；印度第一个大一统王朝孔雀王朝已经分崩离析，在此后的千年里，对印度来说，统一是奢侈品。

为了实现两个帝国在世界东西两端共存的约定，长安在蓄势待发中准备给匈奴致命一击，而罗马也迎来第一批南下蛮族的挑战。在已知世界的亚欧大陆上，北方游牧民族不约而同地南下，他们对繁华的长安城、坚固城墙内的罗马城充满了好奇，从此再也没有谁能阻挡他们莽撞的脚步，已知世界大部分地区的格局，将三番五次地改变。

秦皇已逝，汉武驾临。汉帝国三击匈奴，匈奴大败，部分归顺汉帝国，部分远遁西北，汉帝国扭转了长达一个世纪的劣势。以汉族为主体的中华民族，从此开始了以融合为主旋律的历史进程，民族凝聚力坚不可摧。

而蛮族曾一度让罗马的帝国梦夭折，罗马在艰难击败第一批南下蛮族之后，开始向帝国形态迈进。在经历几大独裁巨头的较量之后，盖维斯·屋大维·奥古斯都成为第一公民，罗马帝国终于建立了，西方世界的第一个帝国将地中海变为自己的内湖，也是第三个横跨亚非欧的帝国。在巴比伦焦急地等待了约一个世纪之后，波斯第二帝国（帕提亚帝国）终于迎来了自己的西方对手。罗马和巴比伦，将延续波斯第一帝国和古希腊的恩怨，按照希罗多德的剧本，延续东西方世界的长期对立。

犹太人再也没有盼到一个救世主去拯救他们，犹大王国成为罗马帝国的附庸。在被彻底逐出耶路撒冷之前，一个巴勒斯坦农民的降生，宣告了公元前纪年的结束；他的生日，就是西方的圣诞节。

（一）“暴发户”的征服日程表

自从第二次布匿战争的条约签订以后，迦太基就像一只随时可以被捏死的蚂蚁，不足为患。

亚历山大帝国的继承者难堪大用，疲态尽显。欧洲部分的马其顿王国羸弱不堪，希腊半岛仍然拒绝统一，亚洲部分的塞琉古王国也无法与波斯第二帝国抗衡，节节败退，非洲部分的埃及托勒密王朝也逐渐衰落。罗马敏锐地捕捉到这一良机，一份详细的征服计划书在罗马元老院被全票通过。

公元前197年，罗马征服马其顿王国，将其变为附庸，但衰落而冷清的希腊半岛暂时不在罗马的征服计划之中。自从公元前247年，帕提亚人建立了波斯第二帝国，便不断向西蚕食塞琉古王国的领土，而且塞琉古王国在与托勒密王朝的争夺中失去了今巴勒斯坦地区领土，因此塞琉古王国仅占据今叙利亚和小亚细亚的领土。公元前189年，缩小版的塞琉古帝国也沦为罗马的附庸。公元168年，罗马入侵埃及，托勒密王朝只能依附罗马这位新贵。这样，无能的亚历山大帝国继承者们轻而易举地葬送了帝国的所有领土。

罗马此时与波斯第二帝国对抗的时机尚未成熟，因为附庸并不等于直接统治，且罗马本身还有很多问题。对于罗马而言，最现实的是，先解决迦太基和希腊半岛。

迦太基遇到了一个左右为难的选择。也许是知道了迦太基同罗马条约的具体内容，公元前149年，西边的努米底亚人（生活在今阿尔及利亚东北部），主动骚扰迦太基。对于迦太基而言，如果不还击，努米底亚人不会收手；如果主动还击，与罗马签订的条约像一颗巨石压在胸口。罗马观棋不语，但心中自有盘算。终于，迦太基忍无可忍，对努米底亚人宣战。得知情况有变，罗马元老院立即举行了会议，“违反条约的迦太基必须被消灭”的议题被一致通过。公元前146年，罗马渡海出兵迦太基城，将迦太基城变成废墟，但罗马仍不满意，于是在这片曾经富饶的土地上撒上厚厚的盐，迦太基城欲哭无泪，目睹这一切的罗马将军小西庇阿，却在默默流泪。

小西庇阿将军的眼泪，是对没落的海洋游牧文明的哀悼。此后，海洋游牧文明将会沉寂很长一段时间，直到一千年后北欧维京海盗出现。曾经辉煌的迦太基，似乎用如此不堪的结局告诉人们，如果政治不成熟，即使商业再繁荣的国家也迟早会成为时代的弃儿。

迦太基消失的同年，罗马兵临希腊半岛，正式接手西方文明的火种。

曾经的西方文明中心被罗马取而代之，就像西亚两河流域长期都是波斯帝国历史的一部分一样，希腊半岛在此后很长的岁月里都是罗马帝国的一部分，直到今天仍是西方世界的配角。然而，罗马并不是一个合格的接班人，古希腊吸收了东方文明的精华，在天文学、艺术、数学、哲学等方面都有长足发展，但还处在低等文明的罗马却弄丢了一些珍贵的遗产，比如科学。因为罗马仍处在野蛮生长期，没有工夫去理会这些，埃及托勒密王朝的图书馆以及衣食无忧的学者们不得不转行谋生。

虽然被遗忘，但这些遗产并不会全部消失，它们将寄生在罗马空洞的躯体内。当这些泛黄的精髓重见天日之时，千年已逝。

（二）东方草原的游牧帝国

尽管接连遭到战国李牧和秦帝国蒙恬的沉重打击，匈奴却展示了强大的自我修复能力。无比清楚的事实是，在比战马和弓箭更快的战争硬件出现之前，草原游牧民族一直保持着旺盛的生命力。

公元前202年，刘邦称帝，刘邦及其助手们也顺理成章地成为帝国的统治阶层，分别担任帝国的“一把手”和王侯将相等职位。黄帝一统黄河流域，标志着中华民族的诞生；第一个家天下的夏朝，使中国称为华夏；汉帝国的建立使中国人的主体被称为汉民族，而“汉”的由来是西楚霸王项羽曾封刘邦为汉王，仅此而已。什么称谓并不重要，重要的是如何一面维护好江山，一面惬意地享受胜利果实，这对于新手统治者来说，是一个痛并快乐着的过程。

万事开头难。新晋皇帝和王侯将相们都是穷苦出身，对王公贵族那一套礼仪排场并没有概念，在皇宫大殿上依然是站没站相、坐没坐相，讨论起国家大事来动辄破口大骂，经常乱成一锅粥，粗俗不堪，难登大雅之堂，这让一些出身较高的大臣，无不为之摇头。后来，有一个曾在秦帝国负责礼仪且长期跟随刘邦的人，提出了制定礼仪规范的建议。新皇帝对此没有把握，但在一次视察训练时，被眼前的井然有序所吸引，因为自己的出现立即引起异口同声的“万岁”，这份尊贵的感觉令新皇帝极其受用。公元前200年，都城长安的长乐宫举行落成典礼，刘邦乘龙辇升殿，百官依序跪地朝拜，高呼万岁万岁万万岁，帝国的皇帝刘邦顿时感到无上的荣耀和满足，终于体会到了成为万乘之尊的天子是多么惬意，曾经为之置生死于度外，现在看来十分值得。新帝登基之后，刘氏宗亲和立下功劳的助手被一一封赏，共享天下。

在刘邦攻下秦帝国都城的第二年，出于斗争的需要，战国七雄中韩国王室的后裔被封为王，称为韩王信——这与我们熟悉的大将韩信并无关系。韩王信反叛，是因为皇帝刘邦希望他将封地的都城北迁，以此来抵御匈奴。韩王信对此非常不满，因为当时的北方属于苦寒之地，更重要的是离强大的匈奴越近，危险就越大。于是，韩王信与匈奴暗中勾结。这引起了皇帝的愤怒，决定御驾亲征。但是很快，新帝国的皇帝刘邦就被匈奴大军包围，最后带着羞辱的伤痛侥幸脱身。

被誉为“兵仙”的是韩信，为刘邦战胜项羽、取得天下，立下不世之功，甚至有些功高盖主。当初，韩信攻下齐地，便明显有硬逼着刘邦封其为王的意思。刘邦为了击败项羽，不得不在“封王申请书”上签字，成为齐王之后的韩信才愿意全力出兵帮助刘邦战胜项羽，因此刘邦在内心厌恶韩信。一年之后，韩信在垓下击败了项羽，刘邦便立即夺去了韩信的兵权，将其封为楚王，富裕的封地被换成贫瘠的封地。后来，因牵扯到另一个异姓王梁王彭越的反叛，韩信被贬为淮阴侯，后又被刘邦捉至长安，不仅失去封地，而且从此被困在都城。公元前196年，趁刘邦外出平叛之时，皇后吕雉设计杀死了韩信，并诛其三族。韩信之死，让我们想起了战国时期魏国的吴起。吴起曾帮助魏国训练了战无不胜的“魏武卒”，最后却客死他乡；还想起了未尝败绩的秦国大将白起，最后死于秦王所赐的一杯毒酒。

七个异姓王，其中三个反叛。事实上，令皇帝备感心碎的是，除吴王夫差的后裔长沙王吴芮安享荣华而得善终之外，其余六个都在刘邦的心头各扎一刀。长沙王五代之后绝嗣，王国也被撤销。伤心欲绝的皇帝在驾崩之前训诫子孙——异姓从此不得封王，这也成为汉朝四百多年的祖训。

与秦始皇的郡县制相比，在长治久安的大局观上，平民出身的刘邦逊色不少；但与秦始皇连自己的众多儿子都不封王相比，在维护皇族统治方面，刘邦分封了九个同宗的刘姓王，看似又略胜一筹。但是，事实是，只要荣耀足够诱惑，脆弱不堪的宗亲关系也能轻易被斩断。无论是异姓王还是刘氏宗亲的藩王，始终是帝国不稳定的根源，为此，刘邦的子孙将花费近半个世纪的时间来一一铲除隐患。事实上，要维持一个大帝国的良性运转，最高统治者在政治、军事和财政方面的权威是必须明确下来的。有着浓厚散漫气质的古希腊城邦被罗马取代就是最好的反面例证。

公元前195年，由于常年亲征，属于刘邦的日子不多了，雪上加霜的是，与刘邦同年同月同日生的发小——燕王卢绾，也谋反了，意图联合的对象依然是匈奴人。刘邦再也无力亲征，只能派兵征讨。最终，卢绾不敌，逃亡北方。后悔的他希望等到皇帝病愈之后再回去谢罪，四个月后，他在长城边上只等到了皇帝驾崩的消息。再也无法回到长安的卢绾，选择了投奔匈奴，一年后，死于匈奴。约五十年后，他的孙子实现了他的愿望，再次归顺了汉帝国。

卢绾的一个手下卫满，没有追随他北逃，而是向东流亡，率众来到了朝鲜半岛。商朝遗臣建立的箕子朝鲜，已经在朝鲜半岛北部生活了近一千年，他们热情地接待了来自中原的同胞，却没有意识到危险正在接近。公元前194年，卫满谎称汉帝国来攻，希望可以来到都城王险城（今朝鲜平壤）共同防御。在得到批准后，卫满趁机攻占了都城，推翻了箕子朝鲜，自立为王，建立了卫氏朝鲜，开始了近一个世纪的统治。但当汉帝国的雄主出现，匈奴帝国也相形失色，汉帝国的军队也迟早会来到这里。

刘邦去世后的十五年，是中国历史上第一位非正式女皇统治时期。在丈夫去世后，吕雉大权独揽，成为临朝听政的实权皇太后。对于刘邦的后宫，皇太后进行了无情的清洗，不受宠的薄姬则幸免于难，得以带着幼小的儿子远赴位于今山西的封地。这个九岁的孩子，将在十五年后惴惴不安地被邀请坐在皇帝的宝座上。对于自己的家族成员，皇太后毫不吝啬地赏赐高官爵禄，正统皇族刘氏子孙的风头一时间被掩盖。对于皇太后的独断专行，所有人都只敢怒而不敢言。

尽管皇太后权倾天下，但这只限于在汉帝国内部，对于匈奴而言，不仅毫无威慑力，相反还代表着软弱。公元前192年，皇太后收到了一封来自匈奴王的书信，匈奴王建议皇太后嫁给他，这样两个帝国就能永葆和平。这份羞辱和挑衅，与几年前的白登之围相比有过之而无不及，但皇太后和她的帝国只能默默承受，因为孰强孰弱一目了然，此时的汉帝国，除了防御，从未将反击作为对外政策的选项。

公元前180年，皇太后病逝，吕氏宗亲作鸟兽散。考虑到外戚过强会让帝国处于极不稳定的状态，大臣们一致决定避免这一状况再次发生。这时，当年那个九岁的孩子，在母亲的悉心照顾下，已经长大成人，身为皇族的凶险让他只想在自己的封地安稳地度过一生，谁也不会料到，他却收到了来自皇宫的诚挚邀请。登基为帝的诱惑让他莫名兴奋，尽管夹杂着满腹的疑虑，他还是向着都城长安的方向出发了。即使在皇城外收到大臣呈上的传国玉玺，他仍不敢放松警惕，直到他军权在握，于是，帝国的未央宫里有了一位自信而有抱负的新皇帝——汉文帝。

公元前176年，匈奴再次示威于汉帝国。来信表明，匈奴已击败了今甘肃地区的游牧民族月氏，并将他们驱逐到了新疆。月氏到了新疆之后，虽然击败了当地的游牧民族乌孙，但在公元前160年，匈奴纠集乌孙残部又再次打败了月氏。无立锥之地的月氏，只有继续西迁，中亚两河流域是他们新的家园，他们从此再也没有回到故土。但是，月氏将在中亚大放异彩。匈奴的炫耀，仍然没有收到来自汉帝国只言片语的回应，面对匈奴帝国的骚扰和进犯，汉文帝依然心无旁骛地规划着汉帝国的未来。虽然在他的有生之年，匈奴帝国始终是长安城心中永远的痛，但当他驾崩的时候，他的儿子已经可以解决刘邦遗留下来的独立王国隐患，而他的孙子会洗尽耻辱，让那个曾经不可一世的匈奴帝国永远丧失俯视汉帝国的资格。

强势的匈奴帝国历史，却被暂时弱势的汉帝国喧宾夺主而成为支线内容，这并没有什么不妥，因为它的历史生命就是中华民族历史赋予的。

（三）长安和罗马的胜利

当汉帝国吹响反攻北方匈奴帝国的号角，罗马也遭到来自欧洲北方的日耳曼人的挑战。

1.东方，汉帝国

一对皇族堂兄弟下棋时的意外冲突，为帝国内的叛乱埋下了种子。汉文帝的儿子，即汉帝国的太子，有一日与堂兄弟下棋，一怒之下将其打死。汉文帝的堂哥，即刘邦的侄子吴王刘濞，知道自己的儿子被未来的皇帝打死后伤心不已。吴王表面上平静地接受了这次意外，转身抹泪而去，实际上却加紧了反叛的筹备。

公元前157年，汉文帝驾崩，太子登基成为汉景帝。宽厚的汉文帝曾多次否决削弱帝国内小王国的建议，认为缓和国内矛盾，全力使国库充实起来才是重中之重。不久，他的儿子汉景帝，在仔细查阅了帝国的财务报表等各项喜人的数据之后，决定大刀阔斧地清除王国的势力，为此不惜一战。两年后，年已六旬的吴王刘濞联合其他六个王国，起兵意欲将侄子汉景帝拉下皇帝宝座，史称“七国之乱”。开国皇帝刘邦虽然不允许异姓封王，却没有料到刘氏宗亲的藩王也不可靠。然而，声势浩大的叛乱在三个月内便偃旗息鼓，汉景帝迅速平定反叛，将封国的军政大权收归中央，清除了地方势力对长安的威胁。帝国五十年的弯路终于走完了，除了皇帝，任何人拥有军队无异于玩火自焚。秦始皇没有将帝国分封给二十多个儿子，现在看来，是极具长远眼光的。

汉帝国，终于有了一个可以和秦始皇比肩的皇帝！

公元前141年，汉武帝即位，六年之后，皇太后去世，二十二岁的汉武帝成为帝国真正的掌舵者。武帝只有彻底清除中华民族的外敌大患，才能建不世之功，告慰祖先，名垂千古。

年轻的武帝并没有被激情和壮志冲昏头脑，他需要联合一些同样仇视匈奴帝国的人。在今新疆及更远的中亚，这个被汉朝称为“西域”的地区，众多游牧民族臣服于匈奴帝国的淫威之下，也许曾经被驱赶的月氏正在思念故乡。尽管知道月氏大致在西边，但由于通道被匈奴帝国封锁，此前谁也没有去过。这时，一个极富探险精神的人勇敢地承担起寻找月氏这项重任。

公元前139年，汉帝国的使者张骞及一行人从长安出发，但他不幸被匈奴帝国俘获。十年的人质生涯也没有将张骞的意志消磨丝毫，终趁乱逃走。张骞终于在公元前128年，来到了月氏。在张骞表明来意之后，月氏人尽管为张骞的坚毅所感动，但已经无意折返了。两年前，强悍的月氏已经成为此地的主人，这里本来属于亚历山大帝国遗留的小王国，但不敌月氏，如今，已经占据了水草丰美的中亚草原的月氏对匈奴帝国的恨意全无，无心再战。失望之余，张骞只能赶回汉帝国复命，返程途中却再次不幸地被匈奴帝国俘虏，公元前126年，他才回到长安。历经15个寒暑，百人的队伍只剩两人。虽然张骞没有达成预期的目的，但他无意中拓宽了中华民族的视野，从长安到罗马的陆路贸易路线逐渐被连成一体，即丝绸之路。

苦等消息的汉武帝，并没有因为张骞杳无音信而放弃自己的计划，因为他已拥有了足可与李牧和蒙恬相媲美的军事人才。

外戚，在中国历史上多以反面形象出现，因为它影响了正统皇权的权威。而汉武帝手上的两张王牌，他们都有一个共同的身份——外戚。卫青，是汉武帝第二任皇后的弟弟，霍去病是卫青的外甥。两位外戚将领的战功彪炳史册，为外戚大大加分。

公元前127年、公元前121年和公元前119年，汉帝国三击匈奴。第一次由卫青率军出征，再次收复了秦帝国蒙恬将军曾攻占的黄河以南地区；第二次由霍去病领衔出击，直接打通黄河以西的河西走廊；第三次由卫青和霍去病两人联袂出击，使大漠以南再无匈奴踪迹。失落的匈奴帝国，不得不向北方的苦寒之地迁徙，从此失去了挑战汉帝国的能力。然而，即使被打得落花流水，作为强大帝国的匈奴民族，是不可能向汉帝国低头称臣的。汉武帝仍想北征，无奈二十四岁的霍去病英年早逝，只能作罢。

刘邦屈辱被围的约八十年后，他的曾孙汉武帝，终于可以用傲人的战绩告慰祖先，帝国的屈辱已经洗刷，也可以在缅怀“千古一帝”秦始皇时，在心中默念：长城之内，已无外族之患！

2. 西方，那个还不是帝国的罗马

未来的帝国太大，罗马还不知道怎么去消化。如果按照古希腊城邦的风格，也许是遥遥无期，东方的波斯第一帝国是唯一可靠的参考，但罗马还没有彻底接受集权才能真正统一的概念，而一个外力的出现让罗马最终作出了自己的选择。

早在公元前2000年以前，中亚的草原游牧民族陆续向西迁徙，在欧洲的多瑙河以北逐渐形成三个远亲的民族——凯尔特人、日耳曼人和斯拉夫人，这就是欧洲三大民族。凯尔特人是高卢人和不列颠人的祖先；日耳曼人是撒克逊人、盎格鲁人和哥特人的祖先；斯拉夫人分为西斯拉夫人、东斯拉夫人和南斯拉夫人，西斯拉夫人是今天波兰人、捷克人和斯洛伐克人的祖先，东斯拉夫人是今天俄罗斯人、白俄罗斯人和乌克兰人的祖先，南斯拉夫人是今天巴尔干半岛众多民族的祖先。这一个简单的族谱，将会在以后的岁月里发生变化。凯尔特人被逼到欧洲的角落，主要在今爱尔兰和苏格兰地区。逼走凯尔特人的就是他们的远亲日耳曼人，他们在几百年内不断从北欧南下，成为西欧的主人。斯拉夫民族是东欧的主要民族。日耳曼人是三者中最活跃的，现在西欧的主要国家，如英国、法国、德国，也包括美国、加拿大、澳大利亚，都是日耳曼人后裔建立的。

约公元前6世纪以前，日耳曼人主要生活在北欧。由于北半球气候变化和人口增加，日耳曼人开始分批南下，创造自己民族的历史、欧洲的历史，尽管此时的他们，除了寻找一块生存的土地，并没有丝毫出格的想法。

当罗马的平民发现自己没有土地，决定振作起来，开始与贵族针锋相对。弱势的乌合之众自然不能实现这一目标，解决方案就是投票选举代理人——护民官。事实证明，这是一个极度危险的岗位。第一个代理人是一位擅长煽动情绪的演讲者，他说罗马的农民连禽兽都不如，因为禽兽也有自己的洞穴和地盘，罗马农民并不介意这个低俗的比喻，反而狂热地支持他。这位代理人上任之后，便积极计划重新分配土地，然而，提交给罗马元老院的方案却石沉大海。转眼间一年的任期要结束了，再次选举之时，贵族意识到了危险，于是这个代理人被暴徒殴打致死。十年后，他的弟弟也是在这一岗位上，在一次暴乱中被杀死。

在和贵族第一回合的斗法中，平民失败了，他们决定积极调整策略。显而易见，没有兵权的代理人实在太弱了，环顾四周之后，平民发现了一个极佳的人选。当在非洲战场取得胜利的马略还没有凯旋的时候，即公元前119年，他已经被选举成为新的代理人了。农民出身的马略，此后因为卓越的军功被七次非连续地选为罗马的执政官。他将罗马从被蛮族入侵的生死关头挽救了出来，被罗马元老院授予“罗马国父”的殊荣。他的对手就是日耳曼人的先头部队。

第一批从丹麦的日德兰半岛南下的是条顿人、辛不里人和安布昂人。他们抱着很纯粹和原始的目的，一切只是为了温饱和生存，对他们来说，繁华的长安、辉煌的巴比伦、奢侈的罗马都是那么遥远和陌生。三个首领，分别带着自己的族群，结伴而行，开始了漫无目的的游荡。欧洲北部的易北河，就是避免迷路的导航，他们一路南下，穿越茂密的原始森林，历经风雨和野兽的考验，终于来到东西走向的欧洲第二长河——多瑙河。

罗马对这群不速之客的到来，异常排斥和紧张。公元前113年，多瑙河畔，谦卑的日耳曼人用祈求的口吻问罗马人能否给他们一块可以生存的土地，闻听之后的罗马人气不打一处来：罗马的土地连自己都不够用，一群陌生人竟然还提出这种无理的要求。罗马军队命令衣冠不整的“野蛮人”速速离开，否则兵团推进杀无赦。没见过世面的日耳曼人，虽然谦逊低调甚至有些可怜，但是兽皮里面隐藏的战斗力却是罗马始料未及的。罗马兵团主动进攻，日耳曼人爆发了惊人的战斗力，罗马溃败。日耳曼人虽然骁勇，但是觉得战争很无趣，因为这偏离了他们南下的根本目的，胜利也让他们毫无兴致可言。

既然罗马不欢迎，日耳曼人开始向西游荡，又遇到一条南北走向的、西欧第一长河——莱茵河。公元前110年，日耳曼人到达莱茵河以西的高卢地区，次年，再次打败阻拦他们的罗马军团。

相对于战争，日耳曼人更渴望一块土地。无论去哪里，无处不在的罗马军团都在试图驱赶他们，苦恼的日耳曼人经常围坐在一起，一脸忧郁地规划着族群的明天。日耳曼人所到之处，都会顺便收编一些小族群，其中稍有见识的人透露给日耳曼人一个重磅信息：继续向南是一片美丽的海域，那里气候宜人、物产丰美，有葡萄美酒、阳光沙滩。瞠目结舌的日耳曼人，立即套牛驱车，兴奋不已地去追求宛如天堂的理想家园。由于太过美好和舒适，毫无经验和战术警惕性的日耳曼人沉迷其中，因此而全军覆没。

公元前105年，日耳曼人到达法国南部，如天堂一样的地中海北岸。日耳曼人如获至宝。但横冲直撞的日耳曼人，引起了罗马的愤怒，于是罗马纠集了十六个军团，显示了一举拿下野蛮人的决心。如果一个人最心爱之物将被人夺走，那么拼死一搏就是不二的选择。十六个罗马军团全军覆没，罗马被毁灭的氛围深深笼罩。

公元前104年，马略当选为罗马执政官。马略的幸运之处在于，懵懂无知的日耳曼人并不知道空虚的罗马城唾手可得。马略清楚地知道，无头苍蝇一样的日耳曼人说不定哪一天就出现在罗马城外，公元前387年高卢人劫掠罗马城的悲剧不能再次发生。同中国战国时期各国的变法一样，马略迅速对罗马的兵源、编制、装备和训练进行了全面的改革。

两年后，马略开始主动寻找飘忽不定的日耳曼人的踪迹。

就像草原游牧民族的生活习性，众多人口聚集在一起是不明智的，因为牛羊会消耗牧场的食物。随着日耳曼族群的人数越来越多，在补给不足的情况下，他们就只能兵分两路。条顿人和安布昂人在高卢地区，辛不里人则来到今意大利北部的波河平原，离罗马城一步之遥。

公元前102年，马略的罗马军团，在高卢南部的地中海沿岸发现了目标。站在高处的罗马军团，发现下面人头攒动，男男女女都在温泉里，一边喝着葡萄美酒，一边忘情地嬉戏，而旁边散落着凌乱的武器和兽皮衣物。可怜的安布昂人，十多万男女老少，就这样被居高临下冲锋而来的罗马军团被屠戮殆尽，安布昂人从此在史册中被划去。

闻讯而来的条顿人，站在血流成河的尸骨中仰天长叹。仇恨让他们失去理智，毫无章法的肉搏蛮族再次被罗马军团无情地碾碎。条顿王被俘，在罗马受辱而死。

而辛不里人，仍在等待着安布昂人和条顿人前来汇合，共享舒适的生活。面对推进的罗马军团，辛不里人还被蒙在鼓里，仍旧客气地询问罗马人是否有同伴的消息，罗马军团用头颅和战利品回答了这个问题，恍然大悟的辛不里人立即扔下美酒，拿起了武器。尽管妇女和儿童在一旁呐喊和助威，辛不里人的男性仍全部战死，悲痛的妇孺全部自杀，因为罗马军团拒绝承诺放弃亵渎她们的贞洁。

日耳曼人的第一次南下，失败了。胜利的罗马却并没有一劳永逸，约二十年后，又有一批日耳曼人从瑞典南下；约一个世纪后，日耳曼人将让已经成为帝国的罗马，血债血偿。

凯旋的马略，受万人敬仰。农民出身的罗马执政官马略决定再进一步，与名门望族联姻，于是他就有了一个举世闻名的侄子——恺撒大帝。

长安和罗马，分别成为与草原游牧民族和欧洲各民族首次正式较量的获胜者。然而，历史告诉我们，这只是游戏的第一回合。

（四）长安和罗马之间的配角

无人争锋的汉帝国和冉冉升起的罗马帝国，让两者之间的世界显得不再那么光彩夺目。

1. 中亚草原

为了避开匈奴帝国的锋芒，月氏被迫离开中国，来到中亚两河流域定居。月氏很快展示了自己的强大实力，灭亡了大夏王朝这个亚历山大帝国遗落在东方的孩子。就像往拥挤的人群中扔进一颗炸弹，反客为主的月氏在中亚这个众多草原游牧民族汇聚的十字路口，掀起了轩然大波。

同为草原游牧民族，征服者与被征服者的融合不会有太多的痛苦。对草原游牧民族来说，迁徙是一种生活方式，凶悍匈奴帝国的传闻让人们放弃了东迁的想法：有些民族像斯基泰人一样改变洲籍向西迁徙；有些民族涌入波斯第二帝国；有些进入南亚次大陆。

在南亚次大陆，新来的移民发现这里是群龙无首的状态。约公元前187年，印度第一个大一统的王朝——孔雀王朝灭亡，恒河和印度河又恢复到往日众多独立的小王国林立的模样。按照正常的历史剧本，这里将会有另一个王朝出现，重新实现大一统，因为已知世界的其他地方都是这样，然而，这一现象并不适用于印度。再等几十年，罗马帝国建立之后，从东到西的世界，汉帝国、波斯第二帝国、罗马帝国保持队形，世界大一统的竞赛由此发端。中国是毋庸置疑的头号种子选手，统一时间远长于分裂时间；西亚也由波斯帝国和阿拉伯帝国撑起场面，成为竞赛的常客；西方的罗马帝国虽然分裂和衰落，但拥有千年国祚的东罗马帝国勉强可以占据竞赛后席之地；地处东西之交的奥斯曼土耳帝国崛起后，不清楚自己到底是哪个阵营，也占一个名额；唯有南亚次大陆，严格说来，是印度退赛约一千七百年，直到公元16世纪蒙古人来到这里。

中亚，有一个不能忽略的客观事实，不仅民族众多，而且地处草原游牧民族不断迁徙和涌动的十字路口，因此加入世界大一统的竞赛的确是勉为其难。中亚，就像一个低龄儿童在玩一个较复杂的拼图游戏，总是在一小块一小块缓缓地移动，似乎永远都缺少统一的合适时机。因为随着时间的推移，亚欧草原通道逐渐变成草原游牧民族的“高速公路”。但在“高速公路”修好之前，有两个中亚帝国建立起来，主角就是来自中国的月氏。此时，月氏也一分为五，陷入了分裂，公元纪年之后的半个世纪后，一个强大的月氏部落完成了短暂的统一。

2.西亚

公元前247年，波斯第二帝国即帕提亚帝国建立之时，还只是在今伊朗东部地区。公元前155年，帝国的版图延伸至今伊朗西部。不远处的巴比伦，用辉煌的历史吸引着这个新帝国。任何西亚帝国忽略巴比伦的重要性，则必然有名无实。居鲁士大帝、亚历山大大帝都曾定都于此。公元前141年，波斯第二帝国终于实现夙愿——入主巴比伦富丽堂皇的皇宫，帕提亚帝国作为波斯第一帝国的继承者再也无人质疑。既然拥有了荣耀，就要承担相应的职责，帕提亚帝国义不容辞地成为巴比伦的捍卫者，无论西方是古希腊城邦还是罗马帝国，它都必须要扼守住东方世界的第一道防线。

草原游牧出身的帕提亚帝国，在四百年的任期中，任劳任怨且尽职尽责，成功捍卫了东方世界的尊严，不仅抵挡住了罗马帝国接二连三的进攻，而且让罗马帝国的两大巨头一个战死，一个奋斗多年却无功而返。帕提亚帝国不仅骁勇善战，而且在过境贸易的滋润下，保持了很长时间的富足和强盛。

3.阿拉伯半岛

在已知世界有一个角落，有一个一直被我们遗忘和忽略的半岛。总有一天，这个角落爆发的能量会让所有人咋舌。

大约在公元前753年罗马建城之时，阿拉伯半岛西南部已经建立了一个叫赛伯伊的王国，存在了约六百年。公元前115年，这个王国被近亲的希米叶尔人取代。

这两个王国的本质是商业王国，跟军事基本不沾边。与商业紧密相关是因为这里既盛产乳香和各类香料（乳香这种植物精油对古埃及制作木乃伊至关重要，各类香料能让当时并不丰盛的餐桌变得更有滋味），又盛产纯度极高的金矿。同时，这里拥有天然的海路贸易中间地带优势，波斯的珍珠、印度的香料、中国的丝绸、非洲的奴隶和象牙等都要经过这个中转站。于是阿拉伯半岛的财富就源源不断了。

之所以说这里跟军事关系不大，是因为这里有沙漠作为天然屏障，任何军队想进攻和征服这里，都不是一件容易的事。当年恺撒大帝曾派出一支远征军入侵这里，结果大败而回，从此西方军队就再也没有来过。让西方世界想不到的是，六百年后，骁勇且自由不羁的沙漠游牧民族会让欧洲人领教一下他们的威力。

变化是人类历史唯一的不变。这个角落也不能成为世界上唯一的一片净土，亚历山大大帝之后，托勒密王朝统治埃及，埃及一直很享受从阿拉伯半岛获得的新鲜玩意儿。然而某一天，一个罗马商船满载而归，因为他们掌握了如何利用周期性的季风从红海到达印度。从这时候起，埃及和罗马的商船开始在红海抢生意。罗马帝国将埃及变成行省之后，这种行为也变得极其正常。

看着盛气凌人的罗马帝国商船肆意地穿行于印度洋，阿拉伯人知道，曾经的繁荣将一去不复返了。

4.巴勒斯坦

公元前722年，以色列王国被亚述帝国彻底摧毁，而犹大王国幸免于难；公元前586年，新巴比伦王朝将犹大王国的贵族和百姓掳至巴比伦为奴；半个世纪后，波斯第一帝国的居鲁士大帝将他们释放，他们回到耶路撒冷重建圣殿；昙花一现的亚历山大帝国灭亡后，犹大王国被亚洲部分的塞琉古帝国统治。

塞琉古帝国要求犹大王国改变信仰，历经磨难的犹大王国奋起反抗。公元前165年，犹大王国成功地捍卫了耶路撒冷的尊严，公元前140年，犹大王国获得了独立。早已成为罗马附庸的塞琉古王国，除了龟缩在今叙利亚地区等待罗马的死亡宣判，已无暇顾及其他。

很快，犹大王国又将面对一个更强大的西方帝国，也是它真正的终结者。

（五）潮起必潮落

两虎相争，作为最高裁判，历史将会给出它严肃的裁定。

将匈奴逐到长城之外的汉帝国，发现靠欺诈篡权的卫氏朝鲜蠢蠢欲动。公元前108年，汉武帝将朝鲜半岛北部纳入帝国的疆域，兴风作浪而不自量力的卫氏朝鲜王朝灭亡。对汉帝国来说，朝鲜半岛过于偏远和贫瘠，随着国力的日益衰微，半个世纪后便无暇顾及，一些部落趁机建立了自己的王国。公元前57年，半岛的东南部，新罗王国建立；公元前37年，半岛北部的高句丽王国建立；公元前18年，半岛西南部，百济王国建立。自此，三国鼎立七百年，直到唐帝国的军队踏上这片土地，不仅灭了百济王国，而且赶走了日本。同匈奴一样，朝鲜和日本都是被动的历史，因此，对于他们经常缺席全球史的盛宴，无须诧异。

战争是一头氪金的猛兽，汉武帝深有体会。六十年间几代人的积累，随着威名日盛，汉帝国国力渐入谷底。作为九五至尊的天子，汉武帝的“罪己诏”足以表明帝国的虚弱，在位五十四年，既是荣耀的韶华，又像华丽的幻影。

被汉帝国三连击之后的匈奴，开始进入了下降的通道。然而，“百蛮大国”的匈奴帝国只是战略退却，汉武帝在有生之年，无法奢望在长安城的皇宫大殿上，接受匈奴王的跪拜称臣。尽管汉武帝在位期间，匈奴王位已经六次易主，但是在卫青和霍去病之后，雄心勃勃的汉武帝已没有可以击败匈奴的将军，汉帝国败多胜少，而匈奴却是胜多败少，不少汉帝国的军事将领投降匈奴，而匈奴帝国降汉的贵族和将领也不在少数。两大帝国在拉锯战中，彼此消耗。

公元前99年，长安城的皇宫大殿上，汉武帝因大将叛降匈奴而勃然大怒，一位求情的官员被判斩首，然而，为了一个极为重要的使命，他用屈辱的宫刑赎回性命。此后八年，他全然不顾身体和心灵的伤痛，终得完成使命。二十年后，《史记》得以流传。他就是“中国历史之父”——司马迁。“西方历史之父”希罗多德的著作《历史》一书的重点是波斯第一帝国的历史，而司马迁的《史记》讲述的则是完全以中国为主的历史，它讲述了从黄帝到汉武帝共三千多年的历史，是“二十四史”之首。

东西方历史的“源代码”，分别掌握在希罗多德和司马迁的手中。希罗多德认为，东西方世界是对立的，战争就没有停止过；司马迁认为，天下都是皇帝的。在一个世人不知的日子，司马迁用最后一口气息说，大功告成，死而无憾。

在汉帝国和匈奴帝国之间，战争似乎无法成为一决胜负的撒手锏，于是这变成一场耐心的比拼，胜利女神会远离首先自乱阵脚的一方。

公元前85年，即汉武帝驾崩的两年后，时任匈奴王也去世了。匈奴帝国嗅到了分裂的气息，王族兄弟开始拒绝参加龙城大会（龙城是匈奴王庭所在地，位于今蒙古国中部）。当这些敏感的信息传到周边各民族的耳朵里，匈奴帝国将为内部的裂痕付出沉重代价。东边的乌桓、北边的丁零、西边的乌孙纷纷起兵反抗，靠武力征服而称雄的匈奴帝国四面楚歌，受到空前的重创，江河日下。

匈奴帝国地下的岩浆已经滚烫，喷涌而出。五个匈奴王经过三十多年的争夺，剩下北边的兄长郅支和南边的弟弟呼韩邪。弟弟呼韩邪的一个做法，改变匈奴延续了几百年的古制。公元前52年，呼韩邪向长安称臣，次年朝见了皇帝。为了回报这份“自古未有”的荣誉，汉帝国的皇帝汉宣帝热情接待了他，与匈奴帝国斗争了一辈子的汉武帝都没能看到的场景，在他的曾孙身上实现了。而不愿降汉的郅支则进入今新疆西部和中亚，并征服数国，成为汉帝国以西的巨大隐患。公元前36年，汉帝国追至中亚，杀死郅支。

虽然兄长之死让呼韩邪没有了竞争匈奴王的对手，但成为汉帝国的臣属之国已是不可改变的事实。为了让这份上下级关系更加稳固，呼韩邪再次请求朝见皇帝，并在宴席中表示希望成为汉帝国的女婿。皇帝爽快地答应了，并表示伺宴的后宫之女可以主动报名。这时，一绝色佳人表示愿往，原来是未得宠幸的王昭君。当皇帝在失落良久之后叹息“朕已误矣”之时，匈奴王呼韩邪已经是美人在侧，喜不自禁。这就是东汉文学家蔡邕，也就是中国古代四大才女之一蔡文姬的父亲，演绎的“昭君出塞”的故事。而我们经常听到的版本出自《西京杂记》，对自己容貌自信的王昭君，不肯贿赂宫廷画师，因此被画得极其丑陋，而未得皇帝召见。不过，哪一个版本更真实并不重要，重要的是这次联姻，已远不同于帝国初期的和亲，势弱的匈奴帝国已经毫无异心地臣服在汉帝国脚下。

三年后，匈奴王呼韩邪病逝，按照匈奴风俗，王昭君又嫁给其长子。此后，失去吸引力的匈奴王冠，让王族内部一团和气，甚至互相谦让。如果你知道，成为匈奴王之后，就要送自己的儿子去汉帝国做人质，就不会对此感到诧异。历经你死我活的王位争夺，最终也只是汉帝国的臣子而已。然而，好战的天性不可能被完全抹杀，他们只是缺少一个合适的机会。

当匈奴风平浪静的时候，混乱的狂风却向汉帝国袭来。刘邦的子孙将会暂时告别皇帝宝座，开始一段为期十五年的中场休息。

虽然汉武帝在驾崩之前，为了防止外戚干政，曾狠心命令太子的生母自尽。然而事与愿违，汉武帝驾崩之后不到半个世纪，外戚已经成为汉朝的“肿瘤”，而且是恶性的。

公元前33年，新帝登基，但他的名字远没有皇太后重要。与王昭君一字之差的王政君，是皇帝的母亲，她的几个兄弟相继把持着汉帝国的大权，享受着无尽的荣华富贵，而她早逝的二弟有个儿子，即她的侄子王莽，就是那个让汉帝国中场休息的人。他将用一个新的王朝，来弥补遗憾。

高寿的皇太后王政君，历经七位皇帝，让皇帝的三个舅舅成为执掌军权的大司马。大司马七弟去世之后，皇太后仍后继有人，两个优秀的人选分别为侄子王莽和外甥淳于长。由于父亲早逝，叔伯和堂兄弟都在家族的大树下，或养尊处优，或高官厚禄，失落的王莽逐渐变得城府极深，在这次关键性的竞争中，王莽设计让皇帝处死淳于长，于是他登上大司马职位的所有障碍都被清除了。

公元前8年，皇帝任命三十八岁的表弟王莽为大司马。次年，皇帝驾崩，无嗣，他侄子成为皇帝。然而，这位新晋皇帝却是一个节制外戚之人，王莽无奈只得交出权力，赋闲在家。仅仅七年之后，年仅二十五岁的皇帝死于难以启齿的疾病，无嗣，太皇太后王政君迅速夺取了传国玉玺。公元前1年，王莽回到自己熟悉的岗位，再次出任帝国的大司马。这一次，王莽不仅不会再让大司马一职旁落，而且有了一个更加大胆的念头——未央宫的皇帝宝座上也许可以不是刘邦的子孙。

（六）西方第一帝国

当东方的汉帝国命悬一线、匈奴帝国无精打采的时候，“方块K”恺撒大帝的甥孙却建立了一个庞大的西方帝国。传说公元前753年建成的罗马，经过六百年的酝酿，终于露出了它的帝国面貌。

公元前100年，马略第六次当选罗马执政官，此时，他的侄子出生了。四十年后，这位刚到不惑之年的侄子也成为罗马执政官。又十六年后，因为无可比拟的功绩，他当选为终身独裁官。他就是恺撒大帝。

在接下来的七十年里，除了内部斗争就是对外战争，罗马根本无法平静，直到它找到一个可以结束这一切的人。

公元前86年，恺撒大帝的姑父马略，在第七次当选执政官后不久病逝，这是一个没有遗憾的远离危险的善终结局。马略曾经的手下苏拉，这时已经成为一个军事独裁者，然而，这个手上沾满鲜血的人，却出人意料地自动隐退，没有暗杀和意外，公元前79年，苏拉正常死亡。

有一个暂时无人察觉的危险发生了。公元前80年，多瑙河北部的森林里出现了新的族群，他们几乎是最出色的一支。从今瑞典地区南下的哥特人，将在这里定居，同时等待着命运的召唤，在欧洲大陆活跃七百年。而罗马并不知道，这个新星家族将闯进罗马城，让罗马蒙羞。在苏拉的排挤下，年轻的恺撒被迫离开罗马，辗转于东方和西班牙等地。此时的罗马，是庞培的天下，当初抛弃妻子的庞培成为苏拉的女婿，如果你认为这是庞培发迹的原因，他会平静温和地反驳你，“这一切离不开罗马人民的支持”，同时，也会霸气威严地告诉你，“罗马人支持的是一个不折不扣的战神”。在南方战场，庞培出兵占领了非洲努米底亚；在西线西班牙战场上反败为胜；在地中海上，消灭了海盗，取得了海上控制权；在东方战场，征服了南高加索地区。在公元前64年，他将已是附庸的塞琉古王国变成罗马的行省，并在地中海东岸和埃及纵横捭阖；公元前63年，将桀骜不驯的犹大王国变为罗马的附庸。庞培因此被誉为“伟大的东方征服者”。

罗马元老院却认为这样的人太危险，但罗马人民喜欢庞培。动辄慷慨演讲和辩论的罗马元老院，是时候让一让了。

公元前60年，恺撒、庞培和克拉苏三人结为同盟，决定将元老院晾在一旁，由三人来决策。庞培的威信毋庸多言，恺撒拥有贵族的出身和姑父马略的光环，而克拉苏会用自己的财富打消一切质疑。克拉苏拥有犹太人的商业头脑和狡猾，当他敏锐地发现罗马的房屋容易失火，就成立了一支私人消防队，并亲自担任队长。克拉苏的消防队是积极主动的，但又是消极怠工的，因为他们会主动纵火，于是比任何人都第一时间发现火情并到达现场，但是又都显得有条不紊，不慌不忙。于是，克拉苏适时出现在心急火燎的业主面前，谈判异常地顺利，克拉苏用极低的价格买下房屋，然后迅速灭火，简单装修，挂牌出租。这一无敌又无耻模式，让克拉苏成为罗马的地产大亨。

一个完美同盟的诞生，还缺一个重要的基础——权力。公元前60年，克拉苏出资支持恺撒当选为罗马执政官。一年任期之后，恺撒成为高卢和西班牙的总督，东方已经没有机会建立军功了，在高卢的近十年时间，恺撒才真正开始崛起。姑父马略靠击败日耳曼人成为罗马的英雄，恺撒认为这是一条可以复制的成功之路，而且他决心比姑父走得更远。

穷乡僻壤的高卢，散居着众多民风彪悍的蛮族。理智的恺撒并没有向所有蛮族发起挑战，他运用分化与联合的策略，将高卢变成一个以莱茵河为边界的罗马行省。站在高卢的西北海岸眺望，不远处的一座荒岛，即如今英国人的家园不列颠岛映入眼帘。但此时却丝毫无法令恺撒萌生征服的兴趣，所以不列颠岛失去了融入西方历史大家庭的良机，直到一个世纪后，成为帝国的罗马才又想起这里。

当恺撒叱咤高卢的时候，不甘落后的地产大亨克拉苏也无法按捺那颗躁动的心，因为他不缺财富，但是却手无寸功。公元前54年，想一鸣惊人的克拉苏率军杀向东方，兵锋直指帕提亚帝国，这个鲁莽的决定让他在第二年便战死沙场。当克拉苏的头颅被献给波斯第二帝国皇帝的时候，曾经那个联盟的三角稳定性就消失了。

罗马元老院也不缺乏狡黠的头脑。当恺撒要求延长高卢总督的任期时，罗马元老院将其列为国家公敌，与此同时，还使出了离间之计，授权庞培率军队去消灭恺撒。

即使是最低期望——两败俱伤，罗马元老院也未能如愿。公元前49年，在高卢积累了雄厚实力的恺撒，兵不血刃地率军冲进罗马。庞培不敌，之后撤往东方暂避，期望凭借“东方征服者”的威望获取支持，伺机决战。重回罗马的恺撒，无暇理会元老院的抱怨，迅速清除了庞培在西班牙的势力，而后立即东征，庞培再次不敌，逃亡埃及。公元前48年，庞培的首级被献给了恺撒，三人联盟灰飞烟灭。

追击庞培的恺撒，刚到埃及就遇到一个选择题。在公元前305年建立的托勒密王朝，虽然在公元前168年成为罗马的附属，但是仍然是一个独立的王国，恺撒到达尼罗河的时候，托勒密王朝已经统治了埃及近三百年，法老的权杖由托勒密十三世和姐姐共同执掌，然而，姐弟并不同心。献出庞培首级的是托勒密十三世，他希望以此成为恺撒的朋友，而那个一直想独揽大权的姐姐，即使流亡在外，也并没有沉沦在失去先机的失落之中，因为她有一个恺撒无法拒绝的理由。一日，手下禀报有一个埃及商人求见，并有宝物献上，恺撒就看到商人抬着一张卷起的大毯子，正略感不解时，放在地上的毯子徐徐展开，一个美艳绝伦的妙龄女子，轻裳侧卧，媚目仰视，神魂缭乱的恺撒即刻作出最终的选择。当托勒密十三世得知消息，遂起兵反抗，恺撒让尼罗河成为他的坟墓。于是，埃及的皇宫宝座上坐着恺撒心爱的妻子——埃及艳后克利奥帕特拉七世。尼罗河和金字塔都见证了这对幸福伴侣的蜜月时光，确切地说，应该是“蜜年”，因为在一年多的时间里，恺撒都在埃及艳后的温柔乡里。蜜月，起源于条顿人，就是六十多年前，被恺撒的姑父马略消灭的日耳曼人，条顿人的新婚夫妻在婚后一个月内都要喝蜂蜜。

回到罗马，恺撒才能成为大帝。公元前44年，恺撒和埃及艳后回到罗马，元老院宣布恺撒为终身独裁官。亚历山大大帝曾经征服了包括东方的波斯第一帝国在内的大半个世界，恺撒大帝如欲比肩，除了征服波斯第二帝国，没有第二个选择。恺撒大帝在罗马元老院宣布进军东方世界的宏大计划之后，一个比亚历山大大帝更悲剧的命运在等待着他。

恺撒是罗马的，而罗马却不是恺撒的。罗马元老院的贵族们为恺撒大帝的计划寝食难安。约三百年前，亚历山大大帝的朋友选择疏远，亚历山大大帝因此身疲神伤而崩，而现在，恺撒大帝的朋友选择了匕首，来驱散他们对一个新的王者的恐惧。公元前44年，恺撒大帝被骗到元老院，未带兵器且忠实的助手安东尼也未能随行进入，身揣匕首的几十个元老院成员一哄而上，恺撒身中二十三刀，倒在沾满鲜血的红色斗篷之下，终年五十六岁。亚历山大大帝也在天堂里为之叹息，恺撒大帝心中那个征服全世界的帝国梦，破碎了。涉事的元老院成员都因遭到了制裁而死亡，因为罗马人民需要恺撒，一个专制集权的君主。

恺撒的全名为盖乌斯·尤利乌斯·恺撒（Gaius Julius Caesar）。Gaius源自姑父盖乌斯·马略，Julius被用来指代每年的七月，英文的July就是由此演变而来的，Caesar则成为最高权威的代名词。此后，欧洲的神圣罗马帝国和俄罗斯帝国，都用恺撒来专指国王或最高统治者，原因此前已提到过，神圣罗马帝国认为自己是西罗马帝国的继承者，俄罗斯认为自己是东罗马帝国的继承者，而东西罗马帝国的皇帝都是恺撒的子孙。

恺撒大帝死后，埃及艳后黯然离开罗马，回到了自己的王国。失去靠山的孀妇对未来充满了担忧，但智慧而有野心的女王暗下决心，“埃及王朝是属于自己的”，为此她将不惜一切代价。很快，一个新的机会就悄然而至。埃及艳后如法炮制，恺撒的那位助手安东尼就拜倒在了她的石榴裙下。

屋大维，是恺撒姐姐的孙子，即恺撒大帝的甥孙，是恺撒生前指定的第一继承人。他接过了恺撒的衣钵，坚定地走进了充满危险和机遇的罗马元老院。屋大维作为恺撒的养子，怀念恺撒大帝的人们在他身上看到了恺撒大帝的影子，于是决心全力支持，然而，如果没有强大的兵权，一切都只不过是空中楼阁。公元前43年，屋大维与恺撒大帝的旧部安东尼和雷必达也结成三人同盟。不过相比之前的三人同盟，这个更加脆弱。

作为出色的管理助手的雷必达，只是屋大维和安东尼的配角。七年之后，屋大维剥夺了他的所有权力，让他安心养老。因为，屋大维要全力对付那个危险的安东尼。

屋大维和安东尼，分别占据着罗马广大疆域的西半部和东半部。安东尼自恃有勇有谋，不断向扼守东方阵线的帕提亚帝国发起进攻，当军队的补给出现问题，尼罗河边富饶的埃及就成为首先考虑的对象，于是，女王的机会就来了。身着华服的恺撒大帝的遗孀华丽登场，安东尼瞬间就被绝色佳人征服，双赢的局面出现了，安东尼财色兼收，埃及仍是女王的。

公元前37年，安东尼公开与埃及女王结婚。对恺撒大帝来说，与女王的婚姻是一段令人艳羡的佳话，但对安东尼来说，却是一个危险的开始。令罗马不能容忍的是，安东尼许诺将一部分东方领土赠予新婚的妻子；令屋大维暴怒的是，安东尼宣布，女王与恺撒大帝所生的儿子是恺撒真正的继承人。当这个可怕的消息传到罗马，屋大维就不得不立即召集枕戈待旦的军团。

公元前32年，屋大维正式向安东尼宣战。次年，安东尼和埃及艳后在希腊海岸被击败，退守埃及。由于关乎自己在罗马的地位，屋大维不会给他们任何喘息之机。公元前30年，屋大维攻入埃及，安东尼战败自杀，埃及艳后也自杀。在将埃及变为罗马的一个行省之前，还有一个人必须消失，就是恺撒与埃及艳后所生的儿子。公元前30年，屋大维将埃及变为罗马的行省，近三百年的埃及托勒密王朝灭亡，亚历山大大帝的心血全部消逝。

回到罗马，经过清洗之后的元老院，已成为屋大维的傀儡。在离最激动人心的成功只有一步之遥的时候，屋大维回顾了亚历山大大帝和恺撒大帝之死，经过深思熟虑，他选择了一个更隐蔽的方式，以最大限度地降低意外死亡的风险，并获得了成功。他谦虚地声称自己只是罗马的一个公民，但是是“第一公民”，表面上仍然尊重元老院，实际上屋大维已经大权在握，与皇帝无异。公元前27年，元老院尊称三十六岁的屋大维为“奥古斯都”（Augustus），在拉丁文中意为“神圣的”或“至尊的”，这等于正式承认了屋大维为罗马的皇帝，于是西方世界翘首期盼的罗马帝国成立了。

屋大维死后，元老院用Augustus来指代8月，拉丁文Augustus后演变成英文的August。同时为表示尊重，恺撒名字代表的月份多一天，即7月有三十一天，奥古斯都代表的8月也增加一天，即8月也有三十一天。

此后的欧洲，或多或少都与罗马帝国有割不断的联系。四百多年后，帝国首次分裂为西罗马帝国和东罗马帝国；约五百年后，西罗马帝国被日耳曼人摧毁，整个欧洲基本都成了日耳曼人的盘中餐；约八百年后，日耳曼人建立了没有罗马的神圣罗马帝国；约一千九百年后，神圣罗马帝国灭亡。

从欧洲到北非，从地中海东岸到小亚细亚，地中海被环绕成罗马帝国的内湖。在东方，罗马帝国与帕提亚帝国以幼发拉底河为界，屋大维放弃了征服东方的计划；在欧洲，莱茵河和多瑙河成为罗马帝国与蛮族的天然边界。罗马帝国的常备部队驻守在要塞，防止蛮族的闯入。在罗马，屋大维大声宣布，要将罗马城打造成一座无与伦比的大理石城。

从长安到罗马的贸易线路已经初步完成，坐拥地中海贸易和取之不尽的埃及粮仓，罗马的财富成倍增加，罗马式的福利导致整个社会问题层出不穷，奢侈腐化，最终导致帝国崩塌。尽管，罗马骄傲地将先前不为人知的欧洲从地图上点亮，但其对文化和科学的漠视并没有改变，东方和古希腊文化的精髓仍将蛰伏千年。欧洲的蛮族不会被两条大河阻挡很久，他们始终威胁着罗马帝国的边境线，有朝一日他们来到对岸，文盲和野蛮将笼罩整个欧洲。

七

冰冻三尺

（公元1—300年）

当一个犹太农民降生在马槽里，公元前纪年就结束了，人类历史迎来公元后纪年。

在太平洋与大西洋之间的亚欧大陆上，依次有汉帝国、贵霜帝国、帕提亚帝国和罗马帝国，四大帝国一字排开，观感上甚是赏心悦目。为了迎合新纪元的盛世，四大帝国尽量保持克制，未给世界带来惊心动魄的大场面，但剧变已在内部积极地酝酿。

外戚王莽按下了汉帝国的暂停键，十五年后，王莽被杀。中场休息后，刘邦的九世孙重回皇帝宝座，长安的未央宫不堪回首，新帝将都城迁往洛阳，此为东汉。东汉帝国并没有忘记反复无常的匈奴，七十年后，匈奴再次选择了或归顺或败走，败走的北匈奴将在欧洲卷起风暴。内患迅速填补了外忧的空白，宦官和外戚成为东汉帝国的毒瘤，母体的死亡是唯一的根除方式。刘氏帝国跟中国历史挥手告别，中国就进入了六十年的三国时代，直到司马懿的孙子建立了晋帝国，才勉强而短暂地统一了中国。皇族司马氏三代人的混战，将中国带入分裂的三百年。

来到中亚草原的十字路口，背井离乡的游牧民族月氏，在新环境里如鱼得水，建立了中亚第一个帝国——贵霜帝国。作为中亚历史上寥寥可数的帝国之一，贵霜帝国约四百年的国祚难能可贵。从某些方面看，印度应该向贵霜帝国表示感谢，因为贵霜帝国的东部边境延伸到了恒河流域，这样，即使不能作为种子选手参赛，印度也没有变成局外人。对于一个地处十字路口且无险可守的帝国，贵霜帝国很快就遭到来自三个方向的危机。虎狼之地的中亚，和西亚两河流域、古希腊一样，辉煌难以持久，也是战争和混乱之地。

东西方世界的两大竞赛选手——罗马帝国和帕提亚帝国，延续着对立的传统，虽持之以恒，但也难分伯仲。公元224年，东方世界吹哨换人，帕提亚帝国疲惫离场，波斯第三帝国——萨珊波斯热身上场。体力充沛的萨珊波斯先拿下一城，俘虏了罗马帝国的皇帝，内乱的罗马帝国放弃报复，双方暂时和平。萨珊波斯向东进军，贵霜帝国西部沦陷，被迫向对手纳贡求和。

德国西北部原始森林里的两万多具尸体，让屋大维意识到，建立一个“欧洲帝国”的希望十分渺茫，以多瑙河和莱茵河为界，与蛮族和平相处是最好的选择。西方的边界暂时相安无事，而东方的边界，罗马曾短暂攻陷帕提亚帝国的都城，将帝国疆域延伸至波斯湾。短暂的辉煌之后，罗马帝国就陷入了危机，随意被拥立的军人皇帝时代，延续了约一个世纪的时间。

随着帕提亚帝国的灭亡，罗马在这一轮的东西方竞赛中暂时领先，刚刚准备庆祝，精力旺盛的波斯第三帝国就俘虏了罗马帝国的皇帝。二十年后，分裂的罗马帝国重回正常轨道，接着又出现了四个皇帝共治的局面。注定不能分享的皇权，终将证明和睦都只是假象。

公元33年，出生于马槽的那位巴勒斯坦人——耶稣已长大成人，却因传播异教被犹太贵族告发，被当地的罗马总督钉死在一个木质的十字架上。耶稣最得意的门徒圣彼得，开始在罗马帝国内广泛传播福音，这就是基督教的正式起源。公元68年，圣彼得也被罗马处死，被倒立钉死在十字架上。六十多年后，犹太人被罗马帝国驱逐出耶路撒冷，从此散落在世界各个角落。三百年后，圣彼得的学说却成为罗马帝国的国教，从此，一个东方的农民，成为西方世界的精神寄托。

草原上隐约传来游牧民族的不满和抗议，既然世界舞台是大家的，四大帝国就不能长期“霸麦”。一个豪情万丈的声音对着天空呼喊，“全世界的风景我们都要去看一看”，自从被汉帝国驱赶出境，匈奴奔赴欧洲大陆。当他们再次出现的时候，欧洲蛮族和罗马帝国再也回不到往日的平静了，莱茵河和多瑙河的边界也将不复存在，来自东方的征服者将按下重置欧洲格局的按钮。

这个相对风平浪静的三百年警告我们：和平，对此后的整个已知世界来说，都只是奢望。

（一）从长安到洛阳

古希腊哲学家赫拉克利特说，“人不能两次踏进同一条河流”。美国作家、演说家马克·吐温说，“历史总是惊人的相似”。

但凡没有重大变故，迁都绝不是上乘之选。因为被犬戎攻陷都城，周王朝从镐京（今西安）迁都到洛邑（今洛阳）；约八百年后，汉帝国也从长安（今西安）迁都到雒阳（今洛阳），确是事出有因。

公元前1年，汉哀帝驾崩，年幼的汉平帝被太皇太后抱上了皇帝的宝座，手持传国玉玺的太皇太后，再次让侄子王莽披上了大司马的朝服。虽然一个九岁的傀儡皇帝不会影响到王氏外戚的权力，但未来的不确定性，让王莽觉得大司马的官服并不保险，无须经过皇帝同意，在垂帘听政的太皇太后的授意下，王莽官至一人之下、万人之上的宰相。十四岁的小皇帝去世了。这一次，无法停止人生更高追求的王莽，没有确立新皇帝，而是确立了一个只有两岁的刘氏皇太子。但国不可一日无君，汉帝国内刘氏子孙的眼里射来道道寒光，让王莽一时没有足够的底气立即改朝换代，于是奇怪的一幕出现了：实际已大权在握的王莽称“假皇帝”。

皇室丑闻引起了刘氏子孙的起兵发难，恐惧不安的王莽一边抱着小皇帝祈祷，一边调兵遣将前去镇压。当暴乱很快被平息，瞬间忘掉恐惧而变得自信的王莽，坚定了称帝的决心，即使年迈的太皇太后并不满意侄子此时的所作所为，也只能顺从地交出了传国玉玺。

公元8年，五十多岁的王莽自导自演，接受了小皇帝的禅让，成为一个新王朝的皇帝，国号为“新”。有时候，皇帝是至高无上的，有时却是卑微可怜的，现代法律会保障无民事行为能力人的权益，但这个无助懵懂的小皇帝却对周遭发生的事情一无所知，也无能为力。穿着“皇帝的新装”，王莽在欺骗所有人，也在欺骗自己。但历史告诉所有人，这只是汉帝国的一段插曲。

人生前半程顺风顺水的王莽，后半程的规划却是漏洞百出。至少在冷兵器时代，任何轻视草原游牧民族的行为，都属于无知者无畏。成为新帝之后，意气风发的王莽就将矛头对准了已经归顺的匈奴。

匈奴与汉帝国曾约定，双方以长城为界，绝不能接受汉帝国的降将，若有降将应该遣送回去。西域小国有人投降匈奴，匈奴认为没有违反约定，并将此事汇报给汉帝国备案。当时正值王莽掌权，他执意不肯，在西域召开各国大会，并当面斩杀了投降的人，令匈奴颜面扫地。不仅如此，改朝换代之后的王莽，还对匈奴内部事务大加干涉，甚至匈奴王的名字都要改一改。王莽肆意妄为的做法激起了匈奴的不满，逐渐恢复实力的匈奴萌生了重现匈奴帝国辉煌的念头。东边的乌桓和北边的丁零相继反叛王莽，依附于匈奴，不久，整个西域再次成为匈奴的地盘，匈奴拒绝向王莽称臣，并且开始在与王莽的战争中占据优势。

十几年后，新帝王莽发现自己已经处于内外交困的境地了：外部有劲敌匈奴，内部有起义叛乱。公元23年，农民起义军攻陷长安，王莽的首级被砍下，十五年的过渡王朝灭亡。

公元25年，刘邦的九世孙，汉光武帝刘秀成功为刘氏王朝续命，都城从西安迁到洛阳。为了区分开来，长安在西所以称为“西汉”，洛阳在东所以称为“东汉”。公元36年，东汉帝国统一全国。失而复得的皇位，令汉光武帝倍加珍惜，一改前朝弊政，抑制功臣、节制外戚、任人唯贤，翻开了四百多年汉帝国的下篇。

匈奴再次咎由自取地失去了重振雄风的良机。当国势弱小时，匈奴王的头衔一文不值，当国势强大时，激烈的争夺就开始了。公元48年，匈奴再次分裂为南北两支，从此再未统一。南匈奴自此永远称臣，直至与中原融合。北匈奴在游荡中等着与东汉帝国的决战，如若胜利，则可以继续称霸草原，即使失败，匈奴也有机会去游历欧洲，到罗马和巴黎“观光旅游”。

公元57年，东汉皇帝刘秀驾崩。在其后三位皇帝的统治期间，东汉帝国在半个世纪内再创新高，达到鼎盛。此消彼长，匈奴与东汉帝国为邻的时间不多了。

东汉帝国内的两个家族，成为这一时期的主角。文武双全的班家，不仅让西域五十多个国家归附东汉帝国，而且著有二十四史之一的《汉书》。外戚窦家，以戴罪之身，西出万里，大败北匈奴，使东汉帝国彻底摆脱了这个纠缠它三百年的蛮横邻居。

当初，怀着忐忑不安的心情被邀请到长安登基的汉文帝，娶了皇后窦氏，从此窦家成为名门望族。东汉初期，窦家由窦融当家，窦融有个好朋友——史学家班彪。东汉开国皇帝起兵夺取天下之时，班彪建议好友窦融加盟刘氏皇族，窦融就成为统一天下的功臣。光武帝刘秀和窦融两人从一百年前的窦皇后那里开始互攀亲戚，窦家一门从此显贵无比。而班家由于地位较低，暂时未能显赫，博学的班彪开始潜心修史，而班家的两子一女都将光耀门庭。

两个家族的第二代，窦融的侄子窦固成为家族的领头人，他与班家的次子班超使西域诸国都将王子送到洛阳为质，东汉帝国再次成为西域诸国的宗主国，东汉帝国在西域设置西域都护府。班超在窦固死后，从公元73年到公元102年的三十年里扎根于西域，像恺撒大帝征服高卢的蛮族一样，成绩斐然。为了表彰这一重大胜利，名震西域的班超被万里封侯。班超的长兄班固，则子承父业，潜心修史，小妹班昭在哥哥死后整理和续写史书，终成二十四史之一的《汉书》，流传至今。

以戴罪之身建功西域，似乎成为窦家的传统。窦固出征之前，因为堂兄犯错受到牵连获罪，他的堂兄就是窦融的儿子。窦固被禁十年之后带兵出击匈奴，班超弃笔从戎随行，而窦固虽得善终，儿子和孙子却因罪死于狱中。到了第四代，他的曾孙女成为皇后，受到皇帝万千宠爱，但她却整日都在担心她那几个作威作福、仗势欺人的兄弟。犯错的哥哥窦宪，被已贵为皇太后的妹妹禁锢在内宫，很快，戴罪立功的机会又来了。

正值南匈奴请求东汉帝国出兵征讨北匈奴。失去自由不如放手一搏，窦宪主动请缨，念及兄妹情深的皇太后应允，这一决定让窦宪成为匈奴的终结者。公元91年，窦宪在今阿尔泰山大败北匈奴，北匈奴从此远走他乡。约两百六十年后，匈奴出现在东欧平原，几乎所有的欧洲蛮族都像被赶鸭子一样被迫四处迁徙，罗马帝国抵挡蛮族的边界线不复存在，屋大维的大理石之城——“永恒之都”罗马，在数次被蛮族攻陷之后，屈辱地消亡。欧洲进入了黑暗的千年，西欧的格局初步形成。

回顾一下匈奴在中国的三百年。战国，赵武灵王的“胡服骑射”，引入骑兵兵种，赵国大将李牧首败匈奴；秦帝国，大将蒙恬将匈奴赶至黄河以北；西汉帝国，外戚卫青、霍去病吹响反攻匈奴的号角；东汉帝国，外戚窦宪将北匈奴彻底关在国门之外。

在中国历史上，匈奴只剩下被彻底同化的一百年了。而在世界历史上，亚欧草原之路将见证匈奴约两百六十年的流浪和迁徙，欧洲将迎来一个势不可当的东方征服者，在匈奴到达欧洲的一百年里，西方格局因匈奴而彻底改变。公元453年，随着伟大的匈奴王阿提拉的意外死亡，匈奴帝国开始解体，469年最终灭亡。在欣赏了全世界的风景之后，匈奴心满意足地谢幕了，从此成为今天匈牙利人的祖先。

那时已经入土为安的汉帝国也无缘亲见这一情景了。公元92年，因自恃立功而心生叛逆的窦宪被赐死，史学家班固也受牵连而死。十年后，班超年迈，请旨告老还乡，于同年病逝。班超的两个儿子此后也都在西域建功，但是到了孙子这一辈境遇就不同了，与皇帝姑母的矛盾激化，最终被下令腰斩，班家从此绝嗣。在史册上留下一串脚印之后，两个家族消失了。

参与窦宪事件的人之中，有一名宦官，名叫蔡伦，被称为“造纸之神”。蔡伦改进造纸术，使书写材料更轻便、易流传、成本低，这是一次重大的革命性突破，此后中国的造纸术传播到全世界。蔡伦年轻时即入宫为宦官，俗称太监，作为一个专业序列的人才，却积极参与到凶险的宫廷政治斗争中，最终被追责而畏罪自杀，可惜可叹。

宦官和外戚的长期争权斗争开始了。此后的八十多年里，东汉帝国被宦官和外戚交替控制，至高无上的皇权被刘邦的几个子孙彻底葬送。汉殇帝不满周岁就早夭，汉冲帝三岁而亡，汉质帝九岁被外戚毒死。因为皇帝年幼无知，都是太后临朝听政或者外戚擅权，虽身为皇帝，但刘氏子孙此时却完全无法体会当皇帝的滋味，那些能熬到成年的，也都只能成为傀儡皇帝。宦官和外戚长期对立，也偶尔勾结，皇权的光环已然褪色。

长期缺乏能扭转局面的皇族成员，普通大众就要挺身而出了。公元

184年，管理能力极其低下的宦官和外戚，致使东汉帝国民不聊生，酝酿已久的黄巾起义爆发，刘氏江山离彻底灭亡不远了。虽然起义九个月后就被镇压了，但后遗症却让东汉帝国病入膏肓，地方军阀开始拥兵自重，皇权的诱惑让一切变得微妙，想想汉帝国的开国皇帝原本也只是一个小吏，一切也变得不言自明。

枪打出头鸟。地处偏远地区的军阀董卓，兴致勃勃地成为第一个主角，但也是众矢之的。完美的离间计和美人计，让董卓死在“天下第一猛将”——义子吕布的方天画戟之下；此后，就变成了一对发小争权夺利的局面。

曹操和袁绍自小就有来往，但乱世不讲出身。尽管出身于“四世三公”家族的袁绍起初较有实力，但对于这位知根知底的发小，能力出众的曹操并不放在眼里。公元200年的官渡之战，袁绍将一手好牌打烂，两年后郁闷得呕血而死。曹操在向北追击袁绍几个不成气候的儿子的时候，斩杀一个，其余两个逃到草原游牧民族乌桓领地避难，公元207年，曹操顺便将乌桓这个民族从中国历史的名册上抹去。回到大本营（今河南许昌），一代枭雄曹操满意地看着自己的“宠物”——东汉帝国的末代皇帝，“挟天子以令诸侯”的曹操知道，北中国已经是自己的囊中之物。意气风发的曹操隔年就南下，刘备和孙权两人只好同舟共济。公元208年赤壁之战的失败，让曹操不得不先冷静一下。

王莽的头颅此时仍在洛阳皇宫的一个角落里。皇位的正统性很重要，人心所向更不可忽视，这让即使已是雄主的曹操都不得不小心行事，同时让曹操顾忌的还有南方的刘备和孙权，有刘氏皇族血统的刘备是人心所向，占据长江之东数年的孙权实力也不容小觑。因此，汉帝国灭亡的官宣文稿，一直被曹操紧紧地攥在手里而不发，直到他去世。

公元220年，关羽战死，曹操病逝。当汉中王刘备深陷失去义弟的痛苦之中时，曹操的儿子曹丕毫不留情地废掉汉帝国的末代皇帝，终结了持续四百多年的汉帝国。曹丕称帝，建立魏国，定都今河南洛阳，中国正式迈入持续六十年的三国时代。公元221年，刘氏皇族后裔刘备称帝，建立蜀汉，定都今四川成都。而既无绝对实力也无皇室血统的孙权，在公元222年被魏国封为吴王，229年称帝，建立吴国，定都今湖北武昌，后迁往今江苏南京。

每想到义弟关羽不能同享富贵，刘备都痛不欲生，于是召集大军讨伐孙权，因为关羽是被孙权的军队杀死的。不料，出征前夕噩耗传来，三弟张飞惨遭部下杀害，首级被献给孙权。看着张飞怒目圆睁的首级，孙权心里五味杂陈，当初为了避祸，已经把关羽的首级交给曹操，想让刘备记恨曹操，而今又送来一个，而且是蜀帝刘备的结拜三弟的。血债血偿，孙权仿佛看到了刘备的大军如乌云般压境。果不其然，刘备举全国之力，以号称七十万的大军，发兵吴国。刘备再也不是那个言听计从的刘皇叔了，极力劝阻未果的诸葛亮掐指一算，自己也终将鞠躬尽瘁，出师未捷而身先死。公元223年，刘备败走白帝城，将太子刘禅托付给诸葛亮这个忠诚的军师兼宰相后，含恨驾崩。

忠心睿智的军师诸葛亮，担起了复兴汉帝国的重任，但也遭遇了平生最强劲的对手——司马懿。相对于诸葛亮的布衣出身，司马懿的族谱清晰，最远可追溯至五帝之一的颛顼，基本历朝历代家族均有人为官，人丁兴旺，底蕴深厚。两个亦敌亦友之人的对决，最终以公元234年诸葛亮病死五丈原而结束，从此蜀汉就在毫无希望中等待公元263年的灭亡。获得胜利的司马懿回到魏国，鹰视狼顾地盯向了皇位。尽管曹操的儿子和孙子均表现出帝王的平均水平，但依然很快就被司马家族控制。司马懿的儿子司马师和司马昭，先后废掉和杀掉曹操的曾孙和四世孙。公元265年，司马懿那急不可耐的孙子司马炎，直接废掉最后一任魏帝，次年建立晋国。曹魏共历五帝，持续四十六年而亡。

吴国似乎被遗忘了。作为三足鼎立的一方，吴国虽然最没有主角光环但是却是国祚最长的。从公元229年孙权称帝，到公元280年被晋帝国所灭，吴国共存续了五十一年，而魏国四十六年，蜀汉只有四十二年。三国时代，随着晋帝国的建立名存实亡，随着吴国的灭亡向历史告别。从公元220年曹操的儿子建立魏国，到公元280年晋帝国灭了吴国，三国时代的六十年间，中国人口从东汉帝国最高的五千六百万左右降至一千六百万左右。

继嬴氏的秦帝国、刘氏的汉帝国之后，司马氏建立了第三个大一统王朝晋帝国。

晋帝国在建国后的十五年内就统一中国，开国皇帝司马炎是功不可没的。就像世界上很多的帝王一样，司马炎前半生气吞山河、扭转乾坤，后半生骄奢淫逸、昏庸不堪。耗时半个世纪，汉帝国才解决了分封后的诸侯割据问题，不尊重历史的司马炎却不假思索地继续分封。即便如此，如果子孙贤能，假以时日也许能挽狂澜于既倒，根除隐患，但是司马炎将要传位的太子却对此无能为力。

晋帝国的皇权被外戚掐住喉咙，但这还不是最致命的。司马炎驾崩后的第二年，即公元291年，司马家族的皇族大内战便开始了。如果拿西汉帝国初年的“七国之乱”与之相比，就是小巫见大巫。因为汉帝国的“七国之乱”只持续三个月，晋帝国的“八王之乱”则持续了十六年。汉帝国的皇族内乱中，只有牵头的吴王刘濞是开国皇帝刘邦的侄子，其他均为刘邦的孙辈，且目标一致对准皇位，而晋帝国是皇族混战，司马懿的儿辈、孙辈、曾孙辈相互攻伐，在大乱斗中，落寞的皇帝只能看戏，而司马懿只能在另一个世界隔空感叹。

从民族同化的进度看，此时南匈奴的融入进程尚未全部完成，面对此种场面，匈奴王子孙的脸上露出复杂的表情。

公元3世纪末，战事仍未结束。我们只能暂时将镜头离开中国，转向中亚。

（二）中亚第一帝国

多民族混杂的中亚，是亚欧草原通道的十字路口，在这里建立帝国罕见又难能可贵。

波斯第一帝国的居鲁士大帝魂断中亚，马其顿帝国的亚历山大大帝在中亚蜻蜓点水。两位大帝无能为力的事情，却让来自中国的草原游牧民族做到了。

原本生活在今中国甘肃地区的月氏，如果愿意依附匈奴帝国，不至于一路艰辛地迁徙到中亚，但倔强不服输的民族性格使月氏敢于迁徙到一个陌生之地。来到已经挤满许多游牧民族的中亚，月氏似乎不怎么费力就成了这里的强者，让所有人唯其马首是瞻。

公元55年，贵霜部落统一月氏，以今阿富汗首都喀布尔为都城，此后南下征服今巴基斯坦东部、今印度西北地区，中亚第一帝国初具雏形。时值汉帝国的班超正在收服西域诸国，月氏王像见到了亲人一样，主动伸出援手，双方相处融洽。公元90年，月氏王向班超提出请求，希望与汉帝国联姻，迎娶一个公主。然而，在名震西域的班超眼里，汉帝国和月氏之间只能是宗主国和附属国的关系。被拒绝之后的月氏王恼羞成怒，出兵攻打班超，但被班超击败。月氏王又立即变脸，向汉帝国纳贡求和，从此彼此相安无事。

自从张骞走出国门，已知世界的陆路贸易线路就基本连成一线，由此，坐镇西域的班超也知道了，在西边有一个波斯帝国，更远处还有一个庞大的罗马帝国。公元97年，班超派使者出使西边的罗马帝国，月氏控制的中亚自然是一路绿灯。在帕提亚帝国，波斯人热情接待了来自东方丝绸之国的使者，但在使者表明来意之后，帕提亚帝国颇显犹豫，因为如果汉帝国与罗马帝国直接联系，帕提亚帝国的过境贸易必然会受到影响。于是，汉帝国的使者在波斯湾便折返了。然而，万里之遥的距离也不能阻挡世界交流的激情，罗马帝国不会在乎帕提亚帝国的感受，半个多世纪后，公元166年，罗马帝国的使者到达中国。不过，当时东汉帝国内部宦官和外戚的斗争正如火如荼，还剩一年生命的皇帝正在百无聊赖地旁观，无论胜负如何，自己始终都是输家，因此对于这样陌生和遥远的国事访问和商务交流，根本无心顾及。不管怎样，世界在变大，也在变小，全世界人们大联欢只是时间问题。

与汉帝国确定了和平关系之后，月氏就把精力放在自己成为中亚第一帝国的伟业上。月氏的军队沿着中亚的两条河流——锡尔河和阿姆河，一直将疆域延伸至河流的注入地——咸海。自从孔雀王朝灭亡之后，北印度的恒河流域就陷入了约两百年的分裂，月氏随即东进，将北印度纳入帝国领土。虽然南印度也是分裂的，但统一印度的难度系数过高，月氏毫无兴致。

这是一个有趣的巧合。月氏在中亚建立的第一个帝国，全盛时期的疆域形状与今甘肃省的轮廓十分相似。中亚第一帝国——贵霜帝国的加入，让整个亚欧大陆从东到西依次排列着四大帝国，甚为壮观。陆路和海路的区间贸易线路，让东西方世界互通有无，中国的丝绸受到沿线各地的青睐，中亚的石榴、印度的黄瓜和非洲的西瓜等都逐渐传入中国。如果说一千多年后，哥伦布发现美洲大陆是人类历史上物种大交换的高潮，那么此时已知世界的物种交换已经开始，如涓涓细流般滋润着人类世界。

由于没有来自外部的官方访客，月氏帝国就向外部世界关闭了中亚历史的大门。可以肯定的是，再一次推开中亚历史大门的时候，需要左邻右舍的帮忙。在这个三百年即将结束之时，贵霜帝国遭受来自多个方向的打击，衰落、分裂、收缩、混乱是贵霜帝国在这一时期的主题。

（三）跷跷板游戏

罗马的“地产大亨”克拉苏战死东方，屋大维的盟友兼对手安东尼也苦无良策，因为帕提亚帝国像铜墙铁壁一样，守护着东方世界。

公元前27年，屋大维建立罗马帝国之后，放弃了恺撒大帝东扩的计划，与帕提亚帝国暂时维持和平的局面。其间，双方都曾在自己强盛的时候尝试变动一下边界线。一百年后，罗马帝国的皇帝曾击退对手，扩张到波斯湾，而帕提亚帝国虽然王国松散，但在对抗西方的罗马帝国上目标完全一致，且不遗余力。因此，想在罗马帝国和帕提亚帝国中寻找一个优胜者，是极其困难的。于是在大部分时间里，幼发拉底河分隔着两个帝国。

就像在汉帝国和匈奴帝国僵持时，匈奴的内讧导致了它的衰败一样，此时的帕提亚帝国也被持久战拖得精疲力尽，且危机四伏。哪怕内部任何地方有一点火星，帝国就会被无情地燃为灰烬。

波斯湾的北岸（今伊朗西南部法尔斯省）爆发了骚乱，这被当地的总督所利用。因为帕提亚帝国把主要精力都放在与西方的罗马帝国对峙上，这位总督很快将法尔斯省收入囊中。公元224年，当他已经具备了向国王发起挑战的能力时，帕提亚帝国最后一任国王就被击败了。公元226年，这位司令官在泰西封（今伊拉克首都巴格达西南）加冕成为阿尔达希尔一世，开创波斯第三帝国——萨珊帝国。

从一名行省诸侯摇身一变成为萨珊国王的阿尔达希尔一世，相比总坐在王座上，他更热衷于弘扬东西方世界对立的传统，即向西进攻罗马帝国。然而，他向西推进的结果一般，仅占据了高加索山脉南部的亚美尼亚地区，叙利亚和小亚细亚仍然在罗马帝国手中，地中海是罗马帝国内湖的既成事实依然没有办法改变。公元241年，阿尔达希尔一世的儿子——沙普尔一世即位，继续向罗马进攻的传统。第一次进攻叙利亚无功而返，第二次进攻却意外俘虏了罗马帝国的皇帝，于是沙普尔一世在浮雕上记录了自己的这一重大战果。罗马帝国皇帝瓦勒良，是罗马帝国历史上唯一一个被外族俘虏的皇帝，受到了萨珊波斯的羞辱，这对西方世界来说也是极大的耻辱！但是，不论沙普尔一世再怎么高兴，对于两大帝国来说，没有任何一方能取得决定性的胜利。

此刻的罗马帝国，处在一个危机四伏的百年，军人皇帝轮番登基，在略显频繁的节奏中也不失井然有序的风格，但这让罗马帝国的皇权失去了原有的尊严。同病相怜的萨珊帝国也不能独善其身，沙普尔一世在公元272年离世，此后的三十年，萨珊波斯走马观花似的换了五位皇帝，最后一位是沙普尔一世的儿子，他以六十多岁的高龄夺取了自己曾孙辈的王位。由于罗马和萨珊帝国在焦头烂额地处理着恼人的家务事，因此两大帝国之间暂时风平浪静。

在西方战线，萨珊帝国和罗马帝国玩着“跷跷板游戏”，在东方战线，萨珊帝国却将势力扩张至中亚，逐渐走下坡路的贵霜帝国成为向其纳贡的附属国。不仅如此，贵霜帝国已经可以明显感受到来自北边和东边的危险。

（四）皇权共享的神操作

屋大维建立了西方世界的第一个横跨亚非欧的帝国——罗马帝国，

并和自己建立的帝国携手跨入公元后纪年。

尽管对于帝国的版图相对满意，但屋大维认为，征服莱茵河以东的那些只会赤膊上阵且毫无战法的蛮族，向他们收取税赋来提高罗马的福利水平，不会浪费帝国很多的物力人力。然而，已经坐拥巨大财富的罗马帝国，将为了这一个蛮荒之地，付出惨痛的代价。

公元前12年，屋大维命令罗马军团向莱茵河以东扩张。公元6年，帝国军团推进至易北河，罗马在这里设立了一个行省——日耳曼尼亚行省，这就是今天德国名字的起源。

自从恺撒大帝以来，很多蛮族士兵被引入罗马军团，有一些人还因为突出的军事才能，在罗马军团中发展得很好，也深得罗马指挥官的信任。吸收蛮族进入军队确有很多无奈，因为随着帝国财富的增加，罗马公民对参军不再感兴趣，没有人愿意到毫无乐趣的非洲、荒凉的不列颠和遥远的东方边境去服役，而且一待就是几十年（罗马军队的最短服役期是十六年，最长二十五年），他们认为，在罗马城享受免费的面包和娱乐，做最优等的公民才是对完美人生的最好诠释。这一传统也导致后世的意大利人对于被征服漠不关心，无论谁入侵都不愿意战斗，被随便什么人统治都无所谓，反正总能过下去。这个并不优良的传统，导致意大利将会有一千多年的时间在四分五裂中度过。

在繁荣的罗马城生活、在罗马军团中被指挥官赏识、被授予罗马公民身份，这对于一个蛮族的年轻人来说，意味着前途无限光明。然而，赫尔曼却不这么想。作为新任日耳曼尼亚行省总督瓦鲁斯眼前的红人，赫尔曼时刻等待着机会去击败罗马人。瓦鲁斯是安东尼的孙子、屋大维的侄孙女婿，公元7年，他被派往日耳曼尼亚行省担任总督。瓦鲁斯在此地作威作福，激起了日耳曼人的仇恨，正是瓦鲁斯，让罗马帝国在一个最不容易遗忘的时间——公元9年9月9日，遭受了帝国建立以来最惨痛的失败。

此前不久，瓦鲁斯正带着三个军团在日耳曼地区例行巡视。行至德国西北部的条顿森林，作为辅助部队首领的赫尔曼向瓦鲁斯报告前方发现了敌人。喜出望外的瓦鲁斯急忙传令部队前进，自信的瓦鲁斯相信，有战斗就有战功和战利品，这对于一个军事指挥官来说极其重要，罗马的皇帝也需要捷报。当军团行至一处狭窄的地形时，三个军团共两万五千多人只能一字排开，绵延了五公里。在中国的三国时代，刘备七十万大军出击孙权时，在树林里避暑，军营连绵七百里，结果被东吴大将陆逊用火攻而大败。建功心切的瓦鲁斯，如果能了解到这段历史，罗马也许不用流泪，屋大维·奥古斯都也不会憔悴。

失败正在无情地逼近。赫尔曼带领着身披兽皮、头戴野兽头冠的族人隐蔽在两侧，一双双凶残的眼睛射出道道寒光，像利剑一样穿透罗马军团的胸膛。当大批蛮族战士突然鱼贯杀出，毫无战法成为最高效和最恐怖的杀戮方式，罗马三个军团的尸体成为德国森林里野兽的饕餮盛宴。曾在北非和西亚战场多次建功的瓦鲁斯，羞愧自刎。罗马军团全军覆没的消息从德国的森林传到罗马，屋大维伤心欲绝道，“瓦鲁斯，瓦鲁斯，还我军团”。

痛定思痛，屋大维放弃统一整个欧洲的梦想。莱茵河以东、多瑙河以北成为蛮族的领地，不仅如此，终究有一天，他们会跨越大河到达对岸，而那时罗马已无力抵挡，“永恒之城”的罗马最终将成为日耳曼人的猎物。

有一种继承案例在东方世界不可能发生。公元14年，屋大维离世，他指定的继承人是提比略——他的妻子与前夫的儿子。

在提比略任帝国皇帝时期，他的犹太总督处死了一个影响世界纪年和西方圣诞节的人——耶稣。公元30年，在东方的犹太行省，那个已经过了而立之年的巴勒斯坦农民，开始传播一些学说。在耶稣不断传道过程中，很多人相信他就是耶和华派到人间的救世主，这令犹太权贵很是不安，便将其认定为异教徒，并向当地的罗马总督告发他，罗马总督在十字架上钉死了耶稣。约三百年后，基督教才被罗马帝国解禁，公元392年，基督教被立为罗马帝国的国教。

从公元前27年到公元68年，在罗马帝国历史上属于奥古斯都王朝时期，因为皇帝都是和奥古斯都有血缘关系的人。接替提比略的皇帝，是奥古斯都的曾外孙卡利古拉，他是一个暴君，后来被自己的禁卫军刺死。公元41年，卡利古拉的叔父、年迈的克劳狄乌斯幸运地被近卫军拥立为帝国皇帝。克劳狄乌斯所做的影响最大的一件事就是将不列颠岛南部变成了罗马的行省。从此，今天英国所在的这个处于当时世界最边缘的岛屿，便幸运地有了还算清晰的历史，直到三百五十年后罗马撤军，不列颠的历史又模糊了几百年。奥古斯都王朝最后一任皇帝，就是欧洲历史上最著名的暴君尼禄，上一个暴君卡利古拉是他的舅舅。同汉帝国的外戚专权一样，尼禄在母亲的运作下成为皇帝，后来尼禄杀死了亲生母亲，独掌大权，开始独自享受做皇帝的乐趣。其实用暴君来形容他是不全面的。尼禄也有一些功绩，在东方与帕提亚帝国争夺对亚美尼亚控制权的战争中获胜，在西方的偏远之地，将不列颠南部彻底征服。尼禄还是一名多才多艺的文艺青年，他曾开帝国巡游演唱会，以及放下身段作为普通选手参加奥运会。但尼禄这两点表现得都不好：一是喜欢强迫大家看他表演，有一次他紧锁剧场出入口，要求所有人听完自己的演唱会才能离开，而有一个官员感觉自己确实欣赏不来就打了个盹，尼禄就直接将他流放了。二是仗着自己的皇帝之尊，公然作弊，在奥运会上，居然不顾其他选手的感受，包揽了所有奖杯。

公元68年，高卢和西班牙都发生了叛乱，“文艺青年”尼禄连平叛这一选项都不考虑，就径直逃离了罗马，元老院一气之下直接宣布他为国家公敌。这是元老院最常用的一招，恺撒大帝也被这样对待过。既然是公敌，那就谁都可以反对，做事向来干脆利落的尼禄，也不愿考虑向元老院解释这一选项，当年就自杀身亡。

尼禄之后，先后有三人被拥立为皇帝，但最后花落别家。这个人就是当初在尼禄演唱会上因打盹被流放的那位将领——韦斯帕先，罗马人，时任帝国的东方将领，正在犹太行省平叛。公元69年，韦斯帕先称帝，罗马帝国改朝换代，韦斯帕先与其长子和次子先后成为帝国皇帝，统治了近三十年。皇位稳定之后，韦斯帕先就命自己的长子继续去犹太行省平叛，公元70年，耶路撒冷被攻陷，所罗门时期建造的约千年历史的耶和华圣殿被摧毁。既然为罗马帝国所不容，犹太人已无处可去，颠沛流离的命运即将开始。公元96年，韦斯帕先的次子被刺死，第二个王朝结束。

公元96年至公元180年，罗马帝国进入“五贤帝”时期，享受了难得的平静。尽管皇位的交替都不是父传子，只是名义上的养父养子的关系，有些是亲戚，有些并无血缘关系，但也保持了有序的状态，所以，西方人虽然重视血统，但是并不苛刻。公元98年，出身西班牙行省的军人图拉真成为皇帝，他效仿亚历山大大帝开始了帝国的东扩。罗马尼亚，这个欧洲国家就是罗马帝国征服之后命名的。在东方战场，曾被罗马帝国和帕提亚帝国争来夺去的亚美尼亚也被图拉真轻易拿下，此外图拉真还攻陷了帕提亚帝国的首都泰西封，此后更是首次将帝国东方边界线推进到波斯湾。图拉真在位时期是罗马帝国疆域最大的时期，约五百万平方公里。而当今西欧国家中，法国国土面积约六十七万平方公里，西班牙国土面积约五十万平方公里，德国国土面积约三十五万平方公里，英国二十六万平方公里。辽阔的罗马帝国，对如今的欧洲来说，只是遥远的回忆了。

这次伟大的侵略成果，随着图拉真的死亡而化为乌有。公元117年至公元138年在位的皇帝哈德良，放弃了图拉真征服的东方领土，与帕提亚帝国和平相处。他在不列颠岛北部修筑了哈德良长城，抵御北方原住民的骚扰。但不列颠岛上的原住民凯尔特人以后的日子会越来越不好过，后来日耳曼人渡海占领不列颠岛南部，从现在苏格兰与英格兰的关系，我们就知道他们矛盾的渊源，因为他们的远亲日耳曼人抢走了他们的土地。

犹太人流离失所的日子开始了。由于犹太人拒不承认其他宗教，还经常起义反叛，而且罗马帝国认为，对耶和华的崇拜与罗马的皇权无法共存，所以帝国决定将犹太人驱逐出境。公元135年，犹太人被禁止进入耶路撒冷，他们开始向世界各地迁徙。虽然犹太人失去了家园，但深受传统地中海贸易熏陶而具备商业头脑的犹太人在商业领域显得十分突出。

博学多才的皇帝哈德良，确定了两位顺序继承人——安东尼和奥勒留，即“五贤帝”中的最后两位皇帝。安东尼在位时期，罗马达到最强盛状态，因此罗马帝国的第三个王朝就被称为安东尼王朝，不过这位安东尼和恺撒大帝的助手安东尼并没有关系。“五贤帝”中的最后一位皇帝是奥勒留，他在位时期，多瑙河北方的日耳曼人不断骚扰帝国边境，皇帝亲征取得胜利，由于罗马和蛮族处在谁也无法灭掉谁的僵持局面，于是双方签订和平协议。也正是在这一时期，更多的蛮族进入罗马的军队，这种渗透最终将在两百年后让罗马帝国陷入崩溃，使整个欧洲陷入混乱。

奥勒留无德无能的儿子康茂德即位后，罗马帝国皇威尽失。此后帝国皇帝的产生十分随意，一个军人皇帝可能随时被拥立，而且完全不问来处和出身，可以来自非洲、西班牙、高卢等任何地方，可以是骑士的儿子、农民的儿子、奴隶的儿子，甚至是阿拉伯人。于是罗马帝国陷入了危机。

公元166年，罗马帝国的使者到达了东汉都城洛阳。如果此时居高临下地俯瞰世界，会明白罗马帝国和汉帝国将携手步入混沌之中。

尽管各个帝国内部都充满混乱，但是民间非正式交流的激情却是无法阻挡的。公元226年，即萨珊帝国取代帕提亚帝国那一年，罗马的商人到达了中国。罗马商人一定是趁着波斯帝国内部的混乱，从波斯湾沿海路抵达今越南北部（当时的越南北部属于三国时代吴国的领土）。

虽然吴国在三国时代并不抢眼，但在对外交流方面是最出色的。公元230年，吴国也将对岸孤独而青涩的台湾岛领进了历史的大门。同期的朝鲜半岛上，公元245年，魏国击败不安分的高句丽，使此地区安定百年。

混沌在积极地酝酿，罗马皇帝被俘让罗马帝国的处境雪上加霜。公元260年，罗马皇帝瓦勒良被萨珊波斯俘虏，同年高卢总督宣布独立，建立了高卢帝国。公元267年，地处罗马帝国和萨珊波斯之间的帕尔米拉（今叙利亚地区）独立，帕尔米拉帝国建立。不过，在军官皇帝时代，战争是解决问题的有效手段，两个短暂的割据势力分别在公元273年和公元272年被消灭，实现这一伟大光复的皇帝奥勒良也被冠以“世界光复者”的称号。

经过约一个世纪的混乱，罗马帝国终于回到了稍微稳定的状态，却是严重的亚健康状态。

公元284年，戴克里先成为唯一的罗马帝国皇帝，结束了皇帝像土拨鼠游戏一样野蛮无序地生长现象。从康纳德到戴克里先的九十年间，共有二十九个皇帝，平均三年一个。这个现象和以后埃及的奴隶王朝差不多，马穆鲁克奴隶王朝从公元1250年至公元1517年统治着埃及，两百六十七年间共有四十七位苏丹在位，平均六年一个，混乱和黑暗程度可想而知。从恺撒大帝开始，刺客成为西方皇帝这个高危职业的头号杀手。在近一个世纪里，除了一位皇帝是善终的，其他几乎都是被刺杀而死的。

虽然在近一个世纪内，罗马帝国成为军人皇帝的走秀T台，但罗马公民并不在乎皇帝是谁，因为他们的福利越来越好，除了有免费食品和免费娱乐，公民享受的假期时长也直线上升，一年中近百分之五十的时间都是假期。不论风吹雨打，罗马公民始终在享受着天堂般的生活。然而，天堂和地狱，也只有一线之隔。

增加皇帝的席位，这是寂寞的皇帝戴克里先的首创专利。一个皇帝变成了两个，两个又变成了四个，皇帝的权力被分化。

皇帝戴克里先即位第二年，就任命好友马克西米利安为副帝，然后在帝国的地图上画了一道竖直线，极具魄力和极简艺术地将罗马帝国一分为二，自己是“总经理”兼管帝国东半部分，称为正帝奥古斯都，马克西米利安是“副总经理”兼管帝国西半部分，称为副帝恺撒。公元286年，戴克里先又对马克西米利安进行晋升，两人都称奥古斯都，即正帝。公元293年，戴克里先分别给自己和马克西米利安安排了一个助手，即副帝。至此，罗马帝国内有了四个皇帝，两位正帝，两位副帝。戴克里先完成了自己的发明专利——“四帝共治”。

这让我们不禁很困惑，皇帝即唯一，至高无上的皇权真的能像这样被分享吗？同亚历山大大帝一样，戴克里先也是极其推崇东方式皇权的，他引入东方式的宫廷礼节和仪式充分说明了这一点。然而，他又莫名其妙地增加共治的皇帝，这让罗马的制度成为“四不像”。制度确实很新，跟专利一样保护期二十年，戴克里先二十年后退休，制度也就过期了。

西方人确有喜欢在地图上划直线的传统。展开当今的世界地图，直线条的国家分界线是非洲的特色，美国、加拿大、澳大利亚各州（省）的分界线也是工工整整的，这可能是西欧人跟罗马帝国学的。反观其他早期已知世界的国家版图，基本没有直线条的国境线。朝鲜半岛是其中一个例外，毕竟曾经的苏联人和美国人是远亲。

在专利保护期内，“四帝共治”实际上是由戴克里先决策，其他三人执行。尽管有些解读认为，戴克里先这一专利产生的原因是其低下的管理能力，但是从罗马皇帝多死于刺杀来看，戴克里先棋高一着，篡位者不可能在偌大的帝国内同时刺杀掉两个正帝和两个副帝。况且他们的办公地点之间距离遥远，戴克里先在今土耳其西北部，他的副帝在今塞尔维亚首都贝尔格莱德，西方正帝马克西米利安在今意大利的米兰，他的副帝君士坦提乌斯在今德国中西部与卢森堡交界的城市，所以，刺杀难度之大，以至于绝无成功的可能。也许我们注意到，这四位皇帝中没有一位皇帝的驻地是罗马，似乎罗马开始不受待见。不仅如此，在罗马帝国里，今意大利地区也正在逐渐从西方世界的中心变成一个普通的帝国行省。就像近代的普鲁士王国，它创造了德国，但终被德国所抛弃。

刺杀的可能性被极大地降低了。但是，如果问题出在四帝呢？不是所有人都愿意和别人共享皇权。西部副帝君士坦提乌斯的儿子君士坦丁在下个世纪之初，就会将戴克里先的“专利证书”撕得粉碎。

与君士坦丁一起翘首期盼跨世纪的，还有基督徒。犹太人被罗马帝国逼得流离失所，基督徒也好不到哪里去。原因之一就是耶稣让帝国皇帝的权威受到挑战，如果越来越多的人把钱花在救世主耶稣身上，帝国内部崇拜众神的公共祭祀收入将大幅减少。因此戴克里先统治时期，对基督教的打压更甚。于是，在黎明前的黑暗中，基督徒急切地盼望着能给他们正名的君士坦丁摧毁罗马帝国，带领他们走进扬眉吐气的未来。

八

群“魔”乱舞

（公元300—600年）

一个最令人震撼的事实是，在这个三百年里，整个已知世界都陷入了民族混战之中，即使称之为古代的世界大战，也没有什么不妥。

在整个亚欧大陆，想找到一个没有被战争冲击的角落，是极其困难的。

在中国，北方的草原游牧民族大举南下，晋帝国被挤到长江以南，只占中国半壁江山。在中亚，月氏建立的中亚第一帝国被摧毁，中亚第二帝国延续不到一个半世纪又被摧毁。在印度，时隔二百多年再次统一的笈多王朝，也在二百多年后被尘封。在西亚，波斯第三帝国萨珊波斯不仅东西方向遭到夹击，而且在南方沙漠边缘的城市里，帝国终结者的领袖已经出生。在欧洲，匈奴旋风势不可当。风暴过后，西罗马帝国灭亡，日耳曼人占据了整个西欧，包括偏远的不列颠岛；东方而来的阿瓦尔人又在中欧和东欧建立了一个庞大帝国；形单影只的东罗马帝国，试图恢复帝国的荣光，但也是有心无力。

在欧洲，“四帝共治”让罗马帝国暗流涌动。当人们疑惑不解的时候，君士坦丁大帝从欧洲西北角的不列颠岛出发，一路过关斩将，终将帝国定都于欧洲东南角的君士坦丁堡。在中国，司马氏皇族三代人的混战，让晋帝国自毁前程。已归顺的南匈奴王趁机独立，但已难见游牧民族的影子，因为同化进度已完成百分之百。晋帝国只能败走南方，北方先后有二十多个小王国建立，中国进入三百年的分裂期。

匈奴突然神秘地出现在东欧平原，日耳曼人落荒而逃，罗马帝国的多瑙河边界已形同虚设，被劫掠的罗马城奄奄一息。在匈奴王阿提拉的欧洲血腥观光旅行结束之后，日耳曼人将罗马帝国的西半壁变成自己的狩猎场。欧洲各蛮族的大迁徙，让波罗的海直到北非之间的地区没有乐土。蒙古高原上，鲜卑人填补了匈奴人离开之后的空缺，并南下统一了北方，鲜卑的另一部在草原上建立了柔然帝国。南方的晋王朝寿终正寝，四个新王朝将轮流登场。

本以为能坐收渔翁之利的柔然帝国，却被自己的炼铁奴隶——突厥人反杀。而北方也陷入分裂，异军突起的突厥帝国悠然地享受着两个王国恭敬的供奉，同时西出阿尔泰山进入中亚，与急需盟友的萨珊波斯联合灭亡了中亚第二帝国，一个从蒙古高原直抵亚欧交界处里海之滨的庞大帝国诞生了。此时的欧洲，盎格鲁人和撒克逊人占据了不列颠岛、法兰克人在高卢、西哥特人在今西班牙地区、东哥特人在今意大利、汪达尔人在北非，一众蛮族在西罗马帝国的废墟上玩耍。东罗马帝国的查士丁尼大帝，极力收复帝国的西部失地，但是无论如何，日耳曼人是宁死不会再回到贫瘠的北方，罗马帝国终失去曾经的中心——罗马城。被突厥帝国驱赶到欧洲的阿瓦尔人，继匈奴之后，跋涉万里，在中欧和东欧建立了阿瓦尔帝国。占据今意大利地区的东哥特王国，被东罗马帝国灭亡之后，伦巴德人预知了阿瓦尔帝国的危险，挥师南下进入空虚的意大利，成为北意大利的主人。

汉人和鲜卑混血的杨坚，统一了中国北方，趁突厥帝国分裂之际，南下统一了整个中国，结束了三百年的无序和混乱，建立了短暂而不平凡的隋帝国。

唯一遗憾没有参加古代世界大战的阿拉伯半岛，也暗暗发誓在下一个世纪一定要成为最耀眼的明星。公元570年，阿拉伯半岛西南部的城市麦加，一个身世凄惨的婴儿降生了。四十年后，穆罕默德将创立世界三大宗教之一的伊斯兰教。不同于印度的那位王子，更有别于巴勒斯坦的那位农民，先知穆罕默德和他的信徒将创立一个令东西方世界都为之震颤的伟大帝国。

（一）从罗马到君士坦丁堡

当罗马帝国还在纠结，东西两部分到底是该合并还是分裂的时候，当欧洲蛮族还不敢越过多瑙河边界的时候，一个来自东方的征服者悄无声息地出现在东欧草原。

公元305年，罗马帝国皇帝戴克里先主动提出退休，并要求西部正帝也一起退居二线，完全没有在意马克西米利安内心到底想不想退休。由于戴克里先威望较高，马克西米利安无奈地表示服从。于是，原西部副帝君士坦提乌斯成为正帝，次年在征战不列颠时去世。按继承的规矩，原定的副帝应该转正，但是接二连三的麻烦出现了。

不列颠岛的军队坚持“父死子承”，执意立三十岁的君士坦丁为正帝。同年，原西部正帝马克西米利安的儿子，也在罗马自称正帝，不仅如此，本来就不是心甘情愿退休的马克西米利安，也积极谋求复位。公元307年，马克西米利安两父子，在联手灭了本应是西部正帝的塞维鲁之后，关系就破裂了。为了寻求支持，马克西米利安将女儿嫁给君士坦丁，女婿君士坦丁见到正统对手被除掉，立即支持岳父马克西米利安为正帝。无论从哪个角度看，“四帝共治”已经乱套了，帝国西部已经有三个皇帝：君士坦丁、马克西米利安、马克西米利安的儿子，即君士坦丁和他的岳父、大舅哥。

帝国东部的正帝束手无策，只能请戴克里先出山来解决麻烦。公元308年，戴克里先大笔一挥，再次强令马克西米利安退休，感受到老上司的怒气之后，马克西米利安乖乖地二次退休。然而马克西米利安有一颗躁动的心，“退而不休”是他的风格。

虽然未经正规授权，但考虑到民意，君士坦丁成为西部副帝，西部正帝由戴克里先钦定的李锡尼担任。然而戴克里先并没有认真考察过李锡尼本人，后来他的妻子和女儿便命丧李锡尼之手。至于马克西米利安的儿子，比马克西米利安要张狂很多，完全不理睬戴克里先，坚持称帝。心烦意乱的戴克里先干脆撒手不管了，回到了自己位于亚得里亚海边的私人宫殿专心种菜养老，于公元312年死去。

“退而不休”的马克西米利安又站了出来。这一次，他煽动儿子和女婿君士坦丁对决，但不争气的儿子败亡于罗马。公元312年，入主罗马城的君士坦丁，成为帝国西部的正帝。公元313年，君士坦丁与李锡尼密谋瓜分罗马帝国，帝国西部归君士坦丁，帝国东部归李锡尼，所以李锡尼只能自己去抢。李锡尼挥师东进，杀死东部正帝，成为东部唯一的皇帝。在经历四帝、五帝并存的混乱状态之后，帝国终于只剩下君士坦丁和李锡尼两位皇帝了。

君士坦丁将胜利归结于十字架的护佑，因此，公元313年便皈依基督教，并承认了基督教的合法地位，从此受尽迫害的基督教徒摆脱黑暗，在罗马帝国生根发芽。同年在君士坦丁与李锡尼的会晤中，双方针对承认基督教的合法地位达成一致。但自从成为东部正帝之后，李锡尼便忘记了这个约定，在帝国东部迫害基督教徒。

一山不容二虎，尽管君士坦丁将同父异母的妹妹嫁给了李锡尼，但这丝毫不影响两人矛盾的逐渐升温，直到沸腾。公元324年，君士坦丁一路追杀到小亚细亚，俘虏李锡尼，而后将其处死。经过多年的战争，君士坦丁成为罗马帝国唯一的皇帝，即君士坦丁大帝。

令人意外的是，君士坦丁大帝却放弃了罗马。罗马开国皇帝屋大维修建的大理石之城，对君士坦丁大帝并没有吸引力，不是因为君士坦丁大帝对罗马没有感情，而是因为他不喜欢罗马元老院对自己指手画脚。不列颠岛和高卢同样没有吸引力，因为那里只是帝国的边缘之地。

拜占庭，亚欧大陆分界海峡边的一座小城，不仅风景优美，而且能最大限度彰显帝国皇帝的权威，因此被君士坦丁大帝规划为新的首都。皇帝将城外的七座山都规划进来，在此后的约十个世纪里，这里都是世界上最伟大的城市之一。公元330年，刻有“世界中心点”的大理石石柱所在的新城市——拜占庭，举行了盛大的落成仪式，从此它就有了一个新的名字——君士坦丁堡。它将作为东罗马帝国的都城，矗立在亚欧交汇之地长达一千一百多年，直到来自东方的突厥人将其改名为伊斯坦布尔。

自君士坦丁堡建成的那天起，“上帝之城”罗马的光辉就被稀释了，帝国西部也逐渐被罗马皇帝放弃。尽管都信奉基督教，罗马和君士坦丁堡此后也因为在一个小小的宗教解释上有分歧而分道扬镳。约一个半世纪后，天主教的罗马被日耳曼人征服，但罗马的天主教却征服了野蛮的日耳曼人；六百多年后，东正教的君士坦丁堡也等到了它的继承人——欧洲三大蛮族之一、日耳曼人的远亲、斯拉夫人的俄罗斯。

帝国继承制度的缺失，让罗马帝国再度陷入分裂。

公元337年，君士坦丁大帝驾崩，他的三个儿子将帝国一分为三：长子统治着帝国的西部，次子统治着帝国的东部，幼子统治着帝国的中间部分。大哥对于被分到荒凉的西部甚为不满，于是提兵翻过阿尔卑斯山进军意大利，三弟被迫应战。公元340年，大哥在今意大利北部战死，整个帝国西部尽归三弟，与帝国东部的二哥平分秋色。十年后，高卢发生叛乱，三弟被杀，篡位者杀死了帝国西部的君士坦丁家族成员。此时，君士坦丁大帝的儿子只剩一个了，即掌管帝国东部的次子君士坦提乌斯二世。

得知帝国西部混乱情况的君士坦提乌斯二世，立即结束与萨珊波斯的对抗，撤军西进，意图收复家族的失地。在塞尔维亚，他找到了幸存的家族成员——两位堂弟，并将其中一个任命为副帝，派往东方，保持皇权在东方的威慑；另一个堂弟尤利安，虽然暂时没有机会，但最后将成为唯一的皇帝。公元351年，君士坦提乌斯二世击败西部的篡位者，次年，坐着黄金马车的君士坦提乌斯二世进入了罗马。而后，意大利的米兰，而非罗马，成为皇帝在帝国西部的王廷所在地。三年后，君士坦提乌斯二世处死了被派往东方的那位堂弟。

在暂时稳定了帝国西部的边界之后，君士坦提乌斯二世急于赶回东方，因为他认为萨珊波斯才是最大的危险。在回到君士坦丁堡之前，另一位堂弟尤利安被召至米兰，任命为副帝。对于这个文艺范的堂弟，皇帝也没有抱很大希望，因此尤利安并没有实权，只是君士坦丁家族皇权的象征，以维持西部稳定。

“黄袍加身”的一幕要出现了。360年，陷入与萨珊波斯战争的君士坦提乌斯二世，要求堂弟尤利安抽调军队支援东方战场。将要向东方开拔的军队，突然拥立尤利安为正帝，尽管尤利安不断推辞，但在军队强烈要求下，他只能被迫接受。六百年后的中国，一个叫赵匡胤的军事将领也被逼成为皇帝——至少从表面看是这样。361年，君士坦提乌斯二世与萨珊波斯的战争又被迫中断了，然而，这一次皇帝没有机会再次回到意大利，在归途中就病死了。而他的堂弟尤利安，则兵不血刃地进入了君士坦丁堡，成为帝国唯一的皇帝，也是君士坦丁家族最后一位皇帝。

如果罗马帝国是正极，那萨珊波斯就一定是负极，反之亦然。公元363年，三十二岁的尤利安，也死于东征萨珊波斯的战场上，尤利安无嗣，君士坦丁家族至此绝种。军人皇帝再次被拥立。

约三十年后，帝国面临一个更严重的危机，这个危机让罗马帝国正式一分为二，永无统一之日。约一百年后，这个危机将会让罗马帝国永远失去罗马。

（二）匈奴的欧洲之旅

当君士坦丁家族将罗马帝国像蛋糕一样切来切去的时候，北方的东欧草原上有一个可怕的征服者正在加速逼近。唯一幸运的是，君士坦丁家族没有机会感受和目睹几乎整个欧洲都被蹂躏的惨状。

黑海以北和俄罗斯顿河之间，草原游牧民族阿兰人，已经在这里生活了很久，公元350年，一个来自东方的阴影向他们袭来，在立见高下的战斗中，阿兰人投降并依附于这个强大到近乎可怕的敌人。沉寂了两百六十多年的匈奴人，突然出现在欧洲的边缘！

自从被东汉帝国大败于阿尔泰山，北匈奴就开始向西迁徙，所到之处，每征服一个民族，就将其变为附庸，以匈奴为主的混合民族逐渐壮大，以至于可以像他们的箭矢一样，向西方射出，力道之大，几乎可以射落在大西洋里。

阿兰人西边的东欧平原上，哥特人自从公元前80年从今瑞典地区南下，已经在这里平静地生活了四百多年，隔着多瑙河与罗马帝国相安无事。公元375年，匈奴杀到，尽管哥特人在欧洲蛮族中十分强大，分为东哥特和西哥特，但面对善射凶悍的匈奴，哥特人没有任何获胜的机会。东哥特大部分人依附于匈奴，只有一部分逃往西哥特。如果他们能预知匈奴龙卷风的威力，就会明白，逃亡没有任何意义。公元376年，匈奴策马扬鞭，继续挥师向西，挤压西哥特人和汪达尔人的生存空间，汪达尔人逃往高卢，从此开始跨洲际的漫长迁徙之路，西哥特人屡次不敌匈奴，只有祈求当时的罗马帝国东部皇帝瓦伦斯允许他们进入罗马帝国避难。

瓦伦斯，罗马帝国东部的皇帝，看着多瑙河北岸，面对惶恐的西哥特人乱成一团的求救，认为与其让西哥特人强行渡过多瑙河，不如应允。感恩戴德的西哥特人，拖家带口地来到对岸，离开居住了几个世纪的北岸，从此再也没有回去过。罗马帝国东部皇帝瓦伦斯也没有想到，蛮族第一次大批进入罗马帝国，这一股狂潮足可使欧洲改天换地。这一年，就是欧洲格局重置的开端，罗马帝国再也无法阻挡欧洲民族大迁徙带来的灾难了。

公元378年，匈奴人完全无视多瑙河的存在，带着附属的阿兰人和东哥特人，进攻罗马帝国东部，东部皇帝瓦伦斯战死疆场。罗马帝国的皇帝被北方的蛮族杀死了！自从罗马帝国建立以来，除了公元9年条顿堡森林战役的噩梦，还没有任何蛮族可以击败强大的帝国军团，或者俘虏皇帝，更不用说杀死皇帝。这一消息不啻一颗原子弹或一次高强度地震，欧洲大地开始颤抖，余震将持续一个多世纪之久。欧洲大乱的燃点已经被引爆。

公元379年，临危受命的狄奥多西成为罗马帝国东部皇帝，面对纷乱的民族形势，他不得不与西哥特和平相处。几年之后，帝国西部的皇帝被杀，狄奥多西成为唯一的皇帝，他也是最后一位皇帝，在他之后，罗马帝国最后一次分裂，永不会再统一了。

公元391年，狄奥多西宣布基督教为国教，于是教会尊称其为狄奥多西大帝。公元395年，狄奥多西大帝去世，他将帝国最后一次一分为二，东罗马给了刚成年的大儿子，西罗马给了未成年的小儿子。可惜这两个皇帝都有智力缺陷。

狄奥多西大帝刚去世，匈奴就率领联军横扫巴尔干半岛和北意大利。今意大利东北的城市乌迪内，就得名于此时的匈奴王乌尔丁。东西罗马帝国的两个小皇帝却视若无睹，避难在此的西哥特人和阿兰人露出鄙视和无奈的表情，不得不再次向西迁徙。

西哥特人在新国王阿拉里克的带领下，向东西罗马两个帝国都谋取利益，但最终与西罗马帝国翻脸，向小皇帝霍诺留索要了大量金钱。尽管霍诺留有些智力缺陷，但却不愿意一而再、再而三地被勒索，这导致了前所未有的悲剧。公元410年，西哥特人攻陷罗马！公元前753年罗马建城，公元前386年高卢人攻陷当时还是小村庄的罗马城，约八百年后，“永恒之城”再次屈辱地沦陷了。

消息一出，西方世界一片哗然，悲观情绪蔓延不止。宗教都是类似“套路”，与当年犹太人成为“巴比伦之囚”一样，一本著名的基督教书籍《上帝之城》问世，安慰基督教徒不要为罗马城的陷落过度悲伤，因为上帝无处不在，地上没有了罗马，天上还有个上帝之城，再也无人可摧毁。于是，阿拉里克被称为“上帝之鞭”。

虽然整个西方都因罗马的沦陷陷入了深深的恐惧之中，但是作为西罗马帝国皇帝的霍诺留，却在罗马东北的拉文纳城悠闲地给他的宠物鸡喂食。八百里加急的使者慌慌张张地报告说，“陛下，罗马、罗马丢了”。不慌不忙的霍诺留说道，“怎么可能，它刚才还在我的怀里吃食呢”。原来那只宠物鸡名叫罗马。

让基督徒感到欣慰和鼓舞的是，攻陷罗马的西哥特国王阿拉里克，当年就病逝了，似乎在告诫世人，永远不要轻易招惹“上帝之城”！这让由原始崇拜转而信奉基督教的日耳曼人，也逐渐相信罗马的教皇是至高无上的权威，以至在以后很长一段时间内，国王都必须跪在教皇面前完成加冕。

连“上帝之城”都陷落了，在荒凉的不列颠岛驻军还有什么意义？公元5世纪的前半叶，罗马帝国陆陆续续从不列颠岛撤军。罗马人走了，凯尔特人肆无忌惮地越过哈德良长城，南部的居民开始在恐慌中寻求帮助。居住在今丹麦南部和今德国北部的盎格鲁人、撒克逊人和朱特人，借助被邀请的契机先后登上不列颠岛以逃离匈奴的威胁。他们在南部登陆，逐步建立了七个国家，史称英格兰的“七国时代”。然而，不列颠岛过于偏远，一直默默无闻，无人关注。直到三百年后的公元8世纪，北欧海洋游牧民族，即北欧维京海盗三面出击再次改变欧洲格局，不列颠岛才正式进入且不间断地活跃在已知世界的朋友圈。

攻陷罗马的阿拉里克死后，公元416年，西哥特的新国王与西罗马帝国达成了和解。随后西哥特人挥师西班牙，先后重创刚刚避难到此的汪达尔人和阿兰人。公元418年定都图卢兹，建立了西哥特王国，疆域包括今法国南部和几乎整个西班牙。约三百年后，他们才被来自东方的民族打败，而后衰亡。可怜的汪达尔人，不得不再次迁徙，寻找属于自己的地盘，汪达尔人曾经所在的今西班牙南部地区至今被称为安达卢西亚。公元429年，他们干脆越过直布罗陀海峡向非洲迁徙。十年后，汪达尔人夺取迦太基城，开始了百年的统治。

匈奴在欧洲这个陌生之地丝毫不认生，所向披靡地征服了大片土地，控制了今德国、波兰、匈牙利和罗马尼亚地区约五百万平方公里的广大区域，接近今欧洲总面积的一半。匈奴帝国顷刻之间就反客为主，使几乎所有欧洲蛮族依附于自己，傲视群雄。欧洲之旅，收获满满。

公元434年，布勒达和阿提拉两兄弟共同统治着匈奴帝国，布勒达虽然名气不如阿提拉，但至少匈牙利的首都布达佩斯，是以他的名字命名的。公元445年，布勒达在打猎时死去，匈奴王阿提拉开始一枝独秀，成为令欧洲闻风丧胆的东方征服者，在欧洲掀起最后的匈奴风暴。

匈奴王阿提拉的欧洲风暴，仅从他的进军路线和行动轨迹就能完全理解。首先是进攻东罗马帝国首都君士坦丁堡，但君士坦丁堡拥有无比坚固的城墙，即使铺天盖地的箭雨可以射进城内，缺少攻城武器匈奴帝国也无可奈何。不是匈奴不够强大，而是要通过君士坦丁堡的壕沟、塔楼和一道道城墙，需要等到中国人发明火药。于是匈奴联军向西挺进，进攻西罗马帝国和西哥特王国，将巴黎围了个水泄不通，离大西洋直线距离不足两百公里，然后南下意大利，攻陷米兰，扫平意大利北部，并进攻罗马。匈奴铁骑所到之处，身后只留下血河和头颅。

巴黎和罗马，都没有受到匈奴王阿提拉的蹂躏。逼近巴黎时，匈奴王阿提拉遭到法兰克人的一个部落首领墨洛温的抵抗。墨洛温的孙子就是几十年后法兰克王国的建立者。围攻巴黎时，巴黎主教日耳曼劝说和感化了阿提拉，因此巴黎城幸免于难，后来日耳曼被罗马教皇封圣，如今的“巴黎圣日耳曼足球俱乐部”就以此命名。罗马城也是一样，罗马主教不是感化，而是义正词严地呵斥，如果阿提拉胆敢劫掠罗马，圣彼得和圣保罗将会让所有入侵者死于非命。教皇国梵蒂冈，至今仍有一副纪念此次胜利的拉斐尔壁画。

来自东方的匈奴，和长期生活在欧洲的西哥特相比，不会更深刻地了解上帝的威力，西哥特国王阿拉里克不怕，追杀西哥特的匈奴王阿提拉何惧之有？无非是匈奴的几十万联军，在长年的战争之后需要休整而已，就像亚历山大大帝从印度撤军。至于教皇成为主角的原因也很简单，当西罗马帝国灭亡之后，教皇与日耳曼国王争锋，积极谋求世俗权力，因此必须要让日耳曼的所有国王相信，教皇是上帝的世俗代言人，因此有权任免国王。

匈奴王阿提拉也间接创造了一个闻名的城市，正是因为对意大利的入侵，使原本默默无闻的威尼斯成为难民之城，之后人气慢慢变旺，发展成为存在了一千一百年的威尼斯城市共和国，商业一度繁荣。

公元453年，在欧洲纵横了八年的匈奴王阿提拉，死于新婚之夜。当笼罩在头顶的乌云散去，曾经附属的日耳曼民族立即反戈。阿提拉的长子将弟弟驱逐，弟弟从此在东欧斯拉夫人的地盘建立一个并不知名的小国家或者部落联盟，但哥哥在返程时却被反戈的日耳曼人杀害，叱咤欧洲的匈奴帝国烟消云散。此后，匈奴就低调地成为欧洲风云变化的看客，并被认为是现代匈牙利人的祖先。

从匈奴出现在公元前3世纪的中国史书中，到匈奴王阿提拉死于欧洲，共有约七百年的历史。然而，匈奴人的混血后裔却生活在当今世界的各个角落。

来自东方的征服者让出主角位置，欧洲蛮族长舒一口气。然而，本以为风平浪静的罗马远没有结束噩梦，攻陷与劫掠再一次降临。公元455年，汪达尔人从北非迦太基出发，兵锋直指罗马城，再次让“上帝之城”沦陷于蛮族之手。这也算是给颠沛流离的汪达尔人的奖励吧，毕竟他们一直很狼狈地不断被人驱逐。

再次沦陷，使西罗马帝国颜面扫地、羞愧难当。公元476年，日耳曼人的一支——斯基尔人的王子奥多亚塞，废黜西罗马帝国最后一任皇帝，自称意大利国王，西罗马帝国正式离场！

（三）一拥而上的草原游牧民族

欧洲的日耳曼人之于罗马帝国，如同中国北方的草原游牧民族之于中原王朝。只不过，中国北方游牧民族最终会退却或被完全同化，而欧洲蛮族却将占领整个欧洲。

1.匈奴

南匈奴的刘渊，虽然有个极其汉化的名字，但他的身上流着匈奴王的血液，是西汉帝国初年第一代匈奴王的后裔。当看到晋帝国的皇室司马家族上演的闹剧，刘渊体内的草原游牧民族基因活跃起来。

公元304年，刘渊宣布独立，国号为“汉”。无论姓名还是国号，都充分表明了南匈奴的汉化程度，他们已经接受了中华民族正统的皇权思想，懂得利用刘氏的汉帝国为自己拉票。刘渊的这一举动，将中国历史带入了三百年民族混乱的时期。如雨后春笋般，先后有二十几个国家建立，其中大部分为草原游牧民族建立的，整个中国北方仿佛陷入厚厚的迷雾，形势难辨。而晋帝国，司马氏的皇族内战在刘渊建汉的两年后结束，这是一场没有胜者的战争，彼时满目疮痍的帝国已经摇摇欲坠了。公元308年，刘渊正式称帝，公元310年病逝。他的儿子们在三年后攻陷晋帝国都城洛阳，司马氏末代皇帝迁都长安。公元316年，刘渊的养子又攻陷长安，公元318年，十八岁的帝国皇帝投降后受辱而死。然而，晋帝国并没有灭亡，公元317年，司马氏皇族在今南京建立新朝廷，史称东晋。有长江天险庇护的司马氏，从此不思进取，心安理得地接受了由一个帝国降格为偏安一隅的王国的现实。然而，它忘记了在三国时代，偏安一隅的吴国的前车之鉴。

令人失望的东晋，不可能再回到洛阳或者长安了。长江以北的中国已落入草原游牧民族之手，难道中国的北半壁国土将会成为像欧洲一样的星国林立的局面吗?

自古以来，在亚欧大陆上都存在这样的现象，发展程度较低的文明以武力征服发展程度较高的文明。在欧洲，西罗马帝国灭亡，日耳曼人占据了几乎整个欧洲，欧洲变成了蛮族的角斗场；在中国，晋帝国的自毁长城给了北方草原游牧民族可趁之机，中国的北方支离破碎。但两者最终出现本质的区别：一个分裂，四十多个国家争夺一千多万平方公里的欧洲大陆；一个统一，九百六十多万平方公里的土地上只有一个中国。欧洲的蛮族不肯相互和解，一千多年来，王国、帝国之间的战争从未停止，整体和平的局面仅仅维持了多半个世纪而已。而在中国，不管哪个草原游牧民族成为阶段性的统治者，无一不坚持统一的理念，而且帝国的疆域相对更大，重要的是，他们还不遗余力地主动汉化。

2.鲜卑

继匈奴之后，一个新的草原游牧民族从北方崛起。

鲜卑的祖先是东胡，东胡从商王朝时期就居住在中国东北，春秋战国时期与燕国、赵国均有接触，西汉时期被蒙古高原兴起的匈奴人打散，一部分以今内蒙古大兴安岭的鲜卑山命名为鲜卑，一部分以稍南的乌桓山命名为乌桓，乌桓后来被曹魏所灭。自从北匈奴离开蒙古高原，启动欧洲之旅后，鲜卑人就西迁占据了这片广袤的草原；未离开的北匈奴人也融入鲜卑，在这块水草丰美的土地上逐渐发展壮大。在看到中国北方的乱局之后，鲜卑人自信地表示，他们会比匈奴表现得更好，因为鲜卑不准备儿戏般地劫掠，而是直接入主中国的北半壁。

北方，从公元304年南匈奴刘渊建汉开始，到公元439年鲜卑统一北方，历时136年；南方，从公元317年司马氏家族建立东晋，到公元420年被汉人刘裕建立的宋国所取代，历时103年。

和所有草原游牧民族一样，鲜卑也属于松散的部落制，在北方二十二国中，鲜卑的慕容氏、乞伏氏等都建立过王国，拓跋氏是最吸引眼球的那一个。386年，拓跋氏在今内蒙古建立北魏，准备趁着大家都打得精疲力尽的时候，坐收渔人之利。约十年后，拓跋氏迁都今山西大同，准备逐鹿中原。鲜卑拓跋氏刚刚南下，拓跋氏又分出一支，自称柔然，尽管是近亲，但日后也成为北魏拓跋氏的劲敌。柔然帝国的疆域东起今中国辽宁，西至欧洲伏尔加河，面积达三百多万平方公里，比当今世界国土面积排名第七的印度还要大。在“群狼”疲态尽显之时，融合了匈奴优良战斗基因的鲜卑拓跋氏横扫列国，439年，北魏统一北方。

北魏拓跋宏，二十四岁亲政，三十三岁驾崩，他在执政期间完成了一件极其重要的事情——全面汉化。

从鲜卑人拓跋氏的国号“魏”，就可以看出三国时期曹魏政权对北方游牧民族的巨大影响。与南匈奴人刘渊建汉一样的道理，进入中华文明圈就必须要找根，这个是游戏规则。拓跋宏即位后，首先是迁都。对于习惯游牧的民族来说，南迁是极其不适应的，为此，拓跋宏不惜处死太子，压制保守势力来达到目的。决心之大，不言而喻，然而这只是个开始。其次是改民族服装，当年赵武灵王胡服骑射，是要汉人改穿胡服以适应骑兵战术，拓跋宏要求鲜卑人都入乡随俗，改穿汉服。太子不支持迁都而被处死，很多王公贵族因不穿汉服而官职不保。当大家很不情愿地改穿汉服后，拓跋宏又来一道圣旨——禁说鲜卑语，改说汉语。历史上，任何想改变民族语言的努力大多是徒劳无功的，几无成功的先例，但能决定头颅位置的圣旨，让其轻而易举地成为现实。当大家在努力查阅汉语字典的时候，又来了一道圣旨——鲜卑人全部改汉姓。大多数鲜卑人早已抓狂，舍弃帐篷进入城市可以慢慢适应，不常年策马在草原的话，也可以接受宽大的汉服，以少数融入多数即使学习新语言也不是不可以，正当所有人要坚决抵制更改姓氏的时候，拓跋宏先发制人，将拓跋氏改称为元氏，拓跋宏就成了元宏，连皇帝都改了，所有抵抗只是徒劳。事实表明，草原游牧民族汉化的改革远不止如此。纵观全世界历史，鲜卑人的全面汉化是所有民族中最彻底的一次，超越赵武灵王，超越后世俄罗斯的彼得大帝，也超过日本近代的明治维新。

但是，由于北方王朝两度分裂，南方王朝也三次易主，统一的终局之战仍需百年以上。

（四）中亚第二帝国

中亚草原的十字路口，月氏人的贵霜帝国尽显疲态，四分五裂，勉强支撑的帝国遭遇三面而来的强敌。

公元4世纪初，贵霜帝国曾经占据的北印度，已经分裂成众多小王国。320年，笈多王朝统一北印度，成为印度第二个统一的王朝。但笈多王朝的疆域远不及孔雀王朝，即使在极盛时期的公元4世纪末，南方大部分地区仍在王朝疆域之外。尽管如此，至少印度不用再由外人来帮忙，在公元320年，即孔雀王朝灭亡后的约五百年，终于再次实现统一。

正是在笈多王朝时期，始于印度的佛教开始广泛地对外输出，特别是对中国产生极大的影响。佛教在西汉帝国末年传入中国，在东汉帝国时期弱于道教，由于连年战乱，下层民众很自然地信奉能给人带来希望和寄托的佛教，而上层统治者则信奉符水能治病、炼金能长生的道教。但因佛教不影响其统治，统治者也并不反对和打压佛教。

东晋时期，中国第一位海外求法的高僧法显，在公元399年从长安出发，从陆路经中亚到达印度，游历了三十多个国家，获得大量梵文版本的经文后，从海路经东南亚，于公元412年在今山东半岛登陆回国，历经十三年。虽然当时中国北方都是游牧民族，南方是汉人的东晋王朝，但基本上全部都崇信佛教。法显回国后不仅翻译经书，而且著有关于印度游记的书籍。因此，佛教能在中国传播和发展，法显当居首功，功劳超过后世唐王朝的玄奘，即中国古典四大名著之一《西游记》中的唐僧。印度本身是缺乏自己的历史书籍的，当今印度人研究印度历史，基本都要依赖中国的史书，法显的印度游记在其中更显得弥足珍贵。当然法显游记毕竟不会有过多细节，也正是因为这些，古代印度历史的篇幅较少，甚至显得寒酸。而在同时期，因为个人修史的风气浓厚，中国的史学丰富且繁荣。

当年，在月氏人离开中国西迁的过程中，一部分同当地的游牧民族融合的后裔，居住在阿尔泰山以东地区。公元4世纪70年代，贵霜帝国疆域不断收缩的同时，他们开始向阿尔泰山以西迁徙，进入中亚。中国史书记载的名字为嚈哒、挹怛、挹阗等，很复杂，读写难度颇大。而西方史书称其为白匈奴，也并不妥当，他们和匈奴的关系最多就是里面杂居着一小部分匈奴人而已。西方人之所以这样称呼，既是因为游牧民族有很多相似的外观和生活习惯，也是因为匈奴在欧洲大陆上留下的阴影。所以此处就采用新月氏人的中亚第二帝国的称呼。新月氏人到达中亚之后，公元425年，南下征服了奄奄一息的贵霜帝国，近四百年的中亚第一帝国灭亡。月氏第二帝国取代贵霜帝国，成为萨珊波斯和印度笈多王朝的邻居，但彼此并不会以德为邻。

占据了中亚草原十字路口的中亚第二帝国，面临着三面出击的任务，也必将承受三面受敌的压力。

新月氏人的中亚第二帝国挥师南下攻打萨珊波斯。没有客套的寒暄，生猛的新月氏人就向波斯人发起了进攻，并两次击败对手，一时不敌的萨珊波斯只能纳贡，以平息战事。于是，东边的印度笈多王朝就成为下一个目标。然而这一次，印度战象取得了胜利，新月氏人暂时退却，毕竟来日方长。而后，新月氏人策马北上，一直打到今中国的新疆境内，同柔然对抗，防止其西进中亚。也许月氏人的根在中国，因此与中国南方和北方的王朝都保持着较好的关系。通过三面出击，月氏第二帝国建立了一个西起里海、东至今新疆、北抵咸海、南达阿拉伯海的大帝国，中亚第二帝国的疆域面积达三百八十万平方公里，超过柔然帝国。

然而，要在亚欧大陆草原的十字路口长期立足，是绝无可能的。无人可以阻挡草原游牧民族一波波新生力量的冲击，没有一个王权能强大到永远不倒。一个多世纪之后，将有强者来袭。

不管怎样，此时的亚欧大陆北方的草原上，横亘着柔然帝国、月氏第二帝国和欧洲的匈奴帝国三大草原游牧帝国，加上中国北方鲜卑人的北魏王朝、已经越过多瑙河的欧洲日耳曼人的王国，强势的草原游牧民族已然成为已知世界的主角！

（五）日耳曼人的乐园

自从公元前2世纪末，条顿人、辛布理人和安布昂人第一次从北欧南下，被恺撒大帝的姑父马略所灭，前赴后继的日耳曼人终于迎来了自己的春天。因为公元476年西罗马帝国灭亡，欧洲一时群龙无首。

1.高卢

帝国的行省高卢已经陷入混乱，一个招牌武器是飞斧的蛮族，即将成为它的新主人。当初匈奴进攻巴黎时，法兰克人——日耳曼人的一支，曾奋力抵挡，但被匈奴王阿提拉的铁骑和弓箭击破，东方铁骑将巴黎团团围住，毕竟当时的巴黎只是一个西欧小城而已。克洛维，法兰克人首领墨洛温的孙子，于公元481年统一法兰克各部，成为法兰克王。公元486年，克洛维击败了罗马帝国在高卢的总督，以巴黎为都城建立法兰克王国，从此高卢这个名字被法兰克取代。这就是当今西欧三胞胎的母体，一百多年后，法兰克王国将疆域扩大至东边的今德国地区。三百五十年后，最初版本的法国、意大利和德国将破壳而出。

法兰克王国的西南是西哥特人建立的西哥特王国，东南是勃艮第人建立的勃艮第王国。为了法兰克王国的未来，克洛维将西哥特人基本赶出法国南部，使西哥特王国只保留西部大西洋一侧的狭长地带，同时，勃艮第王国也向法兰克王国俯首称臣。公元511年，克洛维去世时，法兰克王国已经征服了约四分之三的高卢地区。克洛维的统治并没有遭到高卢人民的反抗，因为他皈依了罗马天主教，此后的法国一直是坚定的天主教国家。克洛维在世时，颁布了一部法律，即《萨利克法典》。其中有一章宣布女儿不得继承土地，后被错误地引为妇女不能继承王位。因此，法国历史上从来没有女王，这不同此后的英国和俄罗斯，英国和俄罗斯的王座上不乏女性，更有出色的女王。

2.不列颠岛

自从公元410年罗马帝国撤军之后，失去保护的本地居民绝望了。因为曾经被罗马军团逼到北方角落的凯尔特人（苏格兰人和皮克特人），开始越过哈德良长城南下。苦思冥想后，不列颠人做了一个邀请外援的决定。然而这是一个灾难性的决定，因为这个外援将成为不列颠的主人，土生土长的不列颠人将被驱赶到角落，在爱尔兰和苏格兰愤怒的眼神中，新来的野蛮人将在别人的土地上，旁若无人地生活。

盎格鲁人和撒克逊人，居住在今德国北部和丹麦南部，欧洲匈奴帝国挤压了日耳曼人的生存空间使这一地区变得拥挤不堪。一个来自海峡对岸的邀请犹如天赐良机，他们毫不犹豫地出发了。此后的近三百年，盎格鲁人和撒克逊人用厚厚的面纱遮住了不列颠岛的历史。等北欧维京海盗强行揭去面纱，不列颠岛已经被改头换面，被分成了苏格兰、英格兰和威尔士三部分。原住民凯尔特人只剩下苏格兰，威尔士源自盎格鲁人和撒克逊人的古语，英格兰人是由盎格鲁人演变而来。

3.意大利

日耳曼人将西罗马帝国的皇帝从宝座上拉下来，然而却没有盎格鲁人和撒克逊人的勇气，并不敢直接取代它。不久，东罗马帝国的皇帝就收到两个“快递”，一个来自罗马，一个来自东哥特王国。

推翻了西罗马帝国的斯基尔王子奥多亚塞，将皇冠和紫袍小心地打好包，派人恭恭敬敬地送到君士坦丁堡，向东罗马帝国的皇帝谦逊地表示，自己无意染指帝国皇冠，只配成为意大利的国王，或者接受皇帝的任命成为意大利总督。因为此时无力出兵西征，东罗马皇帝正在为此事苦恼不已的时候，又收到一封书信，来自东哥特首领狄奥多里克。当获悉狄奥多里克请战去西征的时候，东罗马帝国皇帝紧皱的眉头瞬间舒展开来，心生一石三鸟之计。

第一计“送你离开，千里之外”，东哥特王国离自己太近，始终是个危险，西征至少可以让他们离君士坦丁堡远一点。

第二计“借刀杀人”，既然东哥特人自告奋勇，就让狄奥多里克去攻打奥多亚塞。

第三计“一石二鸟”，即使无法击败奥多亚塞，也是两败俱伤，到时帝国再出兵西征，夺回罗马。

东罗马帝国皇帝对东哥特人的战斗热情表示嘉许，并欣然应允。很快，皇帝的计谋实现了，但是，只实现了三分之二。

东哥特人挥师西去，永远不会再去骚扰君士坦丁堡了，是其一。公元493年，东哥特首领狄奥多里克，假意接受奥多亚塞提出的共同为王建议，在聚会上诱杀了奥多亚塞。狄奥多里克就顺其自然地在意大利建立了东哥特王国，名义上附属于东罗马帝国，是其二。但是，东罗马帝国却无法实现第三个目标，狄奥多里克通过一系列的联姻，让东哥特王国八面玲珑，同北方法兰克王国、西方西哥特王国、南方汪达尔王国都保持了良好的关系，顷刻间东哥特王国落地生根，狄奥多里克也被称为狄奥多里克大帝。

哥特人在西班牙和高卢西部建立了西哥特王国，在意大利北部和中部建立了东哥特王国，鼎盛时代在向哥特民族招手。

（六）东方的“日耳曼人”

东方草原上，一颗世界级的明星，正在冉冉升起。

突厥人即将横空出世，如同西方的日耳曼人重塑欧洲，突厥人将全程参与亚洲和半壁欧洲的重塑。直到今日，从欧洲到喜马拉雅山之间的区域，仍随处可见突厥人的后裔。

在中国北方，通过拓跋宏雷厉风行、主动积极地汉化，北魏政权日渐稳固。但同时面对北方柔然帝国、南方宋王国，北魏因两线作战而苦恼不已。公元534年，北魏分裂为西魏和东魏，西魏由权臣宇文泰掌控朝政，东魏由权臣高欢控制大局，虽然王座上依然坐着皇帝，但整日面如土色，时刻心惊胆战。公元550年，权臣高欢的儿子高洋废掉了东魏皇帝，建立北齐。而西魏权臣也并非良善，只是良机未至。

公元551年，西魏的实权人物宇文泰，收到一封请求联姻的书信。发件人来自一个偏远的部落，他们居住在阿尔泰山附近，即今新疆的准噶尔盆地，不仅偏远，而且有些门不当户不对，他们自称突厥人，是柔然帝国的炼铁奴隶，就是专门帮柔然帝国军队打造武器的部落。然而，对于这桩亲事，宇文泰毫不犹豫地答应了，并立即送公主出嫁。目送着远去的送亲队伍，宇文泰已然成竹在胸地看到了柔然帝国的末日。

无须等待太久，于乱世中审时度势的宇文泰很快收到来自北方的好消息。552年，突厥人打败柔然，建立了突厥帝国。555年，突厥人一举消灭了柔然帝国的残余势力，延续一百五十多年的柔然帝国灭亡。

公元556年，西魏权臣宇文泰去世。公元557年，宇文泰嫡长子宇文觉毫不费力地废掉西魏皇帝，建立北周。面对北方强大的突厥人，北周和北齐都放低姿态，主动交好，突厥人自然左右逢源，获得诸多实惠。突厥王曾经得意地将北周和北齐比作自己在南方的两个儿子，只要他们尽尽孝道，突厥就会衣食无忧。

中亚草原上水草丰美的牧场，是草原游牧民族的首选之地，突厥帝国将目光转向西方，中亚第二帝国死期将至。作为一个民族，月氏人很快将不再出现在人类历史大剧的演职员表中。

在突厥帝国的乌云袭来之前，中亚第二帝国一直和印度的笈多王朝斗争不休，军队经常光顾北印度。公元550年，笈多王朝灭亡，印度陷入短暂分裂，混乱持续半个世纪。

不仅整个中亚感觉到将要袭来的突厥风暴，就连西亚的波斯第三帝国——萨珊波斯也闻风而动。联合敌人的敌人，就是解决问题的方法之一。突厥帝国和萨珊波斯一拍即合，新月氏人的中亚第二帝国的哀歌就奏响了。公元567年，突厥帝国和萨珊波斯东西夹击，国祚一百多年的中亚第二帝国灭亡。突厥帝国通过一系列征伐，建立起了一个东起蒙古高原，西至里海，面积达七百多万平方公里的庞大帝国。

就像草原上的龙卷风，一时间风头正劲的突厥帝国，也吸引了东罗马帝国的注意。公元568年，突厥帝国就收到了来自东罗马帝国的合作意向书，这让夹在两个帝国之间的萨珊波斯吓出一身冷汗。不过，波斯第三帝国仍有一个世纪的国运，而它的终结者，也不是来自中亚草原的突厥。突厥帝国和东罗马帝国的合作协议书，并没有付诸实际，因为突厥帝国很快就要一分为二了。

公元577年，北周宇文泰的儿子挥师东进，灭了北齐，中国北方再次统一。公元581年，最后一任北周皇帝的外公、汉族和鲜卑的混血——杨坚，帮天真懵懂的小皇帝卸下了沉重的皇冠，登基称帝，建立隋帝国。此时的中国南方，已经三次更换王朝，这一时期的陈国是四个王朝中疆域最小的一个。虽然杨坚早已将目光锁定在南方的陈国，决心结束长达三百多年的分裂局面，但背后气焰日盛的突厥帝国让隋帝国新皇帝南下的计划书，暂被灰尘覆盖。

就像匈奴的东方帝国一样，突厥帝国内部的分裂也在所难免。公元583年，以阿尔泰山为界，突厥帝国分裂为东亚的东突厥和中亚的西突厥。尽管分裂，两个突厥帝国依然傲视对手。

不同于匈奴（南匈奴与汉族融合，北匈奴在欧洲引发强震后归于平静）的是，虽然东突厥将被强大的唐帝国（公元618年取代隋帝国）所灭，唐帝国追至中亚，再灭西突厥，但突厥人并没有像匈奴人一样销声匿迹，而是潜心蛰伏下来，等待时机。突厥人用坚毅和忍耐，在唐帝国和阿拉伯帝国（公元651年取代萨珊波斯）内部掀起巨浪，让唐帝国的皇帝陷入无限惆怅，让阿拉伯帝国的哈里发时刻战战兢兢。

当北齐和北周针锋相对的时候，突厥帝国两边渔利，而当东突厥和西突厥势如水火的时候，杨坚的隋帝国也能体会到了这样的成就感。值此良机，隋帝国得以大军南下，公元589年，南方四国的最后一个王朝陈国被隋帝国所灭。自西晋帝国灭亡，时隔两百七十三年，中国再次统一，结束了这段为期最长、最阴晦黯淡的混乱岁月。

欧洲，西罗马帝国灭亡后，日耳曼人将西欧带入野蛮黑暗的时代，这个时代将持续十个世纪；中国，饱尝近三百年的沧桑岁月，统一的光芒依然耀眼，唐帝国引领华夏大地走向巅峰。

（七）超强地震的震中

作为东西方世界对抗赛第三回合的主角，东罗马帝国和萨珊波斯，从来没有停止过消耗自己的国力，去换取一个徒劳无功的结果。在帝国边界线，双方依然是火花四溅，今天罗马胜，明天波斯赢，输者割地赔款，胜者则骄傲地承诺几年可贵的和平。然而，两个帝国应该清醒地认识到，自己并没有和睦的邻居，另外一侧的边境线上也绝谈不上安全。

东罗马帝国不仅丢了罗马，而且将大部分欧洲土地拱手让给了蛮族去自行开发，东罗马帝国只在欧洲和亚洲各占一角。而在东方的萨珊波斯也不好过，骁勇善战的草原游牧民族，会像海浪一样不断地冲击萨珊波斯的东方边境，它的南方将出现一个更可怕的敌人，虽然此时仍无迹可寻，但它的目的明确且坚定，波斯帝国系列必须中断八百年。

亲眼看到一群野猪在糟蹋家里的罗马式花园，却不敢靠近，一筹莫展。这就是东罗马帝国当前的处境，东哥特王国占据今意大利地区、西哥特王国盘踞今西班牙地区、法兰克王国拥有高卢、汪达尔王国霸占北非，这成为东罗马帝国心中永远的痛。但是，如果它一直不从心底放弃罗马，那么，这份幽怨的情结，会陪伴帝国直到终老。东罗马帝国还有近一千年的岁月可供消磨，尽管沧桑和屈辱一直挥之不去，但也偶有雄主来一展峥嵘。

公元527年，查士丁尼登上东罗马帝国的皇帝宝座，一直颓废的东罗马帝国终于迎来一位大帝。曾经无比骄傲的君士坦丁堡，面对罗马帝国的领土被蛮族瓜分再也无法冷静。在收拾这些人之前，查士丁尼大帝将一大笔钱送给萨珊波斯，以换取和平，然后挥师向西，收复失地。公元533年，东罗马帝国进攻北非汪达尔人占据的迦太基，次年，汪达尔人的王国灭亡，汪达尔民族自此一蹶不振。公元535年，东罗马帝国开始进攻盘踞今意大利地区的东哥特王国，二十年后的公元555年，东哥特王国灭亡。在东罗马帝国和东哥特王国决战的过程中，高卢的法兰克王国企图从中渔利，也被东罗马帝国打败。但由于帝国受到瘟疫、叛乱的折磨，而且宿敌萨珊波斯再次入侵帝国东部省份，查士丁尼大帝收复失地的行动最终止步于此。在庆祝查士丁尼大帝在位三十年的公元557年，不列颠、高卢和今西班牙中北部地区，依然控制在蛮族的手中。

公元537年，基督东正教的中心教堂、象征东罗马帝国极盛时期的伟大建筑、当今世界的文化遗产、金碧辉煌的圣索菲亚大教堂落成了，这让寒酸的罗马天主教教堂黯然失色。四个多世纪后，它依然无可比拟，吸引俄罗斯义无反顾地皈依东正教。尽管九百年后，突厥人的奥斯曼土耳其帝国将其改为伊斯兰教的清真寺，但是仍不影响它继续成为穆斯林世界的著名建筑。

如果说，当今的美国人和彼时的东罗马帝国施行的法律基础是一致的，不用觉得诧异。查士丁尼大帝在位时期，主持编订的《查士丁尼法典》，是一部内容丰富、体系完善的法典，也是英国1689年的《权利法案》、美国1776年的《独立宣言》等的蓝本和基础。

即使大帝也有人生的灰暗点。查士丁尼大帝的一个行为，足以让欧洲后悔千年。公元529年，查士丁尼下令关闭了柏拉图学园，大量学者和书籍转移到西亚，西方世界的文学和科学从此没落。除了教会，野蛮人只是目不识丁的文盲，直到有一天，贫穷而狂热的西方世界的基督徒高举十字架，在两百年内疯狂涌进东方世界，才逐渐恍然大悟。

等待下一位雄主的出现，君士坦丁堡需要五百年的时间。罗马帝国再次失去意大利，只是个时间问题。公元568年，日耳曼人的一支——伦巴德人入侵意大利，五年之后，伦巴德王国占据了今意大利大部分地区，开始了在今意大利地区为期两百多年的统治。

伦巴德人，同哥特人一样原居住在今瑞典南部，随着日耳曼人南迁的浪潮到达今德国西北部。在欧洲匈奴帝国灭亡后，他们居住在多瑙河的北岸。虽然匈奴征服者已归于平静，可伦巴德人仍然无法再次安身立命，因为又有一个来自东方的征服者——阿瓦尔人，东方柔然帝国的后裔，追随匈奴的足迹而来。

自从柔然帝国被突厥帝国击溃之后，柔然残余一直沿着草原向西迁徙到里海，即欧洲和亚洲的交界处，柔然帝国的后裔像斯基泰人一样，只能一入欧洲深似海，从此再无回头路。公元557年，阿瓦尔人占据东欧的草原，当见到来自东方的远亲、风光不再的匈奴后裔，热情地介绍着欧洲的风土人情。遥想一百年前的“上帝之鞭”匈奴王阿提拉，受到鼓励和暗示的阿瓦尔人立即跃身上马，周围欧洲各民族的眼神立即变得惶恐不安起来。

阿瓦尔人理所当然地收编了在欧洲的匈奴后裔，怀揣着在欧洲建立一个新的帝国——阿瓦尔帝国的梦想，浩浩荡荡进军欧洲腹地。公元562年，阿瓦尔人在多瑙河下游征服了斯拉夫人；公元566年，在多瑙河中游征服了日耳曼人的一支格皮德人；公元567年，在多瑙河上游打败了伦巴德人。斯拉夫人和格皮德人相继依附，但伦巴德人找到一个不用寄人篱下的方案。占据今意大利地区的东哥特王国被东罗马帝国所灭，由于东方萨珊波斯的存在，东罗马帝国在今意大利地区的军事力量十分薄弱，于是，伦巴德人南下进入今意大利。如今，意大利北部就有一个以新征服者命名的大区——伦巴德大区，是当今意大利二十个大区中最大、经济最发达的大区。

沿着多瑙河逆流而上扫荡一遍之后，阿瓦尔帝国的西方是法兰克王国，南方是东罗马帝国。同之前的欧洲匈奴帝国一样，阿瓦尔帝国与东罗马帝国并不和谐，也一度击败了法兰克王国，三方暂时维持均势。

如果说匈奴帝国重塑了欧洲，日耳曼人成为西欧的主人，那么阿瓦尔帝国则在欧洲埋下了一颗定时炸弹，众多欧洲蛮族在阿瓦尔帝国的带领下进入巴尔干地区，使这里成为多民族的聚集地，这就是巴尔干半岛成为欧洲最不稳定的地区，被称为“欧洲的火药桶”的原因。阿瓦尔帝国中的保加尔人，将在今保加利亚建立国家，他们就是今保加利亚人的祖先。所以，来自东方的匈奴人改变了西欧格局，来自东方的阿瓦尔人影响了东南欧格局。阿瓦尔帝国就这样延续着东方草原游牧民族对欧洲的影响力，两百多年后，法兰克王国的“红桃K”——查理大帝，才将阿瓦尔帝国从欧洲地图上抹去。

与东罗马帝国的萎靡不振一样，如果萨珊波斯踮一踮脚，就已经可以和万丈深渊的无尽黑暗对视了。

公元570年，萨珊波斯收到一份出兵“邀请”，它来自今阿拉伯半岛东南角的也门。帝国出兵并将半岛南部划入帝国的版图，但这里地处偏僻的沙漠边缘，对波斯帝国来说不太好消化。

约公元570年，在半岛西南的麦加城诞生了一个婴儿，这个孩子出生前不久丧父，六岁丧母，先后由祖父和伯父抚养长大，身世凄惨。约公元596年，他终于和一位富裕的遗孀结婚，从此时来运转，生活步入正轨。如果你觉得，这个名叫穆罕默德的年轻人会在富裕的环境中平静地过完一生，就大错特错了。穆罕默德将创立一个全新的东方一神教，和他的信徒们将震惊全世界！

作为抵挡西方世界进攻的第一道坚固防线，西亚的波斯帝国最近一直在表达自己的强烈不满，因为它最近的“出镜率”过低，仅仅在介绍新崛起的中亚草原游牧民族或者东罗马帝国时，才偶尔被提及。这是因为随着人类世界的变大，出色的主角越来越多，稍不留神就要让位。

历史很快会弥补这一缺陷，毕竟这里是唯一可以和古埃及文明比肩的人类文明起始之地。自从一千多年前，居鲁士大帝建立了波斯第一帝国，波斯就牢牢地掌握了在这片土地上的话语权。令人唏嘘不已的是，历史将安排萨珊波斯杀青离场，更令人扼腕叹息的是，波斯帝国也将消失很长一段时间。因为，阿拉伯半岛那个前途远大的年轻人，即将步入不惑之年，彼时，真主安拉将从天而降，穆罕默德从此被赋予拯救世界的大任。阿拉伯半岛西南角沙漠的边缘，就是下个世纪开始的“全球大地震”的震中。

然而，对于出镜率更低的日本，历史只能表示遗憾。从公元367年到公元592年，日本处在大和国时期，因为此段时期都城都设在大和地区，即今日本奈良附近，又称古坟时代，因当时的统治者修建大量古坟而得名。其他不详，或不值一提。

九

重整河山

（公元600—800年）

经过三百年的大战，已知世界的疆域拼图已混乱不堪，于是世界各地的人们开始收拾旧山河。

横空出世的伊斯兰教，在百年间就建立了一个西起大西洋、东至喜马拉雅山的阿拉伯帝国，并开始占领南欧七百年。三百年的大分裂后，隋帝国统一中国，表亲的唐帝国将展示中国封建社会的最强盛世。而西方世界，已经彻底分裂成法兰克王国和东罗马帝国，罗马天主教和君士坦丁堡东正教的嫌隙也渐深。

先知穆罕默德缔造了世界三大宗教之一的伊斯兰教，前所未有地使自由不羁的沙漠游牧民族，放弃部族和血缘观念，形成了众人皆同胞的共识，把曾经极其散漫的人群变成了一个团结、强大的民族。这个政治、宗教、军事、民族统一体的帝国，在先知穆罕默德逝世一百周年时，已经成为一个面积约一千万平方公里的、横跨亚非欧的帝国，也是东西跨度最长的帝国，超过之前任何一个帝国和同期的唐帝国。阿拉伯帝国取代萨珊波斯，成为东方世界新的参赛选手，延续与西方世界的对峙。它的对手不只是基督东正教的东罗马帝国，还有西欧的基督天主教国家。

在阿拉伯帝国意欲征服全世界的节奏下，在西方，地中海南岸的北非走廊很快被打通，立足今西班牙约三百年的西哥特王国就遭遇了灭顶之灾，随后北部的法兰克王国也如临大敌，查理大帝的祖父阻挡了阿拉伯人的进攻。随着阿拉伯帝国内部出现分裂，欧洲才没有成为遍地是穆斯林的大陆。在东方，萨珊帝国面对骁勇的沙漠游牧民族立刻土崩瓦解，波斯帝国系列从此亡国约八百年。阿拉伯帝国军队继续深入中亚、入侵印度，沙漠游牧帝国的兵锋直指中国。

日耳曼人占据今意大利大部分地区后，失去罗马的东罗马帝国自认收复无望，便听之任之。从此时起，基督教逐渐分裂成罗马天主教和君士坦丁堡东正教，几百年后将正式决裂。对突然崛起的阿拉伯帝国，东罗马帝国严阵以待，对罗马只能置之不理。在这样的权力真空下，懵懂的日耳曼人认为谁与教皇站在一起，谁就是正统的罗马帝国继承人。于是，极具野心的罗马教皇试图利用这一点取代世俗王权，成为最高权威，欧洲大陆在千年的教权和皇权之争中动荡不安，四分五裂。公元800年，法兰克国王查理大帝和教皇在戏剧性地互相推举中加冕，时隔三百年后，罗马终于有了皇帝。教皇和国王，到底谁是正帝谁是副帝，答案只能以世纪为时间单位等待揭晓，因此需要极大的耐心。因为各自的利益，新的“罗马王”——法兰克王国查理大帝，与阿拉伯帝国的哈里发建立了友好的外交关系，因为查理大帝需要巴格达对君士坦丁堡施加压力，而巴格达需要联合查理大帝对付西班牙的穆斯林王国。

如果说古希腊和古罗马文化是地基，那么日耳曼人重塑欧洲就是框架，罗马天主教教权的世俗化就是装修，三者共同构成欧洲之家。然而，查士丁尼大帝关闭柏拉图学园让这一切缺少了灵魂，欧洲堕落为野蛮、贫穷和混乱之地。

三十八年国祚的隋帝国一统中国，暂时平息了北方草原游牧民族的侵扰，短时间内恢复了中国的综合国力，成为三百年乱世后复兴的最大功臣。隋帝国皇族的表亲于公元618年建立唐帝国，这个帝国首次将中国的统治范围延伸至中亚，将和阿拉伯帝国在中亚不期而遇。两大帝国一战泯恩仇，而后和平相处。唐帝国虽然从蒙古高原到中亚一路追杀，先后灭了三个突厥帝国。但是，突厥后裔发起的内部叛乱导致唐帝国国力大伤，不得不退出中亚，从此再也没有来到这里。

当中国内部千头万绪的时候，确实没有时间和精力带上朝鲜和日本，因此朝鲜半岛和日本就一直处于没有信号的飞行模式。当极盛的唐帝国，将帝国的光芒辐射到更远的东方，他们的历史才变得相对清晰。

自从笈多王朝灭亡之后，印度在其后的约一个世纪内依然是各自为政，但考虑到有位贵客要从唐帝国而来，于是就潦草地在北印度建立了一个戒日王朝。公元627年，唐帝国的玄奘法师不远万里来到印度取经，历时十九年。公元645年，即在玄奘法师离开印度后的第三年，国祚不到五十年的戒日王朝就消失了。既然此后没有贵客来访，都是“穷凶极恶”的阿拉伯人、突厥人、阿富汗人等，印度就不再考虑统一这个选项。

（一）沙漠游牧的巅峰

一千多年前，来自中亚草原的波斯民族，在两河流域建立了波斯帝国，将在这里创造了几千年文明的沙漠游牧民族的光芒掩盖。沉寂已久的沙漠游牧民族，已经积攒了足以震惊全世界的能量。赐给他们力量的，就是唯一的真主安拉和其唯一的使者穆罕默德。

在二十五岁的时候，身世凄苦的穆罕默德，娶了比他大十五岁的同族富孀为妻，从此不仅生活上摆脱困顿，而且更有时间享受安静的独处，他经常在闲暇时跑到麦加城外郊区的山洞里独自冥想。四十岁的某一天，穆罕默德告诉自己有两件事是确定无疑的：世界上唯一的真神是安拉，而自己是安拉派往人间的唯一使者。于是，继犹太教和基督教之后，第三个一神教——伊斯兰教诞生了。

从此，穆罕默德便全心全意地投入对伊斯兰教的宣传之中。开始总是困难的，因为即使在他出生的城市麦加，都没有多少人愿意相信和追随他。在同族的排挤下，公元622年，他率领极少的信徒迁往稍北的城市麦地那，这里就是伊斯兰教腾飞的地方。穆罕默德不仅能文而且能武，指挥战斗能力和演讲水平都极其高超，一向都不愿服从任何人的沙漠游牧部落，竟然愿意放弃隔阂和血缘观念，纷纷前来投奔他们的先知穆罕默德，伊斯兰从一种宗教变成了一个国家、一支军队、一个民族。凭借本身的善战和被宗教思想武装之后的勇敢，沙漠游牧民族展现出强烈的战斗纪律性和牺牲精神，这将让其他民族感受到如泰山压顶般的压力。

公元622年，是穆罕默德被迫离开麦加的年份，也是伊斯兰历的元年，因为离开麦加不是失败，而是成功的开始。此后的十年间，阿拉伯半岛的人们逐步放弃一切分歧、放弃其他神灵信仰，甘心成为虔诚的穆斯林。公元632年，先知穆罕默德完成了最后一次到麦加的朝觐，三个月后，这位精神世界和世俗世界的双重领袖在麦地那与世长辞。不同于基督教的耶稣，穆罕默德生前已经取得了巨大的成功，更令他想不到的是，在他去世一百年后，人类历史上一个前所未有的庞大帝国已经屹立，而且，伊斯兰教的领袖——穆罕默德的地位从未受到质疑和动摇，所有穆斯林都尊称他为先知。

先知去世后，遗留下一个重大问题，那就是继承问题。先知没有儿子，只有一个女儿在世。先知生前并没有指示由谁来继承，按照阿拉伯人的习惯，首领都是推选出来的。先知之后，无人再敢称先知，因此，最高领袖被称为哈里发，意为“先知的继承者”。职位名称定了，但是应该推举谁来担任？在随后三十年里的四任哈里发，都是先知的亲戚。前两任是先知的两位岳父，第三任是先知的女婿，第四任是先知的堂弟兼女婿。继承制度的缺失，导致穆斯林发生了太多的流血事件，而且伊斯兰教也正是因为关于谁是正统继承人的持续争论，而分裂为两大势如水火的派别。前三位哈里发都是我们所说的姻亲，第四位哈里发是先知的堂兄弟，与其他三位不同。

第一任哈里发是伯克尔，是先知的岳父，是先知坚定的支持者和忠实助手。在短短两年多的任期里，阿拉伯半岛各部落基本都服从麦地那的号令，成为先知的追随者。在狂热的宗教刺激下，沙漠游牧民族本身旺盛的精力急需发泄的渠道，否则只会在内部爆炸、自我毁灭，因此，除了向外部世界扩张，别无选择。

第二任哈里发是欧麦尔，是先知的另一个岳父，对女婿的支持同样是无条件的、全心全意的。“不鸣则已，一鸣惊人”，欧麦尔领导下的伊斯兰世界将成为周边帝国和民族的噩梦。公元635年，哈里发欧麦尔拿出作战地图，先画了一个箭头指向东罗马帝国，又画了一个箭头指向萨珊波斯。当所有穆斯林以为至少有个先后顺序时，哈里发意外地告诉所有人：没有先后，兵分两路！

东罗马帝国和萨珊波斯这两大共存了约四百年的帝国，竟然成为偏居一隅的阿拉伯人的猎物，而且完全是唾手可得的姿态。阿拉伯人当即攻陷属于东罗马帝国的叙利亚，占领了中心城市大马士革，歼灭东罗马帝国数万军队。

萨珊波斯偷笑的表情顷刻间便凝固了，因为公元637年，阿拉伯人直接攻陷萨珊波斯的首都泰西封，虽然波斯皇帝逃亡东部，但基本宣告了萨珊波斯的灭亡。这次灭亡不仅仅是一个王朝灭亡，而且是拥有千年历史的波斯亡国了，如果要给这次亡国加个期限，那就是八百年！这一次轮到东罗马帝国偷笑了。

然而，上文提到的只是阿拉伯人的东线部队，西线部队的战果将让东罗马帝国幸灾乐祸的笑容瞬间定格。公元641年，埃及的亚历山大港被攻陷。作为罗马帝国的粮仓，公元前30年屋大维将其变成行省，现在帝国永远失去了占据超过六百年的埃及。埃及的主人从基督徒换成了穆斯林，其未来注定是“剪不断，理还乱”。公元644年，哈里发欧麦尔被一名信奉基督教的波斯奴隶刺杀。

第三任哈里发是奥斯曼，这位哈里发的辈分低一些，是先知女儿的丈夫。奥斯曼在位时期，阿拉伯人在萨珊波斯的废墟上继续向三面推进：向东占领了伊朗高原，公元651年，萨珊波斯最后一任皇帝死亡，波斯正式亡国；向北，推进到高加索地区；向西，占领了地中海上第四大岛塞浦路斯。在北非的推进中，阿拉伯人暂时和努米底亚达成和约。

奥斯曼在位时期，引入了很多伍麦叶家族成员并使其身居高位，特别是奥斯曼任命自己的堂兄弟穆阿维叶为叙利亚总督，让堂兄弟麦尔旺掌管枢密院。这种任人唯亲的做法，最终导致奥斯曼被穆斯林所杀害。伍麦叶家族和先知属于同一部落，最开始是坚决反对先知的，先知占据上风后，伍麦叶家族才皈依伊斯兰教。伊斯兰教的分裂和伍麦叶家族密不可分。

第四任哈里发是阿里，也是先知的女婿，他还有一个身份是先知的堂弟，从血缘上说，是先知最亲的继承人。其实早在第一任哈里发时期，阿里的拥护者就表示阿里才是先知的继承人，然而，阿里抱着维护穆斯林内部团结的态度妥协了。在整个伊斯兰世界，阿里是公认的虔诚、豪爽、高贵之人，但有一个致命的弱点就是政治不成熟。

阿里任哈里发时期，并未进行大规模的开疆扩土，而是去消化，让更多的人信仰伊斯兰教。然而，伍麦叶家族的叙利亚总督穆阿维叶，却开始挑战阿里的权威。尽管阿里占据了军事优势，他却极不成熟地同意了穆阿维叶的解决方法：双方各指派一位中间人，对着伊斯兰教圣典《古兰经》，当众宣布废黜各自委托方的哈里发职位，以此表明双方均不愿引发穆斯林内部混乱。然而，阿里有这个职位可以废黜，但是穆阿维叶本来就没有这个职位！于是，拥护阿里的势力在政治上遭遇了极大打击。

公元661年，阿里被杀。

借助一次不太容易理解的调解或是诡计，穆阿维叶获得了与哈里发平等的地位。公元661年，他在耶路撒冷称哈里发，作为今叙利亚地区的总督，大马士革就成了帝国的首都，阿拉伯帝国的第一个王朝——伍麦叶王朝建立。然而，今伊拉克地区的穆斯林对穆阿维叶的僭位不屑一顾，他们拥护阿里的长子为正统的哈里发。然而，胸无大志的长子在穆阿维叶的诱惑下放弃继承哈里发，宁愿在麦地那享受养尊处优的生活，死于非命的归宿随即降临。

随后，今伊拉克地区的穆斯林又宣布，阿里的次子侯赛因是其父亲和哥哥的继承人，侯赛因也随即准备赶去今伊拉克地区，带领拥护者反对穆阿维叶，然而，因为军事实力不敌，半路上被杀死并斩首。阿里次子侯赛因之死，成为伊斯兰教分裂的开始。拥护阿里及其儿子的派别称为什叶派，什叶派坚决认为，哈里发应该由阿里的后裔担任，这一点是基本纲领。另一派别称为逊尼派，他们的观点简单来说，就是反对什叶派的观点。

逊尼派的伍麦叶王朝，并没有停止征服世界的脚步，广大穆斯林根本不关心上层如何斗争，一门心思地投入战斗。而类似中国历史上的枭雄曹操，第一任哈里发穆阿维叶，既是政治家又是军事家，他在位时期，在东西两线战场持续推进。在东方战场，占领了今伊朗的东北部、阿富汗部分地区，触角直达印度河流域和中亚草原；在西方战场，沿着小亚细亚半岛和海陆推进，两次围攻东罗马帝国首都君士坦丁堡。

对于穆阿维叶来说，阿拉伯帝国能灭萨珊波斯，就能消灭东罗马帝国。波斯的几任帝国都不能完成的任务，阿拉伯帝国有信心完成。这份无上的荣耀，驱使他投入了十二分的精力去攻打君士坦丁堡，然而君士坦丁堡坚固的城墙也并非浪得虚名，同时东罗马帝国最神秘的武器解救了帝国的危机，这就是“希腊火”——一种在海上也能燃烧的可燃混合物。于是，尽管阿拉伯帝国海陆并进，依然没能攻陷君士坦丁堡。

然而，能力和运气是一回事，态度是另一回事，不进攻是不可能的，于是几乎每年的夏季，阿拉伯帝国军队就像举行定期拉练和演习一样，在君士坦丁堡坚固的城墙下叫阵，或者将军舰开到波斯普鲁士海峡转几圈，以至于东罗马帝国最后都习以为常了。

穆阿维叶在位时期，确立一个重要的继承制度——世袭制。由于这不太符合沙漠游牧民族风俗以及哈里发继承原则，引起很多人的不满和反对，但是果决的哈里发穆阿维叶命令他们不要再问为什么，否则回答他们的将是宝剑。很显然，没有人可以改变穆阿维叶的决定，哈里发继承的世袭制确立了。

虽然哈里发的位置只传到穆阿维叶的孙子就结束了，但穆阿维叶的堂弟麦尔旺，在公元7世纪末延续了伍麦叶王朝。麦尔旺这一分支的哈里发，将在公元8世纪之初，提交阿拉伯帝国疆域规划的最终版本。彼时，他们将与中国的唐帝国在中亚遭遇，但难分伯仲，同时也将入侵欧洲，东方的穆斯林将在今西班牙南部修建一座座清真寺，而且一待就是七百年。

（二）两个表亲的帝国

隋帝国的开国皇帝杨坚的先祖，可以追溯到汉帝国的开国功臣之一杨喜，杨喜因参与追击和斩杀西楚霸王项羽而被封侯。杨坚的父亲杨忠，追随西魏权臣宇文泰，战功赫赫，官至柱国大将军，封随国公。杨忠与一个鲜卑族的柱国大将军独孤信关系很好，独孤信将军用一系列的联姻证明了自己的眼光。他将大女儿嫁给了宇文泰的庶长子，将四女儿嫁给了唐国公李虎的儿子李昞，将七女儿嫁给了杨忠之子杨坚。大女儿的丈夫是西魏的第二任皇帝，七女儿的丈夫是隋帝国的开国皇帝，四女儿的丈夫就是唐帝国开国皇帝李渊之父。三个女儿分别嫁给三个不同王国或帝国的皇族，独孤家族实为中外历史上政治联姻第一家族，除此之外，还有谁能享此殊荣?!

杨坚，一出生就是“贵二代”，北周开国皇帝是杨坚在太学时的同学，又是表兄弟，后来杨坚继承了父亲的爵位，在宫中自然可以自由行走，可以去看望皇帝老同学，可以去找皇后姐姐聊天，好不令人艳羡。虽然此后遭遇了很多宫廷变故，但家族几代人的关系网造就的硬实力，最终助雄才大略的杨坚夺取皇位，建立隋帝国。

尽管占据广大北方草原的突厥发生了分裂，但东突厥依然强大，为了给自己南下统一中国争取时间，杨坚不得不暂时示弱。公元589年，南方的陈国被灭，隋帝国统一中国。曾担任攻灭陈国总指挥的次子杨广，在公元600年被立为太子，四年之后成为隋帝国第二任皇帝——隋炀帝，也是最后一任。隋炀帝杨广在历史上一直是负面的暴君形象，其实在其统治的十多年里不无功绩，因此接下来将会有一场小型辩论赛。

正方认为，隋炀帝是一位暴君。首先，作为次子的杨广本不是太子，他是靠阴谋和诡计上位的。其次，隋炀帝杨广在位时期横征暴敛、劳民伤财，是历史上出名的暴君。最后，他贪图享乐，浪费公共资源。

反方认为，隋炀帝并非毫无作为。首先，历朝历代的史书都是由下一个朝代修著的，但西汉的司马迁对秦始皇的评价，不能抹杀秦始皇就是统一大势的总设计师这一事实。其次，隋炀帝在位时期，西北方剿灭鲜卑慕容氏，三次东征占据中国东北和朝鲜半岛北部的高句丽，为了解决台湾问题东征流求，即今台湾省，这是国家收复故土和开疆扩土的行为；疏通全长一千七百多公里的大运河，连接了长江流域和黄河流域，极大地促进了连年大战后城市的繁荣和经济恢复，这些基础设施建设的实施都需要动用全国资源，只是隋炀帝规划能力稍弱，动静太大没收住，以至形象大大减分。最后，隋炀帝时，朝鲜半岛的新罗、日本、东南亚各国都来参见中国皇帝，国际形象极其高大。如果再从个人能力上找一项优点，那就是杨广是位极其有才的诗人，著有“流波将月去，潮水带星来”，“斜阳欲落处，一望黯销魂”。

最终，千夫所指的暴君杨广葬送了隋帝国，接手的人是他的四姨的儿子，也是他的表哥——李渊。如果隋文帝杨坚地下有知，就会后悔当初对这个表侄那么宠爱。

隋帝国尽管阳寿极短，但和第一个统一中国的秦帝国一样，杨坚和杨广父子功绩和影响力却并不短暂。第一，隋文帝杨坚值得所有出身寒门的人尊敬和供奉，因为他第一次引入科举考试的方式以选拔人才，用国家政策来阐释“知识改变命运”的道理。第二，隋帝国虽然只有三十多年的历史，但是隋帝国的富裕和繁荣令人叹服。全国人口达到东汉最高水平时的约五千万，国家仓库里的粮食布帛足够用五十年，在隋帝国都城洛阳被叛军围困的时候，大家只能烧布帛做饭，把绢布当作绳子从井里打水了。至于隋炀帝的功绩可参照前述的辩论，一句话，是非功过，只待后人评说。

李渊，时任太原最高长官。在隋帝国末年战乱的时候，他就发兵攻取了旧都城长安，拥立表弟的孙子为皇帝，自己为唐国公。公元618年，隋炀帝被杀，李渊就效仿表叔杨坚，让小皇帝禅让，于是李渊成为皇帝，建立唐帝国。

李唐帝国为了获得民族认同，追认春秋战国时期的老子（老子姓李名耳，被尊为“中国哲学之父”）为祖先，其实大可不必，李家的父系是汉人无疑，母系虽然是鲜卑族，但鲜卑族汉化的决心我们从拓跋宏的改革中已经完全了解。李渊的先祖，可以追溯到西汉时期的飞将军李广，就是在西汉卫青、霍去病大败匈奴时期的将军。因此，和隋文帝杨坚一样，李渊也是汉人和鲜卑的混血。

李渊有四个儿子，长子即太子李建成，次子为秦王李世民，三子为李玄霸（因为早夭而无缘后续的皇族兄弟阋墙之战），幼子李元吉。最出彩的当属秦王李世民，在帝国建立后统一全国的六年里，功绩无人可比，父亲李渊和兄弟完全可以在长安城坐等胜利的捷报。果实如何分享是千古不变的难题。公元626年，次子李世民受不了哥哥和弟弟的联合排挤，在皇宫中发动政变，亲手射杀了哥哥李建成，弟弟李元吉被李世民大将尉迟敬德所杀。唐太祖李渊意识到木已成舟，遂退位养老，和平交接，李世民登基为帝，史称唐太宗。

自从西汉帝国末年佛教传入中国，已经有六百多年的历史了，但各种学说很不统一。唐太宗李世民初年，有一位僧人在传扬佛法的过程中也十分迷惑，因此希望亲自去印度探求佛法真谛。但要走出边界需要帝国的批准，因为唐帝国和东突厥的关系十分紧张，唐帝国建立之初，出于统一全国需要，向东突厥纳贡以避免腹背受敌，帝国根基不稳的时候，东突厥的颉利可汗曾经率大军兵临长安城，李世民只能有惊无险地智退敌军，唐帝国对东突厥暂时只能处于守势。因此，当这位僧人向帝国申请出国“签证”时，就理所当然地被拒了。这位僧人，就是中国四大名著之一《西游记》中唐僧的原型，又称玄奘法师，本名陈祎。这部名著中描述唐太宗亲自为玄奘法师践行，实际上是不可能的，况且，唐帝国追认的祖先是老子，而老子被尊为道教始祖。

不改初衷的玄奘法师，决定“偷渡”前往。公元629年，他从长安出发，经今新疆、中亚，一路跋山涉水，穿越戈壁和荒漠，终于达到印度，历时十多年将整个四分五裂的印度游历了一遍。我们从玄奘法师的《大唐西域记》中得知，当时的印度至少有一百三十八个小王国或者部落。也许在当时的世界上，没有人比这位中国高僧更了解印度了，包括印度人自己。公元645年，玄奘法师返回长安，因为在国内外产生了巨大的影响力，唐太宗亲自接见了他。玄奘西行之际，东突厥盛气凌人，而当玄奘东归之时，唐帝国已经在公元630年灭了东突厥，蒙古草原尽归唐帝国所有。

公元638年，十四岁的貌美女子武氏入宫，被赐号“武媚”。然而她并未获得皇帝李世民的特别宠爱，低等的后宫地位始终没有变动。公元649年，李世民驾崩后，武媚被勒令出家，这种结局对于帝王后宫嫔妃来说是最常见的。然而，两年后，这名女子的命运被彻底改变，因为她被李世民的儿子，即当时的皇帝接回后宫。

唐太宗李世民先后废过两任太子，李治成为最后的赢家，登基为唐高宗。唐高宗李治统治时期，唐帝国将疆域扩张至最大。公元657年，唐帝国入侵中亚，灭西突厥，西域和中亚的各势力均来依附，这是中国首次将疆域范围延伸至中亚草原，最远到达咸海。公元660年，帝国皇帝李治中风，野心勃勃的武皇后参与朝政，逐渐权欲熏心，大权在握。

同年，在三足鼎立精简版的朝鲜半岛上，新罗王国向唐帝国求救，说被百济王国欺负，而百济王国辩解说是新罗王国先动的手。唐帝国不由分说，果断渡海，联合新罗王国，灭了近七百年历史的百济王国。唐帝国站在百济王国的废墟上，隔海向南望去，似乎在用眼神警告对岸的日本，这就是下场。原来，百济王国一直和日本勾勾搭搭，影响朝鲜半岛的安宁。

果然，听闻盟友百济王国战败的消息，日本感觉颜面扫地，于是决定向朝鲜半岛出兵，挑战唐帝国。公元663年，日本和百济王国结盟，唐帝国和新罗联合，在朝鲜半岛南部的白江口一决雌雄，这是中日之间的第一次海战，日本败走，百济王国的残余势力放弃了靠不住的日本，逃往北方高句丽。唐帝国带着新罗王国乘胜追击，公元668年，攻陷高句丽首都平壤，国祚约八百年的高句丽也灭亡了，唐帝国在此设立安东都护府，直接管辖。朝鲜半岛北方的高句丽王国，曾经占领中国东北的大片领土，隋炀帝杨广曾经三征高句丽未果，唐太宗李世民时期也曾经收复东北，但到了鸭绿江便无法推进。除了安东都护府，还有安北都护府等。

至此，唐帝国疆域达到峰值，约一千两百五十万平方公里。同时期相比，唐帝国疆域是大于阿拉伯帝国的，但是由于在下一个百年，阿拉伯帝国将继续扩张，帝国的最大疆域面积峰值达到一千三百四十万平方公里，而那时，唐帝国已退出中亚，撤出朝鲜半岛（公元676年，唐帝国将安东都护府撤出朝鲜半岛，从平壤迁到中国东北）。

在唐帝国的西南，出现了一个和唐帝国同年建立的王朝——吐蕃王朝，两者并存了约二百年。吐蕃灭亡于公元842年，先于唐帝国65年瓦解。吐蕃王朝与唐帝国之间，最耳熟能详的事件就是在公元641年，唐帝国的文成公主嫁给吐蕃王朝的松赞干布。吐蕃王朝人民无比喜悦，为了表示对唐帝国的感谢，也出于对唐帝国公主的照顾，建成了著名的布达拉宫。

虽然汉帝国开国皇帝刘邦的夫人吕雉垂帘听政，并掌握帝国的大权，但这位中国历史上有记载的第一位皇后和皇太后，实际并不在汉帝国的皇帝列表里，因为同法兰克一样，女性不能获得皇权。然而，唐帝国建立不到百年，就有一位女性坐在了长安城大明宫皇帝的宝座上。

由于唐太宗李世民的儿子身体欠佳，那位曾剃度为尼而后还俗的女子，就有机会参与朝政，随着审阅奏章数量的增多，激情逐渐被权力催化为野心，她决心再次改变自己的命运。但“父死子承”的传统，让武皇后必须与四个亲生儿子争权夺位。

皇帝对自己的身体状况心知肚明，仁孝的长子可以继承大统，但因罪被幽禁至死。随后，次子被立为皇太子，母亲十分嫉妒受到拥戴的儿子，便将其流放。虚弱的帝国皇帝已经油尽灯枯，公元683年驾崩，次子也被逼自尽，追随父亲而去。平庸的第三子成为毫无实权的皇帝，由于试图与母亲对抗，五十五天后便被废黜，幼子登基成为新的傀儡皇帝。这般眼花缭乱的换帝游戏，连武后自己也不堪其烦，公元690年，六十多岁的她直奔主题，自称“圣神皇帝”，建立周朝，武则天也成为中国历史上唯一的一位女皇帝。十五年后，女皇帝逝世，身份也从皇帝改为皇后。

平庸，有时候是远离死亡的保命符。被废黜的第三子并没有意外死亡，在女皇帝病重之时回到皇宫，与母亲改善了关系。公元705年，女皇帝驾崩，第三子再次为帝。然而，由于他的皇后也施行外戚专权，李隆基通过一场宫廷政变，让自己的父亲也再次成为皇帝。公元712年，看淡名利的父亲将皇位禅让给太子李隆基，新登基的皇帝是为唐玄宗。

唐帝国的巅峰即将来临。

（三）心灰意懒的飞斧王

在欧洲，匈奴风暴偃旗息鼓，公元481年，罗马帝国的高卢行省被日耳曼人变成了法兰克王国，这片边缘之地就好像从我们的视线里消失了一样，默默无闻。然而事实并非如此，如果深入它的内部，你会发现这里一点都不平静，甚至是异常忙碌，但也碌碌无为。

日耳曼人似乎天生崇尚自由，缺失统一的基因。尽管克洛维缔造的法兰克王国，统治着今法国大部分和德国西部的广大地区，但克洛维临死之前，将一个统一的王国当作蛋糕一样切成四份，分给了他的四个儿子。这样的遗产分配方案，绝不可能发生在一个东方皇帝的身上，因为但凡不是智力问题，任何人都知道，这意味着，骨肉势必反目相残。

起初，四个小王国之间保持着难能可贵的和平局面，但是只要哪个兄弟去世，平静如水的局面就会戛然而止。王国内的继承人不要抱任何继位的幻想，因为周边的兄弟王国早已急不可耐，并迅速将其瓜分。

公元524年，二哥去世，其王国被三弟和四弟瓜分，虽然他们三个是一母同胞的兄弟，但瓜分起来也绝不犹豫，而作为同父异母的大哥，则识相地没有参与。公元548年，大哥也去世了，三弟和四弟更是不客气地笑纳了大哥的地盘。公元558年，三弟去世，四弟终于成为唯一的国王。

但好景不长，刚统一三年，自己也撒手人寰了，四弟的做法和他的父亲一样，把好不容易刚统一起来的王国再次一分为四，分别给了自己的四个儿子。此后的四十年，又重复着从前的故事。公元613年，又只剩下一个国王了，唯一的国王死后，由于儿子数量不多，公元629年，王国就一分为二。三年后的公元632年，再次只剩一个国王了。

欧美人祖先的思维模式，是如此难以理解。王国或帝国的分分合合，完全可以接受，但拜托请务必不要过于频繁，因为这样的历史如同一匹烈马一样难以驾驭，人物多、名字难记，实在无法一一列举。这种混乱，唯一的好处是，有助于我们理解此后的欧洲，分歧、结盟、背叛、团战的无限循环。也正缘于此，欧洲这一段历史精彩纷呈，值得玩味。

一个世纪过去了，克洛维及其子孙反反复复地用王国来做试验，试验的结果表明，国王本身毫无意义，反复折腾最终还是一个死循环，所以此后的国王都开始追求“无为而治”，不是与民休息，而是不管不问，因此被称为“懒王”。

总需要有人站出来管事，于是宫相（各地贵族的领袖）开始掌握大权，国王又开始充当司仪的角色了，慢慢地已经没有人再把国王放在眼里。

国王们打累了，轮到各王国的宫相上擂台了。在今奥地利担任宫相的丕平家族，逐渐崭露头角，公元687年，丕平二世成为王国唯一的宫相，为卡洛林家族改朝换代奠定了基础。

真正让卡洛林家族崛起的是丕平二世的儿子——查理·马特，又名“铁锤”查理。让查理·马特名扬欧洲基督教世界的，是一场与阿拉伯帝国穆斯林的生死之战，因为当时，伊斯兰新月已经征服了南西班牙的十字架，并对法兰克王国的战利品充满兴趣。

（四）新月弯刀挥向十字架

不得不承认，在被先知穆罕默德创立的伊斯兰教武装头脑之后，阿拉伯沙漠游牧民族表现出完全无视客观规律的节奏。即使内部宗教分裂、矛盾重重，也丝毫不影响穆斯林军队将生死完全置之度外，他们锐不可当、战无不胜、所向披靡。没有人知道，这到底是宗教的成功之处，还是可怕之处。

四位哈里发之后，阿拉伯帝国的第一个王朝——伍麦叶王朝，在公元684年进入麦尔旺分支统治时期，麦尔旺成为哈里发。他是第三任哈里发奥斯曼的堂弟，同属伍麦叶家族。尽管约半个世纪之后，伍麦叶王朝就被新的王朝所取代，但在这半个世纪里，麦尔旺的四个孙子在位的四十年间，帝国继续在东西两线齐头并进。在东线战场，帝国将中亚草原纳入帝国版图，包括印度河流域的南旁遮普地区；在西线战场，帝国沿北非海岸线推进到大西洋，而后横渡海峡，在西班牙南部登陆，入侵欧洲大陆，最远打到今法国的中部。伍麦叶王朝让阿拉伯帝国的光芒照耀半个已知世界!

阿拉伯帝国始终坚持第二任哈里发欧麦尔的激进的军事策略——没有先后，兵分两路。既然如此，帝国就需要战神级的人才。幸运的是，穆斯林一直没有军事人才短板的烦恼，人才梯队也极具板凳深度。

在东线偏北战场，阿拉伯帝国军队迅速在整个中亚草原取得胜利，从里海东岸一直推进到中亚两河流域以东，这里的突厥人不得不开始避其锋芒，从此低调地潜伏于此地，等待机会。历史证明，突厥人是世界上草原游牧民族最顶尖的潜伏者，他们此后掀起的浪潮一直持续到约公元20世纪。同时，阿拉伯帝国很快与唐帝国发生冲突，这是发生在伍麦叶王朝灭亡之后的事。在东线偏南战场，穆斯林军队推进到印度河流域，或许继续向东的诱惑不大，或许是因为伍麦叶王朝内部危机，印度河以东的土地暂时未遭到入侵，但仅仅是暂时。

自从波斯第一帝国的大流士大帝挺进欧洲失败，东方对西方的进攻一直处于不温不火的状态。现在，先知的信徒们将扭转这一颓势。

穆斯林帝国展开作战地图，无比坚定地在今西班牙南部的西哥特王国画了一个圈，不管哥特人曾经在欧洲是多么耀眼，但现在，已成为新月弯刀的猎物。

公元698年，西线军队将东罗马帝国驱逐出迦太基，因为西边是一直居住在北非的柏柏尔人，他们的祖先就来自阿拉伯半岛，因此双方很自然地融合了。阿拉伯帝国将整个北非海岸纳入版图，入侵欧洲的根据地建立了，根据地的对岸，就是欧洲本土的伊比利亚半岛，即今西班牙和葡萄牙所在的半岛，西哥特王国已经可以嗅到死亡的气息。

同阿拉伯半岛的远亲一样，柏柏尔人也是能征善战，涌现了许多出色的战斗英雄，如塔立克。使北非与伊比利亚半岛隔海相望的直布罗陀海峡，就得名于柏柏尔人中的这位英雄。他是阿拉伯帝国西线主帅的助手，公元711年，塔立克率一小支军队渡过海峡到达今西班牙地区，这是东方世界的军队第一次踏上南欧的土地。虽然这只是一次试探性的进攻，却揭开了东方世界对西方世界总攻的序幕。

已经三百年没受到干扰的西哥特王国将大难临头，它将毁灭于外族之手。南欧十字架，已被新月弯刀锁定，西哥特王国的失败是注定的。塔立克春天出征，夏天快结束的时候，穆斯林已经成为今西班牙地区的半个主人。

历史饶有兴致地向我们展示它制造的有趣的轮回。阿拉伯帝国从西哥特王国带回大量的战利品，包括王室成员、珠宝、古董。其中有一些古董，是当年罗马帝国从耶路撒冷掠走的，当西哥特人洗劫罗马时这些宝物就被带到了西哥特王国，现在，阿拉伯人又将它作为战利品从西方带回东方。历史告诉人们，无论千年百年，身外之物没有永恒的主人。

穆斯林猛烈的攻势，让西哥特人狼狈地向北方逃亡避难，他们及其后裔将不得不隐忍约七百年，才会有机会以胜利者的姿态目送穆斯林从欧洲本土离开。西哥特人一边逃亡，一边向北方的法兰克王国求救。因为受到大量战利品的刺激，阿拉伯帝国军队不知疲倦地向欧洲大陆腹地推进。

公元717年，阿拉伯帝国军队越过比利牛斯山，进入法兰克王国境内，卡洛林家族的查理·马特领衔的法兰克军队，不得不迎战，双方在今法国中部遭遇了。公元732年，尽管大部分法兰克士兵是身披兽皮，长发披肩的步兵，但在对阵阿拉伯帝国的骑兵时，查理·马特的铁锤还是逼停了穆斯林深入欧洲腹地的脚步。失利的穆斯林则退回比利牛斯山以南，这座山后来成为法国和西班牙的天然分界线。因为阿拉伯帝国不久就出现王朝的更替，西班牙的穆斯林在法国其他城市再掠夺一些战利品后，就放弃了继续北上的策略，基督教世界获救了，欧洲人再不用担心必须要去背诵穆斯林的经典《古兰经》，也不用每天念五遍真主安拉和先知的名字。

但是，欧洲人失去了今西班牙中部和南部地区，他们用无助的眼神目睹着来自东方的穆斯林，在此地安居乐业约七百年。从表面上看，西班牙给欧洲丢脸了，然而“祸兮，福之所倚”，西班牙被东方世界暂时接管之后，却成为处于黑暗世纪的欧洲里最文明、最富庶、最幸福的国度，西班牙城市科尔瓦多也成为与长安、君士坦丁堡和巴格达（公元750年起，阿拉伯帝国新王朝的都城，直到约五百年后帝国灭亡）齐名的大城市。吸收了早期东方世界和西方世界的精华，伫立于两河流域的阿拉伯穆斯林帝国，在科学、文学、医学、农业、商业等领域，都是当时世界上先进文明的代表。对于贫穷落后的欧洲来说，东方式的辉煌建筑和奢华生活，令人既羡慕又惊讶，反正法兰克王国已主动放弃了福利，这让巴黎至少还有七百年的清苦日子要煎熬，而西班牙在这七个世纪里耳濡目染，已经不知不觉地走在了欧洲最前面，继而使西班牙一跃成为世界上第一个“日不落帝国”！那么，“雨露均沾”的西班牙还有什么怨言呢？

公元732年，是先知的百年忌日。穆罕默德的穆斯林，献给他们的精神领袖一个人类历史上最广阔的帝国。虽然在法国遭遇了小小的失败，但不能征服全世界，并不是他们的错，连小小的污点都算不上。

花无百日红，伍麦叶王朝受到一个很致命的挑战——先知穆罕默德生前所穿的斗篷，如今披在先知的一个后人身上。这位后人的四世祖，就是先知的叔父阿拔斯。他联合了本来就敌视伍麦叶王朝的什叶派，在呼罗珊地区（今伊朗东北，包括中亚部分地区）自称哈里发，建立了阿拉伯帝国的第二个王朝——阿拔斯王朝。公元750年，他攻陷伍麦叶王朝的首都，即今叙利亚的大马士革，约九十年国祚的伍麦叶王朝结束。

然而因为帝国疆域这么大，只要不绝嗣、有决心，伍麦叶王朝还会出现，只不过是出现在欧洲的土地上而已。不久，一个逃亡的后裔就辗转到了西班牙，建立了西班牙伍麦叶王朝。阿拔斯王朝将帝国都城迁至今伊拉克的巴格达，巴格达也成为了穆斯林世界最伟大的城市，在古老的西亚两河流域熠熠生辉，直到约五百年后，蒙古铁骑来到此地。

公元751年，阿拔斯王朝建立的第二年，阿拉伯帝国与中国的唐帝国发生了一次军事冲突，位置大概在今天的帕米尔高原地区，离战场最近的中国城市是今新疆的喀什。因为唐帝国在中亚地区有很多的附属国，所以两者之间的冲突，偶然中带着必然。怛罗斯之战，以唐帝国军队的失利告终，然而，阿拉伯帝国并未取得实质性的胜果，唐帝国依然在中亚保持宗主国地位。从阿拉伯帝国的角度来说，确实有过征服中国的计划，然而由于帝国过于庞大、内部派别对立、新征服地区的管理、唐帝国的强盛等因素，两大东方王朝此后便保持了和平的态势，丝绸之路的贸易绵延不绝。

那位逃走了的伍麦叶王朝的后裔，在旧势力的支持下，于公元756年在今西班牙地区站稳脚跟，甚至抵挡了来自巴格达的阿拔斯王朝和北边的法兰克王国的干扰。因为法兰克王国想与阿拔斯王朝联合对付东罗马帝国，所以就支持阿拔斯王朝去对付西班牙伍麦叶王朝。尽管这位伍麦叶王朝后裔没有自称哈里发，但在他去世的公元788年，西班牙实际已经成为了阿拉伯帝国内一个独立的王朝。

虽然，阿拔斯王朝的疆域并不包括今南西班牙和海峡对岸的北非地区，然而这并不影响帝国发展到极盛期，公元8世纪中叶至9世纪中叶，即哈伦·拉希德和马蒙时期，帝国发展到顶峰。法兰克王国国王、新的罗马皇帝查理大帝，也与之结盟以共同对抗东罗马帝国。阿拔斯王朝与唐帝国保持繁荣的贸易和文化交流，中国发明的造纸术，就是这时传入巴格达，而后一路辗转到欧洲，被整个世界共享。

（五）唐帝国的突厥之乱

尽管统治期间表现尚可，但因为与中国传统并不相符，中国唯一的女皇帝去世后，她的孙子李隆基迅速拨乱反正，公元712年登基为唐玄宗。唐帝国出兵中亚灭了西突厥帝国之后，公元682年，四处逃散的突厥人又在蒙古高原建立了一个后突厥，李隆基在公元745年将其剿灭。正如上文所说，突厥人是最出色的潜伏者，虽然他们的帝国被接二连三地灭亡了，但是他们不会像匈奴人一样彻底沦为看客，他们的套路和欧洲的日耳曼人是一样的，凭借过硬的军事才能打入帝国内部，从内部瓦解各个帝国，然后看准机会，一飞冲天。

唐帝国，成为突厥人的第一个试验目标。

唐玄宗李隆基时期，被认为是唐帝国的极盛时期，国富民强、四海升平，百姓安居乐业、丰衣足食，凡是你能想到的方方面面都是完美的。然而，最好的年代也是最坏的年代，因为极盛是一个不好的词语，极盛意味着要开始走下坡路。

当“诗仙”李白和“诗圣”杜甫两人相互赠诗一首作为临别留念之时，唐玄宗在宫中宣布册立“回眸一笑百媚生，六宫粉黛无颜色”的杨玉环为贵妃。中国“古代四大美人”之一的杨贵妃有一个养子，名叫安禄山。安禄山是突厥后裔，精通多种游牧民族语言且骁勇善战，为人极其圆滑，唐玄宗和杨贵妃都很喜欢这个诙谐幽默、情商极高的胖“儿子”。

公元742年，安禄山被任命为平卢节度使，并逐步掌管三大兵镇，野心剧增，准备反叛。最后，唐玄宗为自己过于重用外族将领，付出了惨痛的代价。公元755年，安禄山和同为突厥后裔的好友史思明，发动了长达八年的叛乱。当有人奏报安禄山造反时，年老的唐玄宗仍然不信，此时的他已与昏君无异。叛军当年就攻陷洛阳，次年，唐帝国都城长安沦陷！

唐玄宗只能带着他的贵妃弃城，逃往西南的四川，唐帝国的都城长安第一次落入外族突厥人之手。在逃亡的路上为了稳住军心，唐玄宗被逼下令缢死最心爱的杨贵妃。到达四川之后，惆怅的唐玄宗收到一份通知：自己已自动成为太上皇，由儿子继位为新的皇帝。内心无比失落的唐玄宗于六年后驾崩，彼时，突厥人燃起的叛乱之火还差一年熄灭。

一切事物最怕内部出问题。对唐帝国利好的消息传来，突厥叛军的内部出现了高级别的“连环杀人案”。首先是安禄山被自己的儿子杀死，接着史思明杀死了安禄山的儿子，然后史思明也被自己的儿子杀死，最后，史思明的儿子于公元763年上吊而死，中国历史上规模最大的“突厥之乱”，在人们瞠目结舌的表情中，惨淡落幕。虽然唐帝国在公元757年就收复了长安和洛阳，暂时扭转了帝国大厦将倾的颓势，但想回到从前，已再无可能。

“突厥之乱”后的唐帝国，也出现了类似罗马帝国3世纪危机时皇帝由军人拥立的现象，即军中将士自行拥立地方节度使，俨然一个个独立的小王国，使皇威荡然无存。与阿拉伯帝国在中亚的交锋，并没有伤损唐帝国在中亚的势力，但在遭遇内部的叛乱之后，唐帝国不得不撤出中亚。公元800年左右，虽然唐帝国的皇帝试图削弱地方势力，在遭遇太多阻力后，只能在失落和惆怅中听之任之。

对于皇帝来说，更大的屈辱还在后面。因为在帝国强盛之时，宦官一般是无所作为的存在，但当帝国衰落之时，宦官就能趁虚而入。

（六）教皇的良机

跟唐帝国的皇帝一样，日子悲惨的还有罗马的教皇。

除了今德国的北部和东部地区仍信仰异教，十字架在欧洲已经取得了很大的成功。早在克洛维时期，法兰克王国就已皈依了基督天主教。但权力基础脆弱的教皇，时时刻刻在罗马城里担惊受怕，教皇很清楚，伦巴德王国总想进攻罗马，因为伦巴德人对于横在自己王国中间的罗马城很是不爽，一直欲除之而后快。在这种情况下，教皇很难靠劝说伦巴德人皈依基督教，来解决这个头疼的问题。

除了寻找外援，别无他法！东罗马帝国是指望不上的，不仅宗教观点有分歧，罗马教皇也十分讨厌东罗马帝国总是指指点点，妄图成为十字架的中心。在苦寻不得时，教皇“蓦然回首”，发现那个曾经驱赶了穆斯林、拯救了欧洲的英雄查理·马特，就是他“众里寻他千百度”的结盟对象。教皇诚挚地邀请法兰克王国来教训一下伦巴德王国，但是，由于查理·马特自己也元气大伤，就婉拒了教皇。失望的教皇，就在教堂里看着十字架发呆。

查理·马特死后，儿子丕平成为掌握实权的宫相。丕平绰号叫“矮子丕平”，虽然身材矮小，但却力大无比，据说一斧子能砍掉一个狮子的头。尽管他大权在握，但放眼望去，在法兰克王国找不到一块真正属于他的土地，于是他想起了教皇曾经对父亲的热情邀请。一日，“矮子丕平”的使者来到罗马，询问教皇，丕平能否获得国王的一块土地，迷茫已久的教皇不假思索、义正词严地回复：丕平家族的荣誉，值得更高的头衔！

双方一拍即合。

公元751年，教皇为丕平加冕，法兰克王国的卡洛林王朝建立了。当丕平戴着教皇亲手为其戴上的王冠，得意地回到法兰克王国后，就把傀儡国王扔进了修道院。教皇的使者，也前后脚地来到了巴黎，并带来一个口信：教皇表示，自己已经把戏做完了，下面该法兰克的新国王表演了。心领神会的丕平，立即率领大军翻过阿尔卑斯山，攻击伦巴德王国。

伦巴德王国，早已被地中海安逸的生活腐化了，“矮子丕平”的斧子轻而易举地就让伦巴德人低头认错，同意将罗马总督一职归还给教皇。后来因为伦巴德人反悔，“矮子丕平”一怒之下直接划了一块土地给教皇。这是属于教皇的第一块土地！人们常说，怒气状态下不要轻易做出决定，“矮子丕平”没想到自己的这一决定，让教皇不仅是精神领袖，而且成为拥有领地的世俗领袖。这让后世欧洲的教权和皇权之争跌宕起伏、精彩纷呈。但是，“矮子丕平”再也没有精力去操心以后的事了，公元768年，国王去世。

丕平有两个儿子，老规矩，王国一分为二。几年后，小儿子死了，王国只剩下一个国王——查理。风流的查理，不顾教皇的反对，坚持与伦巴德的公主结婚，这让教皇敢怒不敢言。但不久之后，查理又不顾伦巴德人的抗议（基督教实行一夫一妻制），毅然与伦巴德公主离婚。查理的举动让教皇暗自叫好，因为教皇觉得彻底消灭伦巴德王国的时候到了。

尝到甜头的教皇，正在思考如何获得更多的世俗权力，并将它紧紧攥在手中。因为仅仅成为精神领袖并不安全，随着教会的财富不断积累，教堂就好像银行一样富有，没有强大的世俗权力做保证，一切财富都是浮云。

教皇也许曾经向查理出示了一份伪造的文件，文件中说，君士坦丁大帝将罗马帝国的西半部分交给了教皇，而且暗示，就像当年教皇可以让查理的父亲成为法兰克的国王一样，教皇也可以让查理成为西罗马帝国的继承人，即罗马帝国的皇帝，但条件是，帮教皇彻底消灭伦巴德王国。

心照不宣的查理，迅速组织了庞大的军队翻过阿尔卑斯山，公元774年攻下伦巴德人的首都，约两百年的伦巴德王国灭亡了。随后，他征服了莱茵河和易北河之间没有迁往不列颠的撒克逊人，以及今德国境内的巴伐利亚公国。公元796年，查理大军向东推进，阿瓦尔帝国灭亡。自此，查理已经拥有了囊括今法国、荷兰、比利时、德国和意大利大部分地区的广大疆域。

公元800年，在罗马的圣彼得大教堂，教皇为查理加冕，亲自将王冠戴在查理的头上，高呼“查理奥古斯都”，从此国王查理变成了罗马的皇帝“查理大帝”。自从公元476年西罗马帝国灭亡后，罗马在时隔三百多年后再一次有了皇帝。查理大帝就是扑克牌里的“红桃K”，被誉为“欧洲之父”。

通过给查理大帝加冕，教皇的地位得到了前所未有的巩固。尽管查理大帝愿意有限度地提高教皇的地位，免得每次被人欺负后就向自己求救，但他并不认为教权应高于皇权。然而，教皇作为基督教世界的精神领袖，会巧妙地利用这次加冕仪式逐渐给大家洗脑，让所有基督教世界的国王都意识到，如果没有罗马教皇的加冕，国王是不会被全欧洲的基督教徒所承认的，任何人都有权去把他从宝座上踢下来。

如果查理大帝能预见到这些，一定会想法避免。所以，从某种意义上说，“矮子丕平”和查理大帝这对父子，似乎被教皇利用了……

十

风云再起

（公元800—1000年）

公元1世纪，汉帝国、贵霜帝国、帕提亚帝国和罗马帝国，从东向西一字排开，却在两百年后相继走散，只剩下罗马帝国独自在风中凌乱。

公元4世纪至公元6世纪，是三百年的民族混战。

公元7世纪至公元8世纪，是两百年的重整河山。

公元9世纪初，法兰克王国、东罗马帝国、阿拉伯帝国和唐帝国，由西至东秩序井然地排开。然而五十年后，它们失望地发现，历史又安排了新的主角。

“欧洲之父”查理大帝，是欧洲中世纪开局之初当之无愧的明星，他成为时隔三百年后的“罗马王”，但他的法兰克王国无法重现罗马帝国的辉煌。随着北欧人周期性地再次南下，法兰克王国烟消云散，整个欧洲的格局也被再次重塑。法国、德国、意大利从法兰克王国的蚕蛹中逐渐破茧而出；不列颠岛决定不再害羞，慢慢抹去了浓厚的历史迷雾；一个重量级的选手——俄罗斯姗姗来迟，也终于在欧洲的边缘建国了。所有的这一切，都是海洋游牧民族的新代表，是北欧维京海盗的得意之作。维京海盗甚至比哥伦布早五百年发现了美洲大陆。

东罗马帝国意外地发现，自己的北方出现了一个新的对手，并且对自己多年积累的财富垂涎三尺。令君士坦丁堡奇怪的是，东欧蛮族斯拉夫人的统治者，竟来自北欧，二者组合的国家叫俄罗斯。面对俄罗斯持之以恒的进攻，东罗马帝国用无形的武器使俄罗斯拥有共同的信仰。俄罗斯皈依基督东正教，这让君士坦丁堡如释重负。来自北欧的军事征服思想和来自南方的宗教信仰，指引着俄罗斯的未来。然而在未来的八百年内，东罗马帝国都不能对这个盟友和接班人寄予厚望，而君士坦丁堡含恨离去的倒计时，已不足六百年。

在今伊拉克巴格达，在阿拉伯帝国野性光芒的照耀下，沙漠游牧民族恢复了在两河流域的荣光。但骄傲的伊斯兰教帝国，在宗教分裂和突厥人的双重压力下，逐渐力不能支，巴格达的皇宫里，借酒浇愁的哈里发沮丧地发现，从大西洋到喜马拉雅山之间的广大疆域之内，帝国已经支离破碎，一个加强版的“春秋战国”格局成型，而哈里发自己也成为突厥军人的傀儡。

就像“上帝之城”罗马在数次沦陷中走向无尽的黑暗一样，唐帝国的长安城，也难以再现往日的繁华，宦官弄权和农民起义让李氏帝国心力交瘁，坐等最后的灭亡。在半个世纪的乱世中，突厥人完成在中国历史上的最后演出，自此消失不见。汉人建立赵氏王朝，但再无帝国光环，北方的草原游牧民族，对“杯酒释兵权”之后的宋王朝，虎视眈眈。北方收复无望之后，宋王朝便在柔美绮丽的宋词中黯然销魂。

自从被唐帝国击败，自尊心受到打击的日本，决定从此闭门谢客。既然改变不了别人，那就改变自己——虚构历史。将建国的历史提前了一千三百二十年，以此来摆脱被动历史的窘境。于是，日本认定当中国处在春秋战国时期、西亚两河流域的波斯第一帝国建立前的一个世纪左右、意大利的罗马建城约一个世纪之后，公元前660年，日本第一代天皇神武天皇就是日本历史的开始，日本从此跻身文明古国之列。走自己的路，让别人说去吧。

（一）雷神之锤重塑欧洲

约九百年前开始，日耳曼人披荆斩棘从欧洲的最北部南下，在欧洲大陆掀起层层波澜，但北欧这个已知世界的边缘地带一直被人忽略和遗忘。而现在，“众神之王”奥丁和“雷神”索尔，决定重塑欧洲。

在冰天雪地的北欧，有两个不为人知的半岛：斯堪的纳维亚半岛，地处欧洲西北部，包括今西部的挪威、东部的瑞典；日德兰半岛，是今丹麦的领土。北欧的海盗就来自这两个半岛，也被称为维京海盗。

虽然斯堪的纳维亚半岛像极了一艘翻了个底朝天的大船，但北欧维京海盗凭借着无与伦比的航海技术，在狂暴的海洋中肆意妄为，开启了欧洲的维京海盗时代。

而对于已知世界，特别是欧洲的人们来说，北欧人的可怕之处有两点：一是神秘，因为对其知之甚少，往往会心生恐惧；二是航海技术高超，他们非常善于造船和海上航行，其速度比陆地行军快五倍之多。就像草原游牧民族，靠疾如闪电的骑兵叱咤世界舞台一样，北欧维京海盗，凭借来去如风的航海能力，也必将会创造海洋游牧民族的一段传奇。试想，如果利用以上优势，南下欧洲大陆干些打家劫舍的勾当，一定是稳赚不赔的大买卖，因为法兰克王国的查理大帝还没有海军。

不列颠岛，因为地处偏远，即使有新闻也不能及时传播出去，抑或是忙碌的欧洲根本无暇去关注它。公元794年，不列颠岛的东海岸遭到挪威海盗的袭击，公元795年，西海岸也遭到洗劫。如果你认为，既然是边缘之地，必定是穷乡僻壤，使抢劫变得毫无乐趣，那么，基督教的修士们就可以刷新一下你的认知。手持十字架的修士们向全世界传播福音的决心，笃定而执着，不列颠岛北部的苏格兰早就有了很多修道院。

虔诚教徒的捐赠、权贵的财产、精美的装饰品和绫罗绸缎，以及修士们的日常食物充斥其中，毫无疑问，修道院就相当于现的在银行。虽然并不是正经勾当，然而挪威海盗也有自己的基本行为准则：（1）不进攻城市和人口稠密的地方，因为挪威海盗都是小股部队行动，主动挑战这些地区并不明智；（2）目标始终如一，只挑在海岸线上的修道院下手，因为十字架是他们看来唯一的极其可笑的防御；（3）从不破坏庄稼，因为自己偶尔也会需要。但是，坚决实行“三光”政策，即烧光、杀光、抢光，同时为了省时省力，也时常选择敲诈勒索。

基督教徒们肯定后悔莫及，当初就是因为坚信大海是他们的保护神，可以让他们远离欧洲内陆战场的骚扰，才会把修道院都建造在偏僻的欧洲北部海岸。现在看来，这无异于将积累多个世纪的财富，拱手送给北欧维京海盗。

约九百年前，条顿人从挪威南下，约八百年前，哥特人从瑞典南下。此时，似乎为了营造更加热闹的气氛，今北欧的挪威、瑞典和丹麦地区的人们相约一起南下。这种周期性的趋势，就好像是经济相对落后地区的人们出去闯世界。一些人靠辛勤的打工来谋生，当然打工的形式并不是成为奴隶或佃户，而是凭借北欧人的骁勇，加入欧洲帝国或王国成为雇佣军，成为收取固定收入的国家公务员，而大方的皇帝也会赏赐战利品。有人还真成了“打工皇帝”、名副其实的国王，曾在东罗马帝国雇佣军服役的“无情者”哈拉尔获得大量财富之后回到挪威，成为国王，不过最终死于进攻英国的战斗中。

总体来说，北欧人分三条路线下海。第一是向西，他们首次发现了今冰岛、格陵兰岛和北美的加拿大地区，这一路是相当和平的，当然主要是因为这些地方都是渺无人烟之地。第二是向南，攻击今法国、不列颠岛、西班牙、意大利等地区，最远到达地中海。入侵不列颠岛之时，北欧人将英国推向历史舞台（此前不列颠岛的历史都是模糊不清的），这一路绝无和平，全是靠暴力。第三是向东，东欧的斯拉夫人邀请北欧的瑞典人去统治他们，于是俄罗斯终于在千呼万唤中建国了。俄罗斯人主要是想利用有利的地理位置，发展东西方贸易，其中也不乏激烈的战斗，但这一路比第二路的暴力程度要低很多。经过这一次的重塑，欧洲大陆格局和当今的区别已经不大，唯一的问题就是，混乱和战争，在欧洲大陆完全停不下来。

公元843年，查理大帝的三个孙子觉得，不能再将王国分分合合，同时为了子孙后代考虑，防止被邻国合并，三人签署了正式的分家协议，于是法兰克王国一分为三：西法兰克王国、中法兰克王国和东法兰克王国。从此三国再未统一，这三个王国此后分别成为今天的法国、意大利和德国。所以从严格意义上来说，查理大帝的三个孙子才是“欧洲之父”。但从今天西欧和中欧的国家数量来看，远不止三个国家。原因也很简单，三个法兰克王国继续在化学反应中裂变，直到公元20世纪，这一痛苦和混乱的过程都没有停止过。

最先扬帆驶向大海的维京海盗是瑞典人，因为地理位置的关系，他们选择向东南即东欧平原发展。沿着伏尔加尔河和第聂伯河顺流而下，偏西南就是西方的东罗马帝国，偏东南就是东方的阿拉伯帝国。无论如何，维京瑞典人也没有勇气去挑战这两个庞然大物，他们被如火如荼的东西方贸易所吸引，只想老老实实地做贸易，也顺便贩卖人口，斯拉夫人成为可怜的目标。在这两条大河的下游，早已有草原游牧民族生活于此，他们对维京瑞典人横插一刀的商业企图心知肚明，两者之间的恶斗不可避免。

在欧洲的三大蛮族里，斯拉夫人可以说是最安分的，但也是欧洲三大蛮族里最悲惨的，一直被各色人等欺负，如今北欧的商人也踩在他们头上，于是他们再也无法忍受了。

很快，斯拉夫人对瑞典人寄出一封信，内容大致是：我们勤劳善良，且崇尚和平，但这里没有秩序，总被恶人欺凌，希望你们来统治我们。心跳加速的瑞典人一看，原来这不是战书，而是一封诚恳至极的邀请函。于是，瑞典人留里克和他的两个兄弟就欣然接受邀请，公元862年，在今俄罗斯西北的诺夫哥罗德建立了留里克王朝，这就是俄罗斯历史的开端。姗姗来迟的俄罗斯，如今却是世界上疆域面积最大的国家。如此看来，早到或晚到有时并不重要，所以今天的我们不用太急着一下子就梦想实现所有的人生目标。值得高兴的是，俄罗斯也正式加入了世界朋友圈。然而，有些欧洲人在此后的日子里，都不怎么开心。

同时期，维京丹麦人和维京挪威人开始向南和向西入侵。与维京瑞典人不一样的是，他们并不是完全单独行动，偶尔也组团。

在今爱尔兰地区。公元839年，维京人开始不满足于抢完就跑，而是改为占领，公元841年，都柏林建城，即今爱尔兰的首都。公元850年，两派人马出现内战，经过认真考虑之后决定，既然大家都是为了求财，两败俱伤则得不偿失，双方就各派出一个代表和谈，形成了北欧强盗集团狼狈为奸的共治局面。

在不列颠岛。公元850年，维京人在烧杀抢劫和敲诈勒索之后，也厌倦了流窜作案，就在不列颠岛南部过冬。公元865年，进攻最北方的盎格鲁－撒克逊王国，占领了北方重镇约克。随后，维京海盗以此为根据地，继续向南推进，遭遇麦西亚王国和西撒克逊王国联军的阻击和包围，眼看维京海盗集团就要被全歼了，西撒克逊王国的士兵却开始吵吵嚷嚷地要回家，因为收庄稼的时节来了。当士兵们扔下武器成为农夫，维京人就得救了，即将遭受灭顶之灾的强盗们撤回约克。不过，没有大难不死之后的反思，维京人仍会义无反顾地回来。

在今法国地区。公元845年，维京丹麦人围攻巴黎，敲诈勒索了大笔财富和战争赔款，看着一脸沮丧的法王“秃头”查理和巴黎王宫那空空如也的国库，意犹未尽地走了。回到丹麦后，他们又继续掠夺爱尔兰和苏格兰。

在更西边的未知世界。公元8世纪末，维京挪威人接连发现了很多的新岛屿，并将其中两个岛命名为设得兰群岛、法罗群岛，在这里饲养牲畜、储备补给。由于这里土地太少，他们决定驶向西边更远的海域去试试运气。公元9世纪中，当他们的同胞在不列颠岛和法国成为暴发户的时候，他们发现了一个很大的岛——冰岛。发现冰岛的是挪威两兄弟，因为他们在本国犯了重罪，不得不远航以逃避法律制裁。冰岛虽然没有水果、蔬菜和粮食，但是至少不会饿死，于是第一批永久居民定居下来，冰岛也进入了已知世界的范围。但是众多逃避管制的人们来此定居，使冰岛不堪重负。公元978年，一个冰岛居民发现了世界上最大的岛——格陵兰岛，因为格陵兰岛本身不适合人类生存，加上登陆后选址失误，最终并未定居于此。格陵兰岛的英文为Greenland，意思为“绿色之地”。一个四分之三的地区处于北极圈内，基本上不适合人类生存的岛屿，之所以拥有这样一个很环保的名字，要从一个杀人犯说起。公元985年，因为此前听说有人在更远的西边发现了新土地，一个冰岛的杀人犯为了逃避惩罚向西航行，顺利到达了格陵兰岛。由于太孤单就想找一群人一起来定居，他并没有经过认真考察就回到冰岛，并大肆宣传格陵兰岛比冰岛好上千万倍，而且此时的冰岛确实人满为患，于是有几百人愿意跟他一起去那个好像很环保的“绿色之地”去定居。

接下来，维京挪威人有了一个更巨大的发现。公元986年，一个挪威人要去冰岛找自己的父亲团聚，到了冰岛之后听人说父亲已经去了西边，于是就向西航行继续寻找。路上，风暴让船只偏离了航向，等风平浪静后终于到达陆地，然而，这一块土地一点都不贫瘠，相反却是草木葱郁，这就是北美洲加拿大东北的拉布拉多海岸。所以说，北欧挪威人发现美洲大陆的时间要比哥伦布早约五百年。

现在，我们将欧洲的重要角色——英国，正式介绍到世界朋友圈。

公元410年，面对欧洲大陆日耳曼人和匈奴人的冲击，力不从心的罗马帝国决定从不列颠岛南部撤军。没有了罗马军队的庇护，不列颠岛的居民为了抵御北方凯尔特人的侵扰，也像斯拉夫人邀请维京瑞典人一样，诚挚邀请盎格鲁人、撒克逊人和朱特人来帮他们。公元423年，日耳曼人陆续登陆，帮助不列颠岛的居民抵挡住了远亲凯尔特人的进攻。但是，不列颠岛的居民可不像斯拉夫人那样想让别人统治自己，因此双方爆发矛盾。最终，盎格鲁人、撒克逊人和朱特人就鸠占鹊巢，占领了大半个不列颠，从此堂而皇之地定居下来，成为主人。因此，今天的英格兰一词就是从盎格鲁演变而来，意思是盎格鲁人的国家，所以这片土地是抢来的。凯尔特人被罗马帝国夺去土地长达三百五十年，现在又被日耳曼人抢走，这次的时长是直到现在。所以，北方的苏格兰和南方的英格兰一直磕磕绊绊，直到公元2014年，苏格兰还举行了全民公投，来决定是否脱离英国，结果因为约百分之五十五的人不同意而失败。当然这不是最惊险的公投，1995年，加拿大曾经举行一场公投，如果不是因为反对独立的一方多了不足百分之一的微弱票数，魁北克省已经独立了。

盎格鲁人和撒克逊人开始在不列颠岛上划分势力范围，在不足二十万平方公里的南部，建立了七个袖珍王国，史称“七国时代”。如果是一个统一的王国，也许能抵挡北欧维京海盗的进攻，但是，对于日耳曼民族来说，统一如铁树开花一样困难。

由于西撒克逊王国的士兵回家收庄稼，逃过一劫的维京丹麦人卷土重来，农民不得不再次拿起武器。公元869年，维京丹麦人再次杀到，在东海岸登陆灭了东盎格鲁王国，此后一段时期这里就成为丹麦人的地盘。公元871年，维京丹麦人向西再次进攻西撒克逊王国，西撒克逊王国的阿尔弗雷德国王不得不与之和谈并赔款。虽然阿尔弗雷德就是打败丹麦人、最终一统英格兰的英格兰国王——阿尔弗雷德大帝，但此时他除了争取时间，别无他法。

通过屈辱的和谈争取到了宝贵的喘息时间，阿尔弗雷德大帝利用游击战逐渐转守为攻，几年后大败维京丹麦人，并使他们皈依了基督天主教。早在公元6世纪末，七个王国就陆续皈依基督教，不列颠岛和爱尔兰海岸线上的修道院，可不仅仅是用来给维京海盗劫掠的。公元899年，阿尔弗雷德大帝去世的时候，他是不列颠岛上唯一的英王，阿尔弗雷德大帝的功绩就是保存了日耳曼文明，盎格鲁人和撒克逊人就是今天的英国人、美国人和澳大利亚人的祖先，阿尔弗雷德也被誉为“英国国父”。尽管英格兰没有沦为海盗的国度，但潜移默化的力量不可忽视，几百年后，大英帝国的崛起不乏北欧维京海盗的影子，虽然整个不列颠岛只有约三十万平方公里，但大英帝国殖民的疆域面积达三千多万平方公里，是历史上疆域最大的帝国。

公元10世纪末，在西边爱尔兰岛的维京人也逐渐转入低潮，成为附属群体。所有人都在等着一百多年后，一位来自法国的公爵来征服他们。而这位公爵的家族出身就是北欧维京海盗，因为巴黎的法王、查理大帝的子孙，根本无法抵挡北欧人的进攻，于是海盗摇身一变，成为拥有土地的法国公爵、法王的封臣。

带着好奇心，我们渡过英吉利海峡，来到查理大帝的子孙们那支离破碎的王国。

公元870年，查理大帝的长孙这一分支的中法兰克王国绝嗣，于是另外两兄弟又签了一个瓜分协议，中法兰克大部分被瓜分，只留下南部的一部分，相当于今意大利北部地区。三个王国变成两个，并不等于法兰克王国燃起统一的希望。相反，衰落的王权让整个法兰克王国领土上，有多达一百五十个独立王国，俗称公国，统治者称公爵，与中国春秋战国时期的诸侯国类似。

刚刚瓜分完毕，巴黎终于成功地抵挡了一次维京海盗的袭击。但是，一个叫罗洛的维京挪威人的出现，不仅使西法兰克王国遭了殃，还会使英格兰无法幸免。

公元911年，罗洛再次进攻巴黎，西法兰克王国的“糊涂王”查理三世，综合国内外形势，做出了一个惊人的决定：如果这些海盗能接受基督天主教信仰的话，就把诺曼底省送给他们。每个人都有老的时候，海盗也不例外，年轻岁月的无限激情，迟早会被厌倦打打杀杀和颠沛流离的情绪所代替，对于此时已经年过六旬的罗洛来说，晚年能有一个安身立命之所是梦寐以求的。尽管自己已经数不清多少次抢劫修道院、多少次将十字架付之一炬，也不明白这两根木头到底意味着什么，但一块面朝大海的土地和一个十字架画等号，这是一个让人无法拒绝的交易。

仪式感很重要，“糊涂王”查理认为，罗洛必须正式宣布效忠法王。急于获得领地的强盗罗洛心生厌烦，但公爵的头衔让他极不情愿地走向手下败将的国王，对法王行吻脚礼，敷衍的归顺仪式结束。罗洛，曾经的强盗首领、北欧海盗，现在被别人尊敬地称呼为诺曼底公爵，此后这一支维京人就被称为诺曼人。

看着扬长而去的新封臣，“糊涂王”查理的脸上并没有一丝沮丧，因为至少巴黎暂时安全了。在数次被北欧海盗劫掠之后，长期来看，巴黎的沦陷是不可避免的，并不算糊涂的“糊涂王”查理，用一块依然臣属于自己的土地，为王国找到了一个安全的保障。此后如果再有北欧海盗前来，那位新晋的公爵就知道该怎么做了。正如“糊涂王”查理的计划，此后巴黎再也没有遇到北欧海盗大的威胁。然而，“糊涂王”查理却没有预料到，海盗出身的诺曼人，本身就是一个最大的危险。

作为查理大帝的三个孙子之一，路易是最吃亏的，他分到的是东法兰克王国。王国的领土包括今德国中部和西部、奥地利和瑞士。这部分领土是查理大帝刚刚占领的，十分落后和荒凉，几乎只有千年的原始森林和难以逾越的崇山峻岭，东部也没有固定的边境，公国众多，民族复杂，所有人都没有统一或者国家的概念。东法兰克王国甚至找不到一座像样的城市。实际上，就连此时的巴黎，也只有泥泞的街道、低矮的房屋、脏乱的公共卫生。与君士坦丁堡、巴格达、长安相比，巴黎只是一个有人居住的城镇而已。

公元911年，即罗洛走马上任诺曼底公爵的那一年，东法兰克王国的卡洛林家族也绝嗣，来自其中一个公国的康拉德公爵被推举为国王，取代了卡洛林王朝，从此东法兰克国王不再是世袭，而是由各公国来选举。需要注意的是，这个被推选出来的国王，还需要经过罗马教皇的加冕，才算是合法的国王。这就是查理大帝与教皇留下的后遗症。

不久，东法兰克王国就不存在了，取代它的是一个新的、历史悠久的帝国，但它的历史会像蜿蜒的小径一样曲折。罗马教皇最终选择了这个可以让教皇以世俗领袖的身份统治欧洲的地方。公元962年，萨克森公国的奥托一世由教皇在罗马加冕为“罗马王”，是为奥托大帝，公元1157年，采用“神圣帝国皇帝”的称谓，公元1254年，才最终采用“神圣罗马帝国皇帝”的称谓，此后我们的行文统一使用“神圣罗马帝国”这一称谓。萨克森公国成为领头羊是有原因的，因为奥托大帝阻止了匈牙利人的入侵，结束了一直被欺凌的历史。

西法兰克王国，不久就要变成今天的法兰西了。谁能相信海盗出身的诺曼人，会安安分分地效忠一个自己根本看不起的国王？到了诺曼底公爵罗洛的儿子这一代，已经死去的“糊涂王”的如意算盘就落空了，诺曼人非但不防守维京人，而且邀请北欧的海盗同乡来洗劫法王。公元987年，西法兰克王国卡洛林王朝的最后一任国王死后无嗣，诺曼人帮助法兰西公爵卡佩成为国王。从此，法兰西诞生了。法兰西就是今天的法国，全称为“法兰西第五共和国”，然而，它被改变的次数，远不止五次。

查理大帝的子孙，开始陆续消失。公元870年，中法兰克王国灭亡。公元962年，东法兰克王国灭亡，神圣罗马帝国建立。公元987年，西法兰克王国灭亡，法兰西建立。法兰克王国在北欧维京海盗的冲击下，随风飘散。如今的法国、德国和意大利，是该感谢查理大帝，还是该感谢北欧人呢?

在不列颠岛，阿尔弗雷德大帝死后，他的子孙们继承他的遗志，盎格鲁人和撒克逊人仍然可以稳坐英格兰的王座约一个世纪。可怕的是，重塑欧洲的任务没有完成，北欧维京海盗的时代就没有结束，像法兰克王国一样，英格兰王国也在劫难逃。

蓝牙技术，一个近距离的无线传输应用技术，在公元21世纪的生活中几乎无处不在，由瑞典的爱立信公司在公元1994年首次推出。蓝牙二字起源于一位伟大的丹麦王——“蓝牙王”哈拉尔。

“蓝牙王”哈拉尔的父亲，在海盗事业中积累了大量财富，成为丹麦王国的第一任国王。公元940年，“蓝牙王”即位，他决心建立一个统一的北欧王国。公元961年他出兵挪威，使挪威大部分地区臣服，丹麦成为北欧最强大的王国。自从公元962年，奥托大帝成为教皇加冕的罗马王，就一直对北方的丹麦王国虎视眈眈，这让“蓝牙王”的劫掠事业和统一大业受到潜在的威胁。公元965年，“蓝牙王”决定让丹麦人全体皈依基督天主教，这样，丹麦作为一个统一民族的历史就开始了，这就是

“蓝牙”代表的意义。此外，来自南部的威胁也被自动解除了，奥托大帝不得不将征服丹麦王国的计划束之高阁，因为教皇不会同意天主教徒自相残杀。北欧三国，丹麦、挪威和瑞典，逐渐都皈依基督天主教，也逐步成为中央集权的王国。于是，如果再有人随意出海劫掠，就会受到国王官吏的警告。至于当今北欧四国之一的芬兰，它的历史还没有真正开始。

然而，悲剧始于父子并不同心。“蓝牙王”哈拉尔的儿子，始终怀有一颗海盗之心，温和的十字架让他体内的激情无处发泄，于是他背叛了自己的父亲，失败的“蓝牙王”落了个流亡被杀的下场。“罗马王”奥托大帝的儿子，也做出了与自己的父亲相悖的决策，他出兵北上打败了丹麦。挪威趁机脱离了丹麦的控制，急需大量财富的挪威王又盯上了英格兰，在顺利获得英王的赔款之后高兴地回到挪威。然而，等待他的是丹麦和瑞典的联军，挪威王被击败。那位丹麦王，“蓝牙王”哈拉尔的儿子，成为北欧之王。

很快，北欧之王就有了一个进攻英格兰的理由，盎格鲁人和撒克逊人的噩梦又来了。

（二）基辅拜师

当罗马天主教在西欧攻城略地的时候，君士坦丁堡东正教也在欧洲东部吸收了一名重量级的新队员，不过它在此时以及未来的几百年内还无足轻重。

在所有人的眼里，君士坦丁堡就是“黄金之城”。斯拉夫民族和它的北欧统治者，只给俄罗斯定了一个战略目标——持之以恒地对东罗马帝国死缠烂打。

东罗马帝国首都君士坦丁堡三面环水，早就拥有了强大的海军。新生代俄罗斯，基本上都是站在坚不可摧的城墙下吆喝，或者振臂高呼要求允许经商，或者要加入帝国雇佣军的公务员队伍，因为如果幸运能战功卓著的话，就可以迅速实现财富自由。此时东罗马帝国需要对付东方的阿拉伯帝国，很多维京人就以雇佣军身份出现在帝国的军队里，一些俄罗斯人也被允许在君士坦丁堡有限制地经商。

欲望是无止境的。公元882年，留里克的弟弟即位，为了更好地与东罗马帝国周旋，将首都南迁至离君士坦丁堡更近的基辅（今乌克兰的首都）。新起点，新气象，基辅也成为俄罗斯的“众城之母”。一切安排妥当之后，俄罗斯人继续执行基本国策——进攻君士坦丁堡。公元907年，因为东罗马帝国用巨大的铁链封锁住海峡，留里克的弟弟就利用滚木在陆地上将轮船拖行到君士坦丁堡，暗自发抖的君士坦丁堡当面向对手表示敬佩，俄罗斯就得到了更多的经商特权。

留里克的儿子伊戈尔即位后，继续进攻君士坦丁堡。由于当时东罗马帝国与东方阿拉伯帝国的战事稍有缓和，东罗马帝国决定打压一下俄罗斯的嚣张气焰，于是神秘武器“希腊火”再次出现。但是伊戈尔在一个彪悍的游牧部落的帮助下，还是取得了胜利。在签署一个有利的条约后，伊戈尔就再也没来过“黄金之城”，因为他被一个自己经常欺凌的部落抓住了，而且被执行了一个非常奇特的死刑。他们把伊戈尔绑在两棵弹性极好的树上，折弯树干，然后邪恶地按下发射键，于是基辅大公伊戈尔就被“两树分尸”了。

丈夫的惨死，让伊戈尔的妻子奥莉嘉悲痛万分，她决心将这个敌对部落赶尽杀绝。这个犯错的部落也意识到大难临头，于是派人前去求和。隐藏愤怒的奥莉嘉面无表情地说，“你们求和的诚意我已收到，我现在没有别的要求，只要求你们部落每户送三只鸽子、三只麻雀来赔罪”。使者不敢相信自己的耳朵，就连基辅也不理解她究竟要做什么。当使者带着求和的条件回到部落，所有人欢天喜地，很快，鸽子和麻雀如期如数送到。

鸽子不仅仅是和平的象征，也可以是屠城的烈焰。

奥莉嘉命人在鸽子和麻雀尾巴上系上可燃物，点燃之后即刻放飞，这些如火箭般的飞禽，都不明所以地急于回到主人的身边，希望尽快见到住在茅草屋里的主人。不远处的奥莉嘉，依旧面无表情地等待冲天的复仇烟火。以为一切风平浪静的部落，抬头看向天空时，人们睁大的瞳孔，被密密麻麻的点点火光照亮了，死亡或奴隶，再没有第三个选项了。

然而，烈焰燃起的那一刻，奥莉嘉也将心中的恶魔放下了。

第一个将基督教引入基辅的人，就是奥莉嘉。公元955年，她来到“黄金之城”，君士坦丁堡的王者气势、圣索菲亚大教堂的富丽堂皇，让她为之神往，于是她受洗成为基督徒，东罗马皇帝成为她的教父。基督东正教在俄罗斯埋下了一粒极其重要的种子。

“雷神”索尔，是北欧人的偶像，奥莉嘉的儿子，他觉得母亲信仰的宗教会令国人耻笑。也许母亲认为，北欧人要真正塑造俄罗斯民族，全体必须有共同的信仰，也许儿子认为，周围的敌人还很多。于是，伊戈尔和奥莉嘉的儿子，挥起雷神之锤砸向周边的草原游牧民族，并取得了一系列的胜利，其中之一就是打败里海北部草原的西突厥的后裔——哈扎尔人。

奥莉嘉曾经让某个部落为死去的丈夫赎罪，尽管后来她又对着十字架寻求救赎，却换不来儿子的全尸。

东罗马帝国一直对西边的邻居保加利亚帝国十分不满，这是保加尔人在公元681年建立的国家，保加尔人此前居住在东欧平原，随着阿瓦尔帝国来到巴尔干半岛定居。当东罗马帝国注意到，北方的俄罗斯极具潜力时，奥莉嘉的儿子就收到了君士坦丁堡皇帝的邀请函，希望能联合去攻打巴尔干半岛的保加利亚帝国。基辅欣然应允，勇猛的俄罗斯人很快打败了保加利亚帝国，并攻陷了其首都，兴奋的基辅大公甚至考虑迁都至此，这种可怕的想法和俄罗斯人的战斗力让东罗马帝国害怕不已，于是立即毫不羞耻地改变策略，反过来和保加利亚帝国联合驱赶俄罗斯人。奥莉嘉的儿子战败了，并当众起誓永不再回来蹚这趟浑水。俄罗斯人开始撤回基辅的时候，也在慢慢步入另一个陷阱，一个曾被打败的野蛮部落在暗处等着仇人路过。毫无收获的俄罗斯人显得士气不振，于是，奥莉嘉的儿子再次被打败，他的头颅被割下做成了酒杯。

这是西方习以为常的套路，奥莉嘉的三个孙子将俄罗斯一分为三。第三个孙子弗拉基米尔一世本来是诺夫哥罗德的大公，约公元980年，他在北欧老乡的帮助下成为俄罗斯唯一的大公。此时，俄罗斯需要一个虔诚的信仰，来实现真正的团结和统一。于是，弗拉基米尔大公派人去外面的世界，考察哪一种宗教更好。

很快，四种不同的宗教被呈上来，供基辅大公弗拉基米尔一世选择，分别是犹太教、伊斯兰教、天主教和东正教。对基辅大公来说，最关键的是要符合自己的品位和好恶，至于教义是什么并不重要。弗拉基米尔一世首先将犹太教从选项中划掉，因为犹太人连自己的土地都没有，完全不予考虑；凭禁止饮酒这一条规定，伊斯兰教就被否决了，然而，这是基辅大公调查团的失职，巴格拉的皇宫里，酒并不是稀罕物。现在，就剩下天主教和东正教。最终的抉择标准却极其简单，“寒酸”的天主教教堂毫无悬念地输给了“气派”的东正教教堂。

公元992年，在“众城之母”基辅，俄罗斯大公弗拉杰米尔一世宣布，俄罗斯民族信仰基督东正教！

公元988年，又有一封邀请函从君士坦丁堡被送至基辅。

几十年前，东罗马帝国和俄罗斯因保加利亚帝国而交恶的情形早已烟消云散了。因为东罗马帝国已经换了皇帝——巴西尔二世。他在位长达六十二年之久，是继查士丁尼大帝之后的一位雄主，浑浑噩噩五百年的帝国终于睁开了惺忪的眼睛。

在帝国的千年历史中，君士坦丁堡被动挨打的时间，远多于傲视群雄的时间，因此每一次崛起都难能可贵。在帝国的第二个黄金时期，巴西尔二世功不可没，他在帝国的边境取得了多次胜利，击败了今意大利、叙利亚、亚美尼亚和保加利亚的敌人，帝国的疆域从今意大利一直到今叙利亚，使东罗马帝国焕发第二春。巴西尔二世的特别之处是，他戎马一生，终身未娶，即东罗马帝国没有皇后，这也许是彻底防止外戚干政的最佳方式和最好教材。

因为亚美尼亚的叛乱，巴西尔二世眼看自己只能控制君士坦丁堡周边很小的地区，而且周边国家都不怀善意，于是俄罗斯的雇佣兵成为唯一的选择。巴西尔二世的邀请函发出后，弗拉基米尔一世同意借兵，但条件是东罗马帝国皇帝要把自己的妹妹嫁给他。虽然，帝国高贵的公主从来没有下嫁蛮族，但形势所逼，坚定而有远见的帝国皇帝巴西尔二世答应了，于是东罗马帝国公主下嫁，皇帝获得了六千名扛着战斧的北欧雇佣军。事实证明，对东罗马帝国来说，这笔交易不亏，因为勇猛的雇佣军很快帮助皇帝平定了叛乱，巴西尔二世的皇位得以稳固。

东罗马帝国的皇帝在支付雇佣费用后，并没有遣散雇佣军，而是向他们正式提供了长期的聘书，于是北欧雇佣军就成了东罗马帝国皇帝的禁卫军，而且必要的时候去保卫帝国边疆、驱逐敌人，这就是著名的瓦兰吉卫队。这些雇佣军不仅像公务员一样有薪水，而且还有权分得一些战利品，同时还能享受地中海温暖怡人的气候，天下没有比这个更让雇佣军满意的工作了。忠心耿耿而又有职业操守的瓦兰吉卫队，只为帝国的皇帝提供服务，不管皇位上坐着谁。东罗马帝国的皇帝和来自北欧的雇佣军之间，达成了长期的雇佣协议，这个手持战斧的重步兵卫队为帝国此后的战争立下汗马功劳，巴西尔二世依靠雇佣军的策略在当时获得了令人羡慕的功绩，瓦兰吉卫队一直延续到了帝国灭亡前的公元15世纪初。

最好的消息就是，在被天主教和伊斯兰教包围的恶劣环境下，东罗马帝国多了一个有共同信仰的朋友——俄罗斯。但作为盟友，俄罗斯目前仍然是不够格的，整体实力的孱弱和未真正统一的国土，使俄罗斯只能埋头“自扫门前雪”。所以，在公元11世纪末，突厥人在西亚崛起，不堪忍受的东罗马帝国，只能向西方的天主教国家求救。尽管他们之间有严重的宗教分歧和隔阂，但罗马教皇敏锐地发现，这是一个让君士坦丁堡低头的绝好机会。于是，约两百年的十字军东征就开始了，继亚历山大大帝之后，西方再次大规模入侵东方。

四个多世纪后，当突厥人成为君士坦丁堡的主人，东罗马帝国寿终正寝，罗马教皇也无比失望地发现，伊斯兰教的新月悬挂在圣索菲亚大教堂的顶上。尽管此时在地图上仍然找不到莫斯科，但它的主人会迎娶一个拥有恺撒血统的女性。从那时起，莫斯科将取代君士坦丁堡，成为基督东正教的中心。

（三）新月难盈

进入9世纪时，阿拉伯帝国已经是世界上最大的帝国了，帝国的最西边是大西洋，最东边是喜马拉雅山。南欧、北非、西亚、中亚的每一座清真寺中，真主安拉和先知穆罕默德的名字每天都被无数次地提及，先知穆罕默德的穆斯林可以骄傲地对全世界宣布：安拉是唯一的真神，先知是安拉的使者。

基督教徒虽然不服，却无可奈何。罗马和君士坦丁堡决定在屈辱中默默坚持和忍耐。

公元806年，巴格达打败了君士坦丁堡，趾高气扬地向东罗马帝国的皇室成员收取人头税。向东方帝国缴纳皇室人头税，这对东罗马帝国来说是一次极其屈辱的经历，而对阿拉伯帝国来说，则是辉煌的战果。

在阿拉伯帝国征服的地区，穆斯林一手持《古兰经》，一手握宝剑，被征服者只能二选一。但是，这种情况又逐渐被帝国所不能接受，因为皈依了伊斯兰教就无须缴纳人头税，于是阿拉伯帝国给出被征服者第三个选择——缴纳人头税就不用背诵《古兰经》。

公元750年，阿拉伯帝国的阿拔斯王朝，定都伊拉克的巴格达，帝国统治着广阔的领土，巴格达和君士坦丁堡、长安成为世界三大中心城市。但自从公元756年，伍麦叶王朝的后裔在今西班牙的科尔多瓦建立王朝，阿拉伯帝国的分裂程序就开始启动。公元788年，在今北非摩洛哥，第四任哈里发阿里的五世孙，建立了第一个小型的什叶派王朝。公元800年，在今北非突尼斯，逊尼派也建立了小王朝。这是个微不足道的开始。

百年间的巨大成功，让穆斯林的帝国像罗马帝国一样。堕落腐化的罗马帝国因为缺少兵源而不得不吸收欧洲蛮族，从此罗马军团的战法被蛮族的赤膊上阵、一哄而上所取代。阿拉伯帝国重蹈覆辙，蛰伏的突厥后裔得到招募，进入帝国的军队上层，与唐帝国的“突厥之乱”异曲同工，阿拉伯帝国将付出不可挽回的代价，因为突厥人将会让帝国的哈里发成为彻头彻尾的傀儡。

公元833年至公元842年，哈里发成立了突厥奴隶组成的禁卫军，二十年不到，突厥禁卫军的首领已经掌握了阿拔斯王朝哈里发的废立权和国家政事决策权。

阿拉伯帝国内，一个加强版的“春秋战国”开始了。

以巴格达为中心，阿拉伯帝国的西半壁，包括今南欧的西班牙、北非的摩洛哥、突尼斯、埃及，今西亚的叙利亚和巴勒斯坦。

首先控制埃及的是创建于公元868年的图伦王朝，这个王朝的创建者是突厥人，原是阿拔斯王朝突厥禁卫军的统领，后被派任埃及总督。从奴隶到统领再到总督，直线的升迁使他的野心急剧膨胀，公元868年宣布独立，并拒绝向埃及缴税，而失去巨大财富的巴格达哈里发却没有任何惩罚措施，因为一个傀儡不能单独做决定，要看突厥禁卫军的脸色。公元877年，叙利亚总督病死，图伦王朝趁机吞并叙利亚，成为埃及和叙利亚的统治者。由于外部干扰和内部争权，公元905年，图伦王朝被巴格达所灭。这只是突厥人在埃及小试牛刀，约三百五十年后，突厥人将再次在埃及建立一个长达二百六十多年的王朝。彼时，埃及的突厥人不仅赶走了欧洲的十字军，而且成功阻挡了蒙古帝国西征的脚步。

巴格达虽然摧毁了突厥人在埃及的王朝，但对混乱的埃及和叙利亚束手无策，于是又一位突厥将领出任埃及总督。这位新总督迅速将埃及、叙利亚及巴勒斯坦的局势稳定下来，被授予“伊赫什德”称号，这位突厥总督虽然名义上服从巴格达，但实际上已经独立自治，公元935年，突厥人的伊赫什德王朝建立。

伊赫什德王朝的北部有一个对手，即公元929年由什叶派建立的哈木丹尼王朝，双方一直不睦。但哈木丹尼王朝主要的敌人是东罗马帝国，几乎每年都要向君士坦丁堡发起挑战。虽然延续东西方对抗传统的精神可嘉，但势单力薄的哈木丹尼王朝于公元969年被东罗马帝国打败，东西方之间的重要城市——安条克被占领约一百二十年，从此一蹶不振。伊赫什德王朝和哈木丹尼王朝，都将被第四任哈里发阿里的后裔打败。

公元909年，在今北非突尼斯，自称是阿里女儿后裔的什叶派推翻了在这里存续一百一十年的一个逊尼派小王朝，以阿里女儿的名字命名的法蒂玛王朝建立了。自此，北非没有逊尼派的王朝了，因为同为什叶派，法蒂玛王朝自然不会进攻西部的什叶派王朝，它的最大敌人是巴格达的阿拔斯王朝。

公元914年，法蒂玛王朝攻陷亚历山大港，公元969年，攻陷了突厥人的伊赫什德王朝，三十五年的短命王朝灭亡。法蒂玛王朝立即在旧都城附近修建新城市——开罗，这就是法蒂玛王朝的首都，也是今埃及的首都，这座城市至今已有一千多年历史。同年，法蒂玛王朝军队占领大马士革，叙利亚成为王朝领土，其后占领了麦加和麦地那。公元974年，西班牙的伍麦叶王朝出兵北非，阿里五世孙的王朝灭亡，法蒂玛王朝随即挥师西进，将西班牙伍麦叶王朝赶出非洲。

公元10世纪末，法蒂玛王朝第五任哈里发在位时期，国势极盛，王朝的疆域西起大西洋、东至红海，包括埃及、叙利亚和阿拉伯半岛西部地区，横跨亚非两大洲。

此时，西班牙的伍麦叶王朝、埃及的法蒂玛王朝、伊拉克的阿拔斯王朝构成了伊斯兰世界的三足鼎立局面。处于中间位置的法蒂玛王朝，时刻想着攻陷西班牙的科尔瓦多和伊拉克的巴格达，生擒对方的哈里发，为此还斥巨资修建了豪华的宫殿，准备用于安置两个敌对王朝的皇室。然而，里面一直空空如也。

回到巴格达。哈里发的实际皇权已经彻底消失。突厥禁卫军掌握实权，随意废立哈里发，阿拔斯王朝的哈里发朝不保夕。从9世纪中期到10世纪中期的一百年间，共有十三位名义上的哈里发。痛定思痛之后，哈里发决定从外部寻找帮手来铲除突厥人。但正是这个策略彻底葬送了王朝的未来。

自称萨珊王朝后裔的布韦希家族，展示了维持王朝外部稳定的能力，哈里发坚定地认为新的外援非他莫属。听闻巴格达的召唤，布韦希家族积极响应，公元945年，进军巴格达，突厥禁卫军望风而逃，于是哈里发亲自迎接，布韦希家族从此权倾朝野。哈里发的计划彻底失败了，因为次年，布韦希家族就挖去了他的双眼并废黜了他，另立新君。从此，帝国中心的最高权力掌握在布韦希家族手中。从布韦希家族进入巴格达城的那一天起，布韦希王朝就建立了，然而阿拔斯王朝的“官方网站”依然存在，只是再也没有更新了。到公元10世纪末，还算优秀的布韦希王朝，已经将阿拔斯王朝的疆域恢复到公元800年时候。

然而，真正的强者还没到来。

以巴格达为中心，阿拉伯帝国的东半壁，包括今伊朗、阿富汗、巴勒斯坦、印度西北和大部分中亚地区。

在布韦希家族入主巴格达之前，东部曾经存在两个短暂的由波斯人建立的王朝，位于今伊朗、中亚和阿富汗交界的地区。然而最强大的是第三个王朝——萨曼王朝，以今乌兹别克斯坦的布拉哈为都城，从公元874年建立，持续到公元999年，领土包括今大部分中亚、大部分伊朗和阿富汗地区，是中亚地区实力最强劲的王朝，与巴格达的布韦希王朝瓜分了王朝的整个东部地区。萨曼王朝灭亡于“通病”——任用突厥人作为禁卫军。

公元962年，中亚的突厥人建立了一个王朝——伽色尼王朝，定都在今阿富汗西南部的伽色尼，王朝的创建者就是萨曼王朝的禁卫军首领。因为不被信任，他于是索性带领突厥士兵另立山头。伽色尼王朝很快灭了老东家，王朝疆域从呼罗珊一直到北印度。感谢伽色尼王朝，使印度再次进入我们视野，然而仍然着墨很少。但对于印度，伽色尼王朝是噩梦般的存在。因为佛教在印度无以为继，跟伽色尼王朝密不可分，狂野的突厥人，不仅抢夺财富，还摧毁寺庙。

先知穆罕默德的帝国已然进入了四分五裂的“战国”阶段，帝国的新月再也难盈。但是，谈格局定型仍为时尚早，突厥人重塑东西方两大帝国的大戏，才刚刚开始。

（四）从唐诗到宋词

“突厥之乱”让唐帝国从此撤出中亚，再也没有哪一位中国皇帝能拥有“天可汗”的荣誉了。

“突厥之乱”后的长安城，失去了往日的颜色，无助地舔舐着自己永难愈合的伤口。与长安城里情绪低沉的皇帝截然相反，精神抖擞、军权在握的节度使们，饶有兴致地关注着外面的风吹草动，就连平日里畏畏缩缩的宦官，也开始在皇宫内大摇大摆地行走了。

唐玄宗的曾孙唐德宗即位后，决定一改颓势：抑制宦官，并对地方节度使重拳出击。然而这很快就招致了叛乱。这次叛乱的规格很高，有两人称帝；也很热闹，有四人称王。公元783年，长安再次沦陷，皇帝出逃。叛乱平息后，心灰意冷、心有余悸的皇帝，决定推翻自己之前的所有方案，任用宦官为禁军统领，对地方节度使势力也睁一只眼闭一只眼。除了朝夕相处的宦官，孤家寡人的皇帝已几无可用之人。对于皇帝而言，只要节度使不再盯着长安，一切都随便吧。

唐德宗原本指望着子孙后代解决这个问题，但是他的儿子唐顺宗的履历让人瞬间感到绝望。唐顺宗的三个职位和任职期限如下：太子二十五年，皇帝一百八十六天，太上皇五个月。

诗人白居易的“野火烧不尽，春风吹又生”，用来形容历朝历代的宦官，再贴切不过。因为，在唐朝此后的日子里，宦官开始任意拥立皇帝了。然而退一万步，这对于无能的皇族来说，比起狼狈出逃、被节度使拽下皇座，都显得更和风细雨。外戚中还有卫青、霍去病这样的顶级人才，窦宪虽然品行不端，但万里驱逐匈奴于国门之外也算名留史册，而宦官却鲜有因美名传世的（“中国历史之父”司马迁不算正式的宦官编制）。但皇族还是要感谢他们，因为充其量是家奴的宦官们，只会想方设法控制皇帝为己所用，而绝不会糊涂到去改朝换代，如果帝国的宝座上坐着一位太监，无异于自己主动坐上死刑电椅，天下也必定大乱。

自从秦始皇寻求长生不老药开始，这个不良传统就一直在皇室传承。公元846年登基的唐宣宗，是唐帝国第五个死于丹药中毒的皇帝。其中，英明神武的“天可汗”唐太宗也是因此而死。

公元824年，是吐蕃王朝灭亡的时间，从公元618年和唐帝国一起“挂牌上市”，国祚超两百年。自松赞干布之后，随着唐帝国步入多事之秋，两个王朝就开始了时好时坏的关系。虽然多次会盟，表达了团结一致的决心，但不睦也如影随形。就在平定安史之乱的公元763年，吐蕃王朝的军队还进入了长安城，这是长安的第二次沦陷。虽然唐帝国国力渐衰，但还是多次击败吐蕃。而吐蕃自己的问题也不少，于是布达拉宫渐入困境、挥别荣耀。就像汽车零件需要磨合，人和民族也一样，很多时候正是有了矛盾之后，彼此关系才会更好、更稳固、更珍惜。中华大地上，千年一统的趋势是历史造就的，直到今天我们仍处在历史进行时。如果有人继续无知地选择不活在历史中，那他又能活在哪里呢？

就在帝国的病情已经积重难返的时候，仍不乏骄奢淫逸、寻欢作乐的皇帝。西罗马帝国的皇帝霍诺留喜欢养鸡，唐僖宗喜欢斗鸡来娱乐。霍诺留的子孙永远地失去了“上帝之城”，唐僖宗也两次被赶出长安城。

公元875年，“他年我若为青帝”的黄巢，发动了唐帝国历史上规模最大的起义。这个小时候已能出口成章的知识分子，有着文人墨客般的浪漫和激情，科举屡次不中，谋求官职也未果，于是带领着数十万军队征战大半个中国。参加起义的主力军都是农民，但黄巢肯定不想当农民，公元881年，黄巢起义军攻陷长安，他这才想起了自己的奋斗目标，于是称帝。唐帝国的皇帝再次出逃，避难地还是皇家逃亡首选之地——四川，这次他一待就是四年。次年，黄巢手下的将领朱温，投降唐帝国，唐僖宗大喜，赐名朱全忠，希望他能将全部忠心献给自己。但事与愿违，公元907年，这个归顺的将领终结了两百八十九年的大唐帝国。

公元884年，黄巢兵败自杀，结束了九年的游击战，首级也被送到皇宫展览。战火肆虐之后，劳苦大众流离失所，全国上下一派凋敝，掌握军权的节度使也摘掉虚伪的面具，以独立王国的姿态觊觎天下。公元885年，刚回到长安不久的唐僖宗因节度使的混战，再次从长安出逃。唐帝国皇室在长安的数次陷落中，一直将四川作为出逃之地的唯一选择，“突厥之乱”时的唐玄宗、黄巢起义时的唐僖宗无不如此。

北方各王国陷入毫无秩序的混战，刚刚归顺的朱温则盘踞中原，保存了实力，当所有人无暇东顾的时候，朱温在唐帝国的内部开始呼风唤雨。他杀掉一个无能的皇帝之后，众人事不关己的态度，助长了他的野心。朱温效仿曾经“挟天子之以令诸侯”的曹操，将自己加封为王，配套福利待遇的规格超过以往任何一位权臣。野心在继续膨胀，李氏帝国将化为齑粉，公元907年，朱温称帝，定都开封，国号梁。

唐帝国，未能在得过且过中盼到三百周年的庆典。而中华大地，曾在近三百年的撕扯中历经沧桑，又在约三百年的隋唐帝国时期达到顶峰，随之而来的是半个多世纪的分裂。

朱温只是有幸成为开启一个时代的垫场者，因为他并不拥有王者应该具备的基本条件，虽然他的王国是踩在唐帝国上建立起来的，但是他控制的疆域却不值一提。北部的今山西地区被突厥后裔占据，今东北和河北地区的一部分由契丹人控制，梁国的南部边界甚至都不过长江。公元907年，唐帝国灭亡的同年，耶律阿保机成为契丹人的首领。契丹发源地在大兴安岭东侧，属于鲜卑人后裔，受中原影响，采取半游牧半农耕的生活方式。公元916年，耶律阿保机废除首领选举的部落制度，直接称帝，国号契丹，后改国号为辽，从此占据中国北方约两百年之久。长江以南也群龙无首，约有十个小王国，其中最大的是唐帝国的皇族后裔于公元937年建立的南唐王国，偏安一隅者的哀婉结局，不禁浮现在我们的眼前。

继“突厥之乱”后，突厥后裔在中国的表演即将结束。从公元923年到公元950年，突厥入主中原，先后建立了三个王国，最终被汉人建立的王国所灭，自此，突厥人彻底消失在喜马拉雅山以东，而喜马拉雅山以西，将会成为他们的舞台。取而代之的契丹人，在和突厥人的勾结中，获取了极大的利益，即占据了包括今北京和内蒙古在内的中国北方大片领土。

朝鲜半岛，随着唐帝国势力的撤出，新罗王国实现统一。然而很快出现了一个强悍的对手，公元918年，高丽王朝建立。公元935年，高丽王朝灭了国祚近一千年的新罗王国。回想起百济王国和高句丽王国约七百年的国祚，这个半岛上的王国都相对高寿，新的统一王朝——高丽王朝，也将存在近五百年。

朝鲜海峡对面的那座孤岛上，倭国自从公元663年被唐帝国和新罗联军打败之后，很久都没有通过对马岛登上朝鲜半岛了。出于惧怕被唐帝国追杀的原因，岛上的人们决心团结一致，建立国家。公元668年，日本正式建国，天皇为最高统治者，当时的天皇是天智天皇。此前日本岛的人被称为倭人，倭人不仅包括日本岛土著，也包括来自唐帝国的流民和强盗。深受中国文化影响，日本人开始写自己的史书——《日本本纪》。在这部史书中，日本建国的年份是公元前660年，神武天皇是第一任天皇，即向前倒推了一千三百多年，然后至少虚构了八位天皇，使其看上去有模有样。立国著史的目的，就是向世界表明，日本具有自己单独、完整的历史体系，是不需要与中国发生联系才有历史的国家。

连日本自己都相信了，本国的历史足可媲美四大文明古国。有了这份历史积淀的底气之后，在与朝鲜半岛的新罗王国、中国东北的渤海国交往的时候，公然以大国自居，要求明确自己的地位高于别国，对其知根知底的新罗王国自然不肯买账。日本的“玻璃心”再次发作，公元799年，日本宣布与新罗王国断绝官方交流，真正做到了“老死不相往来”，甚至当高丽王朝向日本表达建交的诚意时，日本仍然视而不见。

今天，日本的很多风俗习惯，甚至言行举止都有着唐帝国时期的影子，隋唐时期，极其羡慕中国文化的日本，曾派出大量遣唐使和留学生，每次多达几百人，也有人长期生活在长安。然而，当唐帝国衰落，日本认为曾经的老师已经江郎才尽。公元894年，日本彻底废止派遣遣唐使，也正式终止了同中国官方的交流，直到一千年后，日本发现了另一个老师。从公元7世纪到公元9世纪的“全盘中国化”，再到公元19世纪时的“全盘西化”，日本的学习风格一脉相承。

紧闭着自家的大门，日本谢绝一切拜访。公元794年，日本天皇为了摆脱贵族势力，将都城从奈良迁到平安京（今日本京都市），从此告别了奈良时代，进入到平安时代。然而，事与愿违，乔迁之喜换不来平安，天皇掌权的时间远远少于当看客的时间，平安时代持续了约四百年，天皇实际掌权时间不足百年。

对于日本的冷漠，中国和朝鲜都不会强人所难，始终保持着尊重和友善。然而，善意的拜访可以被拒之门外，却不能对刀剑无动于衷。约三百年后的某一天，当那个想把全世界都变成自己的牧场的草原游牧民族，从海陆两路进攻它的时候，“玻璃心”们就不得不强打起精神，开门迎敌了。

在历史的长河中，七十年就像蜉蝣的一生一样短暂。

公元960年，与君士坦丁家族最后一位皇帝尤利安一样，“黄袍加身”的汉人军事将领赵匡胤建立宋王朝，定都开封。开国皇帝决定采取先易后难的方针，即先收复南方。公元975年，南唐的才子国王李煜递交了降表，三年后，历史的备忘录里多了一位无能的国王，也多了一位才华横溢的词人。

没能看到北方统一，公元976年，赵匡胤驾崩，他的弟弟赵光义成为皇帝。然而，赵氏王朝难配帝国之威名，不仅疆域面积只有三百万平方公里左右，而且，包括今北京在内的北方大片领土都被契丹占据，包括今甘肃、青海在内的西北地区被党项人（属于鲜卑拓跋氏的后裔）占据。这与三足鼎立无异。

在仍未统一之前，宋王朝的开国之君就通过著名的“杯酒释兵权”，削弱武将势力，看似取得了三赢，即皇帝不再因担心某位武将突然“黄袍加身”而寝食难安，退休的武将也能颐养天年，皇帝还落了个仁慈之君的好名声。赵匡胤年少时就不爱读书，更喜欢耍枪弄棍，二十岁出头就独自一人外出，开始了仗剑走天涯的生活，后来一直在军队中摸爬滚打。他的世界终究太小，在不可能有完全和平的世界里，情怀和诗词、尚文与孱弱，在那些虎视眈眈的草原民族眼里，一文不值，赵氏子孙的厄运已经注定。

开国之君传位于弟弟，这在中国历史上是唯一的一次。

弟弟赵光义，原名赵匡义，因为要避讳宋太祖赵匡胤，故改名为赵光义，就像唐玄宗，因玄字与后世的清帝国皇帝玄烨（乾隆）相同，故清代多称为唐明皇。虽然赵光义意识到契丹人的危险，也曾两次挥师北上进攻辽国，但失败之后便转攻为守。可叹的是，除了开国的两兄弟，赵氏皇族子孙中竟然无一雄主，不仅如此，还有一对父子皇帝双双被北方草原游牧民族所俘虏，相继受辱而死。

公元997年，宋太宗赵光义驾崩，哥哥赵匡胤的两个儿子已经去世，于是王位在赵光义这一脉，世袭罔替。两百年后，赵光义这一脉绝嗣，赵匡胤的八世孙登基为帝，直到一个世纪后王朝覆灭，赵光义这一脉留下的江山仅剩偏安一隅的南宋王朝了。赵光义的直系后代亡了北宋，赵匡胤的直系后代亡了南宋，谁也不知道，两兄弟到底算不算扯平了。

不管怎样，赵氏皇族的子孙还有约两百年的屈辱之路，要无奈地蹒跚而行。

十一

万众侧目

（公元1000—1200年）

当突厥人盘踞在东西方世界之交，整个亚欧大陆上只有一个耀眼的中心。

作为基督教和伊斯兰教的圣城，阿拉伯半岛一个并不繁华的城市，注定被主角光环照耀。两百年间，它像巨大的磁铁一样，吸引着西方的基督徒前赴后继地进攻、东方的穆斯林持之以恒地防御。东西方世界犹如两大地球板块，以缓慢无比的速度和蕴藏着的足以天崩地裂的能量，在此激情碰撞。火花四溅的中心就是“圣城”——耶路撒冷。

维京丹麦人再次征服了英格兰，头戴两顶王冠的克努特大帝，建立了北海帝国，北欧海盗可谓空前绝后。维京人的一支——诺曼人，不仅从海盗摇身一变成为诺曼底公爵，而且在后北欧海盗时代一枝独秀，北上征服了盎格鲁-撒克逊人并成功入主英格兰，南下意大利建立了富饶的西西里王国，甚至在东方世界建立了一个十字军的公国。

在法兰西，法王来自欧洲历史上统治时间最长的卡佩家族，但是，因为一次代价极高的离婚，可怜的法王只拥有巴黎周边很小的一块土地。法王的前妻——阿基坦女公爵，嫁给了安茹伯爵，这位幸运的伯爵从母亲那里继承了诺曼底，从父亲那里继承了安茹，又获得了一份嫁妆——阿基坦，这使他成为法国最大的领主。不仅如此，身为英王外孙的安茹伯爵还戴上了英王的王冠，坐拥数倍于法王领土的安茹伯爵已然有了一个“安茹帝国”。无论如何，法王都表示无法再忍受了，英法的世代爱恨情仇，自此开始！

在神圣罗马帝国，从查理大帝开始，帝国的皇帝一直不切实际地想建立一个以罗马为中心的帝国，恢复古老的罗马帝国的荣耀。一个强势的罗马教皇站出来，宣布自己掌握废立皇帝的权力，帝国的皇帝直接宣布废除教皇，教皇立即反击，废黜皇帝教籍。在基督教的世界，一个没有教籍的国王，公爵和平民就会向他投来不忠和怀疑的目光，于是，帝国的皇帝不得不暂时低下头颅请求原谅，教皇取得了前所未有的胜利！然而，胜利是暂时的，意大利诺曼人的王国成为教皇的盟友，那个忠心耿耿陪同罗马皇帝在冰天雪地里向教皇赔罪的骑士，被授予公爵，开启了神圣罗马帝国的霍亨斯陶芬王朝。

突厥人枕戈待旦，君士坦丁堡已经战战兢兢，惶惶不可终日。尽管已经与宗教决裂，但无奈的东罗马帝国皇帝，只能请求罗马教皇伸出援手，以免“黄金之城”落入异教之手。敏锐的罗马教皇发现，这是一个天赐的良机，如果自己将欧洲的天主教徒派往东方征战，东正教将归顺天主教，欧洲世俗权力的中心将再次落户“上帝之城”罗马。国王、骑士、流氓、强盗，甚至妇女、儿童都无比踊跃地参加了轰轰烈烈的长达两百年的“十字军东征”。从英国、法国、神圣罗马帝国到意大利的诺曼人，整个欧洲都在教皇的召唤下，扛起十字架，前赴后继地远征东方。

俄罗斯，尽管已经皈依东正教，但对君士坦丁堡的危险爱莫能助。虽然被誉为“俄罗斯的查理大帝”的弗拉基米尔，在混战后入主“众城之母”基辅，但在他死后，长久的分裂和黑暗完全笼罩着俄罗斯，约两百年内，他们在内战中手忙脚乱，自顾不暇。约五百年后，俄罗斯才会拨云见日，走出被外族统治的阴霾。

在东方的穆斯林世界，对于西方基督徒的入侵，巴格达的哈里发显得异常冷漠。埃及开罗的哈里发，只能等待被推翻的命运，英雄萨拉丁入主埃及，并收复“圣城”耶路撒冷。反十字军英雄的胜利，让罗马教皇惊恐而死，西欧的三个国王决定代表西方世界出征，虽然规格极高、气势极盛，然而国王们并不懂如何并肩作战。

对当初求援的决定，君士坦丁堡后悔不已，东罗马帝国仿佛已经成为一个军事和商业都不设防的开放式公园。耶路撒冷之于十字架的意义，已被冲淡，甚至荡然无存，取而代之的是一场在东方的探险和财富之旅。无论从短期还是从长期来说，东罗马帝国受到的伤害远远大于收益，君士坦丁堡除了沉默，就是忍受。

东方的中国，大唐帝国已随风而逝，但约三百年的统一状态让各民族深度融合，经历半个世纪的分裂和再次统一，民族形势也变得简单明了。宋王朝、契丹人的辽国和党项人的西夏王国，重回三国时代。毫无血性的赵氏子孙用金钱换取和平，殊不知等待自己的，只是南下偏安版本的历史重演。北方游牧民族女真人崛起之后，契丹人四处逃散，孱弱的宋王朝父子皇帝被俘，被铭刻在历史的耻辱柱上。誓将偏安进行到底的南宋王朝，任凭岁月在风雨中飘摇。

古代的“四大发明”仍有三席虚位以待，既然无法开疆扩土，赶在被“世界之王”征服之前，宋王朝抓紧完成了三张专利证书。指南针之于航海、火药之于战争、印刷术之于书籍，在那个晦暗的年代，这三项发明犹如三道彩虹，打开了人类世界新的时空之门。

（一）突厥人直插东西之交

随着宋王朝的建立、北方契丹的兴起，突厥人在中国已无立锥之地。但是，在中亚、西亚和北非，突厥人的王国则遍地开花。其中有一支突厥人，从中亚草原一直杀到小亚细亚半岛，阻断西方的朝圣之路，引发了东西方世界两百年的大战。

塞尔柱突厥人，原居住在咸海的东北角，锡尔河在此处注入咸海。公元1040年，以强悍著称的塞尔柱突厥人击败伽色尼王朝，占领了呼罗珊。也许是因为同为突厥种族，塞尔柱突厥人并没有赶尽杀绝，而是向着西部富饶的两河流域继续进军，伊朗和阿塞拜疆尽落入塞尔柱突厥人之手。

被布韦希家族控制的巴格达的哈里发，并没有吸取引狼入室的教训，塞尔柱突厥人很快就收到了来自巴格达的邀请，殷切而诚挚。公元1055年，塞尔柱突厥人的军队开进巴格达，干净利落地结束了持续一个多世纪的布韦希王朝的统治。激动不已的哈里发，赐予了塞尔柱突厥人首领“东方和西方之王”的称号——“苏丹”。然而，哈里发失望地发现，新的外援也非善类，自己不过是换了一个主子而已。

塞尔柱突厥人漫不经心地接管了巴格达的一切，包括哈里发。他们对于在巴格达享乐没有丝毫兴趣，表情严肃地告诉哈里发，务必看好家。因为塞尔柱突厥人要继续西征，恢复王朝西部的秩序，顺便看看是否能够给巴格达的皇宫添一些新家具和收藏品。

不料，塞尔柱突厥人的军队刚刚离开，巴格达的皇宫就遭遇重大的抢劫事件。损失的物品极其重要，是先知穆罕默德的圣物——缠头和斗篷，这是当初阿拔斯王朝起家的关键信物。抢劫者就是埃及的法蒂玛王朝，虽然没有俘虏巴格达的皇室，但将先知的圣物放在埃及的哈里发皇宫，也意义非凡。因为，公元1031年，今西班牙地区的伍麦叶王朝已经被推翻，被新的小穆斯林王朝取而代之，伊斯兰世界的三足鼎立只剩下巴格达和开罗，如今圣物易主，法蒂玛王朝就成为最正宗的继承人。

埃及的法蒂玛王朝遭到了塞尔柱突厥人的报复，公元1070年，塞尔柱突厥人攻入今叙利亚和巴勒斯坦地区，耶路撒冷、麦加和麦地那三个圣地均被攻陷，法蒂玛王朝被迫退守埃及。好在，来自草原的塞尔柱突厥人，缺失统一伊斯兰世界的意识。他们并没有明确的统一领导和绝对权威，尽管占据着从中亚到小亚细亚的大片领土，但分裂成许多大大小小的塞尔柱王国，而且彼此之间各自为政，时常混战。

所以，埃及的法蒂玛王朝不用担心开罗的安全。塞尔柱突厥人已经将目标锁定在东罗马帝国，公元1071年，塞尔柱突厥人在小亚细亚东部打败了东罗马帝国的军队，并俘虏了亲征的君士坦丁堡皇帝。

一直以来，控制着“圣城”耶路撒冷的阿拉伯帝国，实行宗教宽容政策，犹太人、基督徒、穆斯林大致能和睦相处，在耶路撒冷各自侍奉自己信奉的神灵，西方的基督徒也可以自由地来到东方朝圣。但是，此时的塞尔柱突厥人盘踞在东西之交、西方朝圣的必经之路，而且不知疲倦的他们时刻都想跨越海峡，攻进“黄金之城”君士坦丁堡。

皇帝的被俘、海峡对岸的嘶喊声，让君士坦丁堡陷入了恐慌。东罗马帝国的皇帝放眼望去，东正教的俄罗斯还不成气候，暂时无法指望，只能向都是天主教徒的西欧求援。公元1095年，东正教的皇帝向天主教的罗马教皇发出求救信号。西方的援军将很快赶来，而且支援的时间长达两百年。但就像巴格达的哈里发引狼入室一样，君士坦丁堡期盼的十字军也并非善类。没有中国发明的火药，君士坦丁堡坚固的城墙会让塞尔柱突厥人一筹莫展，君士坦丁堡的城墙约三百年后才会被轰塌，如果君士坦丁堡知晓这一点，皇帝也许会后悔莫及。

（二）伦敦和巴黎的世仇

不列颠岛，阿尔弗雷德大帝的五世孙，被再次杀到的维京丹麦人赶到了海峡对岸的诺曼底公国。盎格鲁－撒克逊人与诺曼人的一次联姻，让诺曼人征服了不列颠岛，成为那里的统治者。而诺曼底公爵只是法王的封臣，英法之间的世仇开始。

公元978年，“决策无方者”埃塞尔雷德成为英王，他做了一个危险的举动，公元1002年，英王在不列颠岛上的“丹麦区”大开杀戒，丹麦王的妹妹不幸也在其中。丹麦王，就是“蓝牙王”那个穷兵黩武的儿子，借机杀向不列颠岛，短短十年时间，“决策无方者”埃塞尔雷德扔下不列颠岛的臣民，逃亡到了诺曼人的诺曼底公国，得到诺曼底公爵的庇护，并娶了诺曼底公爵理查二世的妹妹为妻，但英王在几年后就去世了，留下了孤儿寡母。此时，“蓝牙王”的儿子头上就有了两顶王冠：丹麦王冠和英国王冠。

征服英格兰的次年，“蓝牙王”的儿子就去世了，维京丹麦人被逼回本土。“蓝牙王”有两个孙子——哈拉尔和克努特，如果挤在一张丹麦王的宝座上就显得很尴尬，于是哥哥就积极支持弟弟夺回英王的王冠。弟弟克努特于公元1017年加冕为英王，这样，兄弟俩就每人一顶王冠，隔海相望。公元1018年，随着哥哥丹麦王的去世，弟弟英王克努特就顺理成章地将丹麦王冠收入囊中。克努特有着更大的目标，约公元1030年，挪威和瑞典联军被克努特击败，一个包括今英格兰、丹麦、挪威、苏格兰大部和瑞典南部地区在内的“北海帝国”建立了，维京丹麦人用一个跨海的帝国掀起北欧海盗南下的高潮，并为二十年后的谢幕画上完美的句号。

众所周知，追逐世俗权力的罗马教皇，非常不喜欢身边有任何一个强势的国王，但对于这个远方的基督徒天主教国王克努特却欣赏有加，也许这符合“远交近攻”的策略。公元1027年，罗马教皇盛情邀请克努特参加神圣罗马皇帝的加冕仪式，克努特欣然前往，被罗马教皇封为克努特大帝。在罗马城，神圣罗马帝国皇帝与“北海帝国”的克努特大帝，两个年轻的英雄一见如故、惺惺相惜，神圣罗马帝国皇帝直接将石勒苏益格（丹麦和神圣罗马帝国交界的地区）送给克努特大帝。

当克努特大帝在欧洲风光无限的时候，可怜的盎格鲁-撒克逊王朝的英王仍流亡法国诺曼底公国，望着英吉利海峡对岸的故土，黯然神伤。

当初，在克努特大帝击败挪威的时候，有一个叫“无情者”哈拉尔的人流亡到今俄罗斯地区的妹夫基辅大公雅罗斯拉夫那里。虽然“无情者”哈拉尔很想迎娶基辅的公主，但是因为贫穷并没有受到妹夫的尊重，正在彷徨失落之际，他发现一条可以迅速积累财富的道路。他听闻南方的东罗马帝国皇帝巴西尔二世的禁卫军工资和福利相当可观，凭自己的实力一定能大有作为，于是决定前往君士坦丁堡。凭借强劲的个人实力，“无情者”哈拉尔受到皇帝的重用，成为禁卫军的首领，在小亚细亚和地中海驰骋纵横，积累了大量的财富。但随着皇帝的去世，他失宠了。于是，“无情者”哈拉尔回到基辅，财大气粗的英雄赢得了妹夫的尊重，带着佳人和财富衣锦还乡，在挪威杀死了侄子，从此成为挪威国王。公元1050年，挪威首都奥斯陆建成。“无情者”哈拉尔的故事仍未结束，十六年后，他将登陆不列颠岛加入争夺英王的战争中，但再也没能回去。

公元1027年，当克努特大帝到达罗马，参加神圣罗马帝国皇帝加冕仪式的时候，诺曼底公爵理查二世去世，而他的妹夫、流亡的英王早在公元1016年就已死去，为了巩固英王的王冠，防止诺曼人帮助盎格鲁-撒克逊人复辟，克努特大帝娶了这位遗孀。这是一个复杂的联姻，盎格鲁-撒克逊人、诺曼人、丹麦人三方纠缠在一起。当丹麦人退出之后，到底谁能成为英王，人们只能拭目以待。

诺曼底公爵理查二世在位的时期，诺曼底是法国最强大的行省之一，他最大的贡献就是完成《诺曼底公国史》，彻底将族人的历史洗白，即强调诺曼人不是海盗，而是真正的公爵、法王的封臣、法王的朋友！但是，比法王拥有更大领土的人，也有可能是法王的敌人。

诺曼底公爵理查二世死后，长子理查三世即位为公爵，但弟弟与之争夺领地，几个月后哥哥神秘死去，弟弟罗贝尔成为诺曼底公爵。公元1035年，这位公爵突然宣布放弃爵位，传位于八岁的私生子，原来罗贝尔要去耶路撒冷朝圣，去参加耶稣被钉死在十字架的千年祭。次年，罗贝尔从君士坦丁堡到达耶路撒冷，但返程时死于小亚细亚。同年，“北海帝国”的克努特大帝也驾崩了，维京丹麦人逐渐退出舞台。从此，英吉利海峡两岸的英国和法国，对“谁应该坐在英王宝座上”这个问题，展开了长期的交流和“切磋”。

那位八岁的私生子，诺曼底公爵，名叫威廉。巴黎的法王看着这个可爱的孩子，心里乐开了花。然而，十五岁的威廉就让法王伸长的手缩了回去。威廉三十岁的时候，已经击败了法王和安茹伯爵的联军，还娶了佛兰德斯公爵之女，也是法王的侄女。此时，意气风发的威廉公爵和他的公国，已经没有任何内忧外患了。

当英吉利海峡对面的王位虚位以待时，威廉将率领军队，渡海登陆不列颠，结束盎格鲁－撒克逊王朝，开启百年的诺曼底王朝。法王的封臣成为英格兰的国王，于是，威廉就被冠以“征服者”的称号，是为“征服者威廉”。

（三）诺曼人在意大利淘金

公元1035年，另一个名叫威廉的维京诺曼人正赶往意大利，开始一段精彩的意大利淘金之旅。

诺曼底公国的南部，有一个维京家族，家族有十二个儿子，日子过得穷苦，而且在此地飞黄腾达的机会也近乎渺茫。一日，一位叔父从耶路撒冷朝圣归来，建议孩子们去意大利寻找机会。于是，长子威廉决定南下以摆脱以贫困潦倒的生活。在意大利，他被称为“铁臂”威廉。

公元1035年，“铁臂”威廉到达意大利，找到了第一份工作——加入东罗马帝国当雇佣军，“无情者”哈拉尔此时是东罗马帝国禁卫军的首领，两人可能有过碰面或者交谈，但他们二人并不会有太多交集，因为各自打工的目的都是获取财富，而且双方很快就属于对立阵营。因为待遇的分歧，“铁臂”威廉和东罗马帝国发生矛盾，双方不仅解除了劳动合同，而且很快在意大利成为敌人。

小小的意大利派别林立，北方有伦巴德人和教皇，南部有东罗马帝国，还有西西里岛的穆斯林，“铁臂”威廉和他的队伍甚至都不知道脚往哪里放。

敌人的敌人就是朋友，“铁臂”威廉率领队伍与伦巴德人共同抗击东罗马帝国的军队，并靠实力占据了位于意大利东南角的第一个据点，不久，东罗马帝国就为失去诺曼人这个帮手而付出沉重的代价。公元1046年，诺曼人占据了最南端的卡拉布里亚，这原本是属于东罗马帝国的领土，此时东罗马帝国在意大利的领土已经所剩不多了。尽管此时诺曼人才刚刚立足，且同年“铁臂”威廉也病逝了，但二十年后诺曼人将成为南意大利的主人，而那时，意大利再也没有东罗马帝国的影子了。

诺曼人的强劲势头迅速引起了局势的转变，现在轮到教皇、东罗马帝国和伦巴德人联合起来对付诺曼人了。然而胜者是诺曼人，因为已经深入虎穴的他们，没有退路。

既然事已至此，罗马教皇只能识时务地改变策略。突然有一天，一直高冷的罗马教皇对诺曼人抛出了橄榄枝，因为教皇遇到麻烦了，即来自神圣罗马帝国的皇帝已经不太听话了。

公元1027年，神圣罗马帝国的皇帝康拉德二世在罗马加冕，克努特大帝也应邀参加了仪式。康拉德二世，是公元962年建立神圣罗马帝国的皇帝奥托一世的女婿，奥托一世属于萨克森王朝，其孙子死后无嗣，女婿康拉德二世被推举为国王，开始了神圣罗马帝国的法兰克尼亚王朝。公元1046年，诺曼人占据意大利南部之时，康拉德二世的儿子亨利三世亲自到意大利废黜了罗马教皇，然而这并不是最后一次废黜教皇，亨利三世推举了自己人任教皇，并为自己加冕。这一次，皇权取得了对教权压倒性的优势。

当罗马教皇无限惶恐的时候，诺曼人的春天到来了。罗马教皇为了拉拢诺曼人，直接封诺曼人为意大利南部的公爵，领地竟然还包括西西里岛。但是当时诺曼人并没有占据西西里岛，而是被阿拉伯帝国的穆斯林占据的。教皇的智慧之处就在于用一个公爵的封号，就找到了驱逐异教的强大帮手。对于诺曼人来说，西西里岛地处地中海的中心，也是地中海的第一大岛，地理位置优越，经过东方文化影响和穆斯林近两百年的经营，除了穆斯林占据的西班牙几大城市，欧洲已经完全没有可比肩西西里岛的地区了，这是一个巨大的诱惑。

在教皇的鼓励下，公元1060年，诺曼人越过墨西拿海峡，占领西西里岛东北角的墨西拿城，由于穆斯林的极力阻挡，未能继续推进。公元1071年，诺曼人攻陷了意大利本土上属于东罗马帝国的最后一个据点，从此，东罗马帝国不仅成为彻底失去了罗马的罗马帝国，而且现在，跟意大利也没有半点关系了。

尽管东罗马帝国从来都没有改变自己的称呼，但是从现在开始我们将称之为“拜占庭帝国”，而君士坦丁堡就是由一个叫作拜占庭的小城发展起来的。

诺曼人的优秀表现，给了罗马教皇莫大的勇气。公元1073年，新任教皇强势宣布，罗马教皇可以废黜皇帝，神圣罗马帝国的皇帝亨利四世不敢相信自己的耳朵。亨利四世是一直强势对待教皇、随意废立教皇的亨利三世的儿子，因此绝不可能让死去的父亲失望，但由于当时国内公国叛乱无法抽身，暂时把这笔账记下。公元1076年，亨利四世稳定了国内形势，就立即宣布废黜罗马教皇。同年，底气十足的教皇，针锋相对地宣布开除亨利四世的教籍，并且声称，如果一年之内亨利四世不向教皇认错，帝国内臣民都无须再效忠于他。亨利四世并不惧怕平民天主教徒的反抗，他怕的是神圣罗马帝国内那些看热闹的公爵们，各个公国十分乐见皇帝和教皇的互撕，因为这意味着大家都有了成为帝国皇冠主人的机会。看着公爵们互相交换着不怀好意的眼神，皇帝亨利四世那紧握宝剑的手，瞬间失去力气。

公元1077年，在意大利北部的卡诺莎城堡，罗马教皇得知了亨利四世正翻越阿尔卑斯山赶来的消息，随之陷入了异常的紧张和不安中，因为皇帝极有可能会像他强势无礼的父亲一样，身后跟着一支军队，而意大利没人可以抵挡，包括诺曼人。

有一天，手下禀报教皇，“皇帝亨利四世在城堡门口，只带了一个骑士”。教皇如释重负地在胸前画着十字，神态稍稍平复。手下继续说，“外面的雪很大，而皇帝赤脚站在雪地里，瑟瑟发抖”。教皇即刻由平静转为暗喜，镇定自若地下令紧闭城门，不予接见。

三天过去了，手下慌乱地禀告教皇，“如果再不打开城门的话，皇帝就要冻死了”。在这三天里，痛苦的何止是城堡门口的亨利四世和那个忠心的骑士，教皇清楚地知道，这只是亨利四世的权宜之计，因为帝国内的公爵都在准备投票选举了，如果选择原谅，亨利四世定会卷土重来。然而，作为教皇，又不能不原谅一个诚心悔过的人，这不符合基督教的原则。终于，城堡的大门缓缓打开，教皇看到身披粗麻布、赤脚站在雪地里浑身哆嗦的皇帝，和皇帝握手言和了。

这一刻，整个帝国和欧洲都知道，可怜无助的皇帝像个犯错的孩子一样在教皇的面前哭泣。这是罗马教皇取得的巨大荣耀，也是对皇权前所未有的一次胜利。从七百多年前的君士坦丁大帝开始，源自东方世界的基督教在西方野蛮生长，此时达到顶峰。

在冰天雪地里一直忠心耿耿地陪伴着皇帝的那位骑士，被封为士瓦本公爵，并幸运地娶了亨利四世的女儿为妻，他们的儿子将成为神圣罗马帝国的新王朝——霍亨斯陶芬王朝的首位皇帝。这又是一个让教皇抓狂的家族。

（四）诺曼人入主英格兰

公元1042年，曾流亡法国诺曼底公国的英王的儿子爱德华，回到英格兰，成功复辟盎格鲁-撒克逊王朝。

虽然因为极其虔诚地信奉基督教，爱德华获得了“忏悔者”的称号，但爱德华没有子嗣，从匈牙利找到的男性亲属继承人在回到英格兰后也死去了。因为哈罗德一直尽心地辅佐自己，英王爱德华指定哈罗德为继承人。这激怒了海峡对面的表亲晚辈——诺曼底公爵威廉（他的姑祖母就是“忏悔者”爱德华的母亲）。

哈罗德成为英王之后，王冠一直在不停地颤抖。第一个敌人来自挪威，就是那位“打工皇帝”——“无情者”哈拉尔。自从拜占庭帝国淘金归来成为挪威王，“无情者”哈拉尔一直在抢丹麦王位，并陷入了长期的拉锯战。公元1066年，当他看到英格兰的王位更加诱惑和容易得手时，立即同丹麦停战，随即渡海进攻英格兰北部的约克。从挪威到俄罗斯、从拜占庭帝国到意大利，最后在英格兰，“无情者”哈拉尔的闯荡生涯被一支射中喉咙的箭终结。英格兰人和维京挪威人的恩怨结束了。

但是，英格兰的王冠将再一次面临争夺，因为北方的战场还没打扫完，就从南部传来一个更坏的消息。就在“无情者”哈拉尔战死英格兰两天后，诺曼底公爵威廉就在不列颠南部的黑斯廷斯登陆了，英王哈罗德赶紧南下。而这一次的胜者是诺曼底公爵威廉，“征服者”威廉戴上了英王的王冠，盎格鲁-撒克逊人的王朝终结，诺曼底王朝开始。

诺曼底公爵是法王的封臣，却拥有英格兰，领地之大虽然远远超过法王，但上下级的关系并没有因此而改变。不管怎样，法国人征服了英国人，成为盎格鲁-撒克逊人的统治者。此后的四百年内，因为联姻的关系，英国和法国总能找到继承对方王位的理由，为此双方将展开百年战争，直到法国将英国赶出欧洲大陆。

而英国，在被赶出欧洲大陆的五百年后，终于有机会一雪前耻。公元20世纪的第二次世界大战中，法国被希特勒的德国战车碾碎，约百分之六十的领土被德国占领。反法西斯盟军在诺曼底登陆帮法国人复国，骄傲而幽默的英国人，留下了刻有“曾被威廉征服的我们，如今解放了征服者的祖国”的纪念碑。

从公元1066年威廉征服英国，到公元1944年的诺曼底登陆，近九百年的时间，虽然英法之间隔着英吉利海峡，斗争却是彼此永恒的主题。同时，这也只是欧洲各王国、公国之间结盟团战的缩影。

但从“征服者”威廉踏上不列颠岛开始，不列颠岛就再也没有遭受外族的入侵，战争只发生在本土以外。直到第二次世界大战时期，德国对英国本土连续轰炸了十个月，伦敦才第一次陷入至暗时刻。

外忧和内患不会总是同时出现。“征服者”威廉有一个令人头疼的大儿子——罗贝尔，他经常发动叛乱，父子间屡次争斗而后又趋于和解。公元1087年，“征服者”威廉在镇压大儿子叛乱的时候，落马胃裂而死。本来想剥夺大儿子的继承权，但毕竟父子情深，于是，长子罗贝尔成为诺曼底公爵，次子威廉二世成为英王，而幼子亨利只获得了五千磅财产。可怜的亨利，一脸失落地看着这五千磅巨款，若有所思。

（五）罗马教皇的召唤

公元1095年，一封神秘的急件从君士坦丁堡送到罗马。

教皇感觉莫名其妙，因为就在不久之前，君士坦丁堡刚刚斩钉截铁地宣布罗马信奉的宗教为异教，双方正式决裂。所以教皇认为，信中无非是关于基督教世界谁是正统的争论，或者，君士坦丁堡皇帝对失去意大利后的愤怒等无关紧要的内容。展信之后，教皇出乎意料地发现，这是一封言辞恳切的紧急求援信。拜占庭帝国的皇帝倾诉了最近的悲惨遭遇，十万火急的是，就在君士坦丁堡城外一百多公里处，塞尔柱突厥人正在厉兵秣马。读到此处，虽然罗马教皇在欧洲西半壁拥有无数的忠实粉丝，但是与君士坦丁堡之间毕竟是“道不同，不相为谋”，他找不到伸出援手的理由。然而皇帝在信中说的一句话，让罗马教皇瞬间改变主意。皇帝说，“即使‘黄金之城’沦陷，也不愿落入异教之手”。言外之意，教皇心领神会。

尽管天主教和东正教已经是水火不容，但聪明的教皇总能在危机中发现机会。如果整个欧洲都能统一在教皇的旗帜下战斗，世俗权力唾手可得，更不用担心被无礼的皇帝废黜；如果能让君士坦丁堡的东正教归顺天主教，那罗马将再次成为欧洲的中心，教皇则必然成为世俗和精神世界的绝对领袖！

于是，罗马教皇向西欧的所有粉丝发出呼喊和召唤，激动人心的演讲点燃了奋不顾身者的激情，群情激愤的人们向上帝发誓，定要夺回圣地耶路撒冷。即使是灾年，大家也义无反顾地卖田、卖地、卖粮食筹集路费，这种反常的现象让投机商大跌眼镜，第一次十字军东征开始了。心满意足的教皇退居幕后，满怀憧憬地期待着心中理想实现的那一天。

罗马教皇的广大粉丝，除了拥有天主教的信仰，还一直与贫穷为伍，现在他们无限接近狂热。

贫穷和狂热，不仅覆盖所有的普通人，也包括国王或公爵。“征服者”威廉的长子罗贝尔，继承了广大的诺曼底公国领地，但他只能整日窝在床上，因为公爵竟然没有出门的衣服。但是，收复圣地的激情已经在体内狂奔，相对于普通人变卖家庭仅有的财产去凑路费，诺曼底公爵的举动则更令人震惊——抵押公国，大哥罗贝尔将公国抵押给二弟英王威廉二世，如愿以偿地筹集到了去东方的盘缠。公元1096年，两位亲兄弟协定，两人中较长寿的那一位，将同时得到英格兰和诺曼底公国，暗自得意的威廉二世认为自己胜券在握，然而事与愿违。

拜占庭帝国愤怒而无语，皇帝想要的是来自西欧的正规军，而眼前看到的却是一群由穷人、流氓、强盗组成的乌合之众。看着他们把君士坦丁堡搞得乌烟瘴气，皇帝立即告诉他们敌人就在海峡对岸，那里有数不尽的财富，然后用船把他们运送到小亚细亚，看着乌合之众兴奋的背影，帝国皇帝退回君士坦丁堡，让他们听天由命。悲剧发生了，塞尔柱突厥人已经手握精良的武器等着待宰的猎物上门，来自苦寒西欧的第一批十字军，还没有机会欣赏到东方的美景和繁华，大部分人就葬身于另一块大陆上了。

在意大利，尽管诺曼人在公元1091年的时候，已经完全控制了西西里岛，但由于西西里岛上百分之八十都是穆斯林，所以诺曼统治者是不会也不敢贸然参加十字军东征的。然而，有一位骑士却毅然决然地决定去东方探险，寻找机会。他就是博希蒙德，他的父亲是意大利南部的公爵，他的叔叔罗杰是西西里岛的公爵。父亲死后，叔叔罗杰只分给他很小的区域，明显就是在打压他。与其说是教皇召唤，还不如说是博希蒙德只能另寻出路，幸运的是，博希蒙德在东方建立了一个属于自己的国家。

不出意料，拜占庭帝国的皇帝得到消息，乌合之众在小亚细亚被塞尔柱突厥人击溃。不久又传来一个令人后怕的消息，他曾经热情接待的西欧骑士，在占领土地后就宣布独立了。公元1098年，来自法国的一个伯爵的儿子，也是因为没有继承到领地而来到东方淘金，他占领了叙利亚北部的埃德萨，建立了埃德萨伯国，然而约五十年后就被穆斯林所灭。公元1098年，来自意大利的博希蒙德智取叙利亚重要城市安条克，建立了安条克公国，持续了约一百七十五年后才被蒙古人所灭。公元1099年，十字军攻克耶路撒冷，建立了耶路撒冷王国，埃德萨的伯爵于次年成为耶路撒冷王。此时，圣城耶路撒冷被收复，大多数十字军认为任务已经完成，陆续返回西欧。凯旋后，很多人被歌功颂德，但有一个人很失落。这个人就是抵押自己公国的罗贝尔。公元1100年，英王威廉二世没有等来大哥战死疆场的消息，而他自己在一次打猎中神秘地死去。三弟亨利，就是“征服者”威廉那个继承了五千磅财产的幼子，成为英格兰的国王亨利一世。大哥罗贝尔安然无恙地从东方回来了，告诉三弟亨利，“大哥二哥有协议的，你要把英王王冠还给我”，然而，弟弟送来的不是王冠，而是军队。公元1106年，罗贝尔被三弟英王亨利俘虏，公元1134年，八十岁高龄的罗贝尔在英国的一座城堡里去世，结束了近三十年的监禁生涯。父亲去世时没获得一寸土地的三弟亨利一世，成为唯一的王，同时拥有英格兰和法国的诺曼底公国。

英王亨利一世的儿子死于海难，外甥斯蒂芬继承王位，斯蒂芬也没有子嗣。于是，法国的安茹伯爵亨利成为英王亨利二世，因为他是英王亨利一世的外孙。重要的是，亨利二世有一个年长十四岁的富婆妻子——法国阿基坦女公爵，因此他拥有英格兰、阿基坦公国和诺底曼公国，俨然是一个“安茹帝国”，这使他成为当时欧洲权势最大的国王之一。公元1154年，英国的安茹王朝取代了约一个世纪的诺曼底王朝的统治，开始了为期两百多年的统治，因为安茹家族习惯在帽子上插一种叫金雀花的装饰，所以又名金雀花王朝。但是，英王仍然是法王的封臣，这依然没有改变。

英王亨利二世在位时期，西边爱尔兰岛上发生了一件“抢妻案”。一个部落首领将另一个部落首领的妻子掳走，双方争斗不下，请求英王调解和仲裁。公元1171年，亨利二世亲自踏上爱尔兰岛，调停之余顺便开始了对爱尔兰的殖民，也开始了英格兰和爱尔兰的恩恩怨怨。从现在的英国全称大不列颠及北爱尔兰联合王国就可以看出，事情并没那么简单。

不列颠岛，原本是处在世界边缘的蛮荒之地，盎格鲁－撒克逊人鸠占鹊巢，却被来自法国的诺曼人征服，接着，有诺曼人血统的法国安茹家族建立了金雀花王朝。东边和法国争雄，西边和爱尔兰结怨，北边和苏格兰纠葛，除了大海，英国找不到一个和睦的邻居。

（六）最锋利的新月弯刀

第一次十字军东征攻占了“圣城”耶路撒冷，以西方的胜利而告终，但胜利是短暂的。

一个奇怪的现象出现了。

十字军占领的只是叙利亚北部，以及沿地中海东海岸线很窄的地区，周围的广大地区仍然是东方穆斯林的领土。本来，基督徒应该一致对外与穆斯林对抗，守住胜利果实，但即使来到东方，他们喜欢内斗的毛病依然没有改掉，却和周边的穆斯林产生了友谊。在教皇的宣传单里，东方世界里都是野蛮落后的民族，只有基督徒才是神圣的。但当十字军到达东方后，却惊奇地发现，这里不仅物质生活极为丰富，精神文化生活也远超过西欧，十字军更愿意与东方的穆斯林和平相处，因为和平带来富足、和谐带来快乐，这在欧洲故乡是不可能的。如果没有特殊的原因，没有人再愿意回到欧洲。但是东方世界不会忘记被入侵的耻辱，认为“圣城”耶路撒冷必须回到穆斯林的手中。

突厥人很快重整旗鼓，用刀剑回应了十字军肆意的入侵。公元1127年，穆斯林的赞吉王朝在叙利亚的阿勒颇建立，并于公元1144年灭了埃德萨伯国，由此引发了第二次十字军东征。于是，罗马教皇再次登台，高声呼吁。

因为两位国王的参加，第二次十字军东征的规格被大大地提升了。神圣罗马帝国皇帝康拉德三世（未加冕）和法王路易七世，响应教皇号召，参加了东征。但是却失败了。失败的过程并不重要，重要的是他们所涉及的家族和影响。

康拉德三世的父亲，就是那位在刺骨的寒风中陪着亨利四世，在卡诺沙城堡门口请求教皇原谅的骑士——士瓦本公爵。亨利四世把女儿嫁给了士瓦本公爵，因此，康拉德三世就是亨利四世的外孙。因为家族拥有一座叫作斯陶芬的城堡，因此被称为霍亨斯陶芬家族——霍亨意为“尊贵”。

在成为国王之前，康拉德三世的对手是来自韦尔夫家族的“骄傲的”亨利。有时候过于强大并不是好事，“骄傲的”亨利没有被选举为皇帝的原因，就是过于强大。各公国更乐于推选资历较浅且相对弱小的康拉德三世，便于操控。“骄傲的”亨利的儿子叫“狮子”亨利，他娶了英王亨利二世的女儿，这个是最初的血缘关系，近一点的是在公元1692年，韦尔夫家族娶了英国斯图亚特王朝詹姆士一世的外孙女，血缘的纽带让韦尔夫家族在公元1714年至公元1901年间成为大英帝国的统治者——

汉诺威王朝（家族更名）。而公元1901年至今的英国王室——温莎家族（原为韦廷，1917年改姓温莎），也是来自德国的韦廷家族，因为韦廷家族与韦尔夫家族有数次联姻。公元1152年，康拉德三世的侄子腓特烈一世，击败“狮子”亨利，成为神圣罗马帝国皇帝，也是帝国和欧洲最强的皇帝之一。

法王路易七世，原本有一位美丽多金的妻子——阿基坦女公爵。本来可以强强联合，改变法王领地太小的处境，但他们离婚了。离婚的原因：一是路易七世的东征耗费了太多的金钱；二是夫妻缺少牢固的血缘关系纽带，因为两人一直没有男性继承人（根据《萨利克法》，法王必须是男性）；三是安茹家族的亨利年轻英俊，他的父亲就是著名的美男子。

冒失而缺乏远见的法王犯了一个重大的错误，即这是一次损失巨大的离婚案。因为妻子拥有阿基坦公国，这个公国包括整个法国西南部，占整个法国领土的三分之一。如果是单单失去，时间会慢慢抹平伤口，令法王痛苦的是，随着阿基坦女公爵的改嫁，整个法国西南部现在属于英王了，再加上法国西北的诺曼底公国，作为封臣的亨利二世拥有远超法王的广大领地，而法王实际拥有的领土面积只有法国的十五分之一左右。但凡稍微有点自尊的法王，都不会坐视这种尴尬的局面，英法之间的仇已深深地结下。英王亨利二世和法王路易七世的争斗从未停止过，这只是冰山一角。

主角萨拉丁，反十字军的穆斯林英雄，并未与康拉德三世和路易七世碰面，因为英雄的萨拉丁值得更强的对手。

萨拉丁的父亲效力于叙利亚阿勒颇的赞吉王朝，就是于公元1144年灭了埃德萨伯国，引发第二次十字军入侵的那个王朝。在此时的阿拉伯帝国内，巴格达的哈里发昏昏欲睡，埃及开罗的法蒂玛王朝也虚弱无力，只有突厥人的赞吉王朝才是抵抗十字军的主力。当埃及的法蒂玛王朝遭到耶路撒冷十字军的进攻，就不得不向赞吉王朝求援，哈里发又一次将突厥人请进家门。

萨拉丁作为助手，跟随一名大将进入埃及，迅速稳定了局势，这位大将被任命为宰相，而宰相的暴毙导致叙利亚军队群龙无首，法蒂玛王朝的哈里发临危任命萨拉丁为宰相并控制了军队。埃及的哈里发忽略了一个事实，即萨拉丁这位出色的穆斯林军事家，是坚决反对什叶派的。公元1171年，萨拉丁推翻了延续两个半世纪的法蒂玛王朝，建立了埃及阿尤布王朝。拥有了埃及财富之后的萨拉丁，随即率领大军北上，占领了叙利亚的大马士革，这样，萨拉丁就对十字军的耶路撒冷王国形成南北夹击之势。公元1187年，萨拉丁攻陷耶路撒冷，俘虏了耶路撒冷的十字军国王，当十字军的国王承诺不与穆斯林为敌后，被放回欧洲。然而这个国王违背了誓言。

听到耶路撒冷陷落的噩耗，罗马教皇心脏病发作而死。新任教皇再次以激情四射的演讲唤醒了基督徒的东征热情，这一次，西欧三位重量级的国王表示愿为死去的教皇而战。“狮心王”理查，将代表英国第一次参加十字军东征，他就是英王亨利二世的儿子、金雀花王朝的第二代国王。有“奥古斯都”美称的腓力二世，是法王路易七世的儿子，这一对冤家的后代暂时放下成见，共赴东方战场。第三位是神圣罗马帝国皇帝腓特烈一世，他是康拉德三世的侄子，是让神圣罗马帝国的国力达到顶峰的“红胡子”皇帝。

拥有西欧三个重量级国王的出场阵容，新任教皇将荣耀加身。然而，结局究竟怎样？穆斯林英雄萨拉丁的那把大马士革刀，会用冰冷的刀锋，告诉你答案。

（七）实力抢镜的“狮心王”

在今天英国首都伦敦的议会大厦前，有一个下跨战马、挥剑直指云天的王者铜像，那就是“狮心王”理查，英国人以此来纪念这位英国伟大的国王。实际上，“狮心王”理查在位的十年间（从公元1189年到公元1199年），待在英国的时间仅仅只有半年，大部分时间他都住在法国的领地或在十字军东征的路上。

法王腓力二世比“狮心王”理查早九年成为国王，腓力二世是一个计谋十足的国王，无时无刻不在想方设法挑起英国的内乱，以获得控制更多领土的机会。相比善于用剑的“狮心王”理查，法王腓力二世更懂得运用谋略，智取是法王唯一的选择，因为在欧洲，没有人是强悍的“狮心王”理查的对手。

当英王和法王还在为结盟条件而讨价还价时，神圣罗马帝国皇帝“红胡子”腓特烈一世就出发了。因为他想要速去速回，在意大利还有一件极其重要的事情没有解决。

“红胡子”腓特烈一世的叔叔，在与“骄傲的”亨利对峙中胜出，“红胡子”腓特烈一世自己，也在与“狮子”亨利（“骄傲的”亨利的儿子）的争夺中胜出。作为不支持自己出兵意大利的惩罚，他剥夺了“狮子”亨利的大部分领地。对于霍亨斯陶芬家族的“红胡子”皇帝来说，三十年间六次进攻意大利，这不是简单的兴趣，而是事业。备受折磨的罗马教皇忍无可忍，公元1130年，教皇正式加封诺曼人罗杰二世为西西里王国的国王。因为他认为在南边多一个盟友，总好过南北两边都被不听话的甚至令人极度讨厌的霍亨斯陶芬家族所包围。然而，罗杰二世去世后，西西里王国就开始走下坡路。公元1186年，“红胡子”腓特烈一世就让自己的儿子迎娶了西西里公主——年长十三岁的王位继承人之一，为拿下西西里王国的王位埋下伏笔。公元1188年，西西里王国的国王去世，这位公主本应该继承王位，然而西西里人不愿意看到“红胡子”腓特烈一世的儿子成为自己的主人，就推举了国王的堂兄为王。所有人都不安地认为，“红胡子”腓特烈一世的军队很快将再次光临意大利。好在，有公务缠身的“红胡子”要先去东方出一趟差。

公元1189年，听闻英王和法王还在争吵，“红胡子”腓特烈一世露出嫌弃和不屑的表情，便单独出发了，况且他走的是陆路，英王和法王走海路，道不同不相为谋。到达君士坦丁堡后，两大皇帝见面了，但很快彼此就话不投机，“红胡子”腓特烈一世横渡海峡，不出意料地在小亚细亚取得了胜利，随即决定南下叙利亚，尽快完成收复“圣城”耶路撒冷的任务。公元1190年，六十八岁高龄的皇帝不幸在渡河时落水而死。皇帝不幸遇难，帝国军队作鸟兽散。西西里王国暂时可以放宽心了，罗马教皇对这一路的失败也并不会太伤心。

“红胡子”皇帝去世一个月之后，英王“狮心王”理查和法王腓力二世才决定出发，两位国王经海路到达西西里岛。

“狮心王”理查的妹妹，曾嫁给了西西里王国罗杰二世，现在这位妹妹成了遗孀，“狮心王”理查正好来看望妹妹，可是妹妹却被新国王囚禁了，哥哥很快替妹妹出了气，狠狠地教训了新国王。双方和解后，英王顺便在西西里岛过了个冬，并且承认了新国王的合法地位。这明显就得罪了神圣罗马帝国，因为帝国皇帝对西西里岛志在必得。尽管“红胡子”腓特烈已经去世，但他的儿子亨利六世不会善罢甘休，“狮心王”理查给自己安排了第一个敌人。

英王和法王结束了在地中海的休闲之旅，奔赴东方战场。公元1191年，十字军攻陷了一个重要据点城市——阿克，从此这里被十字军占领约一个世纪，两百年的十字军东征也是以阿克的失守，而画上失败的句号。刚刚获得了第一场胜利，英王和法王的矛盾就激化了，法王一气之下直接乘船回国了。看着法王生气的背影，“狮心王”理查不屑一顾，他认为拿下耶路撒冷根本不需要这个讨厌的家伙。于是“狮心王”理查又给自己安排了第二个敌人，也是一个老对手。

本来西欧各国的十字军一起攻克了城池，奥地利公爵插上自己的旗帜也无可厚非，但是“狮心王”理查却将旗帜拔掉并扔进水沟。奥地利公爵敢怒不敢言，却因此怀恨在心。这是“狮心王”在欧洲大陆的第三个敌人。

“狮心王”理查显得不以为然，继续向“圣城”耶路撒冷进军。在与萨拉丁的战斗中，“狮心王”理查通过三次胜利，证明了自己是一位当之无愧的伟大国王和军事指挥家。然而“狮心王”理查还没来得及攻克耶路撒冷，弟弟约翰密谋篡位，法王腓力二世也在暗中相助，同时，“狮心王”理查对于攻陷耶路撒冷之后，是否能长期防守并无把握。于是他赶紧与萨拉丁议和，双方约定五年和平，等“狮心王”理查处理完家务事择日再战。和约签订的第二年，即公元1193年，萨拉丁病逝于叙利亚大马士革，此时，“狮心王”理查也被神圣罗马帝国抓住并囚禁起来。

急于赶回英国的“狮心王”理查选择了陆路，但这注定是一条极其凶险的回家之旅，因为三个敌人已经在等着他的归来。奥地利公爵已经准备好了，要报复旗帜被扔进水沟的耻辱。神圣罗马帝国皇帝、“红胡子”腓特烈一世的儿子亨利六世也在等着他，因为“狮心王”理查承认了西西里新国王的合法地位，而合法的主人本应该是他。法王腓力二世十分不希望“狮心王”理查回到英国，他更希望“狮心王”那位无能的弟弟成为英王，这样法国收回领地会更加容易。当时，全欧洲都知道，“狮心王”理查必定凶多吉少。

果不其然，即使化装成回国的朝圣者，“狮心王”理查还是在维也纳附近被奥地利公爵抓住了。公元1192年，奥地利公爵把他交给了罗马帝国皇帝亨利六世。“狮心王”理查被送上法庭，罪名是私自与萨拉丁缔结条约。如果抗击萨拉丁的英雄被指控有罪就成了千古冤案，“狮心王”理查不仅慷慨陈词证明自己无罪，而且还挫败了法王腓力二世想把自己移送到法国去受审的阴谋。即使无罪也不能释放，神圣罗马帝国皇帝亨利六世要求英国支付巨额赎金才能放人，“狮心王”理查的弟弟当然不愿意支付，但是由于国内贵族和人民的呼声，被神圣罗马帝国囚禁两年的英雄终于艰难地回到了祖国，受到了伦敦市民的热烈欢迎。回国之后的“狮心王”赦免了反叛的弟弟约翰，然后就返回欧洲大陆准备攻打法王腓力二世。“狮心王”回到欧洲大陆后，法王腓力二世就不得不推迟收回领地的计划。公元1199年，“狮心王”理查在攻打一个城堡时中箭，一个多月后，四十二岁的“狮心王”理查去世，他那位无能的弟弟约翰如愿继位成为英王。幸福来得如此突然，一直沮丧的法王腓力二世瞬间来了精神。

神圣罗马帝国皇帝亨利六世，曾索要巨额赎金作为释放“狮心王”的条件，因为一直等不到，索性就将英王放在一边，自己带兵南下攻打意大利，欲夺回西西里王国的王位。公元1193年，亨利六世攻克西西里岛，次年加冕，结束了持续六十多年的诺曼人的西西里王国。从公元1035年“铁臂”威廉来到这里至公元1193年，诺曼人在意大利的时代结束了。

从四百年前的公元9世纪初至此，北欧维京海盗时代基本结束。北欧人开启的这一段传奇的海洋游牧之旅，其中有贸易、有劫掠、有殖民，有敢为人先的发现，影响范围之大足以让北欧人骄傲，虽然过程有些血腥，但是毕竟历史允许建设和破坏并存。

在罗马，教皇再次陷入惆怅，因为他深知亨利六世下一步的计划，即霍亨斯陶芬家族要效仿当年创立神圣罗马帝国的奥托大帝，将整个意大利都纳入神圣罗马帝国，罗马教皇只是帝国的大主教而已。这样前途暗淡的未来，让教皇心焦如焚，只有使出罗马教皇惯用的招数——开除亨利六世的教籍。

四年之后，即公元1197年，教皇窘迫的处境，随着年仅三十二岁的亨利六世的驾崩突然改变了。只有三岁的腓特烈二世成为西西里王国的小国王，其母亲将其托付给教皇照顾，一年后也去世了。

神圣罗马帝国内部也出现了皇位之争。公元1198年，韦尔夫家族的奥托四世在教皇的支持下成为皇帝，奥托四世也是韦尔夫家族唯一的皇帝，教皇的主角光环又出现了。但是奥托四世背叛了教皇，同样要求获取在意大利的权力。

屡受打击的教皇突然发现，西西里王国委托给自己照顾的那个小国王，已经长大成人，可以为自己所用了，尽管彼此还未曾谋面。

（八）“内卷”到迷路的欧洲

无论拜占庭帝国、罗马教皇，还是十字军，都各有盘算，希望在东西方大战中达成自己的目的：要么借刀杀人，要么想成为全欧洲的领袖，要么想在东方淘金，更有甚者纯粹是为了战斗。然而，随着战事陷入胶着状态，赢家却仍没有出现。

拜占庭帝国的皇帝，早就十分后悔当初的求援，从第二次十字军东征开始，就希望十字军千万不要再来了，但事情已经超出皇帝的控制，罗马教皇一直在积极主动地调兵遣将。人员混杂、良莠不齐的西欧十字军，通过匈牙利和保加利亚，到达君士坦丁堡进行休整和补给，君士坦丁堡承受着一团混乱和乌烟瘴气的苦难。当十字军收复了部分失地之后，来自西欧的骑士就建立了独立的王国，天主教的东方王国对君士坦丁堡丝毫不尊重。由于门户大开，有一个地中海贸易竞争对手十分希望占据帝国的贸易据点，这就是威尼斯共和国，当年被匈奴王阿提拉驱赶的难民建立的商业城市国家。“请神容易送神难”，对于“善始善终”的教皇，君士坦丁堡甚至和穆斯林秘密结盟，与突厥人一起打击十字军。

罗马教皇，不用出钱也不用出力，只需要一番慷慨激昂的演讲，就能让天主教徒源源不断地奔赴东方前线。本想利用十字军东征使君士坦丁堡归顺自己，从而完成整个欧洲的教权统治，但事实是，国王们对此越来越不感兴趣，因为自己国内也并不太平，而低等贵族、骑士和平民对富饶而神秘的东方充满无限的憧憬和向往。他们前往东方，也仅仅是为了冒险或发财。如果剩下一百年的十字军东征，不再是为了高举十字架和收复耶路撒冷，那么教皇的如意算盘必将落空。

作为大战的看客，显得漠不关心的俄罗斯，其实有自己的苦衷。

拥有八百位后宫佳丽的基辅大公弗拉基米尔一世去世了，虽然他使俄罗斯皈依了东正教，但在他死后，俄罗斯还是陷入了分裂，众多儿子明争暗斗、自相残杀。公元1016年，幼子雅罗斯拉夫占领“众城之母”基辅，统一俄罗斯。由于王位继承制度的不规范，统一仍是短暂的。公元1054年，雅罗斯拉夫去世，长达两百年的分裂开始了。公元1169年，“众城之母”基辅被洗劫，大公国的地位不复存在。两百年间，发生了八十多次内战，近三百位大公登场，这并不比东西方世界的军事碰撞逊色多少。

俄罗斯要成为欧洲的“常务成员”，需要的不是两百年，而是约五百年的时间。因为东方草原上，很快将传来地动山摇的马蹄声，俄罗斯将被这股东方草原铁骑踏碎。

（九）偏安一隅第五版

三国时代的吴国、司马氏的东晋、三百年分裂期的南方四国、李氏的南唐，已经演绎了偏安一隅的四个版本。它们之中，没有一个能挥师北上统一全国。很快，孱弱的南宋王朝也将步其后尘。

宋王朝开国之君的弟弟赵光义即位后，曾试图收复燕云十六州（包括今北京、天津北部、河北北部和山西北部）。赵光义曾率军推进至今北京西直门，结果为契丹人所败，他自己也中箭受伤，因此灰心地撤退了，此后宋王朝的军队再也没有来过。草原游牧民族霸占此地约四百五十年之久，直到明帝国时才回到汉人手中。

长期以来，农耕民族在与游牧民族的对抗中处于弱势地位，这在全世界都是再平常不过的事，但不正常的是宋王朝的态度。

人口众多、农业发达的中国北方，被契丹人的辽国占据，并不断在边境制造争端，被草原游牧民族居高临下般俯视的宋王朝，从皇帝到大臣的心理阴影面积越来越大，能征善战的武将的缺失，使王朝的策略也不自觉地调整为彻底的战略防御。

如同在足球场上，最好的防守是不存在的。公元1004年，契丹人兵临城下，兵锋直指今河南濮阳，离宋王朝都城开封只有一百多公里。朝廷官员大都主张南迁，避祸之声占据上风，连皇帝宋真宗也有此意，唯有性情刚直的宰相寇准极力反对，并极力主张皇帝御驾亲征以鼓舞士气，碍于颜面的皇帝，抵挡不住忠心耿耿的宰相的恳切言辞，极不情愿地来到濮阳督战。宋王朝军队因此士气大盛，战果显著。此时适逢契丹人也并不具备继续鏖战的条件，于是派人议和。本就无心恋战的皇帝大喜，毫不犹豫地派人商谈停火的协议。宋真宗交代谈判的官员说，只要退兵不战，赔款可以商量，和谈的官员向皇帝请示一个具体额度，皇帝狠了狠心说出了一个数字——白银一百万两。但宰相寇准认为战争获胜的概率还很大，于是私下严令和谈官员将赔款额度控制在三十万。不断擦拭额头冷汗的和谈官员，边走边想，丢官的可能性应该是百分之百了。

濮阳城内，皇帝宋真宗来回踱步，焦急不安地等待着和谈的结果。皇帝主意已定，如果谈判成功就立即返回都城开封，因为待在杀声震天的前线令他备受煎熬；如果不成功，就迁都南下，有长江天险亦可保全祖宗基业。和谈终于完成，皇帝急忙询问结果，和谈官员不动声色地伸出三根指头，皇帝瞬间露出失望的表情，心想三百万太多了，虽有难色，但皇帝绝不想再开战。然而，官员又说到，契丹人只要三十万银绢——银十万两，绢二十万匹。“热爱和平”的皇帝大喜，认为和平的代价远远低于预算，于是赏赐了谈判有功的官员。

用金钱换取暂时的和平，在世界历史上并不少见，如拜占庭帝国、萨珊波斯经常这样做。问题的关键是，在换取了和平之后的策略。这次城下之盟使宋王朝和契丹人之间维持了一百多年的和平，自宋王朝开国皇帝赵匡胤“杯酒释兵权”，确实有效管控了无序的地方军权，但宋王朝不可能靠婉约柔美的诗词去战斗。和平，让宋王朝从上到下都放松下来，兵备更加松弛。当蒙古高原上一支响箭划破天空的时候，人们可能会认为那是灿烂的烟花，可能还会情不自禁赋词一首。

党项人，居住在西北（主要在今宁夏和甘肃），统治者是拓跋氏，是鲜卑人的一支。公元1038年，党项人不甘被孱弱的宋王朝统治，建国大夏。宋王朝对党项人的行为很愤怒，于是双方开战，结果就是宋王朝每年给党项人金银和丝绸等。契丹人对党项人也要榨取宋王朝这个钱袋子很是反感，于是发兵大夏国，战争以大夏国向辽国称臣结束。宋王朝、契丹人的辽国和党项人的大夏国，就像第二版的三国时代。与第二版不同的是，魏、蜀、吴三国均无纳贡条款。

皇帝宋真宗是一个心大之人，大得足够可以骗天骗地骗自己。封禅，是古代帝王在太平盛世或者为了彰显自己的文治武功，才会亲自登上泰山祭祀的超大型典礼。此前一共有五位皇帝封禅，分别是秦始皇、汉武帝、汉光武帝、唐高宗和唐玄宗，除了唐高宗略逊一筹，其他四位皇帝封禅是说得过去的。刚刚靠城下之盟获得和平的宋真宗，觉得既然天下太平了，自己也配来一个封禅大典。公元1008年，持续一年多时间的劳民伤财的封禅大典开始了，大家都主动或被动地以极大的热情投入这个花钱如流水的仪式里。祭天之后，皇帝仍意犹未尽，公元1011年，又举行了动用数十万人、持续六十八天的祭地仪式。后世再也没有任何帝王去泰山封禅，也许是谁也不愿与宋真宗相提并论。

为了挽救宋王朝积贫积弱的局面，王朝内部也出现了几次变法图强的改革。公元1043年至公元1045年，写出名句“先天下之忧而忧，后天下之乐而乐”的范仲淹主持新政，但以失败告终。公元1069年开始，“唐宋八大家”之一的王安石再次启动变法。进士第四名出身但刚愎自用的王安石，虽然部分实现了富国强兵的目的，但一直对反对变法、默默编著中国唯一编年体史书《资治通鉴》的司马光嗤之以鼻。司马光就是七岁就能砸缸救友的那个聪明机灵的小孩，一生没写过潦草字，全是楷书，性格坚韧刚毅，才华横溢，然而却是保守派。《资治通鉴》完成的第二年，即公元1085年，太皇太后启用了司马光，新政一律被废除了。次年，王安石病逝。

进入公元12世纪时，基督徒和穆斯林之间两百年的战争仍在继续，胜负未分。而中国，虽然宋王朝可以一直坚守小富即安的理念，但北方草原游牧民族绝不会安于现状，当战火重燃之时，毫无血性的赵氏子孙醉生梦死的好日子就走到了尽头。因为，金钱买不到真正的和平，用实力换来的才是有威慑力的和平。

公元1100年，一位书画艺术家皇帝宋徽宗登基，有才却无能的宋徽宗任用佞臣，导致朝纲混乱，民怨四起，起义不断。中国四大古典名著之一的《水浒传》，就是描写这个时期的小说，不过“一百零八将”的起义远没有小说中描写得那样轰轰烈烈，人物也大多杜撰。相比梁山起义，浙江的方腊起义势头更猛，在短短三年时间内威震东南，公元1122年，方腊起义才被镇压。

然而，一波未平，一波又起。公元1115年，在中国的东北，不堪忍受契丹人压迫的女真人，在完颜阿骨打的带领下反抗辽国，建立了金国。洞悉三足鼎立形式的女真人，与党项人和宋王朝联合对抗契丹。不过女真人并不是要取代契丹，而是准备各个击破。公元1125年，契丹人建立的辽国灭亡。国破的契丹人四处逃散，有的向东进入朝鲜半岛并建立东辽，有的向西进入中亚并建立西辽，但均于公元13世纪初，被一个意图征服世界的草原游牧民族所灭。

宋王朝赶走了豺狼，殊不知又来了虎豹。契丹败走的第二年，即公元1126年，女真人就攻陷了宋王朝的都城开封，次年，俘虏了皇帝宋徽宗及其儿子宋钦宗。父子皇帝均被俘，这是中国历史上从未发生过的耻辱。

公元1127年，宋钦宗的弟弟在今河南商丘登基，从这时起，宋王朝被分成两个阶段，北宋结束，南宋开始。吓破胆的宋朝皇室一路南撤，公元1138年迁都杭州。虽然宋军在岳飞的率领下形势向好，然而岳飞只能是皇族内部权力斗争的牺牲品，因为宋钦宗只是被女真人俘虏，仍存活在世，如果回来，现任的南宋皇帝宋高宗就要坐冷板凳了。宋高宗在位的三十五年里，只有六年不用担心皇位旁落，公元1156年，哥哥宋钦宗在金国受辱而死。卸下压在心口三十年的大石的宋高宗，于六年之后将皇位让于开国皇帝赵匡胤幼子的后代，自己做了太上皇。能将皇位让于太祖这一支的后裔，并不是高风亮节，因为内心受到长期折磨的宋高宗，还伴随着惊吓的后遗症——不育，而宋高宗唯一的儿子因惊吓而早夭，太宗这一支的皇族后代已经悉数被女真人掳去，皇帝之位无人可传。公元1162年，赵匡胤的七世孙宋孝宗登基，太祖的后代一直持续到一百一十八年后南宋灭亡，都是南宋皇帝。

无论谁是皇帝，都无法改变朝堂之上多数属于议和派的事实。尽管宋孝宗试图恢复太祖的荣耀，但无力回天，以至于当女真人要求两国皇帝之间以叔侄相称时，公元1189年，宋孝宗干脆退位，因为他不愿意称比自己小四十多岁的金国皇帝为叔。宋孝宗的儿子宋光宗，也并不能光宗耀祖，于公元1200年驾崩了。

阴晦的年代，让人心塞。但值得骄傲的是，中国人的三项伟大发明，将改变世界。

第一项是指南针，前身是司南，春秋战国时期已有司南的记载。指南针最初主要应用于占卜等，而西方则将指南针或罗盘用于航海，发现新世界。当西方人逐渐认识到“地球是圆的”之后，指南针将指引西方人探索整个地球。

第二项是火药，是炼金术士偶然发现的。它具有两种性能，一是燃烧性，二是爆炸性。同样，发明者用于制作烟花爆竹，引入者则用于战争。中国人用烟花欢天喜地地庆祝节日的时候，西方人则在用枪炮攻城略地。

第三项是印刷术，在中国唐代就有雕版印刷术，但是这种技术有很大的局限性，不利于迅速地、大量地印刷各类书籍。北宋时期，出现了活字印刷术，即用胶泥做成单字，可随意组合，这样就适合快速批量印刷，保证内容丰富多样。欧洲在公元1455年才出现活字印刷术，比中国晚约四百年。印刷术对全世界由古代向近代转变时期进步思想的传播至关重要。但这对教皇来说，是不折不扣的灾难。在公元16世纪的欧洲，印刷术促进的宗教改革将成为罗马教皇的梦魇，因为西方人逐渐从神学向理性转变，开始追求科学和真理。

在古代世界，这几项无可匹敌的发明，改变了整个世界，足以成为中国人的骄傲。

无论东方世界还是西方世界，都已经混乱不堪了，有一个民族决定凭一己之力改变世界。当他决意征服全世界的时候，也在无意中成为改变世界的“超级专利快递员”。

十二

穹苍之箭

（公元1200—1400年）

一个世纪过去了，曾经轰轰烈烈的十字军东征，进入了意兴阑珊的下半程，西方的基督徒和东方的穆斯林都对这场战争显得无精打采；奄奄一息的阿拉伯帝国阿拔斯王朝，只差一个正式的死亡“官宣”，巴格达哈里发那呆滞的目光里，也流露出赴死的绝望；偏安的南宋王朝和女真人的金国，仍处于无所作为的对峙中，都缺少一丝激情。

突然有一天，一支穿云响箭射出，千军万马从蒙古高原呼啸而来。成吉思汗要求全世界都必须打起精神来，因为这个来自东方的草原游牧民族的一次空前绝后的伟大征服正式开始了。

沙漠游牧民族的阿拉伯帝国，用了一百年的时间，建立了疆域面积约一千多万平方公里的广袤帝国，横跨亚非欧三大洲。而草原游牧民族的蒙古人，只用了约七十年的时间，就横扫绝大部分已知世界，“蒙古之王”的后裔拥有东起太平洋西至欧洲中部，面积达三千多万平方公里的辽阔牧场，征服了约四十个国家，八百年前的匈奴旋风与之相比也黯然失色。成吉思汗的“黄金家族”，不仅是“蒙古之王”，也是“草原游牧之王”，更是“世界之王”。

激战正酣的西欧，对东方铁骑逼近的消息充耳不闻，英国、法国、罗马的教皇、神圣罗马帝国正相互结盟打成一团。英王作为法王的封臣，却拥有数倍于法王的领地，法王腓力二世誓要将英王驱逐出欧洲大陆；神圣罗马帝国的皇帝腓特烈二世，只顾在西西里岛享受地中海的阳光和沙滩，对自己北方的神圣罗马帝国不闻不问；恨铁不成钢的罗马教皇，支持韦尔夫家族的奥托四世成为神圣罗马帝国的皇帝，但奥托四世用背叛回应了教皇。于是，法王和教皇结盟，英王和神圣罗马帝国皇帝结盟，团战开始。战争以法王的胜利而结束，法王腓力二世再也不会在臣属于自己的公国面前低人一等了，他的领地扩大三倍，法兰西国王的世袭王权正式确立，腓力二世是卡佩王朝第一位雄主，被誉为“奥古斯都”。无能的英王约翰，“狮心王”理查的弟弟，将家族的欧洲大陆领地弄丢了，成了名副其实的“无地王”。神圣罗马帝国皇帝奥托四世的统治也被终结，奥托四世也是韦尔夫家族唯一的神圣罗马帝国皇帝，约五百年后，韦尔夫家族却在大英帝国的王位上端坐了近两百年。

法兰西统一的必要条件是法王一直很英明，而英王一直很平庸，但这是不可能的。很快，英法之间爆发了持续百年的战争，直到两百年后仍在继续，所以法国要想将英国完全赶出了欧洲大陆，需要耐心等待约一百年。

腓特烈二世拥有七个王冠，分别是神圣罗马帝国、罗马、伦巴德、耶路撒冷、勃艮第、撒丁尼亚、西西里和那不勒斯的王冠。他冷笑着面对教皇将其开除教籍的决定，把一个来自小家族的鲁道夫收为教子，半个世纪后，鲁道夫成为神圣罗马帝国皇帝，开启了哈布斯堡家族在欧洲的辉煌历史，除去约一百三十年的中断时间，哈布斯堡家族及其分支统治神圣罗马帝国长达四百年，直到公元1806年，欧洲四大军事家之一拿破仑，取消了其皇帝称号。哈布斯堡家族同时还统治了西班牙约一百八十年，正是在那个时期，西班牙成为世界上第一个“日不落帝国”。

西班牙南部，自从公元8世纪被穆斯林占领以来，北方的基督徒和教皇都千方百计地想将异教徒们驱赶出去。公元11世纪初，西班牙北部的卡斯蒂利亚王国和东部的阿拉贡王国建立，尽管他们会成为穆斯林的终结者，但南部的穆斯林郑重地通知他们，须再耐心等两百年左右。收到穆斯林强硬的通知后，百无聊赖的西班牙人开始将目光投向东边的意大利。此时，正值腓特烈二世的霍亨斯陶芬家族绝嗣，与腓特烈二世联姻的阿拉贡王国饶有兴趣地加入了争夺意大利领土的竞赛。因为此前教皇将那不勒斯交给法国的安茹家族，意大利南部就在法国人和西班牙人的血雨腥风中动荡不安，亚平宁半岛的统一依然遥遥无期。

在西亚的阿拉伯帝国中心，浑浑噩噩地存在了约五百年的阿拔斯王朝，随着蒙古帝国最后一次西征正式灭亡了。今伊朗地区在被穆斯林统治约五百年后，又将被蒙古人统治三百年左右。在蒙古铁骑的巨大压力下，刚刚如鱼得水的西亚突厥人，不得不再次识相地蛰伏起来。

钦察草原和高加索地区的突厥人南下埃及，推翻了反十字军的英雄萨拉丁的阿尤布王朝，建立了马穆鲁克王朝。正是这个由奴隶建立的王朝，终止了蒙古大军继续西进的步伐，还攻陷了欧洲十字军在今巴勒斯坦地区的最后一个据点，终结了近两百年的十字军东征。西方的基督徒也长舒一口气，终于找到了一个结束早已令人厌烦的东征的理由。

在蒙古风暴之后，小亚细亚半岛的西部、黑海南岸的突厥人，在首领奥斯曼的带领下，于1299年，播下了一粒重要的种子。这粒种子将开花结果，一个扎根于亚欧大陆之交、持续六百年的世界上最后一个封建大帝国——奥斯曼土耳其帝国，即将取代千年的东罗马帝国成为当时已知世界的中心。这个帝国将横亘在东西方世界之间，创造草原游牧民族的最后一次辉煌。

由于地理位置的眷顾，印度并未受到横冲直撞的蒙古铁骑的蹂躏。置身事外的确可以远离祸端，但缺陷就是，没人可以帮忙整合分裂千年的南亚次大陆。印度的北部、中部和南部都是独立的王国，如果他们希望有人来统一的话，中途离场约八百年的波斯将赶走蒙古人而复国，约三百年后，蒙古后裔将来此避难，顺便统一南亚次大陆。

在东亚，朝鲜半岛上的高丽王朝，最先倒在蒙古铁骑之下，随后蒙古人从陆路进攻日本，遭遇天灾无果后南下，偏安一隅的南宋王朝在伤怀中彻底支离破碎。几年后，蒙古大军二次进军日本，无奈再次遭遇“神风”而返，运气让孤独的日本再次被孤立于世界历史之外。

成吉思汗的孙子忽必烈，成为中国元帝国的皇帝，但蒙古人似乎想永远当客人，并未真正汉化。长期拒绝融入中华文明的结果就是，被一个乞丐推翻统治中国不足百年的政权。汉人朱元璋建立的明帝国将元帝国取而代之，今北京地区被外族占领四百多年后，再次回到了汉人手中。成吉思汗的后裔逃亡大漠，回到更适合他们的草原和荒漠。

在元帝国开国皇帝忽必烈的朝堂之上，有一个金发碧眼的外国人马可·波罗，他来自遥远的意大利，将其在中国约二十年的生活和为官经历，浓缩成一本东方游记——《马可·波罗游记》，将中国描述成遍地黄金、富饶而神秘的国家。约两百年后，一些道貌岸然的欧洲人决心向中国人民传播基督福音，其实真正令他们魂牵梦萦的，是那闪闪发光的黄金。

不管亚欧大陆的已知世界有没有发现，美洲大陆一直在默默地书写着自己的历史。高冷的玛雅文化起源于约公元前1500年，在“无水不文明”的规律下，发源于热带丛林的玛雅文明在历经漫长的发展后，不得不走向衰落和灭亡。公元11世纪，在南美洲西海岸的狭长地带，秘鲁高原的一个小王国成为印加帝国的发端。公元14世纪，中美洲的阿兹特克人建立了阿兹特克帝国，成为玛雅文明的延续。

风平浪静的阿兹特克帝国和印加帝国，现在依然还能呼吸到自由的空气。但马可·波罗的那本游记，将诱惑欧洲人触发毁灭的诅咒。

（一）草原游牧的终极王者

大致在“征服者”威廉入主英格兰、卡佩家族接替查理大帝的后代成为法兰西的统治者、奥托大帝被罗马教皇加冕后建立神圣罗马帝国、俄罗斯的雅罗斯拉夫成为基辅大公、塞尔柱突厥人控制巴格达的穆斯林帝国的时候，即公元11世纪左右，在今俄罗斯西伯利亚的贝加尔湖东侧，生活着一个名不见经传的草原游牧民族——蒙古族。

同大多数草原游牧民族一样，他们逐渐舍弃贫瘠之地，举族南迁。公元12世纪时，中国的北方是女真人建立的金帝国，在金帝国北部的蒙古草原上，从西向东依次是四个部落，乃蛮部、克烈部、乞颜部、塔塔儿部。乞颜部的首领名叫也速该，他有一个儿子叫铁木真。在热心帮助克烈部的过程中，也速该被塔塔儿部所杀，铁木真继续与克烈部交好，同时加入金帝国与塔塔儿部的战争。

公元1202年，双剑合璧的乞颜部和克烈部，成为蒙古草原的霸主。然而，“一山不容二虎”，两个部落随之决裂。公元1203年，铁木真灭克烈部，顺带也教训了一下西边的乃蛮部，次年，灭塔塔儿部，报了不共戴天的杀父之仇。此时，一颗巨星正在蒙古草原上冉冉升起，蓝天白云下的牧场上只回荡着一个响亮的名字——铁木真。公元1206年，统一蒙古各部的铁木真建立蒙古帝国，从此被尊称为成吉思汗。“成吉思”意为天赐、坚强、大海，“汗”是蒙古最高统治的称谓，相当于中国的皇帝、穆斯林的哈里发、突厥人的苏丹等。“成吉思汗”登基的当年就彻底驱赶了乃蛮部，乃蛮部在西逃的过程中，来到中亚的西辽。这是被金帝国赶走的契丹人建立的国家。乃蛮部废掉西辽皇帝，将契丹人赶至今伊朗地区。然而乃蛮部也只是获得了十二年苟延残喘的时间而已，因为蒙古人不会放过草原上的任何一个敌人。

踌躇满志、意气风发的成吉思汗张弓搭箭，射入苍穹，豪情万丈地对长子术赤、次子察合台、三子窝阔台和幼子托雷下达了向全世界进攻的命令。

公元1215年，成吉思汗攻克女真人金帝国的中都，即今北京。自公元936年，突厥人石敬瑭将燕云十六州割让给契丹人，北京就被契丹人的辽国占据一百九十年左右，女真人灭契丹后，北京又被金帝国占据约九十年，此时蒙古人将占据约一个半世纪，成吉思汗的孙子也将把北京作为元帝国的都城。被夹在蒙古人、党项人和南宋王朝之间，仅剩弹丸之地的女真人每天都在心惊胆战中打听蒙古铁骑的消息。庆幸的是，中亚的花剌子模王国一个愚蠢的举动，让金帝国的灭亡延后了约二十年。

花剌子模王国，位于中亚草原“十字路口”，主要在今土库曼斯坦和乌兹别克斯坦境内，鼎盛时期控制了几乎整个中亚，王国内很多富庶的大城市，彰显着东西方过境贸易的繁荣，但很快就成为过眼云烟。当成吉思汗友好通商的诚意换来花剌子模王国杀掉使者、抢夺财物后，愤怒的蒙古大汗决定将金帝国暂时晾在一边。公元1219年，成吉思汗亲征中亚草原，四个儿子随行，次年就攻陷了花剌子模王国位于今乌兹别克斯坦的都城。蒙古铁骑所到之处寸草不生，屠城是对任何抵抗力量的常规惩罚，头颅被堆成金字塔，曾经繁华的城市尽是断壁残垣。茫茫的大草原没有边界，亢奋的蒙古铁骑没来得及勒住缰绳，继续西进，征服了里海和咸海以北的钦察草原，这里成为成吉思汗长子术赤的领地——钦察汗国。向南追击时，蒙古人饮马印度河，因为不适应北印度的气候，使印度与劫难擦肩而过，不过也使印度和统一失之交臂。

此时的印度，分裂的层次分明。北印度，是阿富汗突厥人建立的德里苏丹国，五个王朝在三百年内轮番登场；中印度，也是阿富汗突厥人建立的巴赫曼王朝，北印度和中印度都信奉伊斯兰教；南印度，则是印度教徒建立的毗奢耶那伽罗王朝。当蒙古人不喜欢这里的气候的时候，整个印度就能安然度过约三百年的安逸时光。直到公元16世纪初，被波斯驱赶的蒙古后裔再次到来，印度才在笈多王朝灭亡之后，时隔一千年左右再次被外族统一。

公元1223年，第一次西征结束，开始返程，长子术赤分到的领地是钦察草原。路过中亚和今新疆地区的时候，成吉思汗将这里封给次子察合台，称为察合台汗国。

第一次西征结束两年后，即公元1225年，成吉思汗的长子术赤去世，年仅四十六岁，六十四岁的成吉思汗并没有因为长子的去世而过于悲伤，因为蒙古的继承制度是幼子享有优先继承权，而且包括成吉思汗在内的所有人都对术赤的血统有所怀疑。成吉思汗分别给四个儿子指派不同的工作职责，长子术赤负责狩猎，次子察合台负责法令，三子窝阔台负责朝政，幼子托雷负责军队。将负责狩猎的术赤封在帝国的边缘之地，明显不是对待继承人的方式。

至于幼子托雷无缘蒙古帝国汗位，这与帝国所处的阶段有关系。当时大部分征服尚未完成，次子察合台性格暴躁难堪大用，三子窝阔台成熟稳健，较幼子托雷更足智多谋，适合帝国继续发展的需要。深明大义的托雷，似乎对此并无异议。术赤死后，封地由术赤的次子拔都继承，拔都将成为东欧和中欧的噩梦。

同年，成吉思汗不顾六十六岁高龄，亲征背盟的党项人的西夏王国。公元1227年，成吉思汗在完全攻陷西夏王国之前不久病逝。蒙古人征服西夏王国之后，将此地改为宁夏，寓意安宁，这就是今天的宁夏回族自治区，中国五个自治区之一。

成吉思汗死后，四子托雷监国两年，公元1229年，经过正式的推举大会和仪式，三子窝阔台成为蒙古帝国的第二位皇帝。窝阔台继承父亲遗志，征服金帝国，然后发动第二次西征。

公元1234年，蒙古帝国灭了金帝国，占据中国北方约一百二十年的女真人狼狈败走。然而女真人的历史并没有结束，约四百年后，他们将东山再起，建立中国最后一个封建王朝。金帝国灭亡后，蒙古北撤，南宋王朝想趁机夺回中原之地，却失败而归，同时也为蒙古军队南下入侵提供了一个画蛇添足的借口。

公元1235年，皇帝窝阔台下达了第二次西征的命令，主要目标为俄罗斯。然而，在蒙古帝国的四位“皇族二代”术赤之子拔都、察合台之子拜答儿、窝阔台之子贵由、托雷之子蒙哥这些血气方刚年轻人的带领下，蒙古大军一路攻城拔寨，将征服目标改为推进到大西洋沿岸，即征服整个欧洲。沿着草原游牧民族最喜欢的亚欧大陆草原通道，数十万蒙古大军很快行进至伏尔加河，彻底征服钦察草原、北高加索地区的诸多部落。突厥人因此南下，埃及的阿尤布王朝危在旦夕。公元1240年，俄罗斯的“众城之母”基辅被攻陷，早已分裂且毫无凝聚力的俄罗斯，从此便恭顺地向蒙古人的钦察汗国纳贡近三百年。公元1241年，蒙古大军多路出击，北路击败东欧的波兰，中路击败中欧的匈牙利，南路占领罗马尼亚。

此时，东方草原的铁骑离今奥地利首都维也纳不足百里，离地中海沿岸的威尼斯城市共和国不足五十里，神圣罗马帝国的皇帝腓特烈二世仍在地中海的西西里王国，丝毫不关心北方帝国的死活，群龙无首的公国在城墙内瑟瑟发抖。然而，公元1241年，蒙古帝国第二次西征戛然而止，西欧逃过一劫。原来，帝国皇帝窝阔台病逝，所有长子都要回去开会讨论继承人问题。当时，成吉思汗的四个儿子均已死亡；公元1225年，术赤病死；公元1232年，托雷替兄而死；二子察合台早窝阔台七个月也死去了。继承人将在一群年轻的帝国二代精英中产生，因此不得不暂时放弃征服整个欧洲的计划。

先让“黄金家族”的第二代精英们回去，慢慢商讨继承人的事，蒙古帝位落在托雷的儿子肩上，还需要约十年的时间。所以我们暂且留在原地，欣赏一下劫后余生的欧洲、旁若无人的结盟团战大戏。

（二）教皇导演团战剧

当欧洲只有一个强大的罗马帝国或者法兰克王国的时候，毫无疑问，团战时缺少队员；当法兰克王国分裂，西欧雏形显现，但又被北欧维京海盗打乱阵脚，团战时机仍未成熟；当罗马教皇也对收复圣地失去信心、更加关心自身安全的时候，欧洲国家间的团战就要开始了。

当年，“狮心王”理查在欧洲大陆没有敌手，轮到他的弟弟约翰成为英王之后，法王腓力二世就轻松地显示出了自己高人一等的谋略。当听说法王腓力二世正在攻打诺曼底公国的时候，正在举行宴会的英王约翰不慌不忙地说，“让他先打吧，反正我迟早要夺回来”。面对这样大大咧咧的英王，法王掩饰不住内心的狂喜，公元1204年，法王收回约两百年前被迫让渡给北欧海盗的诺曼底公国。公元1205年，法王收回安茹公国。慢节奏的英王约翰，却将与法王的战斗定在十年之后，因为届时，会有一个盟友。

当神圣罗马帝国皇帝亨利六世驾崩后，神经一直紧绷的教皇终于松了一口气。亨利六世和西西里女王储所生的小国王腓特烈二世在三岁时就被托付给罗马教皇照顾。公元1198年，母亲在亲眼看到儿子登上西西里王国的王位后撒手人寰。“死对头”亨利六世死了，只留下一个幼稚的小国王，罗马教皇翻云覆雨的时刻终于到了。

罗马教皇恪守的一个原则底线，就是永远不允许自己的南方和北方都被同一个皇帝或国王控制。亨利六世指定的继承人并不被神圣罗马帝国内的公国所接受，因为腓特烈二世还是个孩子。于是，罗马教皇通过一系列的运作，让无知的小国王腓特烈二世放弃了神圣罗马帝国的皇位，只拥有西西里王国的王冠，而神圣罗马帝国则重新选举新的皇帝，这样，罗马教皇就可以按照自己的择才标准去加冕新的皇帝了。如果能同时控制北方的神圣罗马帝国和南部的西西里王国，处在中间地带的罗马教皇地位将不言自明，而且财富将源源不断。

假装听话的韦尔夫家族的奥托四世，获得了教皇的祝福，在激烈的竞争中成为赢家。公元1209年，奥托四世亲自来到意大利，表示一定会听从教皇的指导和教诲，维护教皇在意大利的根本利益，于是教皇欣然为其加冕，奥托四世成为神圣罗马帝国的皇帝。目的达到之后，奥托四世很快就忘记了曾经的承诺，直戳教皇软肋——要求获取神圣罗马帝国在意大利的权利，并进军意大利。回想起霍亨斯陶芬王朝的多个皇帝对自己动辄就兵戎相见，罗马教皇曾痛心疾首，现在韦尔夫家族的奥托四世翻脸像翻书一样，更是令教皇伤心欲绝。

无论如何，维持罗马的权威和教皇的世俗权利，这是历任教皇的基本使命。听闻巴黎的法王腓力二世最近风头正劲，而且不会对罗马有非分之想，于是教皇就锁定了第一个可以联合的盟友。同时，教皇想起西西里王国至今未曾谋面的国王腓特烈二世，当年他的母亲把孩子托付给自己照顾，如今该是报答自己的时候了。教皇在选定两个盟友之后，一个团战的绝妙计划应运而生，那个“忘恩负义”的韦尔夫家族，也必须像霍亨斯陶芬家族一样归还神圣罗马帝国的皇冠。

公元1211年，罗马教皇第一次见到了腓特烈二世，教皇对其循循善诱、关爱有加，并热心地给腓特烈二世安排了一个妻子（来自西班牙阿拉贡王国的公主)。随后，腓特烈二世依照教皇的指示到达法国，见到法王腓力二世，并与之结盟共同对付违背教皇意愿的奥托四世。公元1213年，腓特烈二世宣誓效忠教皇，并心甘情愿地放弃西西里王国的王冠，将王位交给自己年幼的儿子，而自己将回到神圣罗马帝国，夺回属于霍亨斯陶芬家族的皇冠，并承诺事成之后亲自进行十字军东征。这样的誓言让教皇内心感到无比的愉悦，看到腓特烈二世恭顺地跪在自己脚下，他的成就感油然而生。腓特烈二世在各方面的表现，都令教皇感到自己已完全掌控了这个小国王。然而，教皇忽略了一个道理——日久才能见人心。

于是，罗马教皇、法王和腓特烈二世联盟成功，神圣罗马帝国的奥托四世自感势单力薄，邀请与法王有仇的舅舅结盟，这个舅舅就是英王约翰，同时，巴黎北部的佛兰德斯公爵(佛兰德斯位于今法国北部和比利时西部地区)也应邀参加。英王和佛兰德斯公爵同为法王的封臣，这无疑是一次叛乱，因此，对法王腓力二世来说，这是一场必须要胜利的荣誉之战，只有胜利，法兰西的国王才能在封臣面前彻底抬起头来。十年了，英王约翰那慵懒的剑才拔出鞘，英王向法王发起攻击，要夺回属于自己的诺曼底公国领地。

公元1214年，英王约翰、外甥奥托四世和佛兰德斯公爵的联军失败了。佛兰德斯公爵被法王俘虏并带回巴黎，英王约翰狼狈退回不列颠岛，奥托四世也失去了神圣罗马帝国的皇冠。韦尔夫家族此后再也无缘帝国宝座，直到约五百年后，韦尔夫家族收到了一份邀请，此时英王的宝座虚悬，尽管此时的英王地位已经低于议会，但英王头衔的诱惑，还是让家族成员甘心成为一名没有实权的国王。

旗开得胜的法王腓力二世，再也不用龟缩在巴黎周边有限的领地上，时刻接受来自强大封臣鄙视的眼神。腓力二世将俘虏的佛兰德斯公爵扔进地牢，宣示了卡佩家族的法兰西皇权。曾经在法国西部和北部拥有大片领地的英王，如今只剩下西南部的阿基坦公国了。在获得被占领的封地上的巨大财富后，法王腓力二世励精图治，扫除封臣的威胁，加强皇权，并同天主教会保持良好的关系。腓力二世还整顿了“脏乱差”的巴黎，使它以后有资格成为欧洲最奢华的城市之一。著名的哥特式建筑——巴黎圣母院就是在腓力二世时期开始建造的，但是历时一百八十多年才最终建成。作为欧洲和法国文化的瑰宝，公元2019年巴黎圣母院塔楼尖顶遭遇了一场大火。作为一名伟大征服者和开创者的腓力二世获得了“奥古斯都”的称号，法兰西从此超越东边的神圣罗马帝国成为欧洲主角。公元1223年，法王腓力奥古斯都去世的时候，卡佩家族作为欧洲历史上统治时间最长的家族，世袭王权已经稳如泰山。

这一次的结盟作战，使团战成为欧洲的战争常态和惯例。欧洲各国总能找到利益交集或者遏制对手的理由以加入战争，而且盟友组合变化莫测，令人叫绝。

公元1215年，不满二十岁的腓特烈二世，带着教皇的期望和大量财富回到神圣罗马帝国。在一片欢呼声中，腓特烈二世加冕成为神圣罗马帝国皇帝。更加高兴的是在罗马的教皇，不仅让背叛自己的奥托四世乖乖交出了皇冠，并由自己可以完全掌控的学生坐上皇帝宝座，而且腓特烈二世承诺放弃西西里的王冠的誓言犹在耳边，教皇“南北分而治之”的策略大获成功，教皇这位导演成为最大赢家，公元1216年，教皇心满意足地去世了。然而，如果教皇知道腓特烈二世不会放弃西西里王国，如果教皇知道霍亨斯陶芬家族并不会让教权凌驾于皇权之上，如果教皇知道继任的几位教皇完全不是腓特烈二世的对手，就不会心满意足了，但历史没有如果。

公元1220年，腓特烈二世宣布，他和阿拉贡公主的儿子亨利，为神圣罗马帝国和西西里王国的继承人。怒火中烧的新任教皇选择了妥协，在耐心等待皇帝变回以前那个听话的孩子的煎熬中郁闷地死去。

（三）潦倒的十字军

反十字军的英雄萨拉丁收复了耶路撒冷，因此萨拉丁在埃及建立的阿尤布王朝成为教皇的打击目标，教皇再次极力鼓动天主教徒发动东征，扫除这一收复“圣城”耶路撒冷的障碍。但是，这一次没有几个国王再有兴趣去东征，于是一群不知名的王公和骑士成为第四次十字军东征的主力。除了不知名，更重要的是，他们没有渡海的路费。

教皇是绝对不会资助的，因为教皇的根本目的是获得更多的权利和财富。富裕的威尼斯人表示愿意承担，但他们开的价让十字军目瞪口呆，就算把他们都卖了也凑不齐威尼斯人要求的巨款。商业利益至上的威尼斯人很失望，准备转身离去，临走之前，抛给了一脸愁容的十字军一个条件：如果十字军愿意帮助攻打几个与威尼斯有商业竞争的城市，威尼斯人就可以资助他们渡过地中海。战争，本身就是这些骑士的最爱，但唯一的障碍是，威尼斯人要他们进攻的是匈牙利的天主教徒。虽然忌惮罗马教皇的训斥，但如果数万十字军因为没钱渡海而狼狈打道回府则太失颜面，于是匈牙利的一个城市成为牺牲品。十字军攻下城池后，赶紧派人向教皇解释，面对匈牙利天主教徒声泪俱下的指控，教皇并没有处罚野蛮的十字军，因为他也希望，十字军能尽快凑足路费，去和穆斯林决一死战。

正当逃过教皇处罚的十字军，兴高采烈地准备渡海立功赎罪的时候，威尼斯人又提供了一个赚大钱的机会。不远处的拜占庭帝国，发生了帝位争夺战，一位竞争者希望威尼斯海军和十字军提供帮助。尽管君士坦丁堡地区的人大多信奉东正教，但毕竟也是基督徒，按教皇的指示，穆斯林才是真正的敌人，因此急于渡海的十字军并没有答应。但是，当威尼斯人伸出两个指头，代表着拜占庭帝国许诺的二十万银马克的报酬时，十字军的良心就被蒙蔽了。表面上不情愿的十字军内心狂喜，而精明的威尼斯人也仿佛看到了自己击败君士坦丁堡、独霸地中海贸易的光明未来。

公元1203年，十字军和威尼斯海军攻入君士坦丁堡。获得胜利的拜占庭皇帝打开空空如也的国库，瞬间陷入沉思，除了耍赖别无他法。皇帝让十字军和威尼斯人耐心等候，可他们却等来皇帝被杀的消息，巨额报酬打了水漂，这激起了十字军的愤怒，公元1204年，再次攻陷君士坦丁堡。经过大肆搜刮，圣索菲亚教堂前堆积了价值五十万银马克的财富，当时整个欧洲也拿不出一半的钱。面对如此巨款，“高风亮节”的威尼斯人只要两成，其余八成即四十万银马克都给十字军。威尼斯人还提议，由十字军首领在君士坦丁堡建立一个拉丁帝国，而威尼斯人只要周边的众多小岛和商业据点，别无他求。双方一拍即合，骑士们获得财富并建立了国家，商业共和国获得了贸易基地。公元1204年，拉丁帝国在君士坦丁堡建立，拜占庭帝国皇室西逃至小亚细亚，失去“黄金之城”的拜占庭帝国将孤苦地流亡在外半个多世纪。一百多年前，向西欧基督徒寻求帮助的拜占庭帝国，如今自食恶果。

还没见到真正的敌人，第四次十字军东征就结束了。兢兢业业、不辞劳苦的教皇再次呼吁东征，欧洲的国王置若罔闻，但贫穷的基督徒对财富的渴望是无穷尽的，而且这一次十字军的规格再次被降低，一支由低等贵族和落魄骑士组成的十字军向埃及开拔了。公元1221年，第五次东征又以十字军的失败画上句号，这也是最后一支以教皇的名义出征的十字军。

大失所望的教皇，将失败归罪于腓特烈二世的消极怠工，一直指责他是忘恩负义、背弃诺言之徒。教皇的喋喋不休使腓特烈二世异常烦躁，于是他决定东征，然而在出征前，却莫名其妙地被教皇革除了教籍。

完全不同于此前欧洲国王的出征，公元1229年，会七种语言的腓特烈二世在谈笑风生中，用自己的人格魅力和埃及苏丹成为朋友，并轻而易举地成为耶路撒冷的国王，还娶了原国王的女儿。早在腓特烈二世小时候在街头流浪时，就和西西里王国的穆斯林平民打成一片，在国王的心里，西西里王国比神圣罗马帝国重要千万倍，因此，在三十五年的统治时间里，身为帝国皇帝的腓特烈二世只在加冕时到过一次神圣罗马帝国，这也许就是文化认同的巨大威力。腓特烈二世俨然与穆斯林敌人打成一片，这让教皇情何以堪，趁腓特烈二世未归期间，教皇派军队不断骚扰西西里王国。

履行了诺言的腓特烈二世回到了惬意的西西里王国。十五年后，耶路撒冷在没有防御的情况下又回到了穆斯林手中。回国之后，腓特烈二世与教皇之间的矛盾逐渐加深，腓特烈二世写信告诉教皇，“世人都知道，罗马是我的财产”，于是，意大利再次遭受了霍亨斯陶芬家族的风暴肆虐。教皇几近崩溃，不仅南北都被霍亨斯陶芬家族包围，而且连“上帝之城”罗马都朝不保夕。可恨的腓特烈二世已经被革除教籍了，气急败坏的教皇只能宣布废黜腓特烈二世的皇帝之位。满不在乎的腓特烈二世，命人将七顶王冠一顶接一顶地戴在头上，说道，“看啊，它们不是都还在嘛”。不久，腓特烈二世将教皇赶出了罗马，教皇在法王的保护下住在法国南部的里昂，但法王路易九世也仅仅是出于基督教徒的虔诚而已，并不认可教权高于皇权。

因为蒙古帝国第二任皇帝窝阔台的驾崩，第二次西征的蒙古军队撤回东方，腓特烈二世的神圣罗马帝国逃过一劫。其实，腓特烈二世并不在乎神圣罗马帝国的死活，因为一个公国林立、没有皇权基础的国家完全不适合腓特烈二世的口味。

公元1250年，腓特烈二世驾崩，至死没有重获教籍，并且在皇帝驾崩之前教皇一直居于下风。噩梦般的腓特烈二世死了，教皇决定重振旗鼓，不惜一切代价摧毁霍亨斯陶芬家族。

（四）蒙古帝国再掀波澜

公元1241年，蒙古大军从欧洲撤退。“黄金家族”的第二代间出现了汗位的争夺战，拔都和贵由这对堂兄弟的不和，导致五年内帝国都没有皇帝。第二代大汗窝阔台的儿子贵由，最终于公元1246年带上皇冠，但两年后就死去了，贵由在位期间的贡献就是公元1247年将吐蕃（今西藏）纳入帝国领土。公元1251年，由于拔都的支持，汗位转到成吉思汗幼子托雷这一支，托雷的长子蒙哥成为蒙古帝国第四代大汗。察合台和窝阔台的后代因为不服而遭到打压，逐渐衰落。拔都则回到自己的钦察汗国，继续享受着各公国的进贡品。

托雷有四个儿子，长子蒙哥、次子旭烈兀、三子忽必烈、幼子阿里不哥。蒙哥登基后，下达了两道命令：命二弟旭烈兀单独开展第三次西征，目标是西亚；命三弟忽必烈和自己一起南征今云南和四川地区，意图对南宋王朝形成合围之势。

公元1253年，“孤胆英雄”旭烈兀出征西亚；公元1254年，蒙哥和忽必烈灭大理国；公元1256年，旭烈兀占领波斯大部分领土；公元1258年，旭烈兀终结了巴格达的阿拔斯王朝，阿拉伯帝国彻底灭亡；同年，蒙哥和忽必烈占领今四川北部，进攻今重庆地区；公元1259年，忽必烈按照大哥的指示渡过淮河，攻入南宋境内，同年蒙哥战死；公元1260年，旭烈兀占领今叙利亚和小亚细亚大部分地区，大军抵达地中海东岸和黑海。全世界被蒙古帝国一套令人眼花缭乱的左右勾拳组合震惊了。

正当旭烈兀南下巴勒斯坦准备与埃及马穆鲁克王朝交战、欧洲各国也被逼准备应战的时候，大汗蒙哥去世的消息传来，旭烈兀不得不将军队交给随行的大将率领，自己回国。

缺少主心骨的蒙古军队，被马穆鲁克王朝终结了西征的脚步，埃及和欧洲本土再次因为蒙古帝国大汗的驾崩而获救了。

匆忙回国的旭烈兀并不是为了自己夺取皇位，而是支持自己的三弟忽必烈成为大汗。在这个重量级的人物支持下，四弟阿里不哥失败，三弟忽必烈于公元1260年成为蒙古帝国的第五任大汗。公元1264年，忽必烈封旭烈兀为伊尔汗，旭烈兀回到西亚的巴格达建立了伊儿汗国。公元1279年，南宋王朝最后一位宰相陆秀夫背负着年仅八岁的小皇帝在今广东新会跳海殉国，三百一十九年的赵氏王朝灭亡。

此后的蒙古帝国分裂成钦察汗国、窝阔台汗国、察合台汗国、元帝国、伊儿汗国，东西跨度从太平洋直到东欧，整个已知世界的三分之二都是蒙古帝国的牧场。公元1284年，蒙古帝国经海路再次进攻日本，遭遇恶劣天气无功而返，从此放弃在这个被极端天气眷顾的岛国征收人头税的想法。

（五）欧洲最强家族登场

公元11世纪初，东方的蒙古人还在贝加尔湖埋头放牧，两百多年后，身为草原游牧民族的他们建立了一个傲视古今的帝国——蒙古帝国；同时期公元11世纪初的西方，在今法国东部和瑞士北部地区哈布斯堡生活的小家族，也是在两百多年后，开始在欧洲崛起。作为海洋游牧民族代表的哈布斯堡家族不仅是神圣罗马帝国的皇室家族，也是世界上第一个“日不落帝国”——西班牙王国的王族。

哈布斯堡家族一直是霍亨斯陶芬王朝的支持者，随着封地的逐渐扩大，实力也日渐不容小觑。神圣罗马帝国的腓特烈二世在位时期，哈布斯堡的鲁道夫被腓特烈二世收为教子，鲁道夫还多次去西西里王国拜会自己的教父、帝国的皇帝腓特烈二世。

腓特烈二世死后，他的儿子成为神圣罗马帝国皇帝和西西里国王，因为教皇发誓一定要驱逐霍亨斯陶芬家族，所以当腓特烈二世的儿子在与教皇的斗争中失败后，哈布斯堡家族的鲁道夫也被教皇革除教籍。但是，作为哈布斯堡家族的奠基人，鲁道夫显示出了极高的政治和军事水准。公元1254年，腓特烈二世的儿子死后，神圣罗马帝国进入了约二十年没有皇帝的无政府状态，同时教皇还将意大利的那不勒斯送给了法国的安茹家族（安茹公国被法王收回之后，与英国已无关系，此时安茹查理是法王路易九世的弟弟，路易九世是法王腓力奥古斯都的孙子）。腓特烈二世的孙子，于公元1268年，被法国安茹的查理以反教皇罪斩首示众，霍亨斯陶芬家族绝嗣，教皇的复仇完成。于是，法国安茹的查理就同时拥有了那不勒斯和西西里岛，因为法国是支持（至少是不反对）教皇的，那么“上帝之城”罗马南部的安全问题就解决了。

但教皇北边的神圣罗马帝国，就不幸地陷入混乱黑暗约二十年。因为没有皇帝，帝国内部强盗横行、民生凋敝，几近崩溃。当时的主要竞争者是，拥有霍亨斯陶芬家族血统的波希米亚（今捷克）国王，鲁道夫知道教皇对霍亨斯陶芬家族的恐惧和憎恨，于是向教皇效忠，并承诺成为皇帝之后放弃在意大利南部的权利。有了教皇的支持，加上鲁道夫在帝国内部联姻而获得的关系选票，公元1273年，鲁道夫一世成为神圣罗马帝国皇帝，时隔约二十年，帝国终于有了皇帝，哈布斯堡家族的第一位帝国皇帝产生了。除一百多年的统治中断期，哈布斯堡家族从公元

1273年成为帝国皇室家族，到公元1806年拿破仑取消神圣罗马帝国的帝号，统治神圣罗马帝国约四百年。

加冕仪式仅仅让哈布斯堡家族得到名分而已，想要获取真正的皇权，鲁道夫一世必须靠自己努力去获得。公元1278年，鲁道夫一世击杀波希米亚国王，波希米亚王国的领地分崩离析。鲁道夫知道，要想牢牢掌控帝国权利，就必须要取得更多、更好的领地，于是处于帝国中心的奥地利被建设成家族的公国。自公元1282年从波希米亚国王手中获得奥地利开始，哈布斯堡王朝对奥地利的统治持续到公元1918年，接近六个半世纪。直到公元20世纪，奥地利都是欧洲大陆最重要的国家之一，只是如今，已荣耀不在。

鲁道夫一世去世之后，帝国内各公国对哈布斯堡家族的强大表示担忧，于是推举了一个较弱的伯爵来担任皇帝，但不久因引起众怒就被大家废黜了，鲁道夫一世的儿子杀死了皇帝，夺回了属于家族的帝位。公元1308年，鲁道夫一世的儿子又被自己的侄子杀死，大家又推举了卢森堡家族的人担任皇帝。

卢森堡家族统治了神圣罗马帝国约一百三十年，其间奥地利公爵被降格，波希米亚成为帝国的核心，今捷克的首都布拉格在此期间建城。卢森堡家族创立的帝国皇位由七大选帝侯选举产生，选帝侯包含三位地区大主教和四个公国，奥地利无缘选帝侯资格。哈布斯堡家族不得不韬光养晦，等待机会。苍天不负有心人，几十年后，一个来自东方新崛起的帝国再次武力威胁欧洲中部，让哈布斯堡家族得以守得云开见月明。

腓特烈二世的孙子被押赴刑场斩首的时候，对着围观的人群扔下了自己的铁手套，意为复仇。很快这双铁手套就被忠实的仆人交到西班牙阿拉贡王国的国王手中，这位阿拉贡国王佩德罗娶了腓特烈二世的女儿，于是佩德罗决定出兵意大利与安茹的查理较量一番，替侄子报仇，尽管佩德罗与这位表亲侄子从未谋面。

在教皇的支持下，法国的安茹家族如愿以偿地得到西西里岛，安茹的查理还有一个更远大的理想就是征服拜占庭帝国，成为地中海的霸主。但在美好的愿望实现之前，他必须先把西西里岛管理好。因为这里大部分都是穆斯林，东西方文化融合之后的传统习惯和欧洲本土区别不小，法兰西能否消化这块“肥肉”是大家都关心的问题。同时，东边拜占庭帝国的皇帝不会坐以待毙，西边的阿拉贡王国跃跃欲试，西西里岛注定将成为法国人的一块烫手山芋。

公元1282年，西西里岛发生了暴动和起义，大量的法国人被杀，群情激愤的西西里人纷纷宣布独立。安茹的查理和教皇试图劝阻，但失败了。半年后，一直在西班牙等待最佳时机的阿拉贡国王佩德罗带兵来到西西里岛，被拥护成为国王，很快统一了整个西西里岛。于是，西西里岛的统治权正式从法国人转到西班牙人的手中。失去了重要的西西里岛，法国安茹家族只剩下意大利南部的那不勒斯了，地中海霸主的宏图再也无法大展了。

自从屋大维的罗马帝国灭亡之后，意大利的领土被太多人踏足，包括哥特人、伦巴德人、穆斯林帝国、拜占庭帝国、神圣罗马帝国、法国、西班牙，而且教皇时不时挥斥方遒与王权争锋。被罗马帝国的福利宠坏的意大利人，不仅无法决定谁是自己的主人，也渐渐变得根本不在乎谁是他们的主人，所以和南亚次大陆一样，分裂长达千年。

（六）铩羽而归的基督徒

十字军东征，就像一幕长达五小时的歌剧一样，有兴趣的观众如享饕餮，而如果审美疲劳，则会昏昏欲睡，或者是如坐针毡。虔诚的基督徒——法王路易九世认为自己有义务让这幕歌剧来一个吸引人的小高潮。

路易九世，是腓力二世的孙子，在位时法国的皇权稳如泰山。英王在法国的领地只剩下西南一角，此时的英王是对教皇唯唯诺诺的亨利；受到人民爱戴的法王牢牢占据着对公国的强势地位，国家管理也井井有条；又收留了被神圣罗马帝国皇帝腓特烈二世赶出来的罗马教皇。腓特烈二世死后，神圣罗马帝国很快陷入二十年的无政府状态。路易九世在欧洲如日中天，被称为“圣王”。“圣王”路易在无人争锋的百无聊赖中突然感觉，应该再做一件基督徒的大事——十字军东征，而且不用教皇召唤。

路易九世的路线依然是取道埃及进入耶路撒冷。公元1250年，“圣王”路易在进攻开罗时被俘，同年，突厥奴隶建立了埃及的马穆鲁克王朝。四年后，路易九世在支付大量赎金后被释放。公元1270年，“圣王”路易再次出征北非，却不幸病死在突尼斯，抱憾而去。

自从“狮心王”理查之后，英国就没有再为教皇的十字军东征出过力。“狮心王”的弟弟即“无地王”约翰被强势的法王羞辱，约翰的儿子亨利三世继承了父亲的基因。但是，对教皇唯唯诺诺、在国内也不得人心的英王亨利三世，有一个英明神武的儿子。还是王子时的爱德华一世就帮助父亲重新树立王权，国内声誉颇高，成为下一任国王是水到渠成的事。为了响应法国“圣王”路易的二次东征，爱德华王子也出兵北非，因为“圣王”路易突然死于突尼斯，独木难支的爱德华王子也未能实现海外建功立业的愿望。公元1272年，当父亲死的时候，爱德华王子仍在国外，但这不影响英国贵族对着一个空的王座宣誓效忠，两年后，爱德华一世才回到伦敦加冕。

爱德华一世之后，欧洲再没有任何人自欺欺人地发动十字军东征了。这种名义上收复“圣城”的宗教虔诚行为，只是被东方世界称为“法兰克人的入侵”的侵略行为。埃及的马穆鲁克王朝将拔掉十字军最后的据点，公元1291年，十字军在地中海东岸最后一个据点被埃及占领，这成为持续一百九十五年的第二次东西方世界军事冲突结束的标志。在第一次东西方世界军事冲突中，当大部分欧洲地区还是一片荒芜的时候，形单影只的西方代表古希腊，击退了东方代表波斯第一帝国；在第二次东西方世界军事冲突中，已经拥有联军的西方世界前赴后继，却最终尴尬地败于东方穆斯林。

失败是成功之母。在当时的世界，代表落后的西方文明在亲眼见识了伟大繁荣的东方文明后，他们自己都没意识到，改变的种子正在欧洲的土地慢慢萌芽。同时，蒙古帝国不仅仅带来杀戮和征服，中国的火药、指南针和印刷术都慢慢传入欧洲，西方世界即将蜕变。

（七）伦敦与巴黎的百年斗法

法王腓力二世将英王约翰赶出了欧洲大陆，英法间的爱恨情仇才刚刚开始。但凡能找到一个借口，战火必将重燃。

英王爱德华一世从北非回到不列颠岛，坐上等了他两年的王位。东西方的军事冲突已经索然无味，通过东征取得功绩已不切实际，于是他将全部精力聚焦于不列颠岛。公元1283年，爱德华一世出兵完全征服了威尔士，授予自己的儿子爱德华二世为威尔士亲王，由此形成王室继承人都先担任威尔士亲王的惯例。如英国女王伊丽莎白二世的儿子就是威尔士亲王查尔斯王子。除了威尔士，不列颠岛就剩北方的苏格兰这个冤家了。

公元1292年，英王爱德华一世将苏格兰变为附庸，这立即招致了苏格兰人的强烈反抗。电影《勇敢的心》里的英王就是爱德华一世，尽管梅尔·吉布森饰演的威廉·华莱士不断带领人民发出“freedom”(自由)的呐喊，但英王爱德华一世“苏格兰之锤”的名号并非浪得虚名，苏格兰人至今怀念的英雄威廉·华莱士最终被处死。威廉·华莱士之后，苏格兰贵族罗伯特·布鲁斯不仅熬死了爱德华一世，还击败了爱德华一世的儿子爱德华二世，最终在公元1328年迫使爱德华三世承认苏格兰独立。次年，在与爱德华一世三代人对决中胜出的苏格兰民族英雄罗伯特·布鲁斯去世。爱德华二世的妻子伊莎贝拉，是法王的女儿，然而实际上电影《勇敢的心》里关于她的情节都是不符合事实的。首先王妃伊莎贝拉被称为“法国的母狼”，她亲手将丈夫拉下宝座，让儿子爱德华三世登基，却是自己与情夫掌握大权。其次，她与威廉·华莱士并无交集，她来到英国的时候，威廉·华莱士已死去三年。这位法国的王妃流着卡佩家族的血液，她的儿子英王爱德华三世，将在合适的时候提出继承法国王位的要求。英法百年战争的导火索，即将被点燃。

此时的法王是“美男子”腓力四世，“圣王”路易的孙子。腓力四世肯定是英俊的，但也是冷酷强硬的，特别是对教皇。当年，神圣罗马帝国的霍亨斯陶芬王朝一直欺负教皇的时候，法王出于宗教虔诚收留了教皇，但当哈布斯堡家族成为神圣罗马帝国皇帝之后，与教皇的关系变得亲密，法国对教皇来说就显得不是那么重要了。不甘寂寞的罗马教皇，又开始呼风唤雨了。教皇从罗马向整个欧洲发布禁令，要求神职人员不得向各国的国王纳税。教皇的这一次玩火行为，不仅让教权从此仰视皇权，也将彻底埋葬欧洲的政教体系，欧洲人逐渐摆脱宗教的束缚，走向新纪元。

英王和法王，对于教皇这种明目张胆的抢钱行为，毫不妥协，特别是法王腓力四世，就以公开的暴力对待忘恩负义的教皇，两任教皇莫名死去，新任的教皇是法国人，并且第一次将教廷搬出罗马，落户法国南部约七十年。罗马一直是西方基督教世界公认的首都，而法籍教皇将总部搬离“上帝之城”，并成为法王的“御用教皇”，欧洲的基督徒开始重新审视教皇的地位和声望，这对教皇来说是一个最坏的消息。七十年后，公元1377年，教皇在一个意大利农村女孩的劝说下回到了罗马，这个女孩后来被称为“圣凯瑟琳”。这看似是一个转机，但实际等待着教会的，是一次在欧洲闹得更加沸沸扬扬的分裂。越是衰弱就越是容易出乱子，不久，在罗马和法国南部同时有两个教皇，两个教皇都宣布自己是合法的，并相互开除对方的教籍。最初的时候，欧洲国家各自选边站队，支持不同的教皇，但这些国家很快就发现，这样的支持非常滑稽可笑。久而久之，千百年来历任教皇辛辛苦苦一点点积攒的教皇世俗权利，犹如行将倾覆的大厦，又如秋天飘零的落叶，进入倒计时。

法王“美男子”腓力四世驾崩之后，三个不成器的儿子一共在位十四年，不幸的是，都没有男性子嗣，按照法兰克人的萨利克法，女性不能继承王位，卡佩王朝的统治即将结束。如果卡佩王朝想延续下去，就要由瓦卢瓦分支继承，即“美男子”腓力四世的侄子。但是，腓力四世的女儿伊莎贝拉所生的儿子英王爱德华三世，即“美男子”腓力四世的外孙，却坚称自己拥有更优先的继承权，可能是因为爱德华三世所属的金雀花王朝就是以英王外孙的身份成为英王的。但法国人不会让海峡对岸的家族来统治自己，故坚决支持瓦卢瓦分支。

公元1337年，英国进攻法国，英法第一次百年战争开始。十年之后，英国占领了加莱。加莱位于法国北部，隔着英吉利海峡与不列颠岛相望，加莱距离巴黎约二百公里，距离伦敦只有一百多公里，距离英国多弗尔港只有约三十公里，晴空万里的时候，在加莱的海滩就可以看见对面的不列颠岛。因此，在公元20世纪中期的第二次世界大战期间，这里就是法西斯德国轰炸伦敦的空军基地。现在，英国不仅燃起了回到欧洲大陆的希望，而且还要入主巴黎皇宫，这一次，法国需要约两百年的时间才从英国手中收复加莱。

正当英国准备进攻巴黎的时候，看似渺小的微生物用一场夺去欧洲约三分之一人口的黑死病（鼠疫）向世界宣告，真正渺小的是人类。因为要对付黑死病这个无形的共同敌人，英国的弓兵和法国的骑士暂时放弃分歧。从公元1347年到公元1352年，这个无形的敌人一路横冲直撞，从意大利到法国、英国、德国，甚者到达俄罗斯，整个欧洲无论城市还是农村都白骨遍地，亚洲地区也未能幸免，整个人类世界形同末日，食腐动物则在盛宴狂欢。

持续五年的“黑死病”刚刚过去不久，公元1355年，伦敦再次向巴黎宣战。英王爱德华三世的儿子——“黑太子”爱德华，依靠卓越的指挥才能，俘虏了瓦卢瓦王朝的第二任法王。法王被“黑太子”爱德华在晚宴上授予花环，以表敬佩。双方经过磋商，于1360年达成双边协议，法国承认英国获得加莱及法国西南的大片领土，英国承诺放弃法国的王位。

由于西班牙承诺优厚的报酬，“黑太子”爱德华卷入西班牙卡斯蒂利亚王国的王位争夺战，在成功履行职责后，却收到一张空头支票。由于战争消耗太大，“黑太子”爱德华不得不搜刮法国西南的领地，这引起了法国人的反感和反抗，这就让法王捡了个便宜。公元1375年，英法协议停战的时候，英国只剩下一些沿海据点，第一次英法百年战争的第一阶段结束。

王位继承人“黑太子”爱德华，活不过他的父亲爱德华三世，提前一年殒命。“黑太子”爱德华年幼的儿子理查二世继承王位，由理查二世的叔叔摄政。尽管叔叔没有登上王位，但他的儿子、孙子和曾孙后来成为英国新的王朝——兰开斯特王朝的三任国王。公元1399年，和法国卡佩王朝的旁支——瓦卢瓦王朝一样，作为金雀花王朝旁支的兰开斯特王朝建立。

旁支属于近亲，英吉利海峡两岸之间的切磋交流，仍将继续。

（八）突厥人的野心

西方，约两百年的十字军东征或法兰克人的入侵的结束，让欧洲人如释重负；东方，蒙古风暴的平息，让潜伏在小亚细亚西北角的突厥人，决定结束低调的生活。这个部落的首领叫奥斯曼。

奥斯曼突厥人，原本是负责帮助一个小型突厥苏丹国防守西方边境的小族群，与拜占庭帝国隔海峡相望。随着这个突厥苏丹国的分裂，公元1299年，奥斯曼宣布独立，后自称苏丹（即国王或皇帝），这就是此后曾横跨亚非欧三大洲的有六百多年历史的帝国——奥斯曼土耳其帝国的起源。

公元1326年，奥斯曼的儿子奥尔汗继位。作为帝国的实际开创者，奥尔汗深知，正确的策略才是实现目标的保证。奥斯曼突厥人的东边，是彪悍的马穆鲁克王朝和旭烈兀的蒙古伊尔汗国，但凡智者都不会选择成为他们的敌人，西边是老牌的历经沧桑的拜占庭帝国，但是资格老并不一定强，拜占庭帝国羸弱衰败的形象早已深入人心，因此它成为奥斯曼突厥人的突破口。在奥尔汗的卓越谋略下，奥斯曼突厥人将大有可为。

此时的奥尔汗不会贸然将军队送到海峡对面，因为这无异于狼入虎口，而是通过联姻来获取穿越海峡的通行证。拜占庭帝国此时有两位皇帝共治，奥尔罕成为其中一位皇帝的女婿，与另一位皇帝成为连襟。拜占庭帝国的西边就是保加利亚帝国，奥尔罕也成为保加利亚帝国皇帝的女婿。三个皇帝都希望能利用奥斯曼突厥人的野性力量壮大自己，然而他们都没想到，奥尔汗的目的是让三位皇帝都消失。

奥斯曼突厥人，从建立国家开始就制定了成熟的发展策略，不仅组建了带薪的常备军，还建立了治理国家的机构，这与一般的草原游牧民族大不相同，也说明了在低调潜伏的几百年里学以致用的效果。而蒙古帝国，窝阔台汗国已经消失，察合台汗国即将分裂后消失，元帝国也没有机会庆祝建国一百周年了，伊儿汗国勉强支撑一个半世纪之后在15世纪末灭亡，只剩下一个钦察汗国。奥尔汗的宏愿是让奥斯曼土耳其帝国，像拜占庭帝国一样长久地屹立于亚欧大陆之间。

欧洲大陆的亲戚多了之后，奥斯曼土耳其人自然常来常往，但有一天不想走了，就在海峡对岸建立了第一个永久据点，公元1345年，奥斯曼土耳其人第一次跨越海峡，定居欧洲的土地上。到了奥尔汗的儿子、“伟大的”穆拉德在位时期，拜占庭帝国就彻底成为奥斯曼土耳其人的附庸了。公元1389年，奥斯曼土耳其的军队打败保加利亚、塞尔维亚、匈牙利联军。约一百五十年前，蒙古铁骑吓得欧洲浑身发抖，约五十年前，黑死病夺去了两千五百万欧洲人的生命，现在，尽管“伟大的”穆拉德死于战场之上，然而穆拉德那号称“闪电”的长子——巴耶济德一世，直接在战场上继位，将失去父亲的狂怒变成无边的战力，大败联军，让欧洲万分惶恐。于是，欧洲开始组织联军抵抗，这一次，法兰西、神圣罗马帝国、匈牙利王国成为联军主力，联军还包括塞尔维亚、保加利亚和英国。

面对强大的欧洲联军，“闪电”巴耶济德一世嗤之以鼻。神圣罗马帝国仍在卢森堡家族的统治之下，卢森堡家族成员、匈牙利国王西吉斯蒙德，被推举为联军的领袖，但是当欧洲联军的领导是一件非常痛苦的事情，因为不仅内部混乱，不好管理，而且基督徒的军队喜欢正面冲锋的生硬战法。双方在保加利亚摆开阵势，“闪电”巴耶济德一世利用杂牌军当炮灰，埋伏精锐于两侧，结果欧洲联军大败，匈牙利王国主力几乎全军覆没。然而，奥斯曼土耳其人因为没有带上攻城武器，只能站在城墙前仰望天空。匈牙利幸免失陷，但匈牙利作为西欧的屏障，麻烦仍然不断，百年后，奥斯曼土耳其帝国的苏莱曼大帝将会攻陷匈牙利大部分地区，并占领一百多年。西吉斯蒙德也将会成为神圣罗马帝国的皇帝，并与处于低潮期的哈布斯堡家族联姻，苦等了一百多年的哈布斯堡家族的春天就要来了。

不久之前，君士坦丁堡的城墙外，一直是奥斯曼土耳其人的叫喊声，拜占庭帝国的皇帝甚至都已经制定了好几条逃跑的路线。如果巴耶济德一世不目空一切的话，瑟瑟发抖的君士坦丁堡瞬间就会被携带攻城武器的土耳其人攻陷，已知世界的格局将被突厥人改写。

对此，欧洲人和拜占庭帝国，都应该向一个跛子皇帝表示深深的谢意，因为他将让巴耶济德一世在有生之年无法进入“黄金之城”。

（九）雄鹰坠落

当奥斯曼土耳其人正在进攻欧洲的时候，从中亚草原刮来一场风暴。它将把两大蒙古汗国卷入空中，化为齑粉。

公元1309年，窝阔台汗国被肢解，在蒙古帝国内部被瓜分。

公元1321年，察合台汗国分裂为东西两部分。与西察合台汗国的王族关系密切的帖木儿家族成为汗国重臣。公元1370年，帖木儿直接废掉王室，自称大汗，建立了帖木儿帝国。帖木儿家族并无成吉思汗的“黄金家族”血统，后来通过联姻宣称自己为蒙古帝国后裔。

公元1379年，帖木儿帝国击败东察合台汗国，之后弃之不理，东察合台汗国后裔建立的汗国主要在今新疆境内，约三百年后才灭亡。

当帖木儿帝国取代西察合台汗国的时候，蒙古人的元帝国在中国的“观光旅行”也进入了尾声，因为它从来没有把这里当作永远的家。如果元帝国的蒙古人知道鲜卑人是如何主动学习和融入中华文明，才有长期生存基础的话，他们就会后悔自己不认真学习、知道的太少。公元1368年，“乞丐皇帝”朱元璋经过短短十几年的时间就推翻了元帝国，汉人的明帝国建立，蒙古人退回漠北故乡。

帖木儿，因腿伤致残，又称“跛子帖木儿”。虽然有身体缺陷，但这丝毫不影响他三十年如一日不知疲倦的戎马生涯，如秋风扫落叶般的征服战争，而且如果不是死于征途，朱元璋的儿子可能会陷入极其危险的境地。一个跛子，将立足中亚展开帝国的征服之旅。公元1393年，征服阿富汗和伊儿汗国，占领了莫斯科一半的土地；公元1398年，入侵北印度；公元1399年，出征小亚细亚。这样，一个定都于中亚，疆域东起北印度，西达小亚细亚，南濒阿拉伯海和波斯湾，北抵里海、黑海的帖木儿帝国已然成型，继中国游牧民族月氏先后在中亚建立了第一和第二帝国之后，帖木儿的中亚第三帝国建立了。

此时，奥斯曼土耳其帝国的“闪电”巴耶济德一世，正在踌躇满志、不知疲倦地围攻君士坦丁堡。但是，两个草原游牧民族后裔的帝国军队，已经处在危险的距离之内了。下个世纪之初，两位军事统帅皇帝将一决生死，因为没有皇帝愿意当第二名。

蒙古人的元帝国定都大都（今北京），因为其最先征服的地区是从中亚到欧洲中部的广大地区，所以在灭亡南宋王朝以前，大量的外族进入中国，包括阿拉伯人和欧洲人，既有穆斯林也有基督徒，并且担任元朝的高等级官员，他们被称为色目人。在元帝国划分的四等人中，色目人的地位仅次于蒙古人，因此在占领中国后，形成了占少数的蒙古人和色目人共同对抗占大多数汉人的局面。汉人都属于低等级人群，如果被蒙古人或者色目人殴打，是连还手的资格都没有的。而汉人又分两种等级，南宋灭亡前生活在金帝国的北方汉人相对南宋王朝的南方汉人，地位稍高一些。

来到喜马拉雅山以东最古老的农耕文明中心，蒙古人却“取顽石而舍美玉”，不去思考如何实现角色转换，妄图用草原游牧思维统治农耕民族，一意孤行的结果就是最终将与风沙为伴。

把自己当作过客的蒙古人，也确有影响整个世界的突出贡献。一千多年前，汉帝国开辟了连接喜马拉雅山脉两侧的丝绸之路。唐帝国的影响力延伸至中亚，虽然中间有几百年的不通畅。唐帝国之后三百年，中国西北的丝绸之路再未出现过宋王朝的军队。代表着草原游牧民族巅峰的蒙古帝国，不仅将从蒙古草原到东欧平原的亚欧草原长廊变成“高速公路”，而且也推进到西亚两河流域，从“永恒之城”罗马到中国的长安城（今西安）的通商，如今扩大到从大西洋一直到太平洋之间的世界，当然，“孤儿”日本除外。

西方世界的十字军东征、东方世界的蒙古帝国西征，像已知世界地图上两个对冲的箭头，虽然都是充满血腥和杀戮的战争史，却使碰撞出的火花成为改变世界的催化剂。

西亚的穆斯林帝国，是当时世界的科学中心，因为它是古希腊、古罗马和波斯三者融合之后的集大成者。两百年的十字军东征，欧洲人经历了从仇恨到羡慕的思想转变，认识到自己的渺小之后，才有了西方人的飞速发展。

喜马拉雅山东侧的中国，是当时世界的科技中心，因为它有四张永久的发明专利证书。七十年的蒙古帝国征服史，使中国的指南针、火药和印刷术开始传播到全世界，经过几百年的传播，喜马拉雅山西侧的人们从此受益。

公元1368年，朱元璋定都南京，启动了持续二百多年的明帝国。明帝国的疆域一改宋王朝的颓势，最大疆域曾突破一千万平方公里，三倍之于宋王朝，但略少于唐帝国。虽然收复了被外族占据四百多年的燕云十六州，朱元璋却选择了六朝（东吴、东晋、刘宋、南齐、南梁、南陈）的都城南京作为泱泱大国的都城。虽然朱元璋数次成功北征，但占据中国北方草原的仍然是蒙古人，尝尽漫天风沙和缺衣少食之苦的草原游牧民族，始终都是明帝国的威胁，缩小版的蒙古王国依然存在，而且和明帝国的灭亡只相差约十年，二者均被另一个崛起的草原游牧民族取代，这个新的民族是一位老面孔——女真族。

朝鲜半岛持续四百多年的高丽王朝，曾依附于蒙古人的元帝国，自然是明帝国要收复的领地。高丽王朝虽负隅顽抗，但遭遇大将李成桂的反叛，公元1392年，李成桂建立新王朝，承认明帝国为宗主国，朱元璋赐名“朝鲜”。朝鲜王朝的疆域包括今天的朝鲜和韩国，也是朝鲜半岛最后一个封建王朝，持续到公元1910年被崛起的日本吞并。

而日本，在朝鲜王朝建立之时，刚结束南北分裂局面，由一个幕府统治转为另一个幕府统治。在幕府掌权时期，武士阶层成为主角，天皇实为傀儡。因南北分裂战争而失势的武士，沦为无业的浪人，随后成为倭寇。而无权的天皇想要重掌权柄，共需经历近七百年的长期蛰伏。长期的压抑，让天皇一旦掌权就会掀起报复性的巨浪，影响东亚历史和世界历史，这是四百多年以后的事了。

公元1398年，明帝国的开国皇帝朱元璋驾崩，二十一岁的长孙继位。虽然嗜杀的祖父完全杜绝了外人篡权的可能性，但是年轻的皇帝面对的是手握兵权的叔叔们，这些兵权是祖父给的，而孙子决定要收回来。公元1399年，年轻皇帝的四叔——燕王朱棣举起宝剑，以此反抗侄子的夺权。这一次，既是真君臣也是亲叔侄的对决，四年之后将尘埃落定。

（十）已知世界扩容

虽然北欧维京海盗在公元10世纪就踏上了北美大陆，但其想获取一些木材和酿酒的果酱，在与美洲土著的冲突中，因势单力薄而放弃后便不了了之。当已知世界的人们再次踏上这块大陆的时候，已经过了漫长的五百年左右。

在美洲大陆上，人们零零散散地生活在不同的城邦，他们的祖先就是在一万多年前冰河期结束之前，从亚洲东北角的白令海峡大陆桥而来的，海平面上升后，便与亚欧大陆完全隔绝。当亚欧大陆在和平与战争的交替中慢慢发展时，约公元前1500年，中美洲出现了一个文明——玛雅文明，这个发源于热带丛林的文明两千多年后逐渐衰落。玛雅文明没有帝国形态，数以百计的城邦从未统一，但在丛林逐渐无法满足人们日益增长的需求时，公元8世纪，玛雅城邦中的大部分人放弃原住地，向东部迁徙，他们将创造新的文明。只有少数城邦仍坚守在原地，等待他们的将是彻底的灭亡。一个来自陌生大陆的威胁将很快登陆，平静的美洲大陆将不得不承受惊涛骇浪。

公元13世纪，即蒙古帝国旋风横扫亚欧大陆的时候，在今天秘鲁南部出现了美洲第一个帝国的雏形——印加帝国。然而，当他们开始沿着南美西部狭长的海岸线扩张的时候，致命威胁就不期而至了。

公元14世纪，当奥斯曼土耳其帝国进攻欧洲的时候，在今北美洲墨西哥地区也出现了一个帝国——阿兹特克帝国。和印加帝国一样，当阿兹特克帝国刚刚达到巅峰不到十年的时间，一个名叫哥伦布的探险家，就在不远处的巴哈马群岛登陆了。

玛雅文明残存的余晖即将彻底熄灭，千万人口的印加帝国和阿兹特克帝国，将被几百条火枪和传染病，拽入无底的深渊。

十三

天地展卷

（公元1400—1600年）

十字军东征虎头蛇尾，两百年东西方世界的战争之火，已经火烬灰冷，一无所获的基督徒，垂头丧气地回到欧洲大陆。然而，有一个希望的火种，正在悄悄重燃。

蒙古帝国也日薄西山，约七十年的征服战好似黄粱一梦，野蛮和血腥是帝国铁骑挥之不去的魔咒。然而，有一个崭新的未来，在整个已知世界悄悄落地生根。

科学和技术，正在用无边的魔力将整个世界版图徐徐展开，即将扩容十倍的世界蕴藏着无限的可能和更闪光的荣耀。谁将成为第一个弄潮儿，万众皆拭目以待。

曾经的“黄金之城”君士坦丁堡，被认为是世界的中心点，惨淡经营一千年的东罗马帝国，终于虚弱到体力不支，随着奥斯曼土耳其帝国的一声声炮轰，君士坦丁堡城墙的缺口涌进了东方的穆斯林，君士坦丁堡和圣索菲亚东正教大教堂掩面而泣，曲终人散。被帖木儿帝国打败而近乎夭折的奥斯曼土耳其帝国，最终还是取代了凯撒的后裔，在亚洲大陆之交建立了伊斯兰教帝国，东方世界的阵线前移，深入欧洲。

仍在蒙古人统治下苦苦挣扎的俄罗斯，被君士坦丁堡的沦陷彻底惊醒了。这位东正教的继承人决定接过凯撒的衣钵，迎娶东罗马帝国末代皇帝的侄女，并且在几百年的屈辱中爆发，赶走了成吉思汗的后裔，莫斯科终于开始骄傲地屹立在欧洲大陆。但要想让凯撒的血统重回世界中心，就需要与奥斯曼土耳其帝国一决高下。很显然，俄罗斯在短时间内无法满足天时、地利、人和的全部条件，也许永远没有希望。

君士坦丁堡沦陷的那一年，英吉利海峡两岸的那一对至死不休的宿敌，也结束了第一次百年战争，英国退出欧洲大陆，法兰西实现统一。但是，没有任何一方会轻易忘记过去，即使面对全新的未来，世仇也未曾消减半分，而且随之演变得更加多姿多彩。

伊比利亚半岛的南部半壁江山，被东方的穆斯林占据了约七百年，西班牙王国的崛起洗刷了欧洲的这一耻辱。两个在欧洲大陆毫无存在感的国家，却成为新时代的第一批弄潮儿，开创了近代海洋游牧霸权的先河。葡萄牙王国第一个穿越赤道，远洋航行到东方的南亚次大陆，奥斯曼土耳其帝国的东西世界屏障瞬间瘫痪；西班牙王国横穿大西洋正式登上美洲的新世界，成为世界上第一个“日不落帝国”。两个南欧小国，旁若无人、扬眉吐气地瓜分了充满诱惑的新世界。

一百多年的低潮期过去了，哈布斯堡家族重回神圣罗马帝国皇帝宝座，奥地利从此成为帝国和家族的中心，开始了在欧洲大陆呼风唤雨的四百年。一个十六岁的少年，成为当时整个世界最幸运的人，他继承了外祖父的西班牙国王之位，三年后，又继承了祖父的神圣罗马帝国皇帝之位，统治着半个欧洲和大片的美洲殖民地，帝国内的太阳永不落下。身着金边肩带、金羊毛领饰、金色胸甲，手持长矛，英姿飒爽地跨坐在战马之上，被誉为“世界之王”“时代之王”的“金色男人”就是查理五世。

哈布斯堡家族是虔诚的天主教徒，教皇如果不奢求太多，“上帝之城”罗马将安然无恙。然而，一个有神奇魔法的机器，让教皇恐惧不已地与黑暗的深渊对视，这一次，那个最有权威的基督教世界之王查理五世，也无能为力了。曾经，罗马帝国也在欧洲傲视群雄，但一拥而上的日耳曼蛮族将其撕得粉碎。此后，如果再有人胆敢在欧洲尝试独占鳌头，即使这个想法只是在脑海中一闪而过，也会永无宁日，甚至粉身碎骨。

“跛子帖木儿”放过了巴耶济德的子孙，任奥斯曼土耳其人自生自灭，策马转身向东进攻中国的明帝国，就在双方厉兵秣马之际，一代草原战神帖木儿竟离开人世，史诗级战争大戏胎死腹中。帖木儿的后裔难现辉煌，被中亚的乌兹别克人驱赶，逃往南亚次大陆。在这个千年分裂的次大陆，蒙古后裔建立了大一统的莫卧儿帝国，这片大陆终于以统一的姿态，重回世界朋友圈。

在千呼万唤中，灭国八百年的波斯终于复国了，波斯第四帝国——什叶派的萨非王朝建立了，现代伊朗由此诞生。沉睡了太久的波斯，发现自己的四面八方都是强敌，而自己只能思考如何自保。然而，完全的防守与失败并无二致。

巍峨的喜马拉雅山脉，几乎可以阻挡想翻越它的一切，但那是新世界以前的事。无内忧外患的明帝国，悠闲地过着恬静而奢华的生活，自得地享受着万国来朝，并大气地用东方财富赏赐四方。当郑和率领世界最大规模的船队七次远洋航行的时候，两个南欧小国也开始默默地探寻通往东方的财富之路。

指南针和火药，在他们的手中，将成为探索和征服世界的利器，而不是被用于明帝国盛大的排场和虚幻的炫耀。

（一）归来已非少年

约八百年，是曾经无比辉煌的波斯帝国消失的时间，这令人难以置信，也令人唏嘘不已。事实上，为沙漠游牧民族的翘楚阿拉伯帝国、草原游牧民族的魁首蒙古帝国让路，并不算是一件羞耻的事。

只是，波斯帝国再次归来的时候，已不再是那个意气风发的少年。

当奥斯曼土耳其帝国的第四任皇帝——“闪电”巴耶济德一世听闻一个蒙古跛子已经横扫中亚和西亚，进军到小亚细亚的时候，他放弃了果实已成熟到随时可摘的玩物——君士坦丁堡。小亚细亚将成为两位军事皇帝一决生死的擂台，一场穆斯林的内战一触即发。

伊斯兰教的圣典《古兰经》明确训示，穆斯林都是兄弟。但“闪电”巴耶济德一世被自己在欧洲的一系列征服冲昏了头脑，先知的训导被他抛之脑后，在几次与帖木儿的书信来往中羞辱这一位战神。骄傲自满让“闪电”巴耶济德一世陷入万劫不复，冷静谋略和残酷冷血的“跛子帖木儿”成功将骄傲的对手装入囚笼，曾经震慑欧洲的皇帝在屈辱和折磨中死去。

或许帖木儿并没有完全忘记《古兰经》的训导，没有对群龙无首、陷入分裂的奥斯曼土耳其帝国赶尽杀绝。更或许在帖木儿的眼里，东方的诱惑大于一切，如果能征服明帝国，整个东方将臣服于自己的脚下，自己将是当之无愧的“东方战神”。

公元1405年，三十年无休的“跛子帖木儿”，病逝于进军明帝国的途中。东征中国的计划从此被搁浅，帖木儿的子孙无心也无力去征服强大的明帝国。同时，帝国西部出现危机，听闻“跛子帖木儿”死亡，在今伊朗西部一个曾经依附于帖木儿帝国的中亚突厥王朝立即反目，这个王朝因为旗帜上的白羊图案，被称为白羊王朝。在今伊朗西北、伊拉克和阿塞拜疆地区，还有一个王朝因旗帜上的黑羊图案被称为黑羊王朝，当年被“跛子帖木儿”打败，如今也重新站了起来。尽管他们本是同族，但遗憾的是他们一直不睦，因为白羊王朝属于逊尼派，黑羊王朝属于什叶派。公元1468年左右，白羊王朝击退了东边的帖木儿帝国，挥师西进灭了黑羊王朝。此后，白羊王朝占据了原来黑羊王朝的领土，西边与奥斯曼土耳其帝国为邻，东边与疆域严重缩水的帖木儿帝国为邻。

在白羊和黑羊的对决中，白羊获胜，但它并不是最后的胜利者。最终的胜者，将开启现代伊朗的进程。

在黑羊王朝里有一个萨非家族，发源于阿塞拜疆地区，宣称自己是什叶派正统哈里发阿里（先知穆罕默德的堂弟兼女婿）的后裔，且有波斯第三帝国——萨珊王朝的血统。因与黑羊王朝有矛盾，萨非家族便和白羊王朝结盟，修会组织逐渐被军事化。当白羊王朝灭了黑羊王朝之后，萨非家族这个盟友就不仅显得可有可无，而且稍显累赘。萨非家族随即遭到白羊王朝的打压，而东边逊尼派的奥斯曼土耳其帝国也经常怒目相向，萨非家族只能拼死一搏。

公元1501年，萨非家族攻入白羊王朝的首都大不里士（今伊朗东阿塞拜疆省的省会），建立了萨非王朝，是继居鲁士大帝的波斯第一帝国、第二帝国——帕提亚帝国，第三帝国——萨珊波斯之后的波斯第四帝国。自从公元7世纪中期，萨珊波斯被阿拉伯帝国灭亡以来，波斯终于在八百多年后实现复国。萨非王朝就是当代伊朗的起源。

公元1507年，白羊王朝东边的邻居帖木儿帝国灭亡，征服者是成吉思汗长子术赤的后裔，建立了乌兹别克汗国。这个汗国在周围强敌环伺的动荡中历经三个王朝共四百多年，于公元1920年灭亡。新的乌兹别克国家在公元1925年加入苏联，1991年独立，即今天的乌兹别克斯坦，中亚五国之一。

“跛子帖木儿”的中亚第三帝国灭亡了，但是帖木儿家族却并没有消失于历史舞台，而是经过完美而华丽的转身，在千年未统一的南亚次大陆建立了一个持续了三百多年的蒙古帝国。

波斯第四帝国的外部形势并不乐观，确立什叶派为国教，使邻里之间的气氛看起来十分紧张，因为西边的奥斯曼土耳其帝国和东边的乌兹别克汗国，都是逊尼派。

公元1510年，意气风发的波斯第四帝国在中亚击败了乌兹别克汗国，将乌兹别克汗国首领的头颅送给奥斯曼土耳其帝国的皇帝，这引起了奥斯曼土耳其帝国的报复。当奥斯曼土耳其帝国将装备有火枪和火炮的军队列阵小亚细亚时，波斯第四帝国传统的游牧骑兵，只能以不畏牺牲的惨败收场。好在奥斯曼土耳其帝国对波斯本土兴趣不大，因为这里对帝国来说相对偏远，而且重要的是，他们有了一个新的目标，而那里是富饶多产。“吃一堑，长一智”的波斯第四帝国，很快也在军队装备了火器，虽然不能在东西边界取得实质性的成果，但似乎可以防止因实力完全不匹配而导致的溃败。

很快，波斯第四帝国将会在南部的波斯湾认识几个新的朋友，他们来自欧洲，带着非善意的目的。

（二）“助人为乐”的蒙古后裔

“合久必分，分久必合”，中国的古语充满智慧。南亚次大陆也不会例外，只是转换的时间明显过于长了一些。

自从公元540年左右，印度第二个大一统王朝——笈多王朝灭亡后，除了被外族侵入北印度时顺便提及，印度本土就没有任何能引起当时世界关注的新闻。当时的印度由北至南分成三个区域，北部和中部是阿富汗突厥人的穆斯林王国，南部是印度教王国。谁也没有能力去征服谁，似乎也根本没有统一的念头。

公元1526年，被乌兹别克汗国驱赶的帖木儿后裔攻陷德里，建立了莫卧儿王朝，波斯语的莫卧儿意为蒙古，由此开始了印度历史上第三个也是最后一个大一统的封建君主专制王朝。

理解这一时期的印度，要梳理一下疆域范围。莫卧儿帝国的疆域主要在今印度（除了南部的小部分区域）、巴基斯坦、孟加拉国，以及阿富汗东部地区（印度、巴基斯坦和孟加拉国在20世纪才陆续建国）。

尽管莫卧儿帝国的创立者，曾经征服了南亚次大陆的北部，但不久就失去了控制权，陷入短暂分裂。帝国真正的奠基者是第三代皇帝——阿克巴大帝，阿克巴大帝带兵夺回德里，此后征战四方，将帝国的疆域扩大三倍，统一了北印度和中印度。阿克巴大帝接手的印度，是一个宗教和种族多元化的国家，出于统治需要，阿克巴大帝只能在印度这个“宗教博物馆”实行宗教宽容政策，以印度教居多、伊斯兰教次之，其他的则都很少。因此，宗教矛盾是印度自古以来的一个问题。

蒙古人进入印度之前，印度西海岸已经来了一些陌生人，说着不同的语言，然而，他们只是欧洲人的前哨。

尽管南亚次大陆要感谢蒙古后裔，为其促成了难得的统一，但不久之后，这块东方土地将成为欧洲蛮族后裔的逐鹿场，就像当年他们在罗马帝国的废墟上尽情玩耍一样。

（三）抛锚与起航

朱元璋的孙子，明帝国的年轻皇帝，发现自己和四叔燕王朱棣之间的亲情已然决裂，除了成王败寇，没有第二条路可走。公元1402年，燕王朱棣攻入京师（今南京），二十五岁的皇帝在皇宫内的熊熊大火中不知所踪。

同年，朱棣登基为帝，是为明成祖。朱棣登基之时，也是“跛子帖木儿”打败“闪电”巴耶济德一世之时。公元1404年，当明帝国的新晋皇帝朱棣听说“跛子帖木儿”准备东征之后，便积极备战以御强敌。次年，近七十高龄的“跛子帖木儿”病逝于半途的消息传来，朱棣便调整策略，开始了开疆扩土的南征北战。在南方，他将帝国疆域延伸至今越南中部。在成为皇帝之前，朱棣就是镇守北平（今北京）的燕王，他深刻理解要确保北方边境安全，就必须要杜绝草原游牧民族的侵扰。因此从公元1410年开始到驾崩前的十五年内，他五次亲征北方，但效果平淡无奇，最后死于回师的途中。在位期间的公元1420年，他将都城从南京迁到北京。

命中注定一辈子只是一个藩王的朱棣，在成为九五之尊的诱惑战胜了亲情之后，内心世界异常复杂和纠结。父亲朱元璋钦定的继承人被自己赶下台，也许只有离父亲远一些，才能减轻日益增加的内疚和不安，于是迁都北京。尽管没人敢对皇位的正统性提出质疑，但朱棣自己可能无法释怀，除了不断继承父亲的遗志，数次亲征蒙古，还需要让全世界都知道，自己割舍亲情之后换来的是明帝国的盛世。公元1405年开始，朱棣派太监郑和率领当时世界最大规模的船队开始航海旅行，以此彰显天朝的国威和皇帝的文治武功。也许，好大喜功也只是为了掩盖自己那颗惴惴不安的帝王之心。

二十八年的时间，明帝国的船队以其宏大的规模和配备，往返于中国和东非海岸之间，三十多个国家和地区目睹了东方帝国的奢华和威严，印证了马可·波罗不是一个信口开河之人。赞美和恭维像迷药一样，让明帝国在认识世界的同时，忘记了自我，本可顺势成为世界领头羊的中国，随着明帝国发布的禁海令，就和“更加伟大”遗憾地擦肩而过。三十多年后，乘着几艘小船远道而来的南欧葡萄牙人来到了明帝国。

相比明帝国远洋船队的宏大规模，在大西洋东海岸的一角，一个在公元12世纪初才建立的面积不足十万平方公里的葡萄牙王国，也在一位王子的努力下开始涉足航海，规模之于郑和的船队，有着天壤之别。葡萄牙王子亨利不仅是王国的储君、英国兰开斯特公爵的外孙，而且也是一位数学家和地理学家。也许是听闻了东方的中国曾经抵达了非洲东海岸，亨利王子更加坚定了自己的理论和信念。亨利王子自己自然是不会亲身探险，而是用报酬和爵位去招募勇敢的水手。于是，这个在欧洲大陆毫无存在感的小国，由于一位王子的兴趣爱好，将盛装站在世界舞台的聚光灯下。

非洲大陆是人类的起源之地，北非也是人类第一个文明之地，在人类的文明发展史中拥有自己的一席之地。然而，一个天然屏障——撒哈拉沙漠，却阻断了人们的视线，使非洲大陆南方大部分地区一直游离于已知世界之外。撒哈拉沙漠，面积几乎和美国或中国一样大，是世界上最大的沙漠，十万年前，这里却是你无法想象的一片绿洲。亨利王子知道一个这样的传闻，赤道地区的太阳能让海水沸腾，如果有人胆敢到达或者穿过哪里，人的皮肤就会被晒黑甚至被烧焦。一个勇敢的水手家族却毫不畏惧，迪亚兹和自己的祖父、父亲三代人于公元1471年穿过了赤道，且毫发无损。公元1488年，迪亚兹航行到了非洲大陆南端的海角，将其命名为风暴角。葡萄牙国王对船员们“风暴角”的命名却有完全不同的看法，国王认为越过赤道并没有被太阳灼烧而死，既然非洲大陆南端已经找到，那么到非洲东海岸甚至找到东方黄金之国的希望就在眼前，因此命名为“好望角”，意思是美好希望之海角，这个名字沿用至今。

在风暴肆虐的海洋上航行，单调和寂寞不足挂齿，对未知的恐惧、坏血病、航海技术仍不成熟等因素才是最大的难题。因此，除了在押的罪犯，没有任何一个正常人愿意成为船员，这也是迪亚兹在发现“希望之角”之后，未能继续前行的原因。在非洲海岸的发现充满惊喜，不仅有丰厚的商业利润，还有奴隶贸易，葡萄牙王国注定要继续前行，创造属于自己的辉煌。届时，邻居西班牙王国不会甘居人后，更不会让葡萄牙王国独领风骚，于是那个遥远新大陆上的两大帝国——阿兹特克帝国和印加帝国，将陷入万劫不复的深渊。令人惋惜的是，葡萄牙王国和西班牙王国缺乏未来之眼，无法有效利用和掌控新航线和新大陆，使之成为王国登上世界王者巅峰的阶梯。而那个大器晚成的世界主角——英国，不久前刚刚被法国赶出欧洲大陆，一脸沮丧地回到不列颠岛上。

不管未来怎样，亚欧大陆上，东方世界格局都已基本形成。中国的明帝国正在关起门来享受自给自足的幸福生活，南亚次大陆也在蒙古人建立的莫卧儿帝国统治下实现了难得的统一，波斯第四帝国虽然左右都是有宗教矛盾的敌国，但仍可将就度日。

正如偶尔风平浪静的大海，当西方的舰船破浪而来之时，一切都猝不及防，翻天覆地。

（四）公元1453年

公元1453年，在这一个普通的年份里，发生了两件并不普通的大事。

公元330年，君士坦丁堡建城，一根刻有“世界中心点”的石柱拔地而起。公元388年，狄奥多西大帝在凯旋门的城门上镀金，“黄金之门”金光闪闪。公元395年，帝国正式分裂为东罗马帝国和西罗马帝国。公元476年，西罗马帝国灭亡。公元557年，查士丁尼大帝在位三十周年时，东罗马帝国永远失去不列颠岛和高卢。公元1071年，诺曼人攻克了帝国在意大利的最后一个据点，东罗马帝国彻底失去意大利。公元1453年，东方的奥斯曼土耳其帝国攻陷君士坦丁堡，东罗马帝国自此灭亡。突厥人的主角光环不会因为一场战争的失利、皇帝被辱而死、十年的内战而褪色，这个左脚踏在亚洲、右脚踩在欧洲的帝国才刚刚开始，奥斯曼土耳其帝国用这个爆炸性的新闻，宣告了自己的重生。

公元1328年，法国卡佩家族绝嗣，“美男子”腓力四世的侄子腓力六世开启了法兰西的瓦卢瓦王朝时代。而英国金雀花王朝的爱德华三世，“美男子”腓力四世的外孙，宣称自己才是法国的正统国王。于是公元1337年，英法百年战争正式开始。公元1453年，英国退出欧洲大陆，法王收回领地后终于实现统一。

奥斯曼土耳其帝国皇帝“闪电”巴耶济德一世，在和“跛子帖木儿”的穆斯林对决中成为阶下囚，受辱而死，这导致了奥斯曼土耳其帝国没了皇帝，陷入了十年的混乱期，帝国近乎分崩离析。公元1413年，巴耶济德一世的幼子穆罕默德一世击败了其他的亲兄弟，重新统一帝国，登基为帝，并收复了亚洲的领土，还发起了对匈牙利的战争。随后，其孙子穆罕默德二世也在东欧重振军威。帝国历史上第一位伟大的皇帝——穆罕默德二世被称为“征服者”，他登基之后的第一件大事就是把存在一千多年的“黄金之城”君士坦丁堡收入囊中，将老态龙钟的东罗马帝国从地图上永久抹去。

公元1453年4月2日，“征服者”穆罕默德二世下达了炮轰的命令，整个欧洲都对土耳其人要彻底摧毁拜占庭帝国的企图心知肚明，但除了杯水车薪的支援，基本都作壁上观，苦苦支撑的守城人员一次次地修补被轰出缺口的城墙。5月29日，君士坦丁堡的城墙一角再次被轰塌，城破之时，拜占庭帝国最后一任皇帝君士坦丁十一世仰天长叹，拿起武器冲进乱军之中。战斗结束之后，皇帝已经不知所踪，只找到一只绣着金鹰的鞋。

两天后，“征服者”穆罕默德威严地入城，君士坦丁堡从此被改名为伊斯坦布尔，如今是土耳其的首都。一直蛰伏的突厥人，终于成为这座千年古城的主人，帝国以一个星光熠熠的姿态屹立于亚欧大陆之交。随着“征服者”穆罕默德二世的穆斯林帝国完全取代东正教的拜占庭帝国，基督东正教那座举世无双的圣索菲亚大教堂（自公元537年查士丁尼大帝时期落成以来已闪耀近千年），被改为一座穆斯林的清真寺。

当奥斯曼土耳其人期盼着在“世界的中心”坐享东西方贸易的巨大利润之时，被逼得走投无路的西方人，正在竭力验证“地球是圆的”这一大胆的理论。他们成功的那一天，就是地中海商业中心地位衰败的开始。

四百多年前，君士坦丁堡曾收了一个门徒，公元992年，俄罗斯民族皈依东正教。过去的岁月里，俄罗斯“两耳不闻窗外事”，先是在分裂中挣扎，接着就是恭顺地向钦察汗国纳贡，面对历史的召唤和赋予的重任，俄罗斯作出了自己的决定。

公元1260年，蒙古帝国入侵俄罗斯不久之后，留里克王朝的一个后裔，在一个叫莫斯科的小村庄建立了自己的领地。公元1300年，最初的克里姆林宫建成。当所有公国都臣服于蒙古的时候，幸运的莫斯科公国被钦察汗国赋予一项职责，即代征俄罗斯所有公国的纳贡，驯从和良好的服务使莫斯科公国逐渐成为俄罗斯最强的公国。

君士坦丁堡改为伊斯坦布尔的时候，蒙古人的钦察汗国已经分裂，逐渐衰落。公元1472年，莫斯科公国已经可以击退宗主国的进攻，同年，莫斯科大公迎娶了拜占庭帝国末代皇帝君士坦丁十一世的侄女，从此，莫斯科公国便以正统和唯一的基督东正教继承人自居。继君士坦丁堡之后，莫斯科成为东正教的中心，拜占庭帝国的双头鹰标志从此翱翔在俄罗斯的上空。公元1480年，莫斯科公国终于摆脱蒙古人约两百年的统治，宣告独立。其后的半个世纪左右，莫斯科公国击败了其他公国，实现了统一。公元1523年，一个以莫斯科公国为中心的俄罗斯形成了。大公的称号也改为沙皇，俄语意思为凯撒，这是因为拜占庭帝国的皇帝就称为凯撒，此后的俄罗斯也被称为沙皇俄国，简称沙俄。

然而，俄罗斯摆脱了蒙古人的说法并不十分确切。因为在分裂的钦察汗国中，成吉思汗长子术赤的后裔于公元1430年建立了克里米亚汗国，疆域从黑海北部的克里米亚半岛向北方草原延伸。在公元1502年钦察汗国正式灭亡后，克里米亚汗国当仁不让地成为正统的继承者，克里米亚汗国坚定地信仰伊斯兰教，在此后的约七十年里，克里米亚汗国攻击莫斯科三十多次，并于公元1572年短暂攻陷莫斯科。面对这种强势的骚扰，莫斯科筋疲力竭，只有每年继续向克里米亚汗国纳贡。相同的宗教信仰，使克里米亚汗国和奥斯曼土耳其帝国相处融洽，但平等是不可能的，前者实际只是后者的附属国（后为藩属国）。1783年，强大的俄罗斯帝国终于一雪前耻，正式吞并了克里米亚汗国。从公元1237年蒙古来袭，到1783年克里米亚汗国被吞并，俄罗斯用了约五百五十年才得以彻底摆脱蒙古人的统治，逐步成为欧洲和世界的主角之一。

公元1415年，英国兰开斯特王朝以自己是合法的法王为借口，再次启动了百年战争。五年之后，英王和法王签署了协议，英王娶法王的女儿，其所生的后代为法王继承人。两年后，两位国王双双死去。法国分裂为两派，北部支持英王来统治自己，南部支持此前被英法协议剥夺了继承权的查理七世。年仅一岁的英王在巴黎加冕，而查理七世却在法国中部躲着不敢加冕，随着英国军队从法国北部向中部最大的城市奥尔良推进，查理七世的皇位似乎变得毫无希望。不出意外的话，英国和法国将拥有一个国王，一个全新的“英法帝国”即将成立，欧洲的历史也许将被彻底改变。

正如曾经躲在法国的教皇，被一个意大利的农村女孩劝回“上帝之城”罗马一样，一个奥尔良的农村女孩成为挽救法国的奇迹。单纯而勇敢的贞德，声称自己受到上帝的指示来驱赶英国人，收复失地。在毫无良策的查理七世和大臣们既怀疑又期待的眼神中，贞德神奇地化解了奥尔良之围。公元1429年，查理七世加冕为法兰西国王，延续了卡佩家族的瓦卢瓦王朝。次年，在收复巴黎的过程中，贞德被英军俘虏，公元1431年，没流一滴眼泪的法王查理七世听说了贞德被火烧死的消息。这位农村女孩被法国人称为“圣女贞德”，法国的民族英雄，但这是二十五年后才达成的共识。

假如年幼的英王不是傀儡，也没有精神类疾病，而且英国内部也没有争权夺利的斗争，法国的存亡犹未可知。公元1453年，幸运的查理七世最终驱赶了英国，结束了英法之间的百年战争，而法国领土的基本统一是由查理七世的儿子来完成的。自从诺曼人来到法国的领地并被称为公爵，而且还幸运地成为英王，针对领土的问题法国已经被英国纠缠了五百年，如今终于结束了争端。而英国，也感觉到反客为主地去统治整个法国，不仅难度极大，而且自己也心生痛苦和厌倦。于是，全新的时代即将到来，已知世界将被极大的扩容，欧洲大陆的演员也多了起来，换一种搏斗的形式也许更好。

与法国的王权争夺战结束仅仅两年，英王爱德华三世第三个儿子和第四个儿子的后代，就开始了为期三十年的王位争夺战。第三子的后代属于兰开斯特家族，于公元1399年从金雀花王朝的最后一任国王手中夺取了王位，开始了作为分支的兰开斯特王朝。在第三任也是最后一任国王期间，英国在英法百年战争中失败，国王本人也有精神问题，于是第四子的约克家族就推翻了兰开斯特王朝，开始了二十五年的约克王朝。公元1455年，英国内战爆发，一个世纪后的莎士比亚给了这场战争一个浪漫的名字——玫瑰战争，因为兰开斯特家族以红玫瑰为家族标志，约克家族以白玫瑰为族徽。浪漫的名字，也不能掩盖这是一支血腥和多刺的玫瑰。

战争的结果出人意料，两个家族都跟胜利无缘，自公元1154年法国的安茹伯爵入主英国以来，金雀花王朝及其分支的兰开斯特王朝和约克王朝，也彻底结束了在英国长达三百三十多年的统治。来自威尔士的都铎家族，是兰开斯特家族的表亲，于公元1485年击败约克家族，在与约克家族联姻后获得了正统的王室资格，英国的都铎王朝开始。如果说法兰西的统一是法国结束黑暗世纪的标志，那么英国的新时代就是从都铎王朝建立开始的。

在欧洲大陆上，有一件让所有天主教徒都欢欣鼓舞的大事——西班牙独立，被东方的穆斯林占据南部约七百年的耻辱终于被洗刷了。

伊比利亚半岛，南部半壁是穆斯林国家，北方有两个天主教国家，他们是西哥特人的后裔，卡斯蒂利亚王国在中北部，东北角接壤的是阿拉贡王国。卡斯蒂利亚王国的国王最近很是苦恼，因为自己的妹妹伊莎贝拉一直强烈拒绝自己给她安排的政治婚姻。公元1469年，伊莎贝拉和比自己小一岁的堂弟斐迪南秘密结婚，堂弟斐迪南是阿拉贡王国的继承人。公元1474年，伊莎贝拉成为卡斯蒂利亚的女王，宣布丈夫斐迪南为共治国王；公元1479年，堂弟斐迪南继位阿拉贡国王，也宣布妻子伊莎贝拉为共治女王。于是，西班牙两大王国合二为一，西班牙向强大的君主专制国家迈出第一步。公元1492年，西班牙王国攻陷了南部穆斯林的格拉纳达王国，从此，西班牙本土上再也没有穆斯林的王国了。作为虔诚的天主教徒，西班牙的国王和女王建立了宗教裁判所，残暴镇压和驱逐异教徒，而大量犹太人通过极佳的商业头脑在西班牙南部已经取得财富和地位，他们那鼓鼓的钱包也变成厄运的根源，大量财富流入西班牙王室。

来自东方世界的穆斯林，曾经给伊比利亚半岛带来财富、知识和眼界，并注入了“最具潜力”国家的基因。伊比利亚半岛上西班牙和葡萄牙能在大航海时代率先走在世界的最前沿，应该向过去的七百年鞠躬致谢。

六年前，女王曾经接见过一位来自意大利、自称哥伦布的水手。手持远航计划的哥伦布说，他有办法和能力去东方寻找“黄金之国”（因为马可·波罗说中国到处都是黄金）。女王饶有兴趣地问他，“怎样才能到达中国？”哥伦布说，“穿过大西洋一直向西航行就一定能够到达，因为地球是圆的”。

在公元15世纪，几乎所有人都认为地球是平的，要穿越大西洋，就会走到未知的尽头，在地球边缘坠入黑暗无底的深渊。当时女王因为正在驱逐穆斯林收复失地，并没有给哥伦布一个确切的答复。哥伦布还曾经寻求过葡萄牙王室的资助，但葡萄牙王室因为已经在非洲海岸找到财富，不愿意再去资助这种回报率不确定甚至可能血本无归的航海计划。事实证明，葡萄牙错过了一次极好的机会。然而哥伦布并不放弃，他派自己的弟弟去英国，向英国都铎王朝解释自己的航海计划，自己仍留在西班牙等着女王回心转意的那一天。

驱赶了穆斯林之后，西班牙王国终于面朝大海。伊莎贝拉女王时常登高眺望着深邃的海洋，聆听着海浪的声音，陷入沉思和幻想，遍地黄金的中国在一个女性无穷的想象力下变得触手可及。公元1492年，不顾丈夫的反对，力排众议的伊莎贝拉女王代表西班牙王室和哥伦布私人签署协议，资助哥伦布实现这个伟大的梦想。众人的反对也是不无道理的：首先地球到底是不是圆的，这只是一个未得到验证的理论；其次，哥伦布要求被任命为海军司令，凡是新发现的领地由自己出任总督，而且可以世袭，所有获得的收益哥伦布占百分之十，今后任何人在领地的收益哥伦布都可获得十分之一。在所有人看来，哥伦布就是个跨国的骗子。

公元1492年，三艘帆船载着由哥伦布和一群罪犯组成的船队，带着女王的梦幻和众人的怀疑，完全不被看好地起航了。一路西行是神秘莫测的深海，早已没有生活希望的罪犯船员，此时更是身处在绝望之中，肆虐的暴风雨也许只是坠入深渊的前奏；但内心充盈着创造不世功名与荣耀的哥伦布，怀揣着给中国和印度皇帝的国书，决心向广大的亚洲人民传播基督福音，这也是一次伟大的“十字军东征”。尽管有船员不时提出宁愿回去继续坐牢，但哥伦布充耳不闻，布满血丝的双眼时刻盯着前方的大海，期待有一天出现陆地的影子和闪闪发光的金子。

无论哥伦布是否会打开一个新世界的大门，英国、法国和西班牙都以全新的王权姿态迎接新的时代，而在德国虽然哈布斯堡家族将登上巅峰，但德意志的统一仍遥遥无期。

（五）家族的巅峰

时隔一百多年，公元1438年，哈布斯堡家族重回神圣罗马帝国的皇帝宝座，并在此后三百多年的时间里一直牢牢地把皇冠戴在头上，直到公元19世纪初才被拿破仑终结。

卢森堡家族统治时期曾制定了七大选帝侯制度，让帝国皇帝的影响力甚至不如选帝侯，当皇位在哈布斯堡家族世袭罔替时，卢森堡家族的金玺诏书变成一纸空文。德国迟迟不能统一，并不完全是哈布斯堡家族的问题。哈布斯堡家族虔诚地信奉罗马天主教，而教皇的权威将逐步烟消云散，同时帝国的诸侯们更关心自己的王国和领地，神圣罗马帝国的皇帝从来都不曾掌握至高无上的权利。不可忽视的是，周围的国家也并不希望看到一个统一的德国，就像朝鲜半岛、印度、巴基斯坦和孟加拉，毕竟他们认为有矛盾才有利可图，西方世界喜欢玩弄“拆分弱化”的伎俩，不管对方是谁。

德意志能否统一，哈布斯堡家族并不十分在乎，其真正关心的是家族兴衰问题。联姻是欧洲王室保持兴盛的标准操作程序。正是王室联姻成就了这个欧洲最强家族，而马克西米利安一世是奠基者。

第一次联姻是马克西米利安一世本人，他娶了法国勃艮第公国的女继承人，为日后成为荷兰的统治者埋下伏笔。勃艮第公国属于法王封臣，位于法国和神圣罗马帝国之间，但一直想脱离法国而独立，巅峰时的领地从法国东部一直延伸到英吉利海峡，包括荷兰和比利时。勃艮第公爵死后，勃艮第公国就被法国和哈布斯堡家族瓜分，法国和神圣罗马帝国之间再无缓冲地带，面对面的博弈即将上演。

第二次联姻是与刚统一的西班牙的双重联姻。马克西米利安一世的儿子娶了西班牙斐迪南和伊莎贝拉的三女儿，马克西米利安一世的女儿同时也嫁给了西班牙王子。西班牙王子在婚后半年去世，没有男性继承人，马克西米利安一世的孙子就成为神圣罗马帝国和西班牙两个王位的继承人。等到哥伦布打开新世界的入口，哈布斯堡家族就成为世界上第一个“日不落帝国”的统治者。

此时的西班牙王室也在欧洲四处联姻，但不是很成功。国王的大女儿和四女儿先后嫁给同一位葡萄牙国王，二儿子和三女儿与哈布斯堡家族联姻，小女儿嫁给了英国都铎王朝的第二任国王亨利八世。实际上西班牙小公主最开始是先嫁给英王的长子，只是长子婚后半年就去世了，又嫁给了次子亨利八世。这桩“一女嫁二子”的婚姻，在欧洲基督教世界引起了轩然大波。

第三次联姻是马克西米利安的孙子辈，分别和匈牙利、波希米亚联姻，此后的近两百年内，哈布斯堡家族的神圣罗马帝国皇帝都身兼波希米亚和匈牙利的国王。此外，孙女辈的也有人嫁到了法国和丹麦。

显而易见，联姻给家族带来了长期的繁荣。但弊端就是近亲婚姻，导致了家族遗传病，以至于后继无人，在欧洲引发了争夺王位继承权的团战。公元18世纪的前五十年，就先后爆发了西班牙王位继承战和奥地利王位继承战，欧洲各国结盟团战，整个大陆闻风而动、一片狼藉。

事实证明，哥伦布的狂热和激情是一把金钥匙，它打开了新世界的财富之门。尽管哥伦布摘掉了跨国骗子的帽子，但没有带来令人眼前一亮的财富，随着有知遇之恩的女王过世，哥伦布陷入无人理解和支持的窘境，两年后在贫困和疾病中死去，令人惋惜。而同时期，葡萄牙人达·伽马，则首次开辟从欧洲经非洲最南端的好望角到达印度的远洋航线，胡椒贸易的巨额收益让葡萄牙王室瞬间成为欧洲的暴发户，达·伽马也官至印度殖民地总督，名利双收。令人叹息的是，“哥伦比亚洲”也没有成为新大陆的名字，固执和无知的哥伦布至死都认为自己到达的是印度。而随后到达的意大利探险家阿美利加声称，“这不是印度，而是一片全新的大陆”。公元1507年，德国地理学家采用阿美利加的名字命名新大陆，即阿美利加洲，简称美洲，一直沿用至今。因为哥伦布称这里是印度，于是这里也被称为西印度（相对于东方的印度而言的），美洲的土著因此才被称为印第安人。当然，美洲大陆上仍有许多纪念哥伦布的国家、城市和机构等，如南美洲的哥伦比亚共和国、美国首都华盛顿的哥伦比亚特区、美国哥伦比亚大学等。

查理五世，是公元16世纪的世界上最幸运、最有权力的人！

查理五世，是神圣罗马帝国皇帝马克西米利安的长孙，外祖父母就是西班牙的斐迪南国王和伊莎贝拉女王。在父亲去世时，查理五世继承了荷兰、比利时、卢森堡和法国北部地区。公元1516年，外祖父斐迪南去世，查理五世成为西班牙国王（西班牙王国称其为卡洛斯一世），当时的西班牙领土包括西西里岛和意大利南部等，当然包括不久之后的广大的美洲殖民地。公元1519年，祖父马克西米利安去世，查理五世又成为神圣罗马帝国皇帝。几乎半个欧洲，都属于这个不足二十岁的年轻人！

在第一个“日不落帝国”光环下，哈布斯堡家族是当之无愧的“世界第一家族”，而查理五世就是那个站在世界最高舞台上的男人。

母语是法语、血统上更亲近西班牙的查理五世，长期不在神圣罗马帝国，而是在西班牙，一生中只到过神圣罗马帝国九次，如果要选择一个合适的词语来修饰，那么用“访问”自己的帝国似乎更为贴切。当年霍亨斯陶芬家族的腓特烈二世，也是常年待在西西里王国，且一生只“访问”过一次自己的帝国。气候宜人的西西里岛固然繁荣，但与查理五世所拥有的相比实在不值一提，所以，在这个时候，要平衡好哈布斯堡家族利益和神圣罗马帝国的利益，对于任何一个拥有如此璀璨人生的“欧洲君王”来说都是极其困难的。

此时，一件事的发生，使查理五世不得不再次“访问”自己那名不副实的神圣罗马帝国。

（六）教皇的危机

公元476年，西罗马帝国灭亡，日耳曼人的王国遍地开花，欧洲群龙无首。约三百年后，罗马教皇欲与查理大帝一起联手重建欧洲帝国。公元843年，法兰克王国一分为三，公元962年，奥托大帝被教皇加冕为“罗马王”，欧洲成为一个以罗马教皇和神圣罗马帝国为中心的大陆。正如漫长的冰河期也有结束的一天，随着英国和法国结束百年纠缠，相继确立了君主集权制，这块坚冰也正在慢慢融化。

公元15世纪初，今德国中部美因茨地区的一个富商，发现自己借出去的一笔钱一直没有收回来，于是亲自登门要债。当他来到借款人的作坊时，发现借款人古登堡正在操作一台机器，机器的旁边还有一些金属块和油墨之类的东西，当这位债主看到有一叠内容一模一样的纸张时，他张大的嘴巴久久无法合拢。精明的富商意识到这并不是魔术，便坚持要求古登堡立即还清所有债务，古登堡虽已完成设计，但仍未收益，于是全套设备尽归窃喜不已的债主所有。这就是德国人古登堡发明的活字印刷术。当富商利用古登堡的发明，印刷出一本本完全一样的《圣经》时，大部分人们仍然认为这是魔鬼的杰作，甚至是巫术。因为当时，在大部分人都是文盲的欧洲，这些工作都是由基督教传教士手抄完成的。

公元1517年，囊中羞涩的罗马教皇觉得自己的财富和地位完全不匹配，取之不尽的财富就在欧洲所有天主教徒的口袋里，教皇只需要伸手去掏就可以了。虽然前几任教皇禁止神职人员向所在国的国王纳税一事遭到了英王和法王的强烈抵制，但如今的神圣罗马帝国在天主教徒查理五世的统治之下，而且他需要罗马教皇的支持以抗衡法王。因此对教皇来说，这是一个非常有利的对弈状态。

罗马教皇告诉他的天主教徒孩子们，人人都有罪，要想获得解脱和宽恕，要想不下地狱，都可以通过购买教会的“赎罪券”来彻底解决。盗窃、打架的收费经济实惠，杀人和抢劫也不用惊慌失措，在万能和仁慈的教皇这里，一切罪恶都有价码，只要把钱投进教堂的钱箱里，就可以昂首阔步地走出去，面对崭新的人生。没有人可以抵抗这种引诱，教皇听到各个教区的利好消息后乐得合不拢嘴。更让教皇惊讶的是，有人竟然问，“可以提前为要犯的罪付款吗？”教皇若有所思、笑而不语，深邃的眼神落在赎罪的分类价目表上。

不可否认，欧洲的活字印刷术必然是受到了中国发明的启蒙。当适合大批量印刷的活字印刷技术落户在德意志，教皇将大难临头。

马丁·路德，作为一名普通修士，看到众多通过聚敛财富后过着奢侈腐化生活的“同事”，第一个站出来发出反对的声音，在活字印刷术的助力下，这个声音变成不可计数的“魔法传单”。马丁·路德成为基督新教的创始人，基督教世界就有了罗马天主教、新教、俄罗斯东正教三种派别了。新教的观点就是信奉上帝完全不需要教皇或主教等来充当中间人，只要自己内心虔诚地信奉上帝，就是虔诚的基督教徒。

“日不落帝国”的查理五世，急忙回到神圣罗马帝国，主持了对马丁·路德的审判。或许皇帝认为这不是一件大事，或许支持马丁·路德的呼声太高，皇帝并没有立刻杀死这个反叛者，马丁·路德随即被帝国内的公爵保护起来。神圣罗马帝国北部的公国此后都支持新教，因为这对自己的公国有利，帝国南部依然信奉天主教。马丁·路德的新教，成功地将神圣罗马帝国撕成两个对立的阵营，这使德国的统一暂时又失去了希望。

北欧、神圣罗马帝国北部各公国、英国、瑞士，都信奉了基督新教。罗马教皇曾经紧握的缰绳经过几百年的磨损，将要彻底断裂。罗马教皇，将无法避免地承受接二连三被打击的命运。

既然有万丈光芒，就会有万千烦恼。“金色男人”查理五世，展开自己的帝国版图，头疼地发现：帝国内不仅有钩心斗角，还有战火硝烟。

（七）王者的烦恼

没有对手的强者是不存在的，“金色男人”查理五世也不例外。

如果没有发现新大陆，地处“世界中心点”的奥斯曼土耳其帝国就是最闪耀的明星。新月取代十字架的最终目标，并不是灭亡东罗马帝国，相反这只是起点。偶像是亚历山大大帝的新皇帝（奥斯曼土耳其帝国皇帝称苏丹）——苏莱曼大帝的目标，是将新月旗插在欧洲的心脏，这个中心就是哈布斯堡家族统治的奥地利。

苏莱曼大帝的父亲留下的是一个横跨亚非欧的庞大帝国。公元1514年，击败波斯第四帝国之后，苏莱曼大帝的父亲进军非洲，公元1517年，攻陷开罗，埃及的马穆鲁克王朝历经两个半世纪的混乱后走向灭亡。伊斯兰教世界的珍宝——先知穆罕默德的圣物，当初被法蒂玛王朝从巴格拉劫掠到开罗，现在又从开罗转移到伊斯坦布尔。几乎所有穆斯林的重要城市——麦加、麦地那、耶路撒冷、伍麦叶王朝的大马士革、阿巴斯王朝的巴格达，此后都属于奥斯曼土耳其帝国的领土，奥斯曼土耳其帝国俨然成为伊斯兰世界的领袖。东边的敌人是什叶派的波斯第四帝国，而西边的敌人就是那个令人嫉妒的查理五世。

公元1520年，苏莱曼大帝登基，通过十三次的亲征带领帝国的军队往返于亚欧大陆之间，延续着帝国的传统，开创了帝国的黄金时代。

在亚洲战场，苏莱曼大帝三次亲征波斯第四帝国萨非王朝，占领了巴格达，这个曾经西亚文明的中心，对如今的帝国来说属于偏远之地。在亚洲战场取得的疆土，一部分成为现在土耳其和伊朗的边界，波斯则永远失去了今伊拉克地区，帝国风光不再。直到公元20世纪，奥斯曼土耳其帝国仍然拥有波斯湾和红海的出海口。也许，当明帝国实行闭关锁国的时候，奥斯曼土耳其帝国曾经拍手叫好，因为扼守着东西方贸易的要道，掌握着定价权，帝国的财富将与日俱增，然而，在苏莱曼大帝即位前，波斯湾的霍尔木兹海峡已经被葡萄牙占据。当奥斯曼土耳其帝国占据亚欧大陆之交，地中海威尼斯城市的商业王国地位就一落千丈了；当欧洲的葡萄牙王国在通往东方的航道上自由游弋之时，地中海的区块繁荣将被海洋贸易取代。草原和沙漠游牧民族的黄金时代即将结束，海洋游牧民族的新时代即将来临！

在欧洲战场，苏莱曼大帝用不死不休的决心，向基督教世界显示了自己的恒心和毅力。要炮轰奥地利，就必须先通过今塞尔维亚和匈牙利地区，因为帝国的军队从伊斯坦布尔到维也纳有一千多公里的纵深，帝国军队以战养战，并没有补给，所以在一年中只有不到半年的行军和进攻时间，基督教世界多次遭到蹂躏，苏莱曼大帝的军队也像演习一样每年定期开赴欧洲，帝国曾控制匈牙利大部分领土长达一百五十年。因为哈布斯堡家族意图牢牢控制奥地利、波希米亚和匈牙利，而苏莱曼大帝则轻蔑地称查理五世为西班牙国王。这一对冤家，迟早狭路相逢。

查理五世的第二个对手出场了。咄咄逼人的查理五世，意图成为欧洲天主教的领袖，但法国第一个不答应。法王弗朗索瓦一世，曾经与查理五世竞争过神圣罗马帝国的皇位，因为法王占据了意大利的米兰，米兰属于神圣罗马帝国的一部分。虽然法王在“竞争上岗”中失败了，但法王弗朗索瓦一世要用一生去抗衡查理五世，阻止查理五世成为“欧洲之王”、维护法兰西的欧洲大陆地位。为此，法王弗朗索瓦一世不惜同苏莱曼大帝结盟。一个欧洲天主教王国和一个穆斯林帝国结盟，去对付另一个天主教的皇帝，对于毫无底线的兄弟阋墙，教皇只能仰天长叹。

公元1525年，法王弗朗索瓦一世和查理五世交战，法王被俘虏，被押到西班牙的马德里。法王在狱中写信给苏莱曼大帝求援，请求苏莱曼大帝务必阻止查理五世成为“世界之王”。密信被偷偷带出的那一刻，法王知道苏莱曼大帝没有拒绝的理由。实际上，查理五世对这种高级别的天主教俘虏束手无策，最终在签署一份协议后将法王释放，但这份脆弱的协议根本无法改变法王为“理想”奋斗一生的决心。

法王被俘虏的第二年，即公元1526年，苏莱曼大帝就攻陷了匈牙利，用上千颗匈牙利贵族的头颅堆成“金字塔”，震慑了整个欧洲，然后悠闲地在匈牙利的王宫中举行音乐宴会，随着冬季补给问题的出现，苏莱曼大帝才大摇大摆地撤回伊斯坦布尔。三年后的某一天，奥地利维也纳地区的人们发现，城外的地平线上红霞布满天际，原来那是城外的村庄在熊熊烈火中燃烧。苏莱曼大帝从城外传来一条消息，三天后他要在维也纳吃早餐。尽管查理五世的弟弟斐迪南极力求和，但苏莱曼大帝说，“除非那位西班牙国王亲自出现在奥斯曼土耳其帝国皇帝面前”。家族的龙兴之地绝不可丢，没有退路的斐迪南只有全力防守，最终苏莱曼大帝在维也纳吃早餐的愿望也未能实现。

当苏莱曼大帝把欧洲当作自家后院随意进出的时候，查理五世一直忙于和法王争斗，正是在此期间，查理五世的帝国取得了许多的成就。公元1521年，区区千人的西班牙军队用狡诈的诡计和天花病毒，摧毁了人口庞大的阿兹特克帝国。公元1522年，查理五世派麦哲伦率领船队完成人类首次环球航行，以无可辩驳的事实验证了“地球是圆的”的理论，此后东南亚的菲律宾也成为西班牙王国的殖民地，南美洲南端的麦哲伦海峡因此而命名，麦哲伦曾在世界上最大的一片海域里航行三个月未遭遇风暴（实为赤道无风带），太平洋即得名于此。公元1533年，又一个人口六百万的印加帝国被西班牙王国摧毁，打败这个笨重而庞大帝国的只是一支几百人的队伍。早已衰落的玛雅文明的最后一个城邦也在公元1597年被夷为平地，美洲原生的三大文明至此灭亡。当哥伦布在美洲大陆插下第一面西班牙国旗，并宣布这里属于西班牙王国的时候，美洲新大陆上就开始“主客不分”了。

美洲的黄金和白银，源源不断地被运到了西班牙，就像当年的罗马帝国，任何暴发户都有一夜回到解放前的巨大风险。此时，财大气粗的查理五世要直面苏莱曼大帝了，公元1532年，查理五世组织了欧洲最强的军队，在奥地利静候苏莱曼大帝，世纪大战万众期待，令全世界人们无比失望的是，两位皇帝的巅峰之战只是雷声大雨点小。查理五世刚刚目送苏莱曼大帝撤回伊斯坦布尔，自己的姑父——英王亨利八世，就做了一件让自己和罗马教皇难堪的事。

查理五世的姑姑凯瑟琳嫁到英国，英国大王子婚后半年死亡。英国为了继续联合西班牙对抗法国，便将凯瑟琳嫁给了英王的次子亨利，即亨利八世，这是一个有六次婚姻史的基督教国王。“世纪大战”流产的第二年，即公元1533年，英王亨利八世剥夺了凯瑟琳的王后待遇，并秘密与新欢安妮结婚。当年法王路易七世和阿基坦女公爵离婚之后失去了大片的法兰西领地，为了夺回领地，法国不得不和英国苦苦鏖战三百年才将英国赶出欧洲大陆。而英王这次的离婚案，不仅得罪了查理五世，同时也违背了罗马教皇的意志，按照基督教的教义，这次离婚不被认可，因为查理五世和罗马教皇穿的是连体裤。

霸道的英王亨利八世，早已对无足轻重的罗马教皇不满，英国教会从此脱离罗马，英国也成为以国王为宗教权威的新教国家。虽然此后英王亨利八世的女儿和查理五世的儿子结婚了，但这只是一个隔辈的近亲政治婚姻，无法避免英国和西班牙在新世界利益诱惑下的矛盾。英王亨利八世与前两任妻子有三个孩子，一男两女，相继成为英国的国王和女王，但可惜都没有子嗣，导致英国的王位传到有联姻关系的苏格兰王室，从此英格兰和苏格兰合并，再加上亨利八世时期控制的威尔士和爱尔兰，大不列颠帝国成立了。英国的全称为“大不列颠及北爱尔兰联合王国”，不列颠岛包括英格兰、苏格兰和威尔士，爱尔兰的前面多一个“北”字，这是因为公元1921年爱尔兰南部从大英帝国独立出来。

法王弗朗索瓦一世与查理五世的争斗是全方位的。当查理五世占据了新世界的大片领土时，法国殖民者也在公元1534年到达了北美洲北部，次年，这里被命名为加拿大，但实际的殖民要等到下个世纪。

对于新世界的探索，英国并没有甘居人后，只是太过创新而毫无效果。当看到欧洲各国都通过海路找到财富时，英国决定寻找一条从北方通往印度的道路。但是，最终英国所有探险队员的尸体，被遥远而寒冷的西伯利亚冰雪所覆盖，并长眠于此。英国到达印度、登陆美洲则是下个世纪的事了。

英雄也有谢幕的时候。公元1547年，文武双全、风流倜傥的英王亨利八世驾崩，留下一个王权强大的英国，十年后小女儿伊丽莎白女王将开创英国的“黄金时代”。同年，骑士风和文艺范的法王弗朗索瓦一世踏马天堂，寻找达·芬奇去了（二十八年前，欧洲最著名的画家达·芬奇死在国王的怀里）。公元1558年，已退位两年的查理五世撒手人寰。庞大的“日不落帝国”被一分为二，弟弟斐迪南坐镇奥地利，成为神圣罗马帝国皇帝，儿子腓力二世戴上了西班牙王国的王冠，身后是大片的海外殖民地。公元1566年，失去对手而形单影只的苏莱曼大帝，死于亲征欧洲的大营之中。无能的子孙诠释了盛极而衰的道理，帝国将面对一个逐步强大的欧洲，以及一个新的冤家。

（八）风暴前的“平静”

中国的东边，那个高冷的岛国“孤儿”，却萌发了“看看”世界的念头。

明帝国的禁海令和日本的消极外交，使两国都大门紧闭，两国民间的海盗联合势力——倭寇开始肆掠，走私和劫掠是海盗的基本日常。倭寇的兴起和衰落，基本就和奥斯曼土耳其帝国的苏莱曼大帝统治时期同步，当时明帝国的皇帝是明世宗，他跟苏莱曼大帝虽然不是同年登基（明世宗晚一年），却是同年驾崩。把大门关起来，农耕社会的明帝国仍然可以过得衣食无忧，但欧洲各国不行，日本更不行，除非接受十米九糠的生活。经过内战后，日本南方的武士阶层成为无依无靠的浪人，转型为海盗是唯一的选择。在中国东南沿海，也出现了一群以走私为生的人。于是双方联合在一起，在明世宗时期大举进犯中国东南沿海。随着两国官方都对倭寇实施打击，倭寇势力在17世纪初衰亡。

公元1573年，日本“战国三杰”之一的织田信长，结束了持续两百三十多年的室町幕府，然而随着部下的反叛，统一日本的计划化为乌有，织田信长切腹于本能寺。“战国三杰”之一的丰臣秀吉，在公元1590年首次完成日本的统一，踌躇满志之余，丰臣秀吉认为，建立一个包括朝鲜、中国和印度的“日本帝国”的时机已经成熟，于是出兵入侵朝鲜高丽王朝，丰臣秀吉遭遇明帝国援兵的打击后，于公元1598年病逝。“战国三杰”之一的德川家康，建立了日本历史上最后一个持续两百六十多年的武家控制的幕府。德川时代的日本，再一次国门紧锁，日本天皇的春天也要再等两个半世纪。

明帝国的北方，草原游牧民族的强者又一次换了一位老朋友。曾经打败北宋王朝占据中国北方长达一百二十年左右的金帝国，是由女真族建立的，公元1234年，金帝国被蒙古帝国所灭，女真人就在元帝国和明帝国的夹缝中低调地度过了三百多年。在朱棣的子孙手里，腐朽的明帝国大厦已经摇摇欲坠了。众位皇帝之中，有被蒙古人俘虏的，有三十年不上朝的，有纵欲过度而亡的，也有喜欢当木匠的。公元1583年，潜伏多年的女真人在一个叫努尔哈赤的首领的带领下起兵对抗明帝国，后女真族改名为满族。三十多年后，金帝国的第二个版本——后金建立，努尔哈赤的后代将在中国建立一个持续近三百年的末代封建帝国。

喜马拉雅山以西，南亚次大陆是阿克巴大帝统治的莫卧儿帝国，公元17世纪，阿克巴的子孙将把帝国的疆域最大化。

夹在奥斯曼土耳其帝国和乌兹别克汗国之间的波斯第四帝国，迎来了阿巴斯大帝，他与左右的邻居保持暂时的和平，发展现代化的军队。公元17世纪时，帝国将进入全盛时期。然而，莫卧儿帝国和波斯帝国已经被西方“强盗”的狙击镜锁定，未来何去何从，已经超出了它们的控制能力。

苏莱曼大帝之后的奥斯曼土耳其帝国再无雄主，土耳其人的帝国在接下来的三百五十年里会十分纠结和煎熬。在和欧洲老对手的对峙中，尽管奥斯曼土耳其帝国能再一次围攻维也纳，但那也不过是强弩之末。最可怕的是，北方将出现一个纠缠不休的强敌。

公元1547年，俄罗斯第一个自称沙皇的“恐怖伊凡”加冕，随后与罗曼诺夫家族联姻。这个家族将在留里克家族绝嗣之后，统治俄罗斯约三百年。公元1598年，留里克皇室绝嗣，约十五年的混乱之后，罗曼诺夫家族将成为沙俄的统治者。

尽管世界上绝大多数国家实行君主集权制，然而作为基督新教发源地的神圣罗马帝国，仍特立独行地保持着群龙无首的局面。一个将促使德国统一的家族，正在默默地耕耘着偏僻的不毛之地，此时并没有意识到自己将承担这个伟大的职责。

在卢森堡家族统治神圣罗马帝国的公元1411年，皇帝向霍亨索伦家族借了十万金币，抵押物是勃兰登堡领地。该领地位于德国东北，即今德国首都柏林的所在地。公元1415年，霍亨索伦家族直接出价三十万金币购买了这块领地，从此这里成为霍亨索伦家族发迹之地。然而，当时这里只是帝国一个荒凉的边疆，边疆的东边是异教徒的立陶宛和普鲁士。在十字军东征时期成立的条顿骑士团，随着十字军东征失败后（这也是条顿骑士团失业的原因）便在这里驻扎，负责替罗马教皇清除异教。公元14世纪时，波兰和匈牙利的共主驾崩，波兰人将王位送给了立陶宛的大公，并要求立陶宛大公改信天主教，于是波兰和立陶宛联邦建立了，这也是条顿骑士团失业的原因。公元16世纪时，波兰和立陶宛联邦是欧洲的强大国家，面积最大，人口最多。随着波兰人民把王冠送给了立陶宛大公，异教的立陶宛就成了信奉天主教的一家人，这让条顿骑士团再次失业，成了一群无所事事的骑士。公元1466年，波兰成为普鲁士的宗主国。

公元1510年，霍亨索伦家族成为条顿骑士团的大团长，随后改信新教，与罗马教皇脱离关系，并宣布骑士团国家世俗化。公元1525年，普鲁士公国正式成立。这样，霍亨索伦家族就同时拥有了互不接壤的勃兰登堡和普鲁士。一百多年后，霍亨索伦家族立足这里发展成为不可忽视的独立政治力量，与哈布斯堡家族分庭抗礼。

哈布斯堡家族的奥地利、波希米亚和匈牙利并不完整，因为奥斯曼土耳其帝国占据了匈牙利的大部分地区。虽然奥斯曼土耳其帝国总是来势汹汹，但从另一个角度来说，哈布斯堡家族是无须过于担心被攻陷的，因为这里就是土耳其人所能到达的极限。然而接下来的一个世纪，一场持续三十年的、宗教和政治混合双打的战争，不仅把神圣罗马帝国打得七零八落，而且也使哈布斯堡家族开始走下坡路。

宗教分裂同样也在撕裂法国。法王弗朗索瓦一世的儿媳妇，是来自意大利美第奇家族的凯瑟琳。在她看来，几个儿子的性命远远不如镇压基督新教更重要。公元1572年，一场持续七天的宗教屠杀，让巴黎和法国其他大城市街头血流成河，近十万新教徒被杀，法兰西从来都没有这样哭泣过，而罗马教皇和西班牙却露出了诡异的微笑。公元1589年，瓦卢瓦家族绝嗣，仅次于瓦卢瓦家族的卡佩家族分支——波旁家族成为法国的王室，一纸宗教自由敕令让法国回到正常的轨道。

有教皇坐镇罗马，哈布斯堡家族控制的意大利，绝对没有宗教分歧的危险，基督新教的旋风在神圣罗马帝国南部就撤退了。但是，意大利也没有资格嘲笑分裂的神圣罗马帝国，因为它自己也好不到哪里去，统一的曙光还差三百年才会照耀亚平宁半岛。

英王亨利八世与罗马教皇决裂后，英国从此甩开罗马教皇，成为新教国家。亨利八世的儿子在位六年后死去，英国出现了历史上第一位女王，可惜的是因不符合亨利八世的遗嘱（她属于排位靠后的继承人），在位时间很短。公元1553年，亨利八世和第一任妻子西班牙公主凯瑟琳的女儿玛丽成功夺取王位，十六岁的非法女王随即被斩首，无情的玛丽和她的母亲——西班牙公主一样是虔诚的天主教，英国陷入了五年的宗教混乱。玛丽女王因为杀害太多新教徒，获得了“血腥玛丽”的称号。如同母亲婚姻的不幸，合法的英国第一任女王也在失落的个人情感中，慢慢香消玉殒。

公元1558年，同父异母的妹妹伊丽莎白成为第二任女王，伊丽莎白是英王亨利八世和第二任妻子安妮的女儿。这位信奉新教的女王被誉为“荣光女王”，因为在她半个世纪的统治下英国成为欧洲强国之一，也因终身未嫁被称为“童贞女王”。公元1588年，英国击败在海外扩张中的对手西班牙的“无敌舰队”，初步奠定海上霸权的地位。但此时的西班牙依然强大，无论在海上还是在陆上英国均处于下风。这是一个将自己的一生奉献给英国的女王，帝国的未来足以令她欣慰。

“金色男人”查理五世的儿子腓力二世，统治着西班牙、荷兰两个国家和美洲、亚洲的广大殖民地。尽管腓力二世曾是伊丽莎白女王的姐夫（当他还是王储时就在父亲查理五世的安排下与已经是女王的“血腥玛丽”结婚），但英国贵族绝不会拱手将英国的王冠送给哈布斯堡家族，所以腓力二世很失落。随后两国发生海战，无敌舰队几乎全军覆灭，腓力二世损失了相当于美洲殖民地几年创造的收入。“富二代”腓力二世却丝毫不以为意，这并不是因为他财大气粗，而是因为他是一个会赖账的国王，通过宣布国家破产的方式来取消债务。

同父亲查理五世一样，腓力二世的周围都是敌人，包括英国、法国、奥斯曼土耳其帝国、葡萄牙，还有“不听话”的荷兰。公元1580年，腓力二世吞并了葡萄牙成为葡萄牙国王，但荷兰却离他越来越远。

查理五世去世之后，将帝国分成两部分，其中将荷兰给了儿子腓力二世，但是残酷的统治激怒了荷兰。公元1568年，荷兰开始了长达八十年的独立之路。不仅如此，荷兰意外地发现，自己还能走得更远。

尽管西班牙在欧洲大陆稍显颓势，但其在美洲、非洲和亚洲的殖民地所获得的巨大利益暂时掩盖了一切。

随之而来的新世纪，将掀起无边的巨浪，汹涌而来。

十四

海寇横行

（公元1600—1800年）

美洲大陆的发现，让完整版的世界地图呼之欲出。现在，原本处在世界边缘的东大西洋沿岸的人们惊喜地发现，自己正位于世界的中心。

对于一个刚独立不到百年就获得世界第一个“日不落帝国”荣誉称号的西班牙，欧洲大陆各国充满了艳羡的眼神里，又带着毫不掩饰的仇视。自波斯第一帝国和古希腊的战争以来，东西方世界的冲突已经持续了约两千年。这同样也适用于西方世界内部各国的较量，就像曾经与葡萄牙一起协商瓜分世界的西班牙，一旦有机会就吞并对手一样，毕竟一部戏不可能有两个主角。

当明帝国仍在天朝上国的梦境徜徉的时候，北方的草原游牧民族再次崛起，但这只是东方草原游牧民族谢幕之前的“回光返照”。而西方世界，则开始进行现代化战争的彩排，因基督教内部再次分裂而引起的战争，发展成为一场欧洲大混战。最终，看着垂头丧气的哈布斯堡家族，法国趾高气扬地登上了欧洲大陆的霸主宝座；苦苦奋战了八十年的荷兰意外地发现，自己不仅获得了独立，而且竟然荣膺了“世界海洋霸主”的桂冠。

作为欧洲三十年混战的主战场，本就支离破碎的神圣罗马帝国，更是雪上加霜，一半的男人永远离开了自己的家人，为欧洲的这场混战“买单”。奥地利的哈布斯堡家族正在思考家族未来的时候，奥斯曼土耳其帝国的军队再次围攻维也纳，好在仍采用传统作战方式的土耳其人，一如既往地没有能力在欧洲的中心悠闲地喝咖啡，不过仓促撤退的时候给维也纳留下了大量的咖啡。

而英国，似乎并不在意在三十年混战后颁奖典礼时的落寞。忙于劫掠西班牙王国的美洲财富并在各大洲开“公司”的英国，心里盘算着如何在坐山观虎斗中成为最后的赢家，将现在手捧奖杯发表获奖感言的几位选手拉下马来。劫掠需要实力和运气，开“公司”也会有赚有赔，它知道自己还有很长的一段路要走，但胜利就在不远的未来。

英国和法国无法接受海峡对面小小的荷兰后来居上的现实。公元17世纪的第二个五十年，荷兰就遭遇了分别来自英法两国海上和陆上的挑战，荷兰在美洲、非洲、亚洲全面受到重挫。面对下个世纪时，荷兰摊手耸肩地向英法两国表示，自己愿意做一个安静和与世无争的人，如果以后大家需要资金支持，尽管开口。然而，不足百年，英国就抢走了阿姆斯特丹金融中心的礼帽，把它戴在了伦敦的头上。

荷兰众多高效的造船厂，见证了“海上马车夫”的辉煌。如果你稍稍留意，就会发现公元1697年的某段时间，一个身高超两米的俄罗斯人的身影出现在荷兰。外国人来学习先进的造船技术不足为奇，但如果你知道，他在俄罗斯的常用家庭住址是克里姆林宫的时候，你就会十分好奇，这个乔装打扮来偷师学艺之人的真实身份。他就是那个穷其一生去模仿西欧，孜孜不倦地为俄罗斯寻找出海口的沙皇——彼得大帝。

如果用国家应坚持一贯性政策的思路来理解西方，特别是公元18世纪的欧洲，是注定会失败的。从公元1700年开始，在欧洲、美洲、非洲、亚洲，凡是有欧洲人身影的海洋和陆地上，枪炮声、嘶鸣声、惨叫声、欢呼声组成的交响乐，一直绕梁不绝。

俄罗斯的彼得大帝，在波罗的海和黑海这两个地方圈了两个圈，因为除此之外没有别的出海口，与此同时，彼得大帝也给自己选定了两个敌人——西边的瑞典王国和南边的奥斯曼土耳其帝国。公元1700年到公元1721年的俄罗斯和瑞典的战争，使彼得大帝成功将首都迁到波罗的海出海口——圣彼得堡，瑞典的“波罗的海帝国”之梦破碎了。奥斯曼土耳其帝国却让彼得大帝带着遗憾离开人世，三十多年后，一位女沙皇既能在欧洲翻云覆雨，也能让奥斯曼土耳其帝国惊慌失措。

约公元1701年，一直近亲联姻的西班牙哈布斯堡家族，不出意料地绝嗣了。法王的孙子成为西班牙的国王，这引发了欧洲对法国波旁王朝的恐惧。与西班牙王室是宗亲关系的奥地利哈布斯堡家族，在得到英国、荷兰和葡萄牙的支持后发起战争。战争持续到公元1714年，法王的孙子最终保住了王冠，但不得不承诺西班牙和法国永不合并，于是比利牛斯山成为法国和西班牙天然分界线。英国满意地看着欧洲各国精疲力竭，终于休战了，而作为欧洲大陆霸主的法国也只是矮子里的将军。奥地利的哈布斯堡家族，为了取得霍亨索伦家族的支持，不得不答应让其成为普鲁士王国的国王的条件，从此普鲁士作为一支独立的政治力量驰骋于欧洲。

公元1733年，波兰王位空缺，法国和西班牙等对阵奥地利、俄罗斯和普鲁士，但法国的波旁王朝并不想与奥地利的哈布斯堡家族争个你死我活，公元1738年，俄罗斯支持的人选成为波兰国王。两年后的公元1740年，倒霉的哈布斯堡家族无男嗣继承奥地利大公，巴伐利亚选帝侯成为哈布斯堡家族女性继承人的对手，并获得了法国、西班牙和野心勃勃的普鲁士的支持，而英国、荷兰和俄罗斯则坚决支持奥地利。八年的战争，奥地利女大公如愿继承家族权利，但普鲁士有预谋地占据了原本属于表妹奥地利女大公的一块土地，这里将作为普鲁士跻身欧洲五大强国的开始，尽管过程并不光彩。

公元1763年，英国和法国在东南亚、西非、欧洲、美洲的殖民地，争斗得异常激烈。法国找到了盟友奥地利和俄罗斯，英国与普鲁士结盟。因为战争发生在欧洲大陆，英国只给予普鲁士财力支持，近乎孤军奋战的普鲁士先后击败了奥地利、法国和俄罗斯，并在因寡不敌众即将陷入绝境时，一个来自俄罗斯的奇迹使普鲁士王国转危为安，并拿到了“欧洲五强”荣誉证书。奥地利的女大公彻底放弃了普鲁士表哥占据的土地，悲催的法国在与英国的海外对决中惨败，被迫放弃了加拿大、印度等海外殖民地，收获满满的英国骄傲地宣布自己为世界上第二个“日不落帝国”。而让欧洲各国目瞪口呆的还是俄罗斯竟临阵倒戈，这不仅因为普鲁士的腓特烈大帝是新沙皇的偶像，更是因为新沙皇父系的血统来自德意志。

在这一系列让人应接不暇的混战中，英国和法国始终是主角，二者处在第二次百年战争之中，西班牙、荷兰和葡萄牙逐渐消失于人们的视野，奥地利的哈布斯堡家族仍然是名义上的神圣罗马帝国皇帝，普鲁士的霍亨索伦家族开始发出与众不同的光芒。

公元1770年，英国登上了最后一块适合人类生存的大陆——大洋洲，并不顾已经在这里生活数万年的土著的迷茫眼神，毅然插上大英帝国的国旗，宣布为领地的主人。不管怎样，大洋洲在没有鲜花和欢呼中归队了，适合人类居住的世界大陆版图终于完整。①

六年后，大英帝国在北美大陆殖民地遭遇严重危机，十三个美洲殖民地拿出了一本《独立宣言》，法国、西班牙和荷兰都非常乐意伸出援手，战败的英国意识到覆水难收。公元1783年，看着一群“忘恩负义”的移民，无可奈何的大英帝国，依然不失绅士风度地在一份承认美国独立的文件上签字。

近两百年的争霸赛，已经让法国不堪重负，公元1789年，法国大革命爆发，千年君主专制倒台的多米诺骨牌效应开始，欧洲各国急于扑灭这场灾祸之火，尽释前嫌，持续二十多年的欧洲反法同盟开始。公元1799年，一个叫拿破仑·波拿巴的年轻人，成为法兰西第一共和国的第一执政，恢复法国的欧洲大陆的霸权地位是其一生的追求。

①南极洲不适合人类居住。

当天主教的法国、哈布斯堡家族不可避免地衰落，教皇除了忧郁地看着远方，基本无所作为。一个刺耳的声音——科学终将战胜神学在他耳边回荡，民族主义的烈焰，将把罗马教皇的世俗权利烧为灰烬。

相对单纯而显得冷清的东方，几个面无表情的群众一字排开，外面的世界是否精彩似乎与自己并无关系。曾经辉煌的东方陆路贸易，在新兴海洋贸易的冲击下风光不再，依旧被草原游牧民族统治的波斯、印度和中国，都将不得不接受海洋游牧民族突如其来的冲击。

当奥斯曼土耳其帝国从维也纳败退的消息传来，波斯第四帝国的皇帝依然提不起“趁人之危”的兴趣，这种破罐破摔的“进取心”，让阿富汗人轻易地将波斯帝国变得名存实亡。混乱和不安一直持续到公元1779年，中亚的突厥人在波斯建立了恺加王朝，开始了波斯最后一个封建王朝近一个半世纪的统治。

蒙古人在印度建立的莫卧儿帝国，于公元18世纪达到了疆域的最大化。诱人的东西方贸易利润，使印度成为欧洲国家注册公司的首选之地。在八个欧洲国家的东印度公司中，大英帝国最终脱颖而出，莫卧儿帝国的皇帝也成为帝国的傀儡。

随着明帝国的最后一任皇帝羞愧地自缢，女真人继金帝国之后，再次入主中国。经过几代皇帝的征服，清帝国拥有了辽阔的疆域，也将为两千年封建王朝画上了合格的句号。日本的德川幕府仍是两耳不闻窗外事，朝鲜半岛唯新的东方帝国马首是瞻。然而，自西方袭来的乌云已经逼近，风暴将推开紧闭的大门。

（一）混战出英雄的欧洲

约三百五十年前，霍亨斯陶芬家族的腓特烈二世，只顾在西西里王国享受阳光和沙滩，“君王不早朝”让神圣罗马帝国的诸侯可以任意放纵自己。

约两百五十年前，统治神圣罗马帝国的卢森堡家族制定了七大选帝侯制度，让诸侯对皇帝的尊重只流于表面。

哈布斯堡家族控制帝国的一百五十多年来，一直想将神圣罗马帝国打造成一个强大的君主集权制国家。当哈布斯堡家族取得“日不落帝国”西班牙的王位、离成功如此之近的时候，却被一本本“魔法”小册子彻底打乱了计划，马丁·路德宣传的新教大获成功，让天主教、东正教、新教成为基督教分了家的三兄弟。神圣罗马帝国北部诸侯信奉新教，南部诸侯仍然和罗马教皇统一战线。诸侯们习惯性地无视皇权，已经让统一困难重重，如今又加上宗教分裂的鸿沟，以及奥斯曼土耳其帝国定期演习式的进攻，表面看似强大的哈布斯堡家族，实则已脆弱不堪。而法国，一直在等待一个机会给对手沉痛一击。

公元1606年，奥地利的哈布斯堡家族，刚刚和奥斯曼土耳其帝国打完了一场跨世纪的十四年战争，奥斯曼土耳其帝国一如既往地交出“白卷”。随后的约四十年里，奥斯曼土耳其帝国的皇帝要么懦弱，要么精神失常，禁卫军又弑杀了两位皇帝，正好让哈布斯堡家族有了空闲的四十年档期。然而，好斗的哈布斯堡家族，并没有充分意识到自己开始走下坡路了，这个档期仍然在战争中度过。公元1618年，波希米亚的新教徒无法忍受哈布斯堡王室的迫害，冲进布拉格城堡，将两位天主教贵族从高窗扔下城堡，由此拉开了“三十年欧洲混战”的序幕。

六年后，哈布斯堡家族成功镇压了波希米亚新教徒，就在波希米亚人全都被皇帝强制要求改信天主教时，法国出现了一位伟大的政治家——红衣主教首相黎塞留。黎塞留不在乎天主教和新教的分歧，无视贵族和议会的利益，在他的眼里，法王的权力高于一切，法国的国家利益大于一切，因此哈布斯堡家族绝不能在欧洲为所欲为。当年为了和哈布斯堡家族对抗，法王弗朗索瓦一世都敢和东方的穆斯林结盟，现在天主教的法国作出支持欧洲新教国家的决策，完全不会有太大的心理负担。但最初，黎塞留并没有代表整个法国直接出面干涉，而是与英国和荷兰一起从财政上支持其他基督新教国家，他们自己先躲在后面。

北欧，两个基督新教国家，开始了自己有始无终的表演。第一个出场的是丹麦王国。年轻气盛的丹麦王先和瑞典打得难舍难分，但并没有占到便宜。而瑞典王位上也迎来一位雄主——古斯塔夫二世，然而最初的时候，新国王仍需要韬光养晦。因为并没有达到扬名立万的目的，加上一个不错的借口，即与神圣罗马帝国接壤的两个地区可能有危险，公元1625年，丹麦王出兵神圣罗马帝国，四年后又以失败收场，但这并不是丹麦受到的最后一次打击。瑞典人只是暂时将仇恨埋在心里，这次终于轮到自己出场了。

公元1611年，瑞典王古斯塔夫二世继位，在改善了内外交困的局面之后，就坚定地走在了摘取“古斯塔夫大帝”和“欧洲近代战争之父”两个荣耀称号的路上。古斯塔夫二世在兵员、战法、阵型、武器、炮兵编制等方面改革军队，使瑞典军队威力大增，在欧洲战场上所向披靡。公元1617年，瑞典击败了四年前由罗曼诺夫王朝接手的俄罗斯，让俄罗斯暂时听不到波罗的海的海浪声。公元1629年，瑞典进攻波兰和立陶宛，夺得波罗的海南岸的大片土地，古斯塔夫二世将波罗的海变成自己的内湖的野心昭然若揭。此时，神圣罗马帝国刚刚击败丹麦后，也将势力延伸到波罗的海，于是法国不失时机地叫停瑞典和波兰的战争，并提出通过财政支持瑞典进攻神圣罗马帝国的建议。公元1630年，瑞典军队在波罗的海南岸登陆，秋毫无犯的瑞典军队，和烧杀抢掠的神圣罗马帝国军队形成鲜明的对比，两年后，瑞典王攻陷了今德国南部的慕尼黑，奥地利近在咫尺。但在不久后的一次战斗中，瑞典王古斯塔夫二世不幸阵亡，失去国王的瑞典军队不得不逐步撤军。公元1635年，哈布斯堡家族在第二个回合的战斗中又获胜了。“北方雄狮”古斯塔夫二世被瑞典国会授予“大帝”的称号，也是唯一被授予此称号的瑞典国王。

神圣罗马帝国的哈布斯堡家族，早就对躲在幕后的法国恨之入骨，公元1636年，联合西班牙的哈布斯堡家族一起进攻巴黎。法国首相黎塞留再也无法假手于他人了，法国波旁家族只能亲自出马。巴黎逃脱了沦陷的危险之后发起反攻，倒霉的西班牙开始遭受双重打击。公元1639年，一直反抗西班牙闹独立的荷兰击败了西班牙舰队。不同于英国在上世纪击败西班牙的无敌舰队，这次海战，彻底击碎了西班牙海军的未来，西班牙只能拱手将世界海洋霸权让给荷兰。公元1643年，稍显稚嫩的法国陆军又击败了身经百战的西班牙陆军，法国陆军在欧洲的霸主地位已成定局，但黎塞留已经遗憾地无法见到了，因为他已经在半年前去世了。

正当法国和瑞典在陆上击败哈布斯堡家族的时候，丹麦闹出了一个插曲。出于对瑞典“波罗的海帝国”的嫉妒和恐惧，丹麦趁瑞典军队在欧洲大陆鏖战的时候，对瑞典宣战，结果被瑞典和荷兰在海上和陆上打败，从此一蹶不振。

公元1648年，法国和瑞典联军击溃神圣罗马帝国，占领其大部分领地，精疲力尽的双方，最终选择议和。哈布斯堡家族知道，等待自己的不会是有利的合约，将欧洲统一成一个信奉天主教大帝国的计划彻底泡汤。荷兰、瑞士取得独立，葡萄牙也在公元1640年脱离了西班牙的控制，西班牙的哈布斯堡家族也将在五十年后灰飞烟灭。瑞典成为波罗的海的霸主，法国成为欧洲大陆霸主，荷兰成为世界海洋霸主。约全世界二分之一的贸易，都是由悬挂荷兰旗帜的商船完成的。

有个声音在呼喊：“说好的大英帝国在哪里？”

回音传来，“稍等片刻”。

（二）改头换面再越长城

公元1644年，巴黎在期盼胜利，维也纳即将失败，而万里之遥的北京也换了主人，而且是梅开二度。

公元1644年3月，皇城外杀声震天，明帝国的第十六位皇帝——崇祯帝朱由检，惶惶不安。起义军首领李自成派人送来和谈条款，表示自己虽已稳操胜券，但仍愿意与帝国的皇帝分而治之，只要皇帝给个封号、拨些军费，甚至还可以向北去讨伐女真人。万万不敢将祖宗两百多年江山与人共享的崇祯帝，大骂当初这个小小驿卒（公元1628年，崇祯帝的一道改革圣旨让驿卒李自成下岗，李自成便参加了起义）。皇帝没承想，有朝一日竟然会和这样的人进行国事谈判。崇祯帝很清楚，一切都大势已去，但自己仍然可以选择一个体面的方式离开，听着李自成率军杀入皇宫的呼喊声，崇祯帝选择用自缢的方式结束两百七十六年国祚的明帝国。

农民起义首领李自成坐在皇宫宝座上，成为北京的主人，但只待了几十天。在这段时间里，一个女人或多或少改变了李自成的命运。李自成的得力将领强占了明帝国关外总兵吴三桂的小妾陈圆圆，此时，一直犹豫不决的吴三桂再也没有归顺李自成的理由，毅然作出了投降女真人的决定。缺乏王者之气和大局观的李自成，最终被赶出京城，并在约一年后战死。

吴三桂投降的草原游牧民族，就是公元1616年努尔哈赤建立的后金。公元1636年，努尔哈赤的第八子皇太极，改国号为大清。李自成攻陷北京的前一年，皇太极去世，此时在位的是皇太极的第九子爱新觉罗·福临（爱新觉罗是清朝的国姓），年幼的顺治帝由叔父多尔衮辅政。多尔衮利用吴三桂攻入北京并定都于此，将侄子送上统治中国的的宝座，这就是中国历史上最后一个封建专制帝国——清帝国。公元1661年，顺治帝驾崩时，除东南沿海外，全国基本统一，但暂时不包括新疆和西藏等西部广大地区。

公元1656年，荷兰使者曾到达北京，未引起顺治帝的重视，因为作为草原游牧民族的清帝国，会像汉人和鲜卑“混血”建立的唐帝国、蒙古人建立的元帝国一样开疆扩土，这已成为含有草原游牧民族基因的统治者的习惯。中国历史上疆域面积超过一千万平方公里的草原游牧帝国有唐帝国、元帝国和清帝国，巅峰时期分别达到约一千二百万平方公里、约两千万平方公里和约一千三百万平方公里。汉人建立的明帝国是一个特例，巅峰时达一千万平方公里，其他的各王朝最多在五百万平方公里左右。明帝国的广阔疆域有赖于中国四大发明之一的火药，在冷兵器时代，机动善射的草原游牧民族在与农耕民族的斗争中，总体处于强势地位，而当第一支火枪、第一门火炮等热武器出现，这种持续了千年的优势就消失殆尽。蒙古帝国在征服世界的过程中，让整个世界普及了热武器后，胜利更多的就由战法、指挥、士气等因素决定了。明帝国的火器装备是领先满族人的，失败在于统治腐朽、军备废弛、人心已失。李自成进入北京时，朝廷大臣兵部尚书（相当于国防部长）亲自打开的城门，这种情况下，纵有飞机、导弹也无济于事。

公元1662年，顺治帝第三子八岁的玄烨登基，是为康熙大帝，他是中国历史上在位时间最长的皇帝，共六十一年。十六岁的玄烨在智除权臣鳌拜后不久，即公元1673年，下令消除三个藩镇，当年帮助清军夺取北京的吴三桂等人起兵造反。八年后，康熙成为了胜利者。随后立即着手收复被明帝国遗臣占领的台湾。

公元1644年到公元1662年，明帝国王室辗转福建、广东、广西和云南，一路颠沛流亡。郑成功在公元1661年退守台湾时，发现这里被一群奇装异服的外族人占据——他们是荷兰人，已经在台湾建立三十七年殖民地了。公元1604年，荷兰在东方寻找殖民地时，欲夺取中国澳门，却被葡萄牙击退。然而葡萄牙并不是澳门的主人，而是向明帝国租用的，每年需支付费用，只是明帝国灭亡后，无人收租，遂据为已有。于是荷兰不得不寻找下一个目标，公元1624年到达台湾开始殖民统治。公元1662年，郑成功驱赶了荷兰人，是中国的民族英雄。台湾毕竟资源有限，当时也属于荒凉的孤岛，公元1684年，清帝国将其纳入版图。东边疆土已定，清帝国在北部遭遇俄罗斯的侵扰，公元1689年，双方划分疆界，维持了约一个半世纪的和平。

公元1690—1696年，康熙帝三征噶尔丹，将喀尔喀蒙古并入版图。在驾崩前两年，即公元1720年，他又将西藏纳入清帝国。四十年后，帝国版图最大化，达到一千三百多万平方公里，奠定了中国现代版图和一个多民族国家的基础。

（三）伦敦与巴黎再战百年

对于大英帝国的称号，刚进入公元17世纪的英国会一脸茫然。因为没有参赛是不会得奖的，欧洲三十年混战的两位大奖得主，分别是荷兰和法国，上一届的“双料冠军”是西班牙，或者说是哈布斯堡家族。

公元1603年，英国“荣光女王”伊丽莎白一世去世，将王位传给苏格兰国王詹姆士一世——她的甥孙。詹姆士一世的母亲已经被伊丽莎白一世处死，血缘最近的苏格兰王室成为了英格兰的国王，同时也继承了英王的爱尔兰王位，在半梦半醒之间不断前行的斯图亚特王朝开始了。虽然共享一个国王，看上去不列颠岛及爱尔兰已经统一了，但实际上这三个王国是各自独立的。不仅如此，三个王国的宗教信仰也不一样，英格兰信奉的是英国国教，苏格兰信奉的是长老会的新教，而爱尔兰信奉的是虔诚的天主教。

从苏格兰“山沟”来到伦敦的詹姆士一世，坐在王座上享受着自己怀中的三个“白富美”王国，觉得人生巅峰也不过如此，于是完全不理会任何人的感受，正式宣布“君权神授”，而且他的儿子查理一世也完全继承这一点。父子二人在位时都曾解散过议会，查理一世甚至在十一年内都没召集议会。可惜英国与法国不同，英国的议会是最不好惹的，父子二人也不能和法国的黎塞留相提并论。平时没问题，但没钱的时候要征税，如果没有代表新兴社会中坚力量的议会的同意，国家就要出乱子了，而且，斯图亚特王朝的多位国王天主教倾向严重，也是危险的根源。这不仅导致了王党和议会党之间爆发了战争，并且使查理一世成为英国历史上唯一一位被公开处死的国王，而且使“王在法下”的制度被确立下来，国王从此统而不治，权力属于议会，即君主立宪制国家。同为此制度的国家有欧洲的英国、西班牙和荷兰等，亚洲的日本、泰国和马来西亚等，美洲的加拿大、牙买加等，但美国不同，和英国翻脸之后就放弃了悬挂英王头像，实行总统加议会的共和制。

来到伦敦的斯图亚特家族，感觉自己眼前的世界突然大了许多。公元1607年，英国在北美东海岸建立了第一个殖民地——弗吉尼亚，英文的意思是童贞，这是为了纪念终身未嫁的女王伊丽莎白一世。公元1620年，一群英国移民为逃离宗教迫害，又在北美建立了第二个殖民地——马萨诸塞，他们乘坐的就是著名的“五月花”号轮船。在十一月的冬天，初来乍到的移民瑟瑟发抖、饥寒交迫，是美洲土著帮助他们活了下来，到了第二年的时候，终于可以不用担心被饿死了，于是用火鸡等食物招待美洲土著并一起欢庆，这就是感恩节的由来。衣食无忧之后，公元1636年，马萨诸塞的殖民者建立了一所大学，这所大学就是产生最多诺贝尔奖获得者的哈佛大学。

同时期，法国已经于公元1608年，在北美加拿大的魁北克建立了殖民据点，公元1663年，正式由王室管理殖民地事务，以对抗英国。荷兰于公元1626年在北美东海岸建立了新阿姆斯特丹，即今天的曼哈顿。然而，公元1664年，这座城市被英国人夺走了，改名为纽约。

眼界开阔后，作为王室的斯图亚特家族还有一件重要的事情要办，于是一系列对英国历史产生了深远影响的联姻开始了。

斯图亚特王朝的首位君主詹姆士一世的长女，嫁给了神圣罗马帝国北部信奉新教的诸侯，这就是后来统治英国近两百年的汉诺威家族。詹姆士一世的儿子查理一世，本来想娶西班牙的公主，但被拒绝，后来就迎娶了法国的公主，而法国一直是信奉天主教国家，这为以后的大事件埋下了隐患。詹姆士一世的孙女，嫁给了荷兰执政威廉，后来威廉成为英王，英国和荷兰得以联合一起对抗法国。

英王詹姆士一世的儿子，被议会送上断头台，詹姆士一世的两个孙子先后成为国王，因为两个孙子的母亲是法国的公主，所以英国就追随法国进攻荷兰，不过英国基本没起到什么作用，因为海战完全不是荷兰的对手。公元1688年，英国议会再也受不了国王的天主教倾向了，于是邀请信奉新教的荷兰执政威廉来当英国国王，因为威廉当年娶了詹姆士一世孙女。将英国和荷兰联合起来的威廉，就开始着手对付法国了。荷兰的威廉也需要英国议会的财力支持，于是就接受了议会通过的《权利法案》中提出的要求，即议会高于王权！这就使英国成为世界上第一个君主立宪制国家。威廉就是开启英法第二次百年战争的英国国王。

而法国，经过三十年混战后没有停止追求欧洲大陆霸权的步伐。荷兰与法国之间不仅有领土争端，而且由于荷兰信仰新教，跟法国信仰的天主教也有矛盾，战争已经不可避免。当东方的清帝国有一个康熙大帝的时候，西方也出现了一个天之骄子。公元1643年，世界历史上在位时间最长的法王路易十四登基，在位时长是七十二年三个月零十八天。法王路易十四接手的法国，是黎塞留的杰作——对内君权至上，对外欧陆霸主。当英王和议会之间进行着无聊的权利游戏的时候，路易十四则在奢华的凡尔赛宫，要么穿上高跟鞋走来走去，弥补自己一百五十四厘米的身高缺陷，要么亲自上场献上一曲芭蕾舞，然后法王路易十四的总管大声宣布，“请享受国王赐予的晚餐吧”，所有王公贵族感激涕零，其乐何其融融！这才是英王十分想要却得不到的君权神授！公元1678年，路易十四在欧洲大陆打败荷兰，荷兰逐渐丧失霸权地位，法国真正夺取了欧洲大陆的霸主地位，路易十四也被誉为“太阳王”。

公元1683年，奥斯曼土耳其的军队再次围攻奥地利的维也纳，也许土耳其只是来重温一下过去的荣光，压根没想把奥地利怎样，因为土耳其人没带重炮和攻城武器，结果可想而知，围攻再次失败。当年苏莱曼大帝是有组织、有纪律地撤退，而这一次却是乱成一团，留下大量战利品。相传，奥地利在打扫战场时发现一批奇怪的物资，这就是早在公元16世纪就在伊斯兰世界流行的咖啡，维也纳随后也诞生了第一家咖啡馆。不久，奥斯曼土耳其帝国连匈牙利也丢了，这是约一百五十年前苏莱曼大帝占领的，现在重归哈布斯堡家族所有。

刚打败荷兰，“太阳王”又不失时机地抓住了哈布斯堡家族的软肋，于公元1688年进攻神圣罗马帝国。于是，哈布斯堡家族和刚掌控英国和荷兰的威廉结盟，西班牙和其他几个诸侯也参加同盟，战争同时也在美洲以及非洲殖民地展开。

九年之后的公元1697年，索然无味的战争让大家决定暂时休整，等待四年之后的大战。

（四）斯文终将扫地

公元1494年，在教皇的见证下，西班牙和葡萄牙几乎将欧洲以外的世界瓜分了！简单说来就是：亚洲和非洲的大部分地区，都属于葡萄牙王国；美洲和太平洋岛屿的大部分地区，都归西班牙王国所有。因此，整个南美除了巴西说葡萄牙语，其他基本都说西班牙语，仅有几个说荷兰语和法语的国家。

不管亚洲、非洲和美洲的当事人同意与否，西班牙和葡萄牙开始在各自的“世界领地”上“辛勤耕耘”起来。掌握东方贸易路线的葡萄牙，在落后的非洲是直接掠夺黄金、象牙，贩卖黑奴，这毋庸置疑是暴利；在亚洲是通过贸易方式采购胡椒和香料，运往欧洲出售，利润至少翻倍。掌握美洲的西班牙，认为寒冷的北美没什么资源，就专注中美洲和南美洲，起初也有同美洲土著的贸易，但后来觉得完全没有这个必要，就直接掠夺黄金，强迫土著开采金矿、银矿，此后的约三百年内，西班牙从这里获得了数百万公斤黄金和上亿公斤白银，另外就是强迫美洲土著在种植园劳动，由于属于黄种人的美洲土著被杀的太多了，非洲的黑奴就成为美洲的劳动力来源。

当欧洲其他国家看到成船的金银从新大陆运到马德里，亚洲的奢侈品被葡萄牙高价卖到欧洲还供不应求时，谁还会在乎那条莫名其妙的瓜分世界的分割线？

贪婪将主宰一切！

有维京海盗遗风的英国，就开始用传统手段抢劫西班牙的运宝船了。

民间自发抢劫而大获成功的大海盗德雷克获得了英女王伊丽莎白的亲自接见，对于这位曾两次环球航行的英雄，女王授予其市长一职，并由英国王室颁发了“劫掠许可证”，南美洲和南极洲之间的海峡也被命名为德雷克海峡。事业顺利的德雷克在公元1588年英国打败西班牙“无敌舰队”过程中建立功勋，随后女王命其彻底摧毁“无敌舰队”的残余，但劫掠成性的德雷克并没有按照女王的计划行动，导致错失良机。成也劫掠，败也劫掠，德雷克失宠了。公元1596年，继维京海盗之后，新一代海盗王死于巴拿马。

同年，荷兰的船队就首次到达东南亚印度尼西亚的爪哇岛。不同于英国的劫掠，荷兰人起初采取的是贸易方式，即采购东方的胡椒和香料（食品佐料），因为这一时期开始，这些东方的奢侈品在欧洲大受欢迎，百分之四百的利润让贸易的方式慢慢变了味道。

公元1600年，英国成立东印度公司，两年后船队到达印度尼西亚的苏门答腊岛，满载胡椒而归。公元1602年，荷兰成立了联合东印度公司，注册资金是英国的十倍左右，也是世界上第一个股份制公司，运营了约两百年，直到公元1799年破产。当时印度尼西亚的爪哇岛，是全球重要的香料产区，公元1630年，荷兰武力赶走英国，并垄断了世界的香料贸易，这一事件也成为英国和法国一起攻打荷兰的原因之一，因为香料价格是胡椒的十倍左右，这让荷兰收益颇丰。公元1648年，欧洲各国承认财大气粗的荷兰独立。法国和丹麦分别在公元1604年和公元1616年成立了东印度公司，但基本没什么前途。就连苏格兰也有模有样地在公元1695年成立了东印度公司，但十二年后，苏格兰就和英格兰就正式合并了。

衣食是人类基本的需求，欧洲人现在抢吃的，不久就开始抢穿的——印度的棉织物，然后将开始抢享受类物品——中国的茶叶和丝绸，对当时的欧洲来说这都属于奢侈品。随着生活档次的逐步提高，欧洲扩大殖民地的热情就越发高涨。所谓殖民，简单地说就是将领地占为己有，并把当地人变成不拿薪水的奴隶，至于在殖民过程中，顺带发展当地的铁路和通信等基础设施，也都是为了利益最大化。这些基础设施确实让殖民地得到了快速发展，但是这种“益处”是不值得说出口的。

在东方，英国和荷兰虽然是对手，但是在有一件事上却保持高度一致，那就是将葡萄牙拉下马。葡萄牙在公元1515年就占领了波斯湾的霍尔木兹海峡，当时的波斯第四帝国萨非王朝毫无办法，因为葡萄牙船坚炮利。于是英国和荷兰就主动提出帮助波斯赶走葡萄牙人，公元1622年，英荷联手赶走了葡萄牙，但是多年后，二者就开始打了起来，随着荷兰的由盛转衰，英国成为波斯的赢家。但很快，英国也会有个难缠的对手。

而奥斯曼土耳其帝国，原以为自己占据了一个人杰地灵的宝地，但人算不如天算，世界变大的同时，洲际海洋贸易让地中海贸易瞬间失去原有的光彩，随着地中海贸易的日渐萧条，帝国的辉煌也会一去不返。世界的商业革命已经开始，在一条运河没有开通之前，地中海暂时只能充当配角。

当彼此竞争的对手都把胡椒和香料运回欧洲市场，价格自然就下跌了，随着这些商品在欧洲逐步平民化，欧洲商品采购的重点就发生了变化。

公元17世纪以前，欧洲人的服饰材料以亚麻和毛制品为主，而对于吸水、结实、柔软的棉织品是闻所未闻的。从公元17世纪后半叶开始，以胡椒和香料为主的进口贸易逐渐转变为以棉织品为主，以咖啡、茶叶为辅。质优价廉的印度棉织品让英国的羊毛织品毫无销路，英国只能放弃自以为是的欧洲强项，极不情愿地从口袋掏出金银来购买棉织品。

“太阳王”路易十四不会在沉默中等待，而是选择东西同时出击。公元1663年，路易十四宣布北美今加拿大地区的殖民地收入归王室管理，并在此后的几年内，以“国王之女”的名义移民了近千名未婚女性，解决了殖民地的人口繁衍问题，法国的北美殖民地进入百年的繁荣期。公元1664年，路易十四让一直只有个虚名的东印度公司正式运营起来，与英国、荷兰展开竞争。然而，法国在东方被巅峰时期的荷兰压制，在西方被蒸蒸日上的英国克制，一直到欧陆霸主的桂冠被人摘取，海外殖民地被英国抢夺。

公元17世纪末期，整个美洲几乎被西班牙、葡萄牙、英国和法国四个国家以殖民地的形式瓜分完毕。西班牙占据北美南部、拉丁美洲大部，只有巴西属于葡萄牙，英国据有北美东部和西北部，法国拥有北美东北部和中部。同时，在南亚次大陆，欧洲各国仍装模作样地以公司的形式“公平竞争”。但是，指望“蛮族”的后裔去维持这种斯文的态势，无异于有辱斯文。

（五）心向大海

如果没有出海口，俄罗斯境内的山脉都是和别的国家共享的。为此，俄罗斯不惜在18世纪第一个挑起战争。

从公元1613年开始的罗曼诺夫王朝迎来了沙皇彼得一世。公元1689年，彼得一世亲政。沙皇清楚地知道俄罗斯的弱点，他给俄罗斯制定的国策是——面朝大海，即波罗的海和黑海，敌人有两个——新教的瑞典王国、伊斯兰教的奥斯曼土耳其帝国。

公元1696年，为了取得黑海的出海口，俄罗斯发动对奥斯曼土耳其帝国的战争，虽然取得了亚速海的出海口，但奥斯曼土耳其帝国仍然控制着刻赤海峡——亚速海和黑海的连接处。当时的奥斯曼土耳其帝国仍不甘心在欧洲的失败，俄罗斯也没有实力再向前推进，于是暂时维持现状。彼得一世意识到，必须要改革俄罗斯的海军才能与瑞典王国一较高下。1697年，俄罗斯就派出使团到西欧学习先进技术，二十五岁的彼得一世采用化名作为使团的一员，在荷兰和英国学习造船技术。一年后他带着很多外国技术人员回国，开始了大刀阔斧的改革——全盘西欧化。他的改革颇有北魏孝文帝的风格，从服饰、蓄须等细节到军队、政府机构、教育等国家管理方面，霸道而决绝的彼得一世用鞭子让野蛮的俄罗斯变得不再野蛮，甚至也不惜处死太子。

万事俱备，只欠一战！

1700年，彼得一世联合了丹麦和波兰，向瑞典宣战。在三十年混战后，瑞典已经把波罗的海当作自己的内湖，年轻气盛的瑞典王查尔斯十二世，绝不允许俄罗斯来染指。面对三个国家的进攻，颇有古斯塔夫大帝风格的查尔斯十二世毫不退却，三个月内使丹麦退出战争，接着在陆路击退俄罗斯（俄罗斯当时并没有海军）。公元1703年，俄罗斯占领了一个出海口城市，这个位于波罗的海沿岸、涅瓦河口的城市就是圣彼得堡。约十年后，彼得一世直接将首都从莫斯科迁到圣彼得堡，此后约两百年内，这个西部边陲城市都是俄罗斯的首都，彼得一世在这里建立了俄罗斯第一支海军。俄罗斯之所以能在战争中轻松获得出海口，是因为瑞典此时忙于进攻波兰。

公元1708年，瑞典发动了入侵俄罗斯的战争，经过几年休息的俄罗斯，采取坚壁清野的策略，诱敌深入，在极寒天气和战略纵深的帮助下反败为胜。与其说是俄罗斯军队战胜了敌人，不如说是俄罗斯的冰雪将瑞典的梦想埋葬。这是约一个世纪后的拿破仑、两个世纪后的希特勒都应该记住的教训，然而教训都被热血所蒙蔽。失败的瑞典王逃往奥斯曼土耳其帝国，双方都深知俄罗斯对于出海口的渴望，而俄罗斯迟早会来夺取黑海的出海口，于是奥斯曼土耳其帝国于公元1710年，对俄罗斯宣战。

彼得一世的好运消失了。

俄罗斯被奥斯曼土耳其帝国和克里米亚汗国包围，沙皇陷入了和中国汉帝国开国皇帝刘邦一样的窘境。刘邦被匈奴围困之后，就是靠贿赂匈奴的王后才得以脱身，同病相怜的彼得一世也作出了同样的选择，当皇后变卖珠宝首饰，成功贿赂奥斯曼土耳其帝国的宰相后，彼得一世得救了，但不得不放弃亚速海，俄罗斯失去了黑海的出海口。避难在外的查尔斯十二世回到了瑞典，死于公元1718年对挪威的战争。1720年，俄军进攻瑞典，瑞典军队兵败如山倒。公元1721年，俄罗斯和瑞典双方签订合约，瑞典失去了神圣罗马帝国北部的领地，波罗的海向俄罗斯张开怀抱，俄罗斯坐在了原本属于瑞典的欧洲强国的席位上。

公元1721年，凯旋的彼得一世被授予“全俄罗斯皇帝”的称号，彼得大帝不仅让俄罗斯牢牢掌握了波罗的海的出海口，而且获得一个欧洲强国的席位。尽管公元1725年彼得大帝带着遗憾离开人世，但俄罗斯另一位堪称大帝的女王将在几十年后实现另一个目标。

彼得大帝去世前，曾命令服役于俄罗斯海军的丹麦人白令，去亚洲的最东端探险。公元1728年，他到达亚洲和北美洲之间的海峡，即白令海峡。这个平均水深约五十米的海峡，就是一万多年前冰河期结束前，即海平面上升一百五十米左右之前，人类从亚洲迁徙到美洲的大陆桥。

（六）三次王冠战争

对欧洲来说，公元18世纪是一个完全被战争笼罩的百年，世界其他地区也受到战火的殃及。

战争是危机最大化的体现，而危机也意味着机遇。当初，不失时机买下荒凉的勃兰登堡的霍亨索伦家族，又一次不失时机地向神圣罗马帝国皇帝提出了一个大胆的要求。

自从公元1516年“金色男人”查理五世成为西班牙国王，哈布斯堡家族统治西班牙已经近两百年了。公元1700年底，哈布斯堡家族的最后一任西班牙国王卡洛斯二世驾崩，无嗣，宣告了近亲联姻走入死胡同。根据遗嘱，有血缘关系的法国安茹公爵成为西班牙国王，但是问题在于，这位公爵是“太阳王”路易十四的孙子，欧洲任何国家都不会对波旁家族同时控制法国和西班牙的危险信号无动于衷，因为法国的欧陆霸主、西班牙庞大的海外殖民地，必定让欧洲各国寝食难安。

作为宗亲的奥地利哈布斯堡家族，自然不会轻易放弃继承权，但是要凭一己之力对抗法国和西班牙是不明智的，好在欧洲团战永远不缺队员，而且是不计前嫌、自告奋勇的，英国、荷兰和葡萄牙都踊跃表示支持奥地利。

奥地利的哈布斯堡家族成员，仍是名义上的神圣罗马帝国皇帝。皇帝号召诸侯杀向巴黎和马德里的时候，有一个选帝侯显得很心事重重。皇帝向这个选帝侯表示：如今往日的仇敌都支持我了，你还在犹豫什么？这个面露难色的人就是勃兰登堡选帝侯，来自霍亨索伦家族，勃兰登堡领地是约三百年前家族花三十万金币跟缺钱的皇帝买来的。面对皇帝借兵的要求，选帝侯提了一个让皇帝摸不着头脑的要求，原来他想用八千士兵换一个国王的头衔。虽然皇帝急需出兵，但在神圣罗马帝国怎么可能还有一个国王？然而，选帝侯支支吾吾地提醒皇帝，他还有块偏僻的领地——普鲁士，皇帝明白了，心想“既然普鲁士都不在神圣罗马帝国范围之内，而且穷乡僻壤，封一个国王有何不可？”于是皇帝宣布，如果普鲁士肯借出八千士兵，勃兰登堡选帝侯就是普鲁士国王。公元1701年，霍亨索伦家族的腓特烈一世用八千士兵换来了一顶普鲁士王国的王冠。

约三百年内，霍亨索伦家族两次用生意谈判的方式，完成了家族荣耀极其重要的第一步。约六十年后，普鲁士王国将出现在“欧洲五强”的名单里。德国也对自己终于可以见到天日，感到无比兴奋。

从1701—1714年的西班牙王位继承战打响了，战争本身除了血腥就是输赢。法国赢了，波旁家族路易十四的孙子，继续坐在西班牙的王座上。波旁家族直到今天仍是西班牙的王室，但失去了除本土外的欧洲所有领地。同时法国也输了，法王路易十四不得不承诺，法国和西班牙永不合并。第二年路易十四就撒手人寰，留下一个走向衰落的法国。奥地利的哈布斯堡家族，不知道自己是输了还是赢了，自己还是神圣罗马帝国名义上的皇帝，好像什么也没有改变，荷兰和葡萄牙也有一样的感觉。

而英国，微微露出笑意地看着海峡对岸的一众敌人和盟友，它知道自己赢了，哈布斯堡家族和波旁家族都累了，该歇歇了。英国不仅从法国手中夺取了部分北美殖民地，而且从西班牙手中获得了直布罗陀。这个港口城市位于直布罗陀海峡的东北角，而直布罗陀海峡是地中海到大西洋的唯一水道。虽然直布罗陀从地理上属于西班牙，而且西班牙也为之努力过，但三百年后的今天，这里仍属于英国的海外领地。如果西班牙不能重现一次当年“日不落帝国”的辉煌，收回直布罗陀这个失地是基本无望了。

按照正常的欧洲剧本，此时应该出现大不列颠王位继承战，因为公元1714年，就是西班牙王位继承战结束的那一年，斯图亚特王朝最后一任女王安妮驾崩，无嗣。公元1694年，与丈夫一起执政的女王玛丽二世去世，她就是斯图亚特王朝第一任国王的孙女，公元1702年，丈夫荷兰的威廉也去世了，英国王位由女王玛丽二世的妹妹安妮继承。公元1707年，女王安妮在位期间，英格兰和苏格兰正式合并，称为“大不列颠王国”，这个名称一直用到公元1800年增加新成员时发生改变。

将要一飞冲天的大不列颠王国，应该让欧洲各国趋之若鹜，甚至比争夺西班牙王位更刺激，但好战的欧洲各界人士反响平平。

原来，强势的英国议会早就定好了人选，就是斯图亚特王朝第一任国王的外孙女的后代，这位外孙女嫁给了神圣罗马帝国的汉诺威选帝侯，于是她的儿子、时任的汉诺威选帝侯乔治，成为英王乔治一世。在欧洲，比乔治一世有优先继承权的亲戚至少可以找出五十人，然而幸运之神青睐乔治一世的原因，就是因为他信奉新教。当初荷兰的威廉成为英王的时候，议会让他签署的那份《权利法案》中明确规定，英国国王必须为新教徒。虽然如此，但是以欧洲国家的作风，完全可以通过战争来协调一下，最后鹿死谁手，犹未可知。没有出现战争的主要原因还有三个：第一，十四年的西班牙王位继承战让大家精疲力尽。第二，即使成为英王，在强势议会的阴影下，国王只能安心做一个有身份的高贵的“演员”，因为不经过议会同意，英王没有大政方针的决定权。第三，只要想起斯图亚特王朝的查理一世成为英国和欧洲历史上第一位被斩首的国王，英王王冠的诱惑力就直线下降。

即使成为一名“演员”，乔治一世还是无法拒绝英国王位的诱惑，毕竟总比一个选帝侯的档次高。公元1704年，不会说、也听不懂英文的乔治一世，启动了将统治英国近两百年的汉诺威王朝。伦敦潮湿的气候，让乔治一世更愿意待在德意志的汉诺威，反正一切有议会做主，自己唯一能做的，就是在许多都看不懂的文件上，签上自己的名字。

而波兰不同，当公元1733年王位出现空缺后，就引起了18世纪欧洲的第二场王位继承战。法国和西班牙再次并肩作战，奥地利和俄罗斯结盟，普鲁士也开始以独立的政治势力参加反法的战争，身兼神圣罗马帝国汉诺威选帝侯和英国国王的乔治二世也加入了，但是他并没有能力使英国参战，因为议会是不会同意参加没有好处的战争的，掌握波兰王位对英国毫无益处，徒增负担。战争的结果是，俄罗斯的势力向东渗透，奥地利的哈布斯堡家族再次遭到削弱。而主角波兰很快就发现自己的周围都是可怕的敌人，曾经的盟友会将自己当作可口的牛排，一刀一刀切碎，慢慢咀嚼。

波兰王位继承战结束的第二年，英国和西班牙就在中美洲开始了对巴拿马海峡的争夺。这场战争看似只有两个主角，其实它是欧洲第三次王位继承战的一部分。在这一次中美殖民地的争夺战中，英国未能取胜，但是它的口号是永不放弃！

公元1740年，“屋漏偏逢连夜雨”的哈布斯堡家族又出事了，这一次是在家族的中心奥地利。从维也纳的美泉宫传来一个特大新闻，奥地利的哈布斯堡家族没有男性继承人！这让百无聊赖的欧洲各国，热血沸腾！

喜欢乘人之危的普鲁士王国，第一个出场了。

如今的普鲁士国王是腓特烈二世，经过两代人的发展，普鲁士王国成为一个名副其实的“国家穷、军队强”的军国主义国家，军队人数跻身欧洲前三，但是霍亨索伦家族控制的是一个零零碎碎的国家，以勃兰登堡为中心，加上东西两侧几个不接壤的领地。这注定了它的军国主义政策就是要夺取土地，将王国连成一体，即使是他的表妹、奥地利的继承人玛利亚特蕾西亚也无法阻挡。预感大战即将爆发且有利可图，普鲁士立即占领了属于表妹的西里西亚地区。占领之后他才对表妹说，“只要你承认这个地区属于普鲁士，我就支持你成为哈布斯堡家族的继承人”。然而，这位从小能歌善舞、多才多艺、天真烂漫的小表妹，坚定地拒绝了他的条件，展现了霸气坚韧的女王气质。

然而奥地利战败了，女王刚分娩之后的喜悦被冲淡了，于是开始寻找盟友。英国首先表示支持，因为此时英国和西班牙正在中美洲打仗，需要防止法国在北美洲偷袭，而且法国也绝不会缺席在欧洲大陆的任何战斗，所以这一次英国议会决定投入战斗。身为国王的乔治二世，也是汉诺威选帝侯，则担心会和普鲁士正面冲突，因为普鲁士国王是自己的外甥，而且这个外甥的军队兵强马壮，但是无论国王怎么考虑，都是徒劳，终究是英国议会说了算。

英国和奥地利哈布斯堡家族的组合，比任何事都能刺激法国敏感的神经，于是法国二话不说，拉上老战友西班牙，并告诉普鲁士说，“战斗可以开始了”。对于只想要得到西里西亚的普鲁士来说，有盟友是好事，但也担心法国的手伸得太长。同时，奥地利女大公也认清了，自己暂时无法抵抗从四面八方涌入的敌军，于是忍痛割让西里西亚地区给表哥。法国一脸愕然地看着普鲁士带着战利品退出战争，腓特烈二世被国人尊称为腓特烈大帝，而在国外却是没有信用的强盗。这不是最后一次背弃，后来奥地利女大公执意要夺回西里西亚，法国人也背叛了普鲁士一次。战争打到最后已经索然无味，英国也背弃了奥地利女大公，与普鲁士议和。公元1748年，奥地利王位继承战结束，普鲁士表哥拿走了奥地利表妹拥有的发达的西里西亚地区。

其他各参战国也回家休整，热切地期盼着公元18世纪最后一场大战。

（七）腐朽的帝国之心

胡椒、香料解决了欧洲人“食”的问题，接下来就该改善“衣”的条件了。当印度的棉织物成为世界上性价比最高的商品时，印度的主角镜头就来了。

建国约一百年后的莫卧儿帝国，迎来了一个自称“世界之王”的皇帝，也许他只是不知道欧洲发生了什么。“世界之王”只把在印度海岸线上建立欧洲贸易基地的英国人、法国人、荷兰人、葡萄牙人，当作不辞辛苦、远渡重洋来赚钱的商人。“世界之王”更是一个“情种”，当耗时二十年、于公元1653年落成的爱妃陵墓矗立在世人面前之时，白色纯大理石的泰姬陵，慢慢诉说着这个美好的爱情故事。

令“情种”皇帝想不到的是，自己会在几个儿子的争斗中被囚禁，离泰姬陵不远的阿格拉堡有一扇窗户，就是“世界之王”生命最后几年的全部世界。囚禁“情种”皇帝的是他的第三个儿子，其称自己为“世界征服者”，同时也杀了自己的三个兄弟。对莫卧儿帝国皇帝来说，一个大气的自称特别重要，“世界之王”的父皇自称“世界之光”，祖孙三代的名号都显得比较大气，甚至目空一切。公元1687年，奥朗则布用一个疆域最大化的莫卧儿帝国来衬托“世界征服者”的威名，这个帝国几乎将整个南亚次大陆囊括在内，除了南部小部分地区。然而，对于难得一见的统一，长期分裂自治的印度各邦表示并不适应，因此叛乱不断，“世界征服者”留下的只是一个很快就崩溃的帝国。虽然奥朗则布曾在孟加拉打败英国，但英国会“以德报怨”地挽救莫卧儿帝国将倾的大厦，因为英国需要一个傀儡，英国要独占南亚次大陆的一切。公元17世纪后半期，印度棉织物已经占欧洲进口总额的百分之七十。

公元1722年，狂热的阿富汗穆斯林侵入波斯，波斯第四帝国名存实亡。公元1736年，一个突厥战神纳迪尔在波斯建立了一个短命的王朝，先后多次击败奥斯曼土耳其和阿富汗，并于公元1739年攻陷莫卧儿王帝国的首都德里，使莫卧儿帝国雪上加霜。公元1761年，阿富汗在多次侵入印度之后占领德里，同年，法国也失去了在印度的重要据点。公元1757年，一场冲突让东印度公司从贸易公司转变为权力机构，英属印度王国建立了。公元1772年，西孟加拉的城市加尔各答，成为英属印度的首都，此后加尔各答一直是印度第一大城市，直到公元20世纪80年代才被孟买赶超。公元1911年，英国将英属印度的首都迁到一个新建的城市新德里，即老德里的南部，新德里、老德里是以印度门为分界线的，这个年轻的城市就是今天印度的首都。

南亚次大陆的海岸线上，是由欧洲的商业基地转变而成的堡垒和要塞，而南亚次大陆的内陆，是一颗已经腐朽的帝国之心。随着法国的退出，在南亚次大陆上，再也没有人能阻止英国了。

现在，英国需要一个衰而不死的莫卧儿帝国，因为这个傀儡的作用可以让印度人对外族统治者的仇恨置处于警戒线以内。唯一的小小代价就是，英国将所征得的巨额税收中可怜的一部分送给皇帝，以资享乐。

莫卧儿帝国已经变得可有可无，五十多年后一场小小的风暴，就能让它顺其自然地永远消失。

（八）朝秦暮楚的盟友圈

尽管欧洲大陆还没有正式吹响战争的冲锋号，在北美洲的英国和法国却无视规则，提前开战。当法国将势力渗透到英属殖民地西侧的俄亥俄州，一个名叫华盛顿的年轻人，出现在了抗击法国的队伍中。随着大战的正式打响，华盛顿却离开了军队，回到了自己在弗吉尼亚州的庄园，做一个享乐安逸的绅士。因为本是军官的华盛顿，想摘掉殖民地民兵的帽子成为英国正规军，但一直未能如愿。然而，有丰富战斗经验、家财万贯的庄园主迟早会回来，成为一个新的国家的总司令，并荣升一个新国家第一任总统。

欧洲大陆国家的对抗，任性到扑朔迷离，不到最后一刻没有人知道自己的对手是谁、盟友是谁。

经过一番审慎的思考，欧洲各国作出了一个大胆的决定——交换盟友。

法国的波旁家族和奥地利的哈布斯堡家族握手言和，俄罗斯决定加入这个强大的欧陆同盟，三个国家将瓜分普鲁士王国的秘密协议藏好之后，就开始积极备战，准备打响第一枪。谁也无法预料，一个妄图将普鲁士王国从欧洲抹去的战争，却变成了普鲁士王国崛起的契机。打响第一枪的是普鲁士王国，因为它已经知道了这个秘密，面对强大的联盟，腓特烈大帝知道自己的身后就是万丈深渊，必须孤注一掷。面对欧洲大陆两大家族的组合，大英帝国自然不难选择站在哪一边，虽然英国十分确定必须支持普鲁士王国，但只提供了经济帮助，腓特烈大帝几乎是孤军对抗整个欧洲，英国则对战争的结果充满美好的期待，但绝不关心输赢。

公元1756年，先发制人的普鲁士，让法国、奥地利和俄罗斯措手不及。对于腓特烈大帝来说，面对王国可能从欧洲大陆版图上消失的危险，就算打烂一切也在所不惜。事实也是如此，普鲁士王国曾多次击败敌人，但是对手的强大修复能力是自己不具备的，因此，英国给的财政支持不可能让普鲁士坚持太久。没有后期支援的普鲁士，只能选择被动防守，对抗整个欧洲的腓特烈大帝在绝望时曾想过自杀，但他仍没有一丝要交出西里西亚的念头。欧洲需要奇迹！普鲁士需要奇迹！腓特烈大帝需要奇迹！

奇迹应声而来。

公元1762年，彼得大帝的外孙彼得三世，成为俄罗斯的沙皇，这个父系属于德意志血统的沙皇就是那个奇迹。在俄罗斯人的眼里，新沙皇是个疯子，对腓特烈大帝的无比崇拜，竟然让他自己穿上普鲁士的军装为偶像加油，这让同盟的法国和奥地利十分抓狂。不到一个月，沙皇被暗杀，俄罗斯退出战争，腓特烈大帝的偶像光环挽救了普鲁士。在海外战场，英国在美洲、非洲，亚洲的印度和菲律宾不断取得胜利。这两项成果加在一起，“七年战争”就结束了。

奥地利女大公二十多年的努力付诸流水，无奈的奥地利彻底放弃了西里西亚，只能远远看着家族的仇人腓特烈大帝，在普鲁士王国的废墟上享受着臣民的欢呼。一片焦土的普鲁士，虽然极其艰难地保住了自己的欧洲地位，但也让霍亨索伦家族名正言顺地成为欧洲三大家族之一。法国的波旁家族因面临严重的危机，退出与英国在北美的竞争，印度的殖民据点被解除了武装，西班牙的波旁家族也割让了佛罗里达，英国基本控制了整个北美洲的东海岸。俄罗斯虽然临阵倒戈为各国所不齿，但是帝国将迎来一位新的女王，让俄罗斯变得更为强大。最大赢家的英国，成为无可争议的世界海洋霸主，至于欧洲大陆霸主则跟它无关。

公元1770年，海洋霸主的英国，在地球上最后一块宜居的大陆上插上了“米”字旗，在今澳大利亚的悉尼附近登陆后，建立了新南威尔士。一百二十多年前，荷兰曾经考察过这里，但认为无利可图而将其放弃。起初，大洋洲也只是英国在两万公里之外的监狱，用于罪犯的流放和小部分自由移民。

如果回顾公元16世纪英国都铎王朝的亨利八世和伊丽莎白女王，公元17世纪法国波旁王朝的路易十四，公元16世纪第一个“日不落帝国”西班牙的哈布斯堡王朝，就会知道波兰贵族民主制显得特别不合时宜。一直不改变的结果就是被周边饿狼般的敌人包围。公元1772年，俄罗斯、奥地利和普鲁士合伙将这个王国约百分之三十的领土吞并，“饱餐”之后的俄罗斯继续向西扩张，普鲁士的领土连成一体，奥地利也喝了一顿可接受的下午茶。然而，狼群并未散去。

俄罗斯的扩张，招致了奥斯曼土耳其帝国的不满，土耳其帝国准备大军压境。当俄罗斯的女沙皇——叶卡捷琳娜大帝听说土耳其人来袭，镇定地告诉大家，“罗马人从来不问敌人有多少，而只会问敌人在哪里”。在此前波兰王位继承战的时候，双方的战争以俄罗斯的失败而结束，但这一次叶卡捷琳娜大帝将实现祖父彼得大帝的夙愿，俄罗斯的舰队即将在黑海里自由航行。女沙皇如愿将依附于奥斯曼土耳其帝国的克里米亚汗国收入囊中，并于十年后的公元1783年彻底吞并它。自从公元13世纪蒙古人入侵以来，经过了漫长的五百五十年，俄罗斯彻底走出了蒙古人的阴影。

（九）因“茶”阳错

任何成功都是有代价的，对于“世界海洋霸主”的英国也是如此。

大战之后的英国，急需资金来充实自己的国库，海外殖民地的反哺是最好的方式。公元18世纪60年代，英国出现了纺纱机等机器，这就是让原始手工业从此让位的第一次工业革命的开始。机器的高效，让印度的手工棉纺织业再无任何优势。这与北美殖民地并不是没有关系，殖民地负责提供原材料，然后在英国制造出成品，再销售到殖民地，价格或者关税都可以由英国议会决定，如果认为效果不够快，就在殖民地增加各种税收，可操作的空间只有想不到没有做不到。如果没有这些好处，那么风险极大、耗费巨大财力的殖民战争将毫无意义。

公元1786年，英国向印度派了一位新的总督——康沃利斯，他曾经的职位是北美英军副总司令，来到印度任职不是因为战绩斐然，而是因为被华盛顿打败了。作为英国移民后代的华盛顿为什么会领导军队对抗母国呢？这要从茶叶说起。

茶叶，是欧洲大陆原本没有的物产，然而在东方的中国和印度却历史悠久。英国人酷爱红茶是世人皆知的，但这一来自东方的奢侈品，最初只在王室和上层社会流行。公元1662年，英国历史上唯一被处死的国王的儿子，娶了葡萄牙的公主，葡萄牙早在一百多年前就在东方建立殖民据点，这位公主带着自己喜爱的、充满异域风情的茶叶来到英国王宫。一百多年后，茶叶已经成为大众消费品，也成为垄断专营的东印度公司的主要收入来源。东印度公司的股东与英国国会有错综复杂的关系，因此当东印度公司遭遇经营危机的时候，英国国会就通过法案，授予东印度公司在北美洲的茶叶垄断经营权。这就断了殖民地移民的财路，加上此前英国对殖民地压榨，立即引起了北美殖民地人们的强烈不满。公元1773年，殖民地的移民登上停在波士顿的三艘东印度公司商船，将茶叶倒入大海，英国立即颁布了惩罚性的法令。大部分殖民地移民来自英国，当他们意识到自己的自由和权利竟然被剥夺后，开始集体反抗。在英军的镇压中，殖民地移民也开始组织军队，华盛顿身着戎装出现在大会上，似乎早就知道总司令一职非自己莫属。

由于在印度殖民的成功，英国并没有预感到将会失去什么，英国认为殖民地的民兵怎么可能是帝国正规军的对手?！此前战绩也并不怎样的华盛顿，给了母国一记响亮的耳光。

公元1781年，副总司令康沃利斯向华盛顿交出了投降的宝剑，当然也要感谢法国、西班牙和荷兰的友情支援。公元1783年，英国意识到这些“忘恩负义”的移民已经和帝国渐行渐远，不失体面地承认了北美十三个殖民地独立，新大陆上第一个独立国家——美利坚合众国诞生了。此时，华盛顿又收到了一把宝剑——普鲁士国王赠送的荣誉之剑，这不是个性不羁的腓特烈大帝第一次对他国国王或女王戏谑了，也许是因为英王乔治三世没有在普鲁士陷入绝境时提供更多的支援，腓特烈大帝才故意羞辱一下这位英王表弟。正享受着“日不落帝国”荣耀的乔治三世，怎么都想不到会失去了北美十三个殖民地，好在还有刚从法国手中夺取的加拿大，万幸的是加拿大的法裔地区魁北克省，并没有跟着美国一起掺和。这是因为英国早就感觉到美国的反叛倾向，已经在魁北克省颁布法令，安抚了居主导地位的法裔居民，但这并不能保证以后没有骚乱发生。公元1788年，为了弥补损失，英国正式开始在澳大利亚殖民。下个世纪初，英格兰和爱尔兰被硬性合并，乔治三世成为“大不列颠和爱尔兰联合王国”的国王。而如今的英国，只包括爱尔兰北部一小部分地区。

移民反水的问题，在当今的世界仍是一个不可回避的问题。

（十）欧洲帝国梦

亚历山大大帝、汉尼拔、凯撒大帝，三位欧洲军事家的故事已经成为历史，约一千八百年后，欧洲四大军事家的最后一位终于姗姗来迟。他会是何方神圣呢？

当初避难美洲的移民，竟然独立了，这必然会让深陷危机的法国开始思考自己的处境。“太阳王”路易十四的辉煌时代如明日黄花，连绵的战争和灾荒让国王和平民一样陷入穷困。平民想不通，无论和平还是战争时期，受伤的总是自己，于是就想，“是不是也该像英国一样，处死一个无能的国王呢？”如果在路易十四时代，这个想法就如同在沙漠里种上一株带刺的玫瑰一样，纯属幻想。但是路易十六时代的法国，一切皆有可能，断头台成为法国今后几年内的绝对主角。“太阳王”路易十四在位时间太久，直到他的曾孙路易十五才继承王位，而路易十五的三个孙子成为波旁家族在法国的绝唱。

有心杀贼却无力回天的路易十六，是有着同明帝国崇祯帝一样命运的君主。崇祯帝至少不用死前受辱，路易十六却在众目睽睽之下被斩首。公元1793年初，路易十六被押上断头台，他知道自己是欧洲历史上第二个被处死的国王，出人意料地一改往日的柔弱，展现了君主的威严。约九个月后，路易十六的王后也被押上断头台，这位王后是来自奥地利哈布斯堡家族的公主，即奥地利女大公玛利亚·特蕾西亚的女儿。奥地利不会甘休，不仅仅是因为家族成员被杀，重要的是法国革命挑战了欧洲各国的王权。约两年后，法国王太子也去世了，这就是路易十七。此后三年内，在巴黎的断头台上斩下了约六万人的首级。

一千多年以来，法国第一次没了国王，法兰西第一共和国取而代之。如今法国的全称为法兰西第五共和国，说明这期间还经历了四次转变，实际情况是其中还包括两个帝国和两个临时政府，足以说明这两百年来，法国到底经历了什么样混乱的局面。

法国的混乱局面，吸引了欧洲各国惊愕的眼神，这个被视为毒瘤的共和国，遭到了各国的联合围剿，于是出现了一个欧洲团战历史上从来没有发生过的现象，即多个国家群殴一个国家。神圣罗马帝国皇帝弗朗茨二世，即被斩首的法国王后的侄子，联合英国、西班牙、普鲁士、荷兰开始了为期五年的围剿。然而，由于各国之间相互猜忌，最终失败了。

而奥地利和普鲁士，直接开小差去做别的勾当——瓜分波兰。公元1793年，俄罗斯和普鲁士借口防止波兰出现法国的共和制情况，出兵波兰，并再次瓜分了一部分领土，奥地利还没反应过来，瓜分完毕的通知就传到了奥地利。然而，奥地利看到波兰还有一些领土没瓜分完，就安心等待下次机会。公元1795年，俄罗斯、普鲁士、奥地利三个合伙人再次瓜分波兰，为防止夜长梦多，这次瓜分的完成标准是，将波兰从欧洲版图上彻底抹去。这单“生意”做完大家开始清算：俄罗斯以瓜分约百分之六十二的波兰领土面积成为冠军，约百分之二十的普鲁士荣获第二名，奥地利以约百分之十八的微弱劣势屈居季军。在此后的一百二十三年内，欧洲地图上再无波兰。

公元1797年，因为大多数成员都“不务正业”，第一次“群殴”法国的战争失败。不务正业绝不是失败的主要原因，主要跟一个人的出现关系密切，这个人就是身高约一百七十厘米的拿破仑。

公元1769年，拿破仑出生在意大利的科西嘉岛，出生两个月前，这个岛被卖给法国，所以，拿破仑一出生就是一个法国人。十岁就进入军校的拿破仑，最感兴趣的兵种是炮兵。公元1793年，法国同英国和西班牙舰队交战，拿破仑表现出色被晋升为准将。公元1796年，拿破仑被任命为法兰西共和国意大利方面军总司令。由于意大利大部分属于奥地利的哈布斯堡家族领地，拿破仑在十四场战役中均击败奥地利，成为北意大利的主人，包括教皇都不得不向这个年轻人投降，献出了大量金钱和珍贵的藏品。此后两年内，他征服瑞士，远征中东和埃及，但因在海战中不敌大英帝国舰队被困在埃及。欧洲各国趁机再次发动对法国的围剿。拿破仑看到巴黎深陷危机，做了一个决定。公元1799年，拿破仑秘密回到巴黎，受到热烈欢迎，随后发动政变，成为法兰西第一共和国执政。

拿破仑梦想是将欧洲所有的王冠熔成一顶独一无二的王冠，并命令罗马的教皇将王冠戴在自己的头上。

好戏继续。

十五

重见天日

（公元1800—2000年）

公元1820年，地球上最后一个大洲——南极洲被发现，幸亏这里荒无人烟，才在西方全球殖民的魔爪下逃过一劫。

展开完整版的世界地图，曾经以为亚欧大陆就是全世界的人们终于明白，自己只是生活在约占地球十分之一面积土地上的井底之蛙。

公元7世纪，沙漠游牧民族建立了阿拉伯帝国；公元13世纪，草原游牧民族建立了蒙古帝国；公元19世纪，靠水吃水的不列颠岛建立了一个海洋游牧帝国——大英帝国，比陆地面积大两倍的海洋，成为人类新的角逐之地。

尽管失去了潜力股美国，但仍不妨碍英国成为世界上第二个“日不落帝国”，一个摆脱了宗教束缚、以工业革命为驱动力、携枪夹炮的伦敦“绅士”。除了那个刚被发现的冰雪覆盖的南极洲，大英帝国的“米”字旗在各国的领土上飘扬。在海洋上，再也没有强大的目标值得帝国出动大规模的舰队。

没有配角，主角也会失业。但好的配角会暂时掩盖主角的光芒，至少在约五百年内，整个欧洲都不会忘记那个曾经想当欧洲秦始皇的人。法兰西第一帝国的皇帝拿破仑，让自己家族的成员都戴上被征服国家的王冠，将克里姆林宫当作寝宫的拿破仑，最终被大火和冰雪驱赶，狼狈而逃，这是俄罗斯第二次用无形之剑击败敌人了。拿破仑并没有像秦始皇一统中国那样统一欧洲，因为统一“同极相斥”的欧洲各国，只是黄粱一梦，英雄的往事都在十五年内尘封于历史的档案之中。拿破仑之后的法国，开始进行八个不同政体的“试验期”，并在坎坷又略带着一丝屈辱中，步入今日的法兰西第五共和国。

法国终于消停一会，大英帝国便加快了殖民地改革的进程。对于以欧洲移民为主的西方殖民地，它吸取美国反叛的教训，采取和平的方式；对于东方殖民地，它采用暴力的方式；对于不东也不西的奥斯曼土耳其帝国，采取令其生不如死的方式。当大英帝国发现，中国的茶叶、丝绸和陶瓷能极大提高自己的生活品位和审美水平时，中国这个东方最古老的国度，便极不情愿地打开了百年之殇的大门。英国首先杀到，美国有模有样地紧随其后。面对一头大象，猎狗们必须学会分享。第二次猎食的时候，英国和美国继续保持队形，俄罗斯和法国也闻风而来。饱餐之后，发现大象并未伤筋动骨，想要召唤更多的同伴时，却发现欧洲又出事了。

在相距不足一千公里的柏林和维也纳，霍亨索伦家族和哈布斯堡家族，正在各自盘算如何将对方踩在脚下。

一场短暂的战争，让后起之秀的普鲁士，将久经风霜的奥地利踢出德意志联邦。此时，拿破仑的侄子，已经是法兰西第二帝国的皇帝了，在他的眼里，崛起的霍亨索伦家族和哈布斯堡家族一样可恶。蓄意挑起战争的法国，在宣战四十多天后就见证了耻辱的一幕：拿破仑三世在自己的国家投降做了俘虏。普鲁士军队并没有停止向巴黎推进，巴黎的凡尔赛宫将有一场盛大的仪式——德意志皇帝的加冕仪式，威廉一世从普鲁士国王升级到德意志帝国皇帝。一个没有奥地利的德意志帝国建立了，不甘寂寞的奥地利就拉着匈牙利组建立了奥匈帝国。然而，德意志帝国和奥匈帝国并不是对手，而是字面意义上“同生共死”的盟友。

十几年后，一个没有任何非洲国家参加的、决策非洲事务的会议，在德意志帝国的首都柏林召开，至少说明作为东道主的德意志帝国已被列强认可。会议结束之后，除了埃塞俄比亚和利比里亚这两个国家，整个非洲已被欧洲七个“强盗”瓜分完毕。几十年后当他们离开的时候，又用了很多直线条将非洲完美切割。此后一段时间，欧洲七国就在既定的框架内，即在各自的非洲土地上“辛勤耕耘”。有一天，一个匪夷所思的消息，让欧洲列强如梦初醒，也懊悔不已。那个在孤独中沉默了许久的日本，与清帝国签订了一个条约，轻松拿走了两亿两白银！东方世界里富人的“游戏”超出了欧洲人的想象。于是，欧洲列强（俄、英、德、法、意、奥）和美国、日本一起，组团再次踏上富饶的中国土地。不出意料的胜利之后，本息合计近十亿两白银的赔款条款出现在条约中。

自从被踢出德意志帝国，奥地利就只能向南部的巴尔干半岛扩张，而俄罗斯不会让巴尔干半岛的斯拉夫人听命于奥地利，而且巴尔干半岛就在地中海的北岸。于是，俄罗斯和奥匈帝国长期的友谊彻底破裂，且永难愈合。曾经是欧洲大陆霸主的法国，始终带着仇恨的眼神，看着旁边曾经羞辱过自己的邻居——那个刚成立的德意志帝国。作为“日不落帝国”的大英帝国，和谁都会有矛盾，但是这次却愿意和世仇的法国人并肩作战，因为它不允许欧洲大陆上任何一个国家过于强大。公元20世纪初，现代世界首场浩劫——第一次世界大战爆发了，作为主要战场的欧洲，像公元18世纪一样，再次血流成河。战争结束后，德意志帝国和奥匈帝国，默契地兑现了“同生共死”的诺言，携手双双跳入深渊。“一战”期间，俄罗斯帝国瓦解，后被苏维埃社会主义共和国联盟取而代之。开战之前，清帝国也众望所归地灭亡了，同时也让古老而年轻的中国陷入了深深的思索。几年后，一个全国只有五十多位党员的政党，低调地成立了，二十多年后，她将向世界骄傲地展示自己重塑的华夏大地。六百多年高寿的奥斯曼土耳其帝国，已老态龙钟，再也没有了苟活的勇气，世界上最后一个封建大帝国的大厦轰然倒塌。

半个多世纪后，人类将迎来一个重要的纪念日，作为主战场的亚非欧，也是五千多年里全部的世界，本应该在人类文明六千周年纪念日时举杯狂欢，然而，取代美酒和鲜花的却是人类历史上最大的一场浩劫。仅仅过了二十年，仇恨的种子便已破土，德意志第三帝国首先打破沉默，统一不足百年的意大利王国紧随其后，东方的日本帝国也遥相呼应，三个“疯子”带着几个追随者想尝试挑战全人类的底线，全球历史上规模最大的一场战争——第二次世界大战爆发。

战后的世界，亚非欧在清理伤口，美国却在清点自己的财富。几十年前还一骑绝尘的大英帝国，任凭帝国曾经征服的疆土，像沙子一样从指缝溜走。趁英国还在惆怅出神之际，自信满满的美国大摇大摆地拿走了大英帝国的世界霸权教鞭。曾试图与美国分享权利或者说想独享世界的苏联，在不到半个世纪后分崩离析。

死亡与新生，让完整版的人类世界版图持续更新。

（一）只剩雕像可追忆

紧急返回巴黎的拿破仑，不仅再次打败反法同盟，而且很快将整个法兰西都掌握在自己的手中。1801年，在打败其他各国的同盟之后，拿破仑已然成为所有法国人心目中的神，完全不用拿破仑自己费力去策划，几乎所有人都投票赞成，由拿破仑戴上法兰西帝国的皇冠——一个可以世袭的皇位。一个原本意大利籍的人成为了法兰西的最高统治者。那么，十二年前法国大革命推翻王室的意义何在？但是，如果所有人都觉得正常，那么就一定是正常的。

熟悉历史的拿破仑一定知道，一千年前的查理大帝曾在罗马由教皇加冕，成为统一欧洲之王，延续了罗马帝国的荣耀，他当然也知道，查理大帝和教皇之间不分主次的戏剧性一幕。公元1804年，罗马教皇收到拿破仑的通知，来巴黎给法兰西皇帝加冕，这明显是召见教皇！在以前，教皇就像明星一样，任何出行都会受到无比的关注，所有人包括国王都要下跪，而这一次屈辱的巴黎之行，教皇却被视而不见，然而这不是高潮部分。拿破仑加冕的盛大仪式，超过以前所有欧洲国王登基时的排场，落寞的教皇只想让羞辱的时间变短一些，尽快完成涂油礼，把王冠戴在跪在自己面前的拿破仑的头上后立即回到暂时安全的罗马。盛装的皇帝拿破仑，挽着心爱的妻子约瑟芬，缓缓走进巴黎圣母院，包括教皇在内的所有人都没有等到皇帝向教皇下跪的场面。拿破仑背对教皇，面向臣民，自己将一顶金色月桂叶王冠戴在头上。拿破仑让天主教的法国，给了罗马教皇一个刻骨铭心的羞辱！

与欧洲的未来相比，教皇受到的耻辱显得不值一提。拿破仑称帝约三个月后，哈布斯堡家族就建立了奥地利帝国，以示不满的回应。约半年后，即1805年，拿破仑自己加冕为意大利国王，这让哈布斯堡家族怒不可遏。同年，英国在海上打败法国，维护了自己海洋霸主的地位，而在欧洲大陆，法国再次打败奥地利帝国和俄罗斯帝国联军，使十六个诸侯国脱离神圣罗马帝国，并且兵不血刃地占领了首都维也纳这个奥斯曼土耳其帝国至死没能拿下的城市。1806年，拿破仑下令在巴黎修建凯旋门，但断断续续直到三十年后的公元1836年才落成。公元1806年，拿破仑要求哈布斯堡家族放弃神圣罗马帝国的皇帝称号，从公元962年的奥托大帝开始，这一称号已有近八百五十年的历史，出乎意料的是，奥地利帝国的皇帝平静地接受了拿破仑的要求，仅保留奥地利帝国皇帝的称号，神圣罗马帝国终结，第三次反法同盟瓦解。

对于法国将手伸得太长，意图染指德意志地区，普鲁士和奥地利的心中都有一团怒火，英国不失时机地火上浇油。普鲁士王国自18世纪初成立以来，先夺取了奥地利的西里西亚，然后三次瓜分波兰，等到拿破仑在欧洲横扫千军时，普鲁士却说：“我奉行孤立主义，不参与欧洲的俗事！”但对拿破仑来说，欧洲大陆不存在莫名其妙的孤立主义，这一次，该轮到普鲁士遭殃了。公元1806年，法国攻陷普鲁士王国的首都柏林，当拿破仑坐在偶像腓特烈大帝无忧宫的书房的时候，时任普鲁士国王的腓特烈大帝的侄孙已逃亡国外。此时，一个为普鲁士管理王室资产的犹太人，凭空获得了六十万美元的巨款，这就是在后来的一百多年中欧洲最富有的金融家族——罗斯柴尔德家族。这一次，普鲁士损失巨大，一半以上领土被瓜分，赔偿一亿两千万法郎，普鲁士陷入经济危机。然而，普鲁士不用焦虑，不出十年就会时来运转、因祸得福。因为战后各国划分领土时，它将获得一个德国最大的煤矿区，但在当时并无人知晓。公元1807年，拿破仑与俄罗斯沙皇在一条竹筏上见面，两个小时的会面达成了五年的和平协议，这次的和平期限竟然是真的！

当拿破仑占领了西班牙和葡萄牙，二度攻陷奥地利维也纳之后，在欧洲，这个伟大的皇帝或者可怕的恶魔已经无人不知了。自从欧洲群雄逐鹿，葡萄牙王国就只能是小心翼翼地经营着巴西殖民地，如今本土也被拿破仑征服了，葡萄牙王室只能流亡巴西。西班牙作为一个曾经的征服者，此时也不得不为独立而苦苦挣扎。曾经平分世界的南欧双骄①，竟然沦落至此。

拿破仑也有自己的苦恼，虽有如日中天的地位，但后继无人的窘境以及非王室的血统，似乎成为了拿破仑“欧洲帝国”的最后障碍。在欧洲，没有哪个家族能比哈布斯堡家族的血统更有吸引力。于是，奥地利皇帝成了拿破仑的岳父，那个被法国人处死的皇帝——波旁王朝的路易十六成了拿破仑的祖父，不知道法国人会有何感受。第二年，拿破仑便如愿以偿地有了唯一的一个亲生儿子，这个根正苗红的男婴代表着欧洲

①指葡萄牙和西班牙。两国曾在教皇的见证下，平分了除欧洲以外的世界。

霸主后继有人了。但这仅仅代表着可能性，毕竟他也是哈布斯堡家族的后代，如果法兰西帝国和奥地利帝国被同一家族统治，这无疑是一场足以引发欧洲大地震的组合。

俄罗斯沙皇的反复无常是经常性的，比如崇拜腓特烈大帝的彼得三世临阵倒戈，而这次沙皇亚历山大一世的表现让欧洲各国很是满意。当初的和谈，也许是出于崇拜，或者被共同支配欧洲的诺言所蒙蔽，沙皇在国内面对越来越多的质疑，而盟友拿破仑似乎总是高人一等，于是两个皇帝的盟约在五年后结束了。公元1812年，拿破仑决定先发制人，直取那个冰天雪地、寒风凛凛、曾埋葬过瑞典王梦想的莫斯科。很快，拿破仑入住了克里姆林宫，而沙皇怀着一颗不服输的心主动撤出莫斯科。但是，一场突如其来的大火让拿破仑意识到，俄罗斯人正在亲手烧毁自己的都城！约五天后，莫斯科的大火熄灭了，寒冷和饥饿成为六十多万法军的刽子手，拿破仑在莫斯科向早已撤离的克里姆林宫主人求和，却一直杳无音讯。约一个月后，八万人从“地狱”返回。瑞典王查尔斯十二世在天上惋惜地俯视着同样的悲剧再次发生。

欧洲各国群情激昂，无比振奋，其中也包括拿破仑的岳父奥地利帝国的皇帝，因为拿破仑这个政治女婿对自己的态度同样恶劣。公元1813年，俄罗斯、英国、普鲁士和奥地利的联军在德意志境内击败拿破仑，并继续向巴黎挺进。次年，联军进入巴黎，拿破仑带着皇帝的头衔和小支卫队被囚禁于一个不能离开的意大利小岛。然后，让法国人考虑下一步由谁来统治自己，法国人并没有想好，于是，波旁家族的路易十八，即被法国人民斩首的路易十六的弟弟，成为国王，波旁家族将在法国的王座上断断续续待十六年。

然而，离意大利本土约十公里的那个小岛，阻隔不了拿破仑对法国的牵挂。约十个月后，即1815年2月，拿破仑带着不断壮大的忠心耿耿的士兵，向巴黎进发，波旁王朝的路易十八逃往英国。内心很忐忑的拿破仑，不确定自己是否能再次掌权，但到达巴黎之后，他发现一切担心都是多余的，拿破仑三个字仍然能一呼百应。双方再战，拿破仑再次以一己之力对抗全欧洲。约三个月后，法军在比利时的小镇滑铁卢，被英国打败。

失败的拿破仑并没有失去一切，法国人民坚持继续由拿破仑来统治法兰西，但欧洲各国不会同意。拿破仑知道大势已去，在本想去往美国的路上被英国俘虏，英国人拒绝让他登上不列颠岛，直接将他送到大西洋的一个小岛，这里离非洲西海岸近两千公里，离南美洲东海岸近三千五百公里，而且英国不惜血本地派了三千守卫，只为了看住那个曾经叱咤欧洲的人，确保他不能再次逃走。

六年后，拿破仑去世。英国人没有按照拿破仑的遗愿将其遗体运回欧洲，圣赫勒拿岛上多了一座无字的墓碑，在墓碑旁边英国设置的岗哨直至十九年后才被撤除。

无论英国人怎样阻拦，今日巴黎的拿破仑雕像，足以唤起法国人的回忆。

（二）世界霸主的全球巡回

职位越高，责任越大。身为世界霸主的大英帝国，需要在全球的每个殖民地不断提升管理水平，还要开发新的增长点。

美洲的月亮刚挂在天空，南亚次大陆的太阳就从地平线升起了，二十四小时连轴转的工作强度，不可谓不辛苦。长此以往，则有过劳死的可能。

当拿破仑大军深入莫斯科的时候，本来英国应该趁此良机在欧洲大陆煽风点火，但是它没有时间。公元1812年，初生牛犊美国向“日不落帝国”宣战了，因为英国虽然承认美国政治独立，却不想让它经济独立，大英帝国的舰队绝不会让别人自由航行。当然美国也有惹怒英国的地方，它一直想吞并加拿大，想方设法将曾经的母国赶出美洲大陆。

在美国独立战争之时，北美十三个殖民地中，约有三分之一的人拥护英国，英国失败后，这些人便离开美国移民加拿大。在这个国土面积世界排名第二、近一千万平方公里的国家，只有八分之一的土地适合居住，魁北克省基本就代表着当时的加拿大，这个和中国新疆一样大小的省份也是加拿大的第一大省，南部与美国东北接壤。公元1763年，法国将这个运作了一百年的殖民地，拱手让给英国，虽然“新法兰西”的名字不复存在，但居住在这里的大量信奉天主教的法裔居民仍在此生活。英国很想同化这些法裔天主教居民，但一想到美国反叛的教训，就暂时妥协了，保持此地区的法国文化和天主教信仰。而从美国移民来的人，都是信奉新教的英裔，效忠英国的居民和法裔居民格格不入，于是英国就将魁北克省一分为二，西边是说英语的上加拿大省，东边是说法语的下加拿大省。这是以自西向东注入大西洋的河流来命名的，就像以尼罗河的流向来命名的上埃及和下埃及一样。

年轻气盛的美国并不管这些，它的目标是占领整个加拿大，把英国赶回欧洲。公元1813年，美国攻陷加拿大首府多伦多，纵火焚烧了国会大厦。公元1814年，拿破仑被送往意大利的小岛后，英国抽调正规军到美洲支援，在华盛顿附近登陆，将灰色建筑的美国总统府付之一炬，美国总统仓皇出逃——这也是美国首都唯一一次被攻陷。后来美国将总统府刷成白色，就是今天的“白宫”这一称呼的由来。美国意识到，没有海洋霸权，强大无从谈起，而英国也听闻了拿破仑又溜回到了巴黎，于是，双方议和，恢复战前边界。躲在英国身后的加拿大也知道，自己仍是个需要被呵护的孩子。

大英帝国处理完北美事务，便沿着大西洋一路向东航行，很快就到达了当时从欧洲去印度的必经之路——非洲南端好望角的开普敦（今南非的首都）。这里曾经是荷兰的殖民地，因为是通往东方的重要中转站，公元1806年，英国将此地占为己有，荷兰人遗憾地失去了这个遍地钻石和黄金的宝地，而此时大家都并不知情。

短暂停留之后，英国继续向东航行。看着一路上飘扬着“米”字旗的商船，满载着货物驶向印度，工业革命后的英国知道，东方棉织品的繁荣已经走到了尽头，更便宜的英国机织棉布，将把印度的手织棉布撕得粉碎，帝国再也不用花费真金白银去购买东方的物产了。印度从此陷入贫困潦倒的境地，名存实亡的莫卧儿帝国也渐渐失去了存在的价值，英国决心在硬件和软件上提升印度的实力，如果只从表面看的话。公元1825年，世界上第一条铁路在英国开通，公元1839年，英国也有了世界第一条真正投入使用运营的电报线路。慷慨的英国立即将这些新技术用于造福南亚次大陆。公元19世纪50年代，印度就有了铁路和电报，只比英国晚十几年。如此“义举”实属罕见，然而印度民众并不领情，因为这让英国能投入更少的兵力且能在最短时间镇压殖民地叛乱。很快，英国就控制了西至印度河、东到孟加拉、北抵克什米尔、南达南亚次大陆最南端科摩林角的广大地区。

自从成为权力机构，东印度公司就彻底变质了。原本贸易公司的职员，成为印度的暴发户，拥有仆人、司机、保镖、办事员，从一个普通的公司职员变成了享受东方帝王式服务的富豪。当他们回到英国后，便可以利用资金购置大片土地，开启大庄园主般的人生。在首都加尔各答，英国主人早上起床，脚一伸鞋来，手一伸茶来，至今，早起一杯茶都是很多印度人的标配。茶叶消费已经很兴盛，产自中国的茶叶非常畅销，在充满品味的房间里，摆上几个来自中国的精美瓷器，更会锦上添花。

于是一个老问题又出现了，中国似乎不需要外人的任何东西都能过得很好，如果英国的纺织机能纺出茶叶和陶瓷，就不需要动用自己口袋的金银。经过充分的思考，英国决定复制在印度的成功经验，在孟加拉大量种植罂粟，并卖给中国人，这个令人醉生梦死的迷幻剂，让英国再也不用担心金银外流了。

一直隐隐约约觉得世界有些变化的清帝国，仍然固执地闭门谢客。当上至皇室贵族、下至普通平民，面黄肌瘦、骨瘦如柴、无精打采、如同行尸走肉的人们越来越多，即使清帝国拥有最低的智商下限，也不会坐视不管了。当林则徐在虎门引海水销毁了英国人的恶毒野心，也销毁了清帝国那不堪一击的自尊——自唐帝国李世民时期以来，这种“天朝上国”的幻象已经将中国迷醉了一千多年。公元1840年，英国出兵中国广东珠江口，中国将在一百年的屈辱中风雨飘摇。两年后，英国打到了南京，清帝国被迫签订近代史上第一份不平等条约《南京条约》，向英国赔偿白银二千一百万两，将香港租借给英国，中国第一次被一个万里之外的西方帝国踩在脚下。两年后，眼红的美国和法国，也要求和英国一样享有通商特权，虽然没有要求割地和赔款，但两国一致认为应该在中国建教堂，像中国人传播福音，这好像是又一次的“十字军东征”。清帝国的官员摘下顶戴、擦汗、签字，动作一气呵成，并且将越发熟练。正如俄、普、奥三国曾三次瓜分波兰一样，这只是开胃菜，上主菜之前，三位毫无礼貌的客人表示要离席片刻，因为欧洲和北美都出事了。清帝国这一等就是十几年。

（三）“强盗们”的家长里短

自从公元1789年法国大革命以来，“多动症”的法国让欧洲各国如芒刺背，国王被斩首、拿破仑不可一世、不争气的波旁王朝又被推翻了，波旁家族在法国的最后一个国王查理十世下台了。公元1830年，法国人又选了查理十世的表弟建立了奥尔良王朝。公元1848年，法国人又不满意了，于是决定再换一个政体试试，于是法兰西第二共和国成立……让欧洲各国操碎了心的是，法国这接二连三、孜孜不倦的盲目实验，已经像黑死病一样在欧洲传染开来。

又是意大利最先被传染，当初的黑死病当然是不幸的，但这次却是幸运的。自从公元476年西罗马帝国灭亡后，意大利就有些自暴自弃，在过去的一千多年里，有野心的罗马教皇一直试图掌握欧洲的世俗权利，历任教皇无畏地举起十字架对抗国王的宝剑，但是任何一把宝剑都不会惧怕两根木头的。对于来到罗马朝圣、发财、抢劫和统治的外族，如阿拉伯人、法国人、维京人、西班牙人、奥地利人，意大利人都不屑反抗，继续冷漠地保持着自己的生活节奏。教皇的两个忠实粉丝，波旁家族和哈布斯堡家族也自身难保了，所以教皇只能在罗马的教堂里虔诚地做着弥撒。公元19世纪的意大利，除了撒丁王国，基本都被奥地利控制。撒丁王国包括意大利本土和撒丁岛，王国本土部分的北方是瑞士，东西分别为奥地利和法国，属于缓冲地区。撒丁王国和英国一样都是君主立宪制，保持独立性，加上受到法国革命的影响，成为驱赶奥地利、实现统一的唯一人选。公元1848年，西西里岛发生反抗国王的革命，撒丁王国也对奥地利宣战，尽管革命驱赶了教皇，建立了短暂的共和国，但最终被奥地利镇压。

自凯撒大帝以来，意大利已经两千年都没有出现英雄了，拿破仑只是法国人的偶像。虽然意大利人失去了拿破仑，但出生于撒丁王国的加里波第，用四起四落、转战欧洲和南北美洲的昂扬斗志，成为意大利人自豪的记忆，当代意大利第一艘航空母舰的名字就叫作“加里波第”号，如果有人敢污蔑他的名字，被暗杀就是他的结局。公元1861年，加里波第使意大利摆脱了奥地利的枷锁，撒丁国王加冕成为意大利王国的国王。时隔漫长的一千四百年左右，亚平宁半岛终于统一了，但教皇的罗马城除外。当加里波第意欲征服罗马时，遭遇了天主教法国的阻挠，意大利还需要耐心等待，十年后，普鲁士将帮助意大利打开机遇之门。

西西里岛的战争刚打响一个月，法国人就爆发二月革命，开始着手推翻奥尔良王朝，国王无奈放弃王位，选择了法国国王逃亡的习惯路线，前往英国避难。公元1848年，法国成立了法兰西第二共和国，被选为总统的竟然是拿破仑的亲侄子。当年拿破仑成为第一共和国第一执政后，就将共和国改为第一帝国，不知道法国人有没有想过拿破仑的侄子会让历史重演的可能性，或者法国人本来就希望这样，以此来怀念那个曾让法国在欧洲扬眉吐气的战神。事实是，历史的这一幕在法国重演了，四年后，即公元前1852年，拿破仑的侄子效仿伯父，将法兰西共和国改为帝国，法兰西第二帝国成立。

北德意志和意大利以前都属于神圣罗马帝国，看到意大利蠢蠢欲动，德意志各邦国也按捺不住了。近在咫尺的波希米亚和匈牙利——仍然处在奥地利哈布斯堡家族的统治之下，也揭竿而起。波兰和立陶宛都爆发了类似的独立革命，可惜都遗憾地失败了。但滴水石穿，终将被时代抛弃的王权，只是在倔强地守护着最后的尊严。

在国内安居乐业、在殖民地作威作福的英国人，不会跟着欧洲大陆国家一起折腾，因此大英帝国没有太多烦恼，但英国要底气十足地继续征服东方那个大国，就必须再多找几个同伙。

百无聊赖之时，黑海两岸那一对不甘冷清的冤家又开战了，这只是两者近两百五十年长期战争的其中一幕，当这场不知疲倦的拉锯战结束时，两个帝国怎么也想不到，谁也没有能力真正打倒对方，而是几乎同时倒下。

公元1853年，俄罗斯向奥斯曼土耳其帝国宣战，克里米亚战争爆发。这个行将入土的突厥帝国，已经不是在欧洲战场上久经考验的俄罗斯帝国的对手；俄罗斯的舰队在黑海自由活动，让伊斯坦布尔彻夜难眠；伦敦也是一样，因为大英帝国的“奶牛”在东方。为了防止俄罗斯染指印度，英国与俄罗斯曾在波斯划定范围，北方归俄罗斯，南方归英国，这样英国在南亚次大陆的利益就能得到保障，曾经的西亚强权波斯帝国，毫无话语权，彻底沦为任人摆布和玩弄的对象。一想到俄罗斯舰队开进地中海，大英帝国几乎不用在议会投票，就能作出战争的决定。

当英国的舰队来到黑海，支援奥斯曼土耳其帝国的时候，意外地发现拿破仑侄子的法兰西第二帝国也来了，精明的英国人绞尽脑汁也想不到法国也加入自己、反对俄罗斯的理由。原来拿破仑的侄子认为，没有比取得对外战争的胜利更能巩固自己的统治了，这将会勾起法国人对拿破仑的怀念。多一个盟友，英国并没有意见，即使再多一个也无妨，意大利的撒丁王国也来了。阵势拉开，胜负立判，三年后，俄罗斯再次失去黑海的出海口。

自从公元1783年独立以来，美利坚合众国就一直在积极扩大疆土，大部分以做生意的方式。最开始的时候，只有东海岸的十三个殖民地，约八十万平方公里。独立战争之后向西扩展到密西西比河以东，总面积约两百三十万平方公里。公元1803年，美国花费一千五百万美元从拿破仑手里购买了路易斯安那，将领土扩展到北美中部，总面积增加至约四百九十万平方公里。公元1819年，美国又从西班牙手中购买了佛罗里达，领土面积超过五百万平方公里。为了让领土的东西边界都能面朝大海，美国发动了侵吞墨西哥领土的战争。公元1848年，墨西哥战败，墨西哥大半领土归美国所有，美国略带“歉意”地支付了一千五百万美金，外加免除墨西哥所欠的三百二十五万美金债务。至此，美国面前是大海，优雅一转身也是大海，领土面积超过七百万平方公里。

意大利统一之后不到一个月，美国就发生了大规模的内战。公元1861年，美国出现了一南一北两个政府：南方是美利坚联盟国，首都是弗吉尼亚州的首府里士满，北方是美利坚合众国，首都是华盛顿。由于有英法的支撑，南方占据优势，但随着华盛顿的总统林肯颁布了解放黑奴的法令，导致大量黑人从南方逃往北方去追求自由平等。很快，以种植园经济为支柱的南方就功亏一篑了。公元1865年，以工业经济为主的北方实现了美国的真正统一。

（四）重回东方

鉴于在刚刚的俄罗斯和奥斯曼土耳其的战争中，有了一次效果不错的合作，英法两国决定再度携手。伦敦告诉巴黎，东方那个长辫飘飘的帝国已经等待了十几年，法国立即心领神会。

公元1856年，英法联军主动向清帝国挑起战争，当时的清帝国正在忙于镇压太平天国起义，这场几乎是东方世界最大规模的一场农民起义，持续了十四年，曾占据清帝国近一半的领土。面对两个看上去势均力敌的选手，英法两国选择了一个轻松和狡诈的方式——从中渔利。

公元1857年，英国东印度公司发来一条急电，印度历史上最大规模的一次起义也爆发了！东印度公司已经手忙脚乱，请帝国政府紧急支援。在印度，有一群土生土长的印度人，大部分还属于较高种姓的阶层，仅仅为了一份薪水，他们就心安理得地成为受雇于一个贸易公司的士兵，执行公司下达的任何命令，即完成整个南亚次大陆的军事征服，当时这个军队的规模约二十万人。在离德里约五十公里的一个城市里，印度士兵收到了一个新包装的子弹包，上面涂满牛油和猪油，用于防潮，这让伊斯兰教或印度教的士兵们目瞪口呆。东印度公司无法解释这一个宗教禁忌的失误，猪肉之于伊斯兰教、牛肉之于印度教就像基督徒在耶稣受难日的星期五吃肉一样，为了自己种姓的纯正和民族的宗教信仰，这些雇员们下定决心，砸碎铁饭碗。

然而，这些印度士兵只知道先杀死周围的英国人，对下一步毫无规划，当有人提议向德里进军时，大家终于想起来，德里还有一个被人遗忘许久的莫卧儿帝国皇帝。当士兵们冲进宫殿，要求皇帝放弃醉生梦死的生活时，皇帝并不情愿，无奈群情激昂，皇帝只能勉为其难。事实证明，皇帝是那个最清醒的人，因为四个月后，兵变就失败了，皇帝也被捕了，连醉生梦死的机会也没有了。

大英帝国对于东印度公司的忍耐到达极限，在彻底废止它之前，还是要先派帝国军队镇压叛乱。公元1857年，莫卧儿帝国的末代皇帝被捕，次年被流放到缅甸的首都仰光（英国早在三十多年前就入侵了缅甸）。末代皇帝的遭遇和拿破仑差不多，只是俘虏的规格完全不可同日而语，皇帝身边只有一个皇后陪伴，四年后皇帝去世，英国将其秘密埋葬在一座寺庙，无人看守。自从公元1526年，帖木儿的六世孙来到印度建立了莫卧儿帝国，来自蒙古草原的游牧民族已经统治南亚次大陆三百三十多年了，它用自己屈辱的死亡向奥斯曼土耳其帝国和清帝国发出了警示的信号，却无人接收和回应。

在终结一个东方帝国的同时，大英帝国也决定关闭一个近两百六十年历史的贸易公司。公元1858年，东印度公司被勒令解散。公元1877年，英国正式宣布，将印度并入维多利亚女王的领土，英属印度成立，这个东方的英帝国包括今天的印度、巴基斯坦、孟加拉国和缅甸。

作为一个怪物的东印度公司，被贴上了关门结业的封条。有一片弱肉强食的原始丛林，却迎来了自己的繁荣。在英国占据香港岛以前，就有东印度公司的苏格兰裔职员辞职下海，来到这里贩卖鸦片。一个是职员，一个是随船医生，两人一拍即合，创立了至今都活跃在世界商业舞台上的怡和集团的前身，这个世界排名前五百强的公司，就是靠贩卖鸦片起家的，这个家族企业的现任掌门人就是那位弃医从商的队医姐姐的后代。

香港本是一张白纸，但这张白纸一开始就被阴暗和混乱涂抹。来自英国贩卖鸦片的商人和素质低下的军人，和来自清帝国统治下的海盗、劫匪以及无处谋生的流民，组成了英帝国统治下香港的“独特风景”。就像北欧海盗三面出击闯荡世界一样，来自中国内陆的人们，主要来自两广地区，也在香港开始了自己家族的传奇史。此时，澳大利亚和美国加利福尼亚发现金矿，公元19世纪50年代的淘金热开始，闯荡香港的一些人就以输出淘金工人而发财。

公元1860年，英法联军攻入清帝国的都城北京，尽管盛夏已过，皇帝还是执意去热河的避暑山庄去避暑。留给两个“强盗”一个用了一百五十年时间建成的圆明园，或许清帝国希望用这座举世无双的皇家园林来填满劫匪的私欲、耗尽强盗的力气。然而，幼稚总是输给现实，当圆明园成为一片废墟后，意犹未尽的两个强盗对着帝国的皇宫——紫禁城露出凶光，于是一切挣扎都结束了，各方重回谈判桌。

清帝国已熟悉签订条约的标准操作流程，对于英国和法国既要权又要钱的明确要求，清帝国自然也不会拖泥带水，通商特权加一千六百万两白银等条款立即奉送。一直被出海口困扰两百年的俄罗斯，狮子大开口地从清帝国划走了一百五十多万平方公里的土地。趁着内战还没正式开始的美国也不甘落后，由于最近领土扩张得不错，万里之外的领土也没意义，于是只要求了一些通商权利。

（五）千呼万唤的德国

今德国最北部的一个州是石勒苏益格－荷尔斯泰因州，与丹麦接壤。然而，历史上的石勒苏益格－荷尔斯泰因地区比现在的大，包括丹麦南部小部分地区。这一地区也是英国人和美国人祖先的居住地，盎格鲁人曾居住在石勒苏益格，撒克逊人曾居住在荷尔斯泰因，自从盎格鲁和撒克逊人跨过海峡占据不列颠岛之后，这个公国就一直归丹麦王国管理。德国的统一将从这里开始。

在欧洲，王室的亲戚随处可寻，王位继承引发的战争稀松平常。丹麦国王驾崩，无男性子嗣继承，按照继承权排序，普鲁士国王的岳父应该成为丹麦国王，事实是非第一顺位继承人却成为了丹麦国王，于是普鲁士和丹麦的战争不可避免。奥地利作为德意志联邦名义的老大，自然不会置身事外，特别是有好处的事。公元1864年，战争结束，奥地利直接做出了一个让普鲁士恶心至极的决定——北部的石勒苏益格归普鲁士，南部的荷尔斯泰因归自己。于是，奥地利在普鲁士领土中扎下一个钉子，霍亨索伦家族在前面替哈布斯堡家族挡住丹麦。在腓特烈大帝之后，普鲁士的阳刚之气消失了很久，是一个叫俾斯麦的铁血宰相再次将它激活。刚刚和奥地利一起战胜丹麦的俾斯麦知道，如果不将奥地利踢出局，德意志将永无宁日。

公元1866年，普鲁士对奥地利宣战，这无异于一场家族之间的决斗，胜者将成为德意志的主人。此时普鲁士也不用担心俄罗斯和法国，因为俄罗斯与奥地利因为在巴尔干半岛的争端已经彻底恩断义绝，而且此时正忙于享受从清帝国攫取的领土，而法国，皇帝拿破仑的侄子希望坐山观虎斗，等到两败俱伤之时，从中渔利。当法国刚刚端起咖啡准备观战，战争就结束了，奥地利战败，霍亨索伦家族用短短七个星期的时间，简单明了地告诉哈布斯堡家族，让位！柏林的无忧宫并无意染指维也纳的美泉宫，但是普鲁士要建立一个新的国家，公元1867年，一个以普鲁士为中心的北德意志联邦成立了，奥地利和少数南方天主教公国被排除在外。此时，大英帝国王室的德国领地汉诺威王国，已成为德国的汉诺威省。当时如日中天的英国，处在女王维多利亚统治时期，因为按照法兰克人的萨利克法，女性没有继承权，因此英女王维多利亚并不拥有汉诺威王国。

气急败坏的拿破仑侄子拿破仑三世赶忙放下手里的咖啡，他绝不允许法国的旁边出现一个强大的德意志国家。但是战争毕竟需要一个充分的理由，这时，西班牙站了出来，给了法国一个理由，因为它又没有国王了，西班牙人提议由普鲁士国王的堂兄弟继位。于是，法国强硬地要求普鲁士作出绝对不会染指西班牙王位的承诺，普鲁士的老国王无辜地说，自己并不知晓此事。同时，普鲁士国王的堂兄弟也拒绝了西班牙的好意，这让法国握紧的拳头打在了一团棉花上。军队已经集结，难道找一个借口比战争本身还难吗？一天，普鲁士的老国王正在温泉边晒太阳，法国大使冲进去，要求霍亨索伦家族彻底放弃西班牙的王位，老国王很是困惑，拒绝回答，转身离去。很快，一封电报告诉法国人，“普鲁士国王侮辱法国大使”。战争的借口已然到位。

法国丝毫不怀疑，拿破仑的侄子将像拿破仑一样再次攻陷柏林，坐在无忧宫腓特烈大帝的书房里。跟法国国王一样，普鲁士的国王也很想盛装出现在巴黎凡尔赛宫。公元1870年，拿破仑的侄子向德意志宣战，也许这件事本身不可怕，但如果把侄子二字去掉，整个欧洲都立即陷入噩梦般的回忆。那些曾经无比顽固的南部德意志公国再也受不了了，它们给北德意志联邦送去了军队，这是德意志四分五裂的历史上，前所未有的团结的一刻！

一个多月后，法兰西第二帝国的皇帝就在自己国境线内被俘虏了，普鲁士军队继续推进，包围了巴黎。皇帝被俘，不仅让法国遭受了奇耻大辱，也辱没了拿破仑的大名，法国人民因愤怒而再次起义，要求取消无能的帝国，改为共和国，于是法兰西第三共和国就在喧闹中诞生了。公元1871年，在巴黎凡尔赛宫，普鲁士国王加冕为德意志第二帝国皇帝（第一帝国就是神圣罗马帝国，其全名为德意志民族的神圣罗马帝国）。历经千年风雨，德国终于在击败了法国的扬眉吐气中宣布了自己的统一，这一次，奥地利彻底被抛弃，且无人跟随，即使是南部天主教的公国也彻底明白了，民族感情远超宗教信仰。令战神拿破仑和法国的颜面荡然无存的拿破仑三世，约两年后死于英国，虽然带着屈辱离世，但德意志民族很感谢拿破仑三世，还有意大利，因为法国再也无力阻拦意大利王国统一罗马了。公元1870年，罗马被攻陷，意大利实现真正的统一。罗马教皇不得不屈就于罗马城西北角的梵蒂冈，五十多年后，这个面积不到零点五平方公里的街区，成为世界上面积最小的国家、意大利的“国中之国”。

公元1870年的普法战争，开始了欧洲大陆上两个大国长达八十年的恩怨。法兰西历史上被俘虏的皇帝并不少：公元13世纪时“圣王”路易九世在十字军东征时被俘虏，公元14世纪时约翰二世被英国“黑太子”俘虏，公元16世纪时弗朗索瓦一世被神圣罗马帝国的查理五世俘虏，公元19世纪初拿破仑被英国俘虏，约半个世纪后，拿破仑的侄子拿破仑三世被普鲁士俘虏。由此来看，国王或皇帝被俘并不少见，同时造成两国深仇大恨的还有普鲁士对法国的侮辱。普法战争后，战败的法国被迫割让东部资源丰富的地区，并赔偿五十亿法郎，相当于约七亿两白银。新成立的德意志帝国看着条约上的天价赔偿，仿佛看到了邻居法兰西在二十年内不能翻身的黑暗未来，而为了保证自己的霸权，在赔偿没有付清之前，帝国的军队将会留在巴黎。不料三年后，法国人就送走了德意志的军队，因为赔偿还清了！德意志帝国拿着战争赔偿金，却高兴不起来，因为它知道，法德战争不可避免，而下一次法国人必然会以牙还牙！

就像有些电影，你以为是喜剧，然而竟是悲剧。一个千呼万唤的德国到处欢天喜地，而普鲁士国王却带着深深的忧郁，加冕为德意志帝国皇帝的时候，老国王黯然神伤，默默流泪，他在思考霍亨索伦家族的未来在哪里？普鲁士的未来又在哪里？难道普鲁士之于德意志，会像意大利之于罗马帝国吗？隐隐约约中，他感到一切都会变成过眼云烟，新生与死亡，也许根本就没有分别。

失去了德意志的奥地利哈布斯堡家族，立即用一个双首都的帝国坚守着家族最后的荣誉。公元1867年，奥地利和匈牙利合并，称为奥匈帝国，国家的口号为“不离不弃”，似乎略带着一丝丝被抛弃的失落感。正如奥地利无法统一德意志民族一样，新的奥匈帝国是一个多民族、多宗教的国家，不仅包括了当今世界十个以上的国家领土，而且几乎包含了除佛教以外的所有宗教及派别。没有比这个拼凑的帝国更容易引发战争的了，下个世纪初，第一次世界大战的导火索就在这里点燃，大战之后，历史又走入了死亡和新生的轮回。同时，奥地利失去了南北的海岸线，变成了一个没有海军的内陆国家，这也是我们在此后的海外殖民地瓜分或战争中看不到它的身影的原因，虽然它仍然被邀请参加瓜分殖民地的会议。

意气风发的德意志第二帝国提议柏林作为东道主，主持召开世界列强会议，议题是在避免内部冲突的基础上，更高效地瓜分和建设非洲。与会国家有十三个欧洲国家，还有美国和奥斯曼土耳其帝国，没有海军的奥匈帝国也列席会议，但没有任何一个非洲国家参加。

公元1884年，会议在德意志第二帝国的首都柏林召开，一个一本正经的分赃大会开了一百零四天，整理出了长达六万字的协议，高效与否不好评论，至少说明大会是务实和严谨的。至今，已无人知道这次大会的过程是唇枪舌剑，还是一团和气，但会议的结果全世界都知道，总体情况如下：非洲只有两个国家是幸运而独立的，即埃塞俄比亚和利比里亚，约占非洲总面积的百分之四。与会的十五个国家中，七个欧洲国家瓜分了剩余百分之九十六的土地。其中英法两国占有超过百分之六十五的比例；德国、意大利、葡萄牙和比利时四国平分秋色，均略低于百分之八；而昔日的“日不落帝国”西班牙只占百分之一；垫底的是昔日海上霸主荷兰，为零。严格说来，利比里亚基本是属于美国的，它是美国用于存放黑奴的共和国，其他七个国家份额为零。其中，值得关注的是比利时，公元1830年，比利时才脱离荷兰独立为君主立宪国，后宣布为永久中立国，但也参加这次分赃，而且它获得了比本土大了近八十倍的非洲殖民地。

最后，东道主柏林总结致辞，大会圆满结束，世界这么大，以后最不缺的，就是机会！

会议结束之时，新成立的德意志帝国和意大利王国互相握手祝贺，奥匈帝国也来到身边，低声轻语一阵之后，目光共同投向俄罗斯。俄罗斯感觉阵阵凉意。

既然路过非洲，就不能将人类历史上第一朵文明之花——埃及略过。作为人类文明的第一个种子选手，自从公元前525年被波斯第一帝国灭亡之后，埃及一直在配角和龙套之间选择自身的定位，没有非洲国家参加的非洲会议之后，埃及这块宝地属于大英帝国。虽然海洋贸易让地中海失去了中心地位，但埃及仍有实力再次证明自己。公元1805年，有

“现代埃及之父”之称的穆罕默德·阿里，使埃及摆脱奥斯曼土耳其帝国而独立。双方保持了一段时间的友谊，但很快破裂。埃及随后出击西亚，占领了叙利亚，当阿里准备向伊斯坦布尔发起攻击时，欧洲列强制止了他，埃及东山再起的帝国梦破灭了。公元1869年，苏伊士运河开通，实现了地中海和红海的通航，从欧洲到东方的远洋航线，比经过非洲南端的好望角至少节省五千公里，因此，苏伊士运河瞬间成为不折不扣的摇钱树。苏伊士运河最初是由法国和埃及投资，公元1875年，迫于经济危机的压力，埃及被迫将持有的约百分之四十四股份卖给英国，这笔钱是英国政府向罗斯柴尔德家族借的。由于在普法战争中失败，陷入危机的法国也私下将股份卖给英国，以示结盟诚意，以对抗新崛起的德意志帝国，于是，苏伊士运河尽归大英帝国所有。公元1882年，英国出兵占领埃及，保护苏伊士运河。公元1956年，埃及才将其收归国有，这条运河每年为埃及带来百亿美元的收入。

仅次于亚洲、面积达三千万平方公里的非洲，成为欧洲各国的冒险乐园，它们披星戴月、披荆斩棘地深入大陆内部。这个神秘、危险、别有洞天的世界，让它们废寝忘食地走在通往更多财富的未知道路上。

不久，东方传来一条消息，让它们如梦初醒。

（六）东方“孤儿”惊醒欧洲

如果说有一个国家，从默默无闻到突然令人侧目，然后很快又恢复平静，那就是亚历山大大帝的马其顿帝国。两千多年后，这一幕似乎重演了。

公元800年的时候，西方是查理大帝的法兰克王国，横跨亚非欧的是阿拉伯帝国，中国是唐帝国。就是从此时起，日本的天皇开始闭关，因为他失去了权力。两百年后的公元11世纪中期复出，但不到一百年再次失权，继续闭关修炼，这一次的闭关长达七百年，任凭国家由幕府将军们糟蹋，眼不见心不烦。

约公元1600年，荷兰是最先来到日本的，当时的中国、日本都实行闭关锁国的政策，荷兰不仅在东南亚独霸香料资源，也成为中国、日本和朝鲜之间的贸易中间人。两百多年过去了，荷兰霸权已成往事，失去美国的大英帝国在努力经营好加拿大和印度的同时，直奔中国。当英国忙于帮助奥斯曼土耳其帝国对付俄国的时候，公元1853年，美国舰队首次来到了日本，从此就和日本剪不断理还乱。

此时，日本出现了要求天皇出关的呼声，毕竟前前后后已闭关将近一千年，套用中国神话形象，无论是妖还是仙，似乎都足以领导日本走向“美好”的明天了。公元1868年，日本最后一个幕府倒台，统治日本约两百六十五年的德川家族，还政于天皇。天皇复出，次年便统一全境，迁都东京。

学习使人进步，重掌权利的天皇，告诉大家传统绝对不能丢，立即派出使团去西方国家考察学习，就像当年的遣唐使一样。经过认真的分析与探讨，他决定陆军学习德意志帝国，海军学习大英帝国，政体采用大英帝国和德意志帝国都实行的君主立宪制。虽然可以预知在这种政体下天皇最终的角色定位，但毕竟是闭关千年，思想觉悟的水平堪称上流，一场轰轰烈烈的改革开始了，二十年后，日本将举起亚洲第一强国的奖杯。

相比之下，清帝国在遭受西方数次侵略之后，也开始了“师夷长技以制夷”的洋务运动，且比日本早约二十年。洋务运动引进西方先进的枪炮，也算成果显著，有些军队的装备甚至要比西方联军更好。但是有一点，没有任何人敢打慈禧太后的主意，日本天皇可以当演员，但让她当演员是绝对不可能的，这位帝国的实际掌舵者宁愿与帝国共存亡，也不会将权力拱手让人。很快，她和天皇将一较高下。

当日本热情高涨地全盘西化的时候，天皇又提醒大家还有一个传统不能丢——对外扩张。公元1874年，日本入侵台湾。意在占领台湾的日本坚信，台湾和日本的风俗比清帝国更接近，事实却水土不服。不过，日本并不气馁，公元1875年就把从英国买的军舰开到朝鲜，“看望”多年没联系的老朋友，一见面日本就学着西方的套路，要求朝鲜通商和赔款，可怜的朝鲜并没有盼到自顾不暇的清帝国的支援，朝鲜近代第一个不平等条约问世了。从此，朝鲜国门大开，不仅王朝覆灭开始了倒计时，国家灭亡的丧钟也已敲响。公元1879年，日本觉得明帝国为日本和台湾之间的一个群岛琉球群岛取的名字不好听，就直接占领了并将其改名为日本冲绳县。清帝国的附属国变成日本的领土，看上去日本赢了，但是，美国不会那么爽快地答应，因为它只想找一个帮手，而不是伙伴。

一个个成功的侵略，让日本坚定了脱离亚洲、加入欧洲的想法。如果要实现这个小目标，就要分几步走：先灭朝鲜，后灭清帝国，接着翻过喜马拉雅山称霸亚洲，就可以和欧洲伙伴见面了。为此，日本认真地做了详细的战略计划书。

朝鲜半岛适时地给了日本一个机会。公元1894年，朝鲜王国发生内乱，清帝国担任朝鲜总督的袁世凯，向清帝国发出镇压起义的请求，作为宗主国的清帝国责无旁贷，正好可以检验一下洋务运动后建立的北洋舰队的实力，于是就同意了。日本军队借口保护侨民也进入朝鲜。起义被镇压后，本来就是不请自来的日本，却不愿意撤军，并拒绝了和清帝国同时撤军，多说无益，日本不宣而战。这让清帝国很是被动，因为很快就是慈禧太后的六十大寿了，在她的眼里，战争并没有生日重要，因此，清帝国只求速战速决，然后摆酒祝寿。无论在朝鲜和本土，清帝国的军队都失败了，海军舰队全军覆没，约三十年的洋务运动被实实在在地证明，只是一副没有灵魂和血肉的空皮囊。

于是，清帝国的御用签约人李鸿章又出场了，这不是李鸿章签署的第一个耻辱条约，也不是最后一个。公元1895年的《马关条约》，并非中日之间的第一个条约，却是最沉重的，以创纪录的两亿两白银赔款让全世界咂舌——这比此前清帝国给西方国家的总赔款多出四倍以上。朝鲜不再是清帝国的附属国，辽东半岛、台湾岛及其附属岛屿、澎湖列岛被割让给日本。条约中的一个条款让日本多了三个敌人，俄罗斯、德意志、法兰西三国坚决反对将辽东半岛割让给日本，日本被迫放弃，即使归还，但也不忘敲诈清帝国三千万两白银的赎金。中日一战，日本拿走两亿三千万两白银，是其年收入的数倍。

熟悉中国历史的日本，用无比仇恨的眼神看着俄罗斯，引用了两千三百多年前越王勾践的典故，喊出了“卧薪尝胆”的口号。但是，越王勾践是为了复国，而日本不是。由此看来，日本人的历史成绩并不是很好，说不定日后，会选择性地忘记历史！

不管怎样，日本过人的胆识，让欧洲蛮族和维京海盗的后代们十分欣赏，两亿多两白银的赔偿让一众西方国家无比汗颜，为自己的“小家子气”感到羞愧不已。尽管非洲大陆资源丰富，但开采速度怎么都不如一纸条约来得更快，一时间，欧洲各国使馆之间的电报不断，并向亚洲新秀日本帝国发出了邀请。当通知美国的时候，美国回复说，先处理一个内部矛盾，并挑一个软柿子捏一捏，请大家稍等。公元1898年，美国向衰落的西班牙王国宣战，战斗同时在美洲和亚洲打响，约四个月后，美洲的古巴、东南亚的菲律宾和太平洋上的关岛尽归美国所有。从公元1521年麦哲伦船队发现并占领了菲律宾至此，西班牙失去了在亚洲的唯一的一个殖民地。

对于西班牙的不幸遭遇，欧洲各国没空表示遗憾，因为1900年，清帝国内部出现了一个“扶清灭洋”的义和团运动，严重阻碍了列强的殖民事业，于是一致决定镇压义和团。当德意志帝国的公使被义和团射杀之后，早已经列队的八个国家，大英帝国、美利坚合众国、法兰西第三共和国、德意志第二帝国、俄罗斯帝国、奥匈帝国、意大利王国、日本帝国，联合上阵并再次攻陷北京，风头正劲的日本帝国成为急先锋，派出了占到八国联军总人数约百分之四十的军队，奥匈帝国只是象征性地派出了不足百人，慈禧太后和皇帝仓皇而逃，烧杀抢掠自不必再提，中国历史上耻辱的一幕出现了，八国联军旁若无人地在天安门举行阅兵仪式。

《辛丑条约》签订后，中国历史上最大一笔赔款出现了，四亿五千万两白银，三十九年付清，本息合计九亿八千万两左右，相当于每个中国人承担二两白银左右。即使没来参战的西班牙、荷兰、比利时也来索要赔款。其中，俄罗斯帝国要求赔偿超过一亿两，为列强中最多。公元1901年，签订《辛丑条约》的清帝国代表依然是李鸿章，两个月后，李鸿章那只签订了多个屈辱条约的手，缓缓地从病床垂下，这对他自己来说也是一种解脱。同年，曾任朝鲜总督、后回国操练新军的袁世凯，被委任接班李鸿章。约十一年后，袁世凯将结束这个苟延残喘的末日帝国。

群殴并不能凸显实力，日本还需要一场硬仗来证明自己，奄奄一息的清帝国显然无法胜任这一角色。日本很快锁定目标，就是当年逼着自己让出中国辽东半岛的俄罗斯帝国，就像两只猎狗争夺一块肥肉，迟早一战。日本如果不能实现这一步，霸主无从谈起，因此倾尽全国之力誓要赢得这场战争。1904年，日俄战争爆发。双方在大连最南端的旅顺开战，淡定的清帝国面无表情地宣称保持中立。俄罗斯的太平洋舰队很快不支，只得再调集波罗的海舰队，但经过苏伊士运河或好望角到达东亚之时，太平洋舰队基本全军覆没，而日本以逸待劳，很快增援的波罗的海舰队亦全军覆没。公元1905年，俄罗斯帝国承诺不干涉日本对朝鲜的管辖，并忍痛让出中国东北的南半部给日本，从此中国东北被日本和俄罗斯南北分治。日本帝国从此一战成名，跻身世界强国。公元1910年，仿效英国吞并印度，日本吞并朝鲜，五百一十八年的朝鲜李氏王朝灭亡，此后三十五年内，日本天皇也是所有朝鲜人的天皇。

清帝国最后的历史使命，就是用自己的无能让中国成为“强盗”表演的舞台，让中国在狂风暴雨中清醒过来。公元1912年，袁世凯向裕隆太后提出皇帝退位的事，最后一任皇帝溥仪可以在紫禁城内称皇帝，但普天之下已非王土。努尔哈赤的子孙昭示天下，宣布退位。这只是三次退位中的第一次，王朝复辟这种操作全世界都有，比如法国。两千多年的封建帝制结束，中国进入共和制的中华民国时期，袁世凯任大总统。三年后，袁世凯尝试学习西方的君主立宪制，加冕称帝，但仅仅皇帝的称号就引起了反对的狂潮，3月22日袁世凯被迫取消帝制，6月6日就因病离世。中国人继续为寻找出路而努力着。

如同让奥斯曼土耳其帝国衰而不倒一样，超级配合殖民工作的清帝国的存在，对列强而言百利而无一害。列强不是不想将“烂泥”扶起，而是欧洲又一次延续团战和内讧的传统，无暇顾及。

（七）帝国博弈

非洲会议时，俄罗斯已经隐约感到德意志帝国、奥匈帝国和意大利王国在对付自己方面达成一致，于是赶紧在欧洲寻找盟友。与德意志帝国苦大仇深的法国，自然是最好的合作伙伴，公元1892年，双方签订同盟协议，尽管比德、奥、意三国同盟晚了十年，但很快又一个强大的队友加入。

自从普法战争，法国屈辱的战败，已经将欧洲大陆第一强国的位置拱手让给德意志帝国。公元1904年和公元1907年，深谙平衡学的大英帝国，分别与法国和俄罗斯签订同盟协议，这个协议可以遏制崛起的德意志帝国，因为德意志帝国的扩张计划已经与大英帝国的利益出现严重的冲突。大英帝国占据了世界上最好的殖民地，有一条名为3C的帝国航线，即从开普敦（Cape Town）到开罗（Cairo）再到加尔各答（Calcutta）。而独立较晚的德国基本没有海外殖民地，在海上也不是大英帝国的对手，于是启动了对抗性的3B铁路计划，即从柏林（Berlin）到拜占庭（Byzantine）再到巴格达（Bagdad）。拜占庭就是君士坦丁堡的前身，即现在的伊斯坦布尔。大英帝国洞悉了德意志帝国的野心，对于任何想染指南亚次大陆的行为，大英帝国一定会不惜一切代价地将德意志帝国掀翻在地。

但是，如果俄罗斯知道，大英帝国因为在黑海、波斯和中国东北的利益已经和日本帝国在公元1902年签订了一致对俄的同盟协议，不知道会做何感想。而在亚洲崛起的日本，已成为“日不落帝国”在东方的棋子，这种类似木偶的角色定位直到如今仍被延续，只是换了一个提线人。

几乎同时成立的德意志帝国和奥匈帝国，前者已经在普法战争中证明了自己，后者也将证明自己有撼动欧洲的能力，公元20世纪的第一次世界大战的开幕式的火炬，由奥匈帝国“荣誉”点燃。

欧洲的巴尔干半岛，总体来看被三大强国包围，西北方是奥匈帝国，东北方是俄罗斯帝国，西南方是奥斯曼土耳其帝国。在苏莱曼大帝时期，奥斯曼土耳其帝国占领了巴尔干半岛，最远占领了匈牙利大部分地区，一百多年后，哈布斯堡家族收复匈牙利。俄罗斯崛起后，以解救同宗斯拉夫人的高姿态，也向巴尔干半岛地区渗透，奥斯曼土耳其帝国又失去了塞尔维亚大部分地区，俄土战争后不久保加利亚也独立了。奥斯曼土耳其帝国，失去了花费几百年时间获得的大部分欧洲领土。这一地区民族众多，宗教复杂，不仅有丰富的资源，而且关乎出海口和东方利益的争夺，任何国家都想完全掌控，团战势必爆发。奥地利已经被德意志抛弃，现在，它不能再失去南方的巴尔干地区了，但是东边有一双贪婪的眼睛，因为俄罗斯要踏足这一地区，进入地中海。

公元1914年6月28日，奥匈帝国的皇太子在波斯尼亚的萨拉热窝巡视（地处帝国南部的波斯尼亚是在公元1908年被奥匈帝国吞并的）。但波斯尼亚东边接壤的就是塞尔维亚，一名狂热的塞尔维亚族青年在众目睽睽之下枪杀帝国继承人和夫人，二人当场双双毙命。

对奥匈帝国来说，这是吞并塞尔维亚，将巴尔干半岛纳入帝国的绝好机会。顾虑到四周强敌环伺，奥匈帝国向德意志帝国询问意见，德意志帝国从文件柜里翻出了同盟协议，放在奥匈帝国的面前，全程眼神交流，严肃而认真。奥匈帝国如同吃下了定心丸。

一个月后，即1914年7月28日，奥匈帝国向塞尔维亚宣战，两天后，俄罗斯帝国向奥匈帝国宣战，一天后，德意志帝国向俄罗斯帝国宣战，两天后，德意志帝国和法兰西第三共和国互相宣战，一天后，大英帝国对德意志帝国宣战，两天后，奥匈帝国向俄罗斯帝国宣战，一周后，英法对奥匈帝国宣战，十天后，日本帝国对德意志帝国宣战，此后还有不下十次宣战，包括亚洲和美洲等众多国家加入了英法俄一方，包括中华民国。奥斯曼土耳其帝国加入了德奥同盟，而本来的欧洲三人组成员意大利王国，却临时倒戈，因为英法俄同盟给了意大利更多的好处，相比此前俄罗斯在欧洲大战中的偶像崇拜倒戈，意大利则显得更加务实。而西班牙和葡萄牙，这两位曾经在公元15世纪末和公元16世纪初闪耀的双子星，谦逊地宣布在本次战争保持中立，并额外声明，也许此后类似的活动都不再参加。

此时，远在大洋彼岸的美国，强忍激动的心情宣布中立，转身就告诉美国人民立即开动机器，海外订单将会像西伯利亚的雪花一样飘来。

德意志帝国并没有再次实现七周内结束对法战争，东西两线战场陷入僵持。战争不仅仅导致无数生命的丧失，还无休止地考验着各国的财力以及内部的抗压能力，总有一方率先倒下。

五十一个月的战争，在结束前的第二十一个月，即公元1917年3月，俄罗斯帝国的罗曼诺夫王朝被推翻了。作为留里克王朝的分支，自从公元1613年开始，罗曼诺夫王朝已经统治俄罗斯三百多年了。新成立的临时政府决定，在原来的同盟旗帜下，继续战争。

战争结束前的第二十个月，即公元1917年4月，靠战争经济已成为欧洲债主的美国参战了，以英法俄为主的一方实力大增。

战争结束前的第十二个月，即公元1917年11月，俄罗斯爆发“十月革命”，临时政府被推翻，领导起义的是无产阶级革命家列宁。几个月前，列宁被德意志帝国秘密地从瑞士护送到俄罗斯首都圣彼得堡。新的苏维埃政权宣布成立，俄罗斯退出战争，德意志帝国的目的也达到了。

战争结束前的第三个月，即公元1917年8月，德意志帝国军队从法国境内被逼回国境线以内，军队主力开始启动瓦解程序。

公元1918年11月，奥匈帝国投降。约一周后，德意志第二帝国皇帝宣布退位，流亡荷兰。公元1918年11月11日，德意志帝国投降，四年三个月的大战结束。

如果用电影给战后作总结报告，无不是死亡与凋敝、尸骨与废墟、拄着拐杖的老人木讷的表情以及妇女怀里婴儿幼稚的眼神映入眼前。即使在当时是黑白和无声的电影，也没有任何一个人有勇气看完。当然，还有巴黎凡尔赛宫里，叼着雪茄的绅士，在烟雾缭绕、吵吵闹闹中道貌岸然地钩心斗角。

四十多年前，巴黎凡尔赛宫的镜厅，见证了德意志帝国皇帝的加冕，而现在，又将见证德国被按在地板上羞辱。代表们陆陆续续来了，英法美三巨头列席，但没有位置留给曾经的盟友俄罗斯，因为俄罗斯帝国已灭亡，取代它的苏维埃政权是比德意志帝国还令它们反感的。由于战后才反戈，意大利被边缘化，在各种要求被三巨头置之不理后以退会抗议，过后觉得不能太吃亏，因此在无人邀请的情况下意大利又回到会场旁听。作为战胜国之一的中国，日本极力反对参加会议，美国出于东亚平衡考虑认为中国可以参加，日本只有作罢，而中国仅仅是可以象征性地参加，除此之外，美国并没有任何别的想法。

会议的首要条款就是，德国全责，并承担所有惩罚！东道主法国首先扔出一个爆炸式的条款，统一的德国应该消失，回到有名无实的神圣罗马帝国时代。英国一听就皱眉头，心想，“都打过几百年交道了，法国还是这么幼稚地理解自己的欧陆政策，法兰西想回到路易十四时代和拿破仑时代，简直是妄想”。一旁的美国对法国的建议也装着没听见，尽管法国对德国恨之入骨，然而会议还是进入了下一个议题。德国失去了百分之八的本土，西部的德法边界恢复到普法战争之前的状态，东部的部分领土被分割出去，用于重建一个消失了一百多年的国家——波兰。德国失去了本身就不多的所有海外殖民地，被英国、法国、日本、比利时瓜分，其中日本获得的是德国在中国山东的权益。作为战胜国之一的中国，领土却被转让给日本，这种会议就像一块已经变质而且散发出恶臭的食物。除了免除八国联军侵华后对德国的赔款，并获得了小额赔款外，中华民国的角色与战败国无异，二十万远渡重洋的中国劳工在欧洲战场的付出，完全被视而不见，这就是落后国的命运。

割地之后，就是赔款。战后的法国不仅欠了英国和美国的外债，俄罗斯帝国的灭亡，也让给俄罗斯的贷款打了水漂，最终确定的金额是约五十亿英镑，以黄金结算，法国占百分之五十六，英国占百分之二十八，法国在普法战争中的七亿两白银翻数十倍赚回。当初，德国想让法国在二十年内不能翻身，法国却在三年内完成了赔偿，但是这一次，德国却用了九十二年，公元2010年，德国再次统一的二十周年之际，法国收到来自德国的最后一笔战争赔款，德国用了痛苦的近一个世纪，终于还清了战争的欠款本息。不仅如此，德国的陆军和海军规模被严格限制，空军则被取消。对此，法国心满意足，英国感觉有些苛刻和后怕，而美国也有不祥的预感，并决定不在条约上签字，意大利选择了不动声色地离开，而中国也知道了，即使是公理，也并不能战胜西方的强盗逻辑。

“菜市场”的一幕，叽叽喳喳地持续了半年。即使是这样，曾经叱咤欧洲的三个大家族也没有讨价还价的机会。

公元1867年成立的奥匈帝国投降后即灭亡，奥地利和匈牙利分别成为独立的共和国，从帝国孵化出十个独立国家。哈布斯堡家族的末代皇帝卡尔一世于1919年流亡瑞士，随后被奥地利共和国废黜，后复辟未果，于1922年去世。其子宣布放弃复辟后回到奥地利，活跃于欧洲政坛，担任欧盟议员长达二十年之久，于公元2011年去世。现任的族长仍是名义上的奥匈帝国继承人，只是不被欧洲各国政府承认，公元2020年，他成为世界上第一个感染新冠肺炎病毒的皇室成员。虽然复辟基本不可能，但在西方社会，还是承认皇室和贵族身份的。

德意志第二帝国灭亡后，德国尝试用一个共和制来忍辱负重。促成德国统一的霍亨索伦家族，从普鲁士的国王晋升为德意志帝国的皇帝，不仅丢了普鲁士的王冠，也丢了德意志帝国的皇冠，末代皇帝流亡荷兰。但直到如今家族仍是人丁兴旺，和哈布斯堡家族一样，现任族长仍是名义上的德意志帝国继承人、普鲁士王位继承人，家族在德国仍然拥有一座雄伟的霍亨索伦城堡，并不拒绝游人购票参观。

相比之下，作为留里克王朝的分支，从公元1613年开始统治俄罗斯的罗曼诺夫家族就比较凄惨。公元1918年，末代沙皇全家被处决，虽然嫡系绝嗣，但仍有很多家族旁支后裔生活在世界各地。公元1922年，苏维埃社会主义共和国联盟成立，简称苏联。

公元1922年，奥斯曼土耳其帝国灭亡，帝国领土上新成立了四十个新的国家，已经在伊斯坦布尔生活了四百多年的奥斯曼家族被驱逐出境。次年，土耳其共和国成立。

当德国收到来自巴黎的条约，没人敢在如此苛刻的条约上签字，英、法、美三国告知德国，不签字的结果就是继续战争，德国屈服了，第一次世界大战正式结束。但这不是和平条约，只是战争的中场休息。

（八）此一时彼一时

大英帝国必须面对一个尴尬的事实，当年的殖民地成了自己的债主，美国从原来的债务国一跃成为欧洲的债权国。英法老大哥成为欠债的，连小弟日本也成为债权国，英国“一战”的债务直到公元2015年才还清。实际上，此时表面风光的大英帝国，不得不接受一个更残酷的现实，表面风光，就是当它瓜分了德国的海外殖民地之后，大英帝国统治的面积达到三千三百万平方公里左右。但实际上它又不得不接受一个更残酷的现实，约一百五十年前，伦敦将阿姆斯特丹按倒在地，抢走了世界金融中心的礼帽，公元1924年，纽约正式通知伦敦将礼帽送来，因为此时美国的黄金储备约占全世界的二分之一。战争的阴影让英法挥之不去，欧洲和世界曾经的强者走入衰落的历史循环。

离开吵吵闹闹的凡尔赛宫之后，美国不仅没有获得德国的殖民地和赔款，也没有在条约上签字。公元1920年，由美国首先倡议的国际联盟成立，总部设在欧洲瑞士的日内瓦。本来想由自己主导来建立世界新秩序的美国，还是斗不过联合起来的英法，失策的美国最终并没有加入国际联盟，英、法、意、日成为常任理事国，实际由英法操纵，作为“花瓶”的意大利和日本作用是掩盖难看的吃相。但拥有了世界金融中心桂冠的美国并不气馁，它预感到，欧洲的老乡们很快大难临头。

游离于欧洲大陆之外的英国，一向以稳定的政局著称。法国因为公元18世纪末的大革命，已经更换了五次政体；德意志帝国在统一和野心的驱动下大开杀戒，最终偃旗息鼓；奥地利在失去神圣罗马帝国的王冠之后建立了奥地利帝国、奥匈帝国，在跟随德意志帝国一番血雨腥风之后也灰飞烟灭；莫斯科的克里姆林宫也换了主人，已经三百多年的沙皇称呼彻底作古，社会主义的苏联在欧洲东部拔地而起；突厥人的奥斯曼土耳其帝国，在跌跌撞撞的六个多世纪之后倒地不起；西班牙和葡萄牙早已退居二线，能和平享受地中海的阳光便是最大的满足；曾是西方世界中心的意大利，在千年之后终于统一，如何调整自己适应世界的变化是其最大难题。

擅长自我调节的大英帝国，开始调整全球布局。

第一，国内也曾经爆发类似法国的大规模请愿，控制不好，就会导致起义和流血，聪明的英国统治者吸收了中产阶级进入圈子，取得权力的中产阶级便与统治阶层一起反对下层再分权。为了最大限度地平息社会波动，势单力薄的下层也获得了自己的合法权利——请愿，至于请愿的效果如何，则由上层决定，但不管怎样，一旦有暴力等非法行为就会受到镇压。

第二，帝国海外的殖民地均出现了分离的情绪，对于加拿大、澳大利亚和新西兰等同宗的殖民地，鉴于在第一次世界大战中，三个殖民地十分支持工作，都派出了数万士兵参战，公元1931年，帝国成立英联邦，加拿大、澳大利亚、新西兰和南非这四个由白人统治的殖民地成为主权独立的国家，唯一的义务是口头效忠英国女王。

第三，“一战”期间印度殖民地也曾派出了一百多万人参战，但是东方人想要获得英联邦的待遇，无异于幻想。于是，印度人民在“圣雄”甘地的领导下，展开了“非暴力不合作”的民族独立运动。然而由于印度教和伊斯兰教之间的不团结，南亚次大陆暂时仍无力摆脱大英帝国的枷锁。值得一提的是，公元1937年，英属缅甸独立。

第四，由于地理位置的重要性，虽然于公元1922年宣布独立，埃及实际上仍被帝国控制。而波斯，自从公元1908年发现石油之后，帝国便加紧对波斯的经济控制，公元1935年，波斯正式改名为伊朗。“一战”后成为帝国保护国的伊拉克王国，于公元1932年取得独立，石油的发现让大英帝国不忍放手，之后又有一段短暂地被大英帝国占领时期，直到大英帝国对东方殖民地的独立浪潮束手无策。

所以，擅长自我调节只是一种能力，而现实是残酷的，大英帝国的殖民锁链已锈迹斑斑。

东方的那个最古老的国家，刚刚从睡梦中醒来，推开大门一看，世界已经被一群初生牛犊搅得乌烟瘴气，尼罗河流域、西亚两河流域和印度两河流域的三大文明已经面目全非，自己是硕果仅存的古老文明，中华民族决定立即启动复兴程序，目标是在百年之内完成再造，中华巨龙可上天入海。公元1921年，全国只有五十多名党员的中国共产党，低调地成立了，但配套实力毫不低调，因为她的身后是千千万万的中华儿女，中华民族瞬间在中国共产党的指引下成功找到自己的定位，从此不再迷茫。不到三十年，便可见分晓。

在过去的五百年，俄罗斯亦敌亦友，即使临阵倒戈也不会没有朋友，因为这对于本身就善变的欧洲国家来说，是完全可以接受的。但是20世纪初，俄罗斯刚刚做完更换心脏手术，新成立的苏联让成为朋友的可能性化为乌有。

欧洲的东部出现剧变，由十五个国家加盟组成的苏联，成为世界上领土面积最大的国家，“全世界无产者，联合起来！”这一口号，让欧洲和美国寝食难安，因为它们国内的无产者会受到鼓舞而难以控制。列宁领导的苏联共产党成为世界上最大国家的执政党，这让欧洲各国的共产主义者看到了希望。趁欧洲各国在战后恢复元气的时候，列宁的接班人斯大林使苏联成为重工业国家和军事强国，以强硬的姿态和高傲的眼神冷对资本主义世界。然而，新成立的国家，是坚持独树一帜还是亦敌亦友，是和平互利还是钩心斗角，苏联经常会感到十分迷茫，毕竟俄罗斯在西方世界尔虞我诈的环境中被熏陶太久，走出不良习惯的阴影并不是十分容易。和北美洲那个年轻的国家一样，苏联也在等待机会纵横捭阖。

（九）疯狂的法西斯

“上梁不正下梁歪”，除此之外，你再也找不到一个合适的词来形容国际联盟。

国际联盟虽然由美国倡议，但最终沦为英法两国的工具，如果在此框架内循规蹈矩，意大利和日本只是摆设。公元1926年，“一战”后饱受侮辱的德国也加入了国际联盟，企图利用英法一丝丝内疚之心，极力摆脱战败国的不利地位和形象。处于第二梯队的三个国家①很容易就寻找到共同的兴趣。因为不止男一号时刻梦想成为当红明星，男二号也有同

①随着美国的退出，国际联盟逐渐成为以英、法为主导的组织，意大利、日本和德国则成为第二梯队的配角。

样的梦想。

正处于亢奋状态的日本帝国，小小的内心装着一个庞大的亚洲帝国梦，因为本土较小的缘故，对于征服中国这个庞然大物，自然是对地图研究得十分仔细。对日本而言，朝鲜半岛已据为己有，征服中国刻不容缓，因为欧洲需要休息，亚洲暂时还没有对手，而美国的政治精英并不理睬总统的外交策略，得了便宜之后继续推行孤立主义。

值此“良机”，公元1931年，“九一八”事变爆发，日本出兵侵占中国东北三省，次年，扶持已两次退位的清帝国最后一任皇帝溥仪，建立伪满洲国，欲以中国东北为基地，逐步吞并中国以及整个东亚。溥仪第一次退位是被袁世凯逼的，第二次是公元1917年，溥仪被保皇派拥护曾短暂复辟，十二天后退位。公元1933年，因为日本觉得国际联盟会阻碍自己的“亚洲帝国”计划，便毫不客气地退出国际联盟。英、法鞭长莫及，一脸尴尬。

罗马帝国文明在西方世界举足轻重，但自从西罗马帝国灭亡之后，意大利在一千四百多年里从来没有发出自己的声音。统一之后的意大利发现，曾经的罗马帝国拥有自己的内湖——地中海，而自己却蜷缩在无法伸展开来的亚平宁半岛。意大利认为，古罗马的荣耀需要被唤醒。参加过“一战”的墨索里尼于公元1921年建立了一个政党——意大利国家法西斯党，斧头和木棒组合而成的法西斯图案，象征着罗马的权利和威信，也成为该政党的标志。公元1922年，墨索里尼“进军罗马”并成功入主罗马，成为内阁总理。1928年，世界上第一个法西斯党的创始人墨索里尼，踢开议会，用强权控制了国家机器，实行独裁统治，俨然一千多年前罗马帝国的皇帝。公元1935年，意大利入侵非洲独立国家埃塞俄比亚，七个月后将其吞并。公元1937年，意大利退出国际联盟。英法再次表示无能为力。

在公元1921年的德国，一个在“一战”中为德国服役的奥地利人——阿道夫·希特勒，在一次不经意中，被吸纳为德国社会民族党，即纳粹党的党员，并成为党魁。这个曾经的辍学生和流浪汉，用崇拜的眼神看着墨索里尼，以无比狂热的激情推行独裁统治。在墨索里尼“进军罗马”的第二年，希特勒也发起了“向柏林进军”的暴动，但以失败告终。随着公元1929年开始的世界经济危机日益严重，德国国内一派凋敝，希特勒以激情四射的演讲和美好生活的承诺，让委屈而迷茫的德国人觉得仿佛又有了新的救世主。公元1933年，希特勒被任命为总理，获得了跨阶级的支持。毫无希望的未来一旦被激情点燃，就会横冲直撞，同年，德国宣布退出国际联盟。次年，总统去世，希特勒自称国家“元首”兼总理，规定只有纳粹党合法，从此大权在握。希特勒告诉德国，取消一切社会和政党分歧，用专制独裁来驱动德国战车是洗刷耻辱、奔向光明的唯一选择。希特勒敲碎了“一战”后屈辱的锁链，当德国无视《凡尔赛条约》，将陆军规模提升至规定的五倍，并组建了空军，还试探性地将军队开到非军事区，英法两国假装失明，于是希特勒可以肯定，英法在第一次世界大战后得了严重的恐战症。

此时，西班牙的波旁王朝已经第三次被推翻了：第一次是拿破仑时期的公元1808年；第二次就是普法战争爆发的导火线事件，公元1868年波旁王朝女王退位，法国要求普鲁士不要觊觎王位；第三次是公元1931年共和国取代了波旁王朝。公元1936年，希特勒和墨索里尼支持的西班牙长枪党发动内战，英法美宣布不干涉，长枪党约三年后取得胜利，开始了约三十年军事独裁统治。尽管西班牙没有成为正式盟友，但是至少德国和意大利在欧洲少了一个敌人。

重新排列组合和结盟的时机已经熟透，这次的范围不仅包括欧洲，还扩展到东方。公元1936年，德意志第三帝国和意大利帝国签订生死盟约。当年的欧洲主宰——神圣罗马帝国，主要是由这两个国家组成的，今天它们再次双剑合璧，欲重掌欧洲。同年，德意志第三帝国和日本帝国签订反共产国际协议，次年意大利也加入。三个签署了协议的“男二号”，信心满满地开始了螳螂捕蝉，立志实现自己的明星梦。

公元1937年，立足于伪满洲国的日本帝国，发动了大举侵华的战争。自诩肩负统一亚洲历史使命的日本帝国，很快就会在广袤的中华大地无法自拔。

公元1938年，希特勒吞并了说德语的奥地利，战后同样憋屈地维也纳拍手欢迎。1939年，捷克斯洛伐克的日耳曼人区域，也被英法默许给了希特勒。德国和奥地利不允许合并，是《凡尔赛条约》明确规定的，捷克斯洛伐克是《凡尔赛条约》签署后从德国东部领土新建的国家，是受到英法保护的。英法两国宁愿让当初一本正经的国际条约成为一纸空文，也极力满足希特勒，目的是英法希望希特勒能进攻苏联。公元1939年8月23日，希特勒和苏联签订了互不侵犯的条约，英法两国瞬间原地石化。公元1939年9月1日，德军入侵波兰，不久苏联出兵波兰，波兰全境被苏德瓜分。希特勒的闪电战让波兰措手不及，尽管英法在战争开始的第三天，即9月3日就向德国宣战，但是英法联军在西线战场，陈兵百万，静坐等待。

英法两国很快就尝尽苦头，法国也将再次受辱。公元1940年，希特勒的坦克和飞机再次像闪电一样进攻法国，英法等联军被逼到法国北部海岸的敦刻尔克，生死完全由希特勒掌控。然而纳粹元首一道奇怪的命令，让三十多万英法等联军在万幸中横渡英吉利海峡，退往英国本土。这些身经百战的士兵，将成为反攻的主力。从敦刻尔克撤退后不久，法国宣布投降，德国军队再次占领巴黎，法国约百分之六十的领土成为德国的殖民地。此时，德国已经成为西欧的主人。6月，德国对法国发动总规模进攻时，意大利也向法国宣战。

希特勒向英国提出，欧洲归我，其他归你，英国断然拒绝。没有制海权的希特勒，无力发动不列颠岛登陆战，在法国投降后，德国开始轰炸英国，半年内在不列颠岛扔下了不计其数的炸弹，大英帝国的首都伦敦也不能幸免。作为欧洲唯一的希望，没有退路的英国，用极大的忍耐熬过了帝国历史上最艰难的时刻，伦敦必须要证明，希特勒无力征服大英帝国。

然而箭在弦上，不得不发。公元1941年，希特勒改变策略，决定提前四年终止为期五年的互不侵犯条约，进攻莫斯科，意大利也派出远征军加入，准备在三五个月内结束战斗。曾保持中立的西班牙军事独裁政府，也派兵参加，表面上看是想证明自己的能力，因为希特勒本人一直都不太欣赏西班牙的战斗能力，事实也证明，西班牙只是随便玩玩，而且还见风使舵。

德国拥有近乎两倍于苏联的军队，而且苏联自欺欺人地认为德国不会进攻自己，苏联在西线边境的军队装备不齐且战力低下，同时苏联在中国东北与日本互不信任地对峙着，所以，当苏联收到不愿承认的情报之时，离希特勒进攻苏联只有一天的时间。又是一次突袭的闪电战，苏联军队仓促应战，但一溃千里，于是拿破仑进攻俄罗斯一幕重演。苏联决定实行坚壁清野策略，不留给德军任何物资，甚至不惜炸毁大坝。约三个月后，基辅沦陷，二个月后，德军进攻苏联首都莫斯科，然而斯大林不是沙皇，苏联表示绝对不会让希特勒进入克里姆林宫，最惊心动魄的战役——莫斯科保卫战即将打响。如果希特勒拥有了苏联的资源，那么他将无法被打败，伦敦迟早陷落，德国也许将建立第一个欧洲帝国。在基辅沦陷之时，苏联的物资受到极大威胁。英美就达成一致，运送物资支援苏联，由于英国更有危机感，所以表现得比美国更积极。而在此之前，英美的策略则是坐山观虎斗。

此时，日本的战略变化，使苏联得以抽调东线部队回防莫斯科，因为日本在东南亚染指西方列强殖民地的行为，早已引起了美国的不满，美国对日本实行了石油禁运、冻结资产等反制措施。正如德国要夺取苏联资源一样，日本也急需资源以维持战争。当德国围攻莫斯科初露疲态、苏联转入局部反攻的时候，1941年12月，作为法西斯东方盟友的日本，发动一次成功的突袭——突袭珍珠港，以微弱的损失重创美国太平洋舰队。也许希特勒完全可以理解日本为什么要主动攻击美国，此时他已经可以预感到围攻莫斯科的未来，如果说无力登陆英国本土不算失败，那么莫斯科之战将是自己的第一次失败。也许不久日本也知道它将要面对强大的美国，但战争已经进行到这一步，赌博和冒险是唯一的选择。珍珠港被袭的次日，美国和英国对日本宣战。无论未来是法西斯笑到最后，还是共赴黄泉，作为盟友的德国和意大利也对美国宣战，全球战争，正式开始。尽管克里姆林宫暂时安全，但德国依然掌握欧洲战场的主动权，尽管美国也正式参战，但要想抚平太平洋舰队的伤口，仍需时日。

公元1942年，战争进行到第三个年头，如果是第一次世界大战已经接近尾声，但第二次世界大战仍是激战正酣，而大战前，欧洲以为这只是一场几星期或者几个月的战争。在欧洲战场上，德国和苏联仍在竭力厮杀，德国决心拿下苏联的战略资源，一统欧洲；在太平洋战场上，日本立志彻底摧毁美国太平洋舰队，掌握海上霸权；在北非战场，德国支援意大利对抗英联邦的军队，意图掌握地中海、苏伊士运河和中东。在这三个战场上，最先失利的是日本，6月，迅速恢复元气的美国以少胜多，在海上击败日本，日本从此失去太平洋战场的主动权；11月，支援意大利的德国和意大利的联军，在北非被英联邦军队打败，德意两国开始从北非战场战略撤退，希特勒的偶像墨索里尼的战力值低得令人难以置信。作为核心的希特勒，仍在猛攻苏联的斯大林格勒，直到次年初，苏联才赢得保卫战的胜利，希特勒也因此失去了欧洲东线战场的主动权。

兵败如山倒，一直没有出色表现的意大利率先投降了。公元1944年6月，盟军在法国诺曼底登陆，两个月后法国光复，结束了四年前开始的被德国殖民的历史。当英国军队踏上法国的土地，这让他们想起了八百多年前，法国诺曼底公爵“征服者”威廉曾征服了英国，于是，幽默的英国人便给法国人留下了一个纪念碑，上面写着“曾被威廉征服的我们，如今解放了征服者的祖国”。德国陷入了被东西两线夹击的被动局面，次年4月最后一天，柏林被攻陷，希特勒自杀身亡，他的偶像墨索里尼在两天前已被处死——只剩下日本帝国孤军奋战了。三个月后，苏联出兵中国东北，美国在日本扔下两颗原子弹，无力回天的日本帝国宣布无条件投降，日本的马其顿帝国梦碎了一地。

（十）死亡与新生

第二次世界大战结束后，英法看着千疮百孔的欧洲，只能将求助的眼神转向大债主美国，美国当仁不让地实现了主导世界联合国组织的夙愿，并将总部也设在了纽约，只不过多了一个竞争者——苏联。战争伤亡占世界总伤亡约三分之一的中国，并没有像法国一样轻易举手投降，而是牵制了约两百多万的日军，使日本不能与德国夹击苏联。如果中国屈服于日本，那么日本也将拥有几乎不可战胜的资源。虽然中国自身陷入战争的火海，但仍派出了约四十万的远征军，支援东南亚战场。美国、苏联、英国、中国、法国成为联合国的五大常任理事国，成为战后世界管理体系的五位“高管”。

狂人希特勒，让德国颜面尽失，不仅有巨额赔款和屈辱性限制，美苏两强还决定肢解德国，西德和东德一人一半，德意志的土壤又嗅到了神圣罗马帝国的味道。小小的日本虽然有大大的“梦想”，却终究逃不过历史的宿命，只能瑟缩在海岛上，失神地看着远方的大海，偶尔还和常驻的美国大兵交换暧昧的眼神。而意大利也明白了古老的荣耀早已逝去，地中海永远无法成为罗马的内湖。

战争不仅带来死亡，也迎来新生。

早在公元19世纪初西班牙和葡萄牙衰落之际，中美州、南美洲殖民地就出现了独立运动。

公元1822年，巴西独立，葡萄牙跟南美唯一的殖民地说再见。公元1821年，秘鲁独立，西班牙在这块新大陆上近三百年的殖民统治彻底画上了句号。在“二战”中跟随英国的加拿大，却迎来了战后的经济繁荣，由于处在美国和苏联最短空中航线的中间位置，渐渐地离开了英国的怀抱，转而追随强大的美国。加拿大法裔居民为主的魁北克，在公元1980年和公元1995年举行了两次独立公投，在最后一次公投中，加拿大被约百分之一的差距惊出一身冷汗，政府便祭出了一个使魁北克独立无望的规定。随着地球变暖，如果北极航道通航，将缩短约百分之四十的航行距离，北极丰富的资源必将引起新一轮的争端。大洋洲上澳大利亚，时刻关注着同病相怜的加拿大，也选择了跟随美国，以较低成本换取安全和利益，这符合盎格鲁-撒克逊人的风格。

在非洲大陆上的所有国家明显感觉到，紧缚自己的绳索自动松开了。英国和法国在两次大战中受了重伤，德国和意大利被摘掉了帝国的面具，比利时、西班牙和葡萄牙已不值一提。第二次世界大战后的约二十年间，大部分非洲国家取得独立。公元1990年，纳米比亚独立，整个非洲从此摆脱被殖民的悲惨命运。

古老的亚洲大陆上，西亚两河流域曾经是人类文明的中心之一，但星光熠熠的巴比伦早已风光不再，公元1958年，伊拉克共和国成立，巴格达直到现在仍然伤痕累累。约两千五百年前就开始了表演的波斯帝国，期间被阿拉伯人和蒙古人灭国约八百年，于公元1935年正式更名为伊朗，饱含对雅利安人荣耀的缅怀。近代以来，伊朗一直被英国和俄罗斯控制，美国也对伊朗的石油资源垂涎三尺，直到公元1979年，伊朗伊斯兰共和国才成立。对于南亚次大陆，公元1947年，大英帝国选择了放手，留下了印度和巴基斯坦两个并不和睦的国家。公元1954年，法国将治里地区归还印度。公元1961年，印度收复被葡萄牙占领了四百多年的果阿等地区。

翻过喜马拉雅山，来到了东亚最古老的国度。公元1949年，中华人民共和国成立，依旧以统一的一贯姿态，屹立于太阳最先升起的东方。尽管美国一直有一个想法，如果中国像欧洲一样是星国林立的拼图，深得大英帝国真传的美国，将可以游刃有余的呼风唤雨，将全球玩弄于股掌之间。约三年的抗美援朝战争、约半个月的中苏边境自卫反击战、约一个月的中印边境自卫反击战和中越边境自卫反击战，中国共产党用四面八方的胜利向全世界宣告，中华民族足可击退任何来犯之敌。公元1997年，“米”字旗落下，离开祖国怀抱一百五十多年的香港回归；公元1999年，五星红旗照耀澳门。

自从公元15世纪的大航海以来，古老的文明黯然失色，海洋游牧文明的欧洲，成为世界的政治中心。然而，欧洲自古是一个盘根错节、钩心斗角的地方，查理大帝之后再无人能统一欧洲，拿破仑和希特勒的冒险尝试让欧洲走向衰落，美国和苏联成为世界的两极，美国延续了同宗大英帝国的传统，苏联继承了君士坦丁堡的衣钵，二者很快由合作转为“冷战”对抗。传统思想不会轻易改变，但斗争策略可以改变。

当初美国扔在日本的两个原子弹，即是矛也是盾，四年后苏联研制成功，此后十五年内，英国、法国和中国都先后拥有了这个普通人一辈子都看不见、摸不着的终极武器，于是，战马、弓箭、枪、炮、战斗机、军舰等见证下的人类战争史，平添了一份谨慎和神秘，仅核武器之战就能让一切灰飞烟灭。公元1991年，苏联在内外交困中解体成十五个国家。西德和东德也于1990年合并，德国再次统一。

硝烟散去，炊烟升起。

不管怎样，作为这一切总导演的“历史”，又给人类开启了一个新千年的大门，让人类在复杂的回忆中慢慢体会。

结束语

未来可期

公元16世纪，哥白尼让太阳取代地球成为主角。

公元17世纪，牛顿终结了神之引力的传说。

公元19世纪，达尔文揭开了人类祖先的面纱。

人类似乎可以战胜任何事物，然而我们并没有那么多的敌人，也许唯一的敌人就是我们自己。

往事已矣，来事可追。

无论你是否知道未来是什么样子，总导演一直保持开机，他告诉所有演员，没有剧本。

参考文献

[1] 陈序经. 匈奴史稿（增补版）[M]. 北京：北京联合出版公司，2018.

[2] [德]塞巴斯提安·哈夫纳. 不含传说的普鲁士[M]. 周全，译. 北京：北京大学出版社，2016.

[3] [美]菲利浦·希提. 阿拉伯通史（第十版）[M]. 马坚，译. 北京：新世界出版社，2008.

[4] [日]冈田英弘. 世界史的诞生[M]. 陈心慧，译. 北京：北京出版社，2016.

[5] [日]南川高志. 罗马帝国的衰亡[M]. 王宗瑜，译. 北京：中信出版集团，2019.

[6] [澳]约翰·赫斯特. 你一定爱读的极简欧洲史（增订纪念版）[M]. 席玉苹，石晰颋，译. 桂林：广西师范大学出版社，2018.

[7] 黄民兴. 中东国家通史：伊拉克卷[M]. 北京：商务印书馆，2002.

[8] [美]埃尔顿·丹尼尔. 伊朗史[M]. 李铁匠，译. 上海：东方出版中心，2016.

[9] [美]斯坦利·沃尔波特. 细数恒河沙：印度通史（上、下册）[M]. 李建欣，张锦东，译. 上海：东方出版中心，2019.

[10] [英]帕特里克·贝尔福. 奥斯曼帝国六百年：土耳其帝国的兴衰[M]. 栾力夫，译. 北京：中信出版集团，2018.

［11］［英］卫克安．哈布斯堡王朝：翱翔欧洲700年的双头鹰［M］．李丹莉，韩微，译．北京：中信出版集团，2017.

［12］［日］浅田实．东印度公司：巨额商业资本之兴衰［M］．顾姗姗，译．北京：社会科学文献出版社，2016.

［13］罗三洋．欧洲民族大迁徙史话［M］．北京：中国长安出版社，2015.

［14］［英］理查・威廉・丘奇．中世纪欧洲［M］．李艳，译．北京：中国画报出版社，2018.

［15］［美］拉尔斯・布朗沃思．维京传奇：来自海上的战狼［M］．豆岩，陈丽，译．北京：中信出版集团，2016.

［16］［美］拉尔斯・布朗沃思．诺曼风云［M］．胡毓堃，译．北京：中信出版集团，2016.

［17］［美］J. H. 布雷斯特德．地中海的衰落［M］．马丽娟，译．北京：中国友谊出版社，2015.

［18］吕正理．东亚大历史：从远古到1945年的中日韩多角互动历史［M］．北京：群言出版社，2015.

［19］张鹤泉．魏晋南北朝史：分裂与融合的时代［M］．北京：中信出版集团，2017.

［20］［美］玛丽・普拉特・帕米莉．法国简史［M］．孙骞骞，译．南昌：江西人民出版社，2017.

［21］［美］玛丽・普拉特・帕米莉．英国简史［M］．李菲，译．南昌：江西人民出版社，2017.

［22］［美］玛丽・普拉特・帕米莉．俄国简史［M］．黄亚松，译．海口：南海出版公司，2018.

［23］［美］玛丽・普拉特・帕米利．德国简史［M］．刘路，赵蔚群，译．海口：南海出版公司，2018.

［24］陈恭禄．给大家看的印度通史［M］．南昌：百花洲文艺出版社，2017.